CHRISTENTUM UND AFRIKANISCHE KULTUR

Copyright 2016 Klaus Fiedler

Revidierte und erweiterte Ausgabe

Luviri Press
P/Bag 201
Luwinga, Mzuzu 2
Malawi

ISBN 9789996096853

Luviri Press wird außerhalb Malawis vertreten durch:

African Books Collective Oxford (orders@africanbookscollective.com)

www.africanbookscollective.com

Index: Jan Stapperfenne
Cover: Dorothee Marks

Erstveröffentlichungen (erster Teil) Gütersloher Verlagshaus Gerd Mohn 1983, 1984 und Verlag für Kultur und Wissenschaft, Bonn, 1993

Christentum und afrikanische Kultur

Konservative deutsche Missionare in Tanzania 1900 bis 1940

Klaus Fiedler

Luviri Press

Luviri Books no. 1

Mzuzu

2016

To Noel Q. King who put me on the way

Inhalt

1. Mission, afrikanische Kultur und Kolonialismus: Eine Einführung — 9
2. Die Missionare und die Romantik – Deutsche Wurzeln der hohen Wertschätzung der afrikanischen Kultur — 22
3. Das Evangelium als Erfüllung – Bruno Gutmanns Arbeit unter den Chagga 1902 – 1920 — 38
4. Ähnliche Entdeckungen in anderen Missionen: Gutmanns Zeitgenossen Traugott Bachmann und Ernst Johanssen — 62
5. Konfirmation ist nicht afrikanisch genug – Die Christianisierung der Übergangsriten — 87
6. Wenn eine progressive Gemeinde konservativ wird – Bruno Gutmann und die Gemeinde Old Moshi 1926 – 1938 — 117
7. Integration oder Apartheid? – Die Reaktion auf Gutmanns Ideen in der Herrnhuter und in der Berliner Mission — 140

Was ist afrikanisch? — 168

Robin Lamburn, Die Yao von Tunduru (Auszüge zu den Übergangsriten) — 171

Bischof Lucas von Masasi, die Kontroverse um die Mädchenbeschneidung in Kenya und die konservative Missionsmethode deutscher Missionare in Tanzania — 205

Anhang A: Afrikanische Namen europäischer Missionare — 224

Anhang B: Ähnlichkeiten zwischen Gutmann und Fritze — 229

Anhang C: Die ersten acht afrikanischen Pfarrer der Bena Hehe Synode — 230

Bibliographie — 231

Index — 251

Vorwort

Seit meinem 16. Lebensjahr oder so wollte ich Missionar werden. Zur Vorbereitung ging ich deswegen nach Hamburg, um a dortigen Seminar des Bundes evangelisch-freikirchlicher Gemeinden Theologie zu studieren. An einem Samstag im letzten Jahr, als wir zu Mittag aßen, traf mich das Glück. Dr Hans Luckey, der Leiter des Seminars, bat mich, in sein Büro zu kommen, wo er mir ein Stipendium des Weltkirchenrates anbot, um ein Jahr im Ausland zu studieren. Das Lehrerkollegium hatte das vom Weltkirchenrat angebotene Stipendium besprochen und wollte es mir anbieten. Ich wollte als Missionar nach Tanzania gehen, aber zuvor noch ein Jahr etwas studieren. Da nahm ich dankbar das Angebot an, und ging an die Makerere Universität in Kampala. Das Jahr dort hat mein Leben grundlegend verändert. Ich wurde Missionar in Südtanzania wie beabsichtigt, und was ich in Kampala lernte, war sehr hilfreich für meine Arbeit. Aber Kampala änderte auch mein Leben.

Als ich in Kampala als "occasional student" begann, hatte ich keine andere Absicht, als etwas über und für Afrika zu lernen. Aber im Laufe des Jahres dort begegnete mir die Wissenschaft und ich erlebte die Faszination wissenschaftlichen Arbeitens. Dann, eines Tages, schlug Professor Noel Q. King vor, dass ich eine Magisterarbeit schreiben solle. Das kam völlig unerwartet, aber er hatte mich verstanden (und deswegen widme ich ihm dieses Buch).

Später schlug Professor King mir vor, statt des Magistertitels den Doktortitel anzustreben. Weil für mich als Missionar im Süden Tanzanias die Makerere Universität zu weit weg war, ließ ich mich von Kampala nach Daressalam umschreiben (immer noch 2-4 Tage von meinem Wohnort), und die Doktorarbeit dort, begleitet von den Professoren Isaria Kimambo und Cuthbert Omari, ist die Grundlage dieses Buches.

Ich schrieb die Arbeit in Englisch, übersetzte sie ins Deutsche, und die Deutsche Gesellschaft für Missionswissenschaft veröffentlichte das Buch im Gütersloher Verlagshaus Gerd Mohn. Die 500 Exemplare waren schnell verkauft, so dass im nächsten Jahr noch 200 Exemplare nachgedruckt wurden.[1]

---

[1] Klaus Fiedler, *Christentum und afrikanische Kultur. Konservative deutsche Missionare in Tanzania 1900-1940*, Missionswissenschaftliche Forschungen 16, Gütersloh: Gütersloher Verlagshaus Gerd Mohn: 1983, 1984; 1993 (Bonn: Verlag für Kultur und Wissenschaft).

Erst zwölf Jahre später wurde die englische Fassung gedruckt,[2] die ich damals durch einen Auszug über die Christianisierung der Initiationsriten bei den Yao in Südtanzania ergänzte, weil dort Bischof Vincent Lucas von der UMCA ähnliche Probleme in ähnlicher Weise zu lösen versuchte wie die in meiner Arbeit behandelten Missionare.[3] Als dann, wiederum mit Professor Kings Hilfe, der englische Originaltext von Lamburn's Arbeit veröffentlicht wurde, versuchte ich, die Arbeit von Bischof Lucas durch einen vergleichenden Artikel in den Kontext der Bemühungen der "konservativen" lutherischen und Herrnhuter Missionare in Tanzania zu bringen.[4]

Danach kehrte ich wieder nach Afrika zurück, und natürlich verschob sich auch mein Forschungsinteresse etwas, aber das Material aus Tanzania behielt doch seine Bedeutung. Brill erlaubte eine lokale Ausgabe der englischen Fassung der Doktorarbeit für Malawi, und unsere Studenten profitierten davon. Nach über 20 Jahren an den Universitäten in Zomba und Mzuzu habe ich nun die ursprüngliche deutsche Ausgabe überarbeitet und lege sie erneut vor,[5] einschließlich einer Reihe von Ergänzungen aus malawischer Perspektive.

In dieser Ausgabe habe ich wieder den Artikel aufgegriffen, den ich Lamburns Text beigegeben hatte. Ich habe ihn in ähnlicher Weise bearbeitet, aus hiesiger Perspektive und nach vielen Jahren, und ich hoffe, dass er zum Verständnis meiner Forschungsarbeit und der von mir verwandten Interpretation beiträgt, daß in kultureller Interaktion nicht die Rasse entscheidend ist, sondern die Frage, wie solche Interaktion zur Definition der gesellschaftlichen Rolle beiträgt.

---

[2] Klaus Fiedler, *Missionary Cultural Conservatism: Attempts to Reach an Integration between African Culture and Christianity in German Protestant Missionary Work in Tanzania 1900-1940*, Leiden/New York/Köln: Brill, 1996.

[3] Professor King hatte mir in Kampala ein Manuskript Robin Lamburns gegeben, das ich dann in Deutschland im Eigenverlag übersetzt veröffentlichte (Robin Lamburn: *Die Yao von Tunduru. Begegnung von Stammessitte und Evangelium*, Wuppertal: Fiedler, 1967).

[4] Klaus Fiedler, "Bishop Lucas' Christianization of Traditional Rites, the Kikuyu Female Circumcision Controversy and the 'Cultural Approach' of Conservative German Missionaries in Tanzania", in: Noel Q. King; Klaus Fiedler (Hg): *Robin Lamburn – From a Missionary's Notebook: The Yao of Tunduru and Other Essays*. Saarbrücken/ Ft. Lauderdale: Breitenbach 1991, S. 207-217.

[5] *Ich habe die Datierung der Arbeit in den 1970er Jahren beibehalten, und ich habe Fußnoten, die ich später hinzugefügt habe, mit einem Sternchen gekennzeichnet.

Mit dieser Neuausgabe möchte ich meinen Kolleginnen und Kollegen am Chancellor College der Universität von Malawi und an der Universität von Mzuzu danken für ihre Zusammenarbeit und meinen Studenten für alles, was ich von ihnen gelernt habe.

Mzuzu, 25.9.2016

1. Mission, afrikanische Kultur und Kolonialismus: Eine Einführung

Als die Kolonialzeit in Afrika zu Ende ging, vermuteten viele, dass mit der Herrschaft des weißen Mannes das Christentum aus Afrika verschwinden würde. Vielleicht würden die alten Stammesreligionen wieder aufleben, vielleicht würde das Christentum durch den aus der "farbigen" Welt stammenden Islam ersetzt werden, weil er politisch unbelastet und ethisch nicht so anspruchsvoll sei wie das Christentum.[1]

Inzwischen ist der größte Teil Afrikas zwei Jahrzehnte unabhängig, aber diese Erwartungen haben sich nicht erfüllt. Der Anteil der Christen an der Gesamtbevölkerung Afrikas steigt ständig. 1950 lag er bei 20%, 1965 bei 32%, 1970 schon bei 36%. Es spricht sehr viel dafür, dass es im Jahre 2000 die Stammesreligionen als statistisch messbare Größe nicht mehr geben wird.[2] Südlich der Sahara werden dann voraussichtlich 80% der Afrikaner Christen sein und nur 20% Muslime. Deren Anteil wird damit nur etwa gleich hoch sein wie 1950.[3] Wenn in den nächsten zwanzig Jahren die Entwicklung so weitergehen wird wie bisher, werden am Ende des zweiten christlichen Jahrtausends in Afrika genauso viele Christen leben wie in Europa.[4]

---

[1] Neuestens [1980] wird die These vom Islam als der Religion Afrikas publizistisch sehr wirksam verbreitet von: Gerhard Konzelmann, *Die islamische Herausforderung*, Hamburg 1980. Siehe das Kapitel: Afrika, "Der islamische Kontinent", S. 276-291, bes. S. 284-285 und 291. S. 285 heißt es: "Gleichzeitig erlosch auch die Überzeugungskraft der christlichen Mission in Afrika. Während der Kolonialzeit konnte mit der Annahme des Christentums ein Vorteil verbunden sein - der Bekehrte war künftig Partner der Mächtigen. Sich am Ende der Kolonialzeit zum Christentum zu bekennen, wurde als unklug, als verderblich, bezeichnet."

[2] *Das ist nicht in allen Ländern Afrikas so eingetroffen, stimmt aber weitgehend für das südliche und östliche Afrika. In Malawi gibt es nach der letzten Volkszählung etwa 4% Anhänger der traditionellen Religion, aber davon nur etwa 2000, die organisiert sind in der "Tchalitchi cha Makolo" (J.C. Chakanza, *African Ancestors' Religion – Chipembedzo cha Makolo Achikuda*, Zomba: Kachere, 2004).

[3] Die Zahlen in diesem Abschnitt beruhen auf David Barret, "AD 2000: 350 Million Christians in Africa," in: *International Review of Mission*, LIX, 233, 39-54. Ich zähle hier alle als Christen, die sich bei Volkszählungen als solche bezeichnen, weil dies am ehesten der europäischen Situation entspricht. Viele Einzelbeobachtungen stützen die von Barrett entworfenen Hochrechnungen.

[4] *The Atlas of Global Christianity counts for 2010 the number of Christians like this: Europe 585,739,000 [80.2% of the population] und Africa 494,668,0020 [47.9% of the popula-

Die Tatsache der nachkolonialen Ausbreitung des Christentums in Afrika ist eine Sache, ihre Interpretation eine andere. Für die einen beweist die andauernde Ausbreitung des Christentums nur, dass an die Stelle des Kolonialismus nicht die Unabhängigkeit getreten ist, sondern der Neokolonialismus. Andere interpretieren die Tatsache so, dass dadurch die von Kolonialismus und Mission gemeinsam begonnene Zerstörung der afrikanischen Kultur in der völligen kulturellen Entfremdung ihren Höhepunkt erreicht habe.

Das andauernde Wachstum der Kirchen in Afrika kann aber auch als Zeichen dafür verstanden werden, dass Mission und Kolonialismus bei allen gegenseitigen Berührungen eben doch aus ganz verschiedenen Quellen stammen und das Christentum inzwischen eine afrikanische Religion ist.

Dieses Buch beschäftigt sich mit einer Anzahl von Missionaren, die alle eine besonders hohe Wertschätzung der afrikanischen Kultur hatten. Für sie war die afrikanische Kultur ein Wert, der erhalten werden musste. Selbst überzeugt von der Internationalität der Kirche, sahen sie doch die Zukunft nicht in der zunehmenden Angleichung, sondern in dem Erhalt der kulturellen Vielfalt auch im Raum der Kirche.

Ihr Ansatz stimmte in diesem Punkt mit den Anschauungen der Vertreter der "Indirekten Herrschaft" (Indirect Rule) überein, der einflussreichsten englischen "Kolonialphilosophie" zwischen den beiden Weltkriegen.

Die Praxis der "Indirekten Herrschaft" ist älter als ihre Theorie. Als im letzten Drittel des 19. Jahrhunderts die Kolonialmächte fast ganz Afrika in Besitz nahmen, fehlten ihnen Menschen und Mittel, um diese riesigen Gebiete direkt zu verwalten. Deswegen blieben die traditionellen Herrscher sehr oft im Amt, wenn auch ihre Macht durch die europäische Oberherrschaft eingegrenzt wurde. In Ostafrika ist das bekannteste Beispiel das des Königreiches Buganda; aber auch die Deutschen handelten in Rwanda und Burundi, am Kilimanjaro und bei den Nyakyusa genauso. Weil die traditionellen Herrscher Teil der Kolonialmacht wurden, musste ihnen Respekt entgegengebracht werden und damit auch notgedrungen dem sozialen System, dem sie ihre Stellung ursprünglich verdankten. Lord Lugard entwickelte in Nigeria aus der pragmatischen indirekten Herrschaft das theoretische Konzept der

---

tion] (Todd M. Johnson, Kenneth R. Ross (Hg), *Atlas of Global Christianity 1910-2010*, Edinburgh University Press, 2009, S. 156 and 112). It is understandable that Barrett did not foresee the collapse of Communism in Eastern Europe, but on the other hand, if church attendance would be counted, the figure for Africa would be higher than that for Europe.

"Indirekten Herrschaft."[5] Lugards langjähriger Mitarbeiter Donald Cameron wandte während seiner Zeit als Gouverneur von Tanzania (1925-1931) dort die Ideen der "Indirekten Herrschaft" an, wo sie bis zum Zweiten Weltkrieg gültig blieben.[6]

Die Theorie der "Indirekten Herrschaft" ging davon aus, dass Afrikaner keine Engländer seien und auch keine werden sollten und deswegen ein Recht auf Erhaltung und Entfaltung ihrer eigenen Kultur hätten. Detaillierte Untersuchungen haben gezeigt, dass es leichter war, die Theorie der "Indirekten Herrschaft" überzeugend darzustellen, als diese Theorie überzeugend anzuwenden.[7] Camerons Konzept hatte Raum für langsame gesellschaftliche Veränderungen zur Modernisierung der traditionellen Strukturen ohne sie zu zerstören. Aber in einem Vierteljahrhundert fanden kaum solche Veränderungen statt.[8]

Die "Indirekte Herrschaft" war letztlich ein Mittel, die britische Kolonialherrschaft effektiv zu gestalten und so ihren Bestand zu sichern. Wenn die afrikanische Kultur auch für sehr wertvoll gehalten wurde, so war doch die Überlegenheit der europäischen Kultur nie in Frage gestellt.

Die in diesem Buch dargestellten Missionare teilten mit den Vertretern der Kolonialpolitik in der Form der "Indirekten Herrschaft" die Anschauung, dass die afrikanische Kultur einen hohen Eigenwert habe. Gemeinsam waren sie auch überzeugt, dass sozialer und politischer Wandel langsam vor sich zu gehen habe; aber niemand stellte das Recht der europäischen Mächte, Afrika zu regieren, grundsätzlich in Frage. Diese Übereinstimmung der Ansichten lässt fragen, ob Mission und Kolonialismus identisch sind. Auf diese Frage werden sehr unterschiedliche Antworten gegeben, je nachdem, welches Verständnis der Geschichte im Allgemeinen und des Kolonialismus im Besonderen der Autor hat.

---

[5] Sir F.D. Lugard, *The Dual Mandate in British Tropical Africa*, Edinburgh and London 1921.

[6] Siehe: Sir Donald Cameron, *My Tanganyika Service and Some Nigeria*, London 1936, und: Sir Donald Cameron, *Native Administration in Tanganyika and Nigeria*; Extra Supplement, *Journal of the Royal African Society*, London 1937.

[7] Ralph D. Austen, *Northwest Tanzania under German and British Rule: Colonial Policy and Tribal Politics*, New Haven 1968; Gus Liebenow, *Colonial Rule and Political Development in Tanzania: The Case of the Makonde*, Nairobi 1971; Susan G. Rogers, The Search for Political Focus on Kilimanjaro; A History of Chagga Politics, 1916-1952, with Special Reference to the Cooperative Movement and Indirect Rule, PhD, Daressalam 1972.

[8] Siehe Susan Rogers, The Search for Political Focus, S. 911.

Walter Rodney, ein Jamaikaner, der einige Jahre Dozent für Geschichte an der Universität Daressalam war, vertritt die Haltung einer konsequenten Gleichsetzung, wenn er schreibt dass Livingstone, Stanley und Karl Peters, also Missionare, Forscher und Siedler, alle gleich waren.[9] Ein Sprichwort der Kikuyu in Kenya formuliert das so: *"Gutiri mubey na muthungu"*, dh "es gibt keinen Unterschied zwischen Missionar und Siedler."[10]

Andere, wie z.B. der bekannte Missionswissenschaftler Stephen Neill, argumentieren, dass Mission und Kolonialismus in ihren Grundlagen nichts gemein haben.[11] Sir John Kennaway, Präsident der englischen Church Missionary Society (CMS), formulierte das so, als das Parlament 1892 eine Unterstützung von 20000 Pfund für die Imperial British East Africa Company debattierte: "Die CMS hat niemals um Schutz für ihre Missionsarbeit in Uganda gebeten, und sie wird es auch jetzt nicht tun."[12]

Selbst wenn man Walter Rodneys materialistisches Geschichtsverständnis nicht teilt, spricht doch einiges dafür, die Mission als die "religiöse Abteilung" des Kolonialismus anzusehen: die Missionare hatten manchen Vorteil von der Kolonialherrschaft, die ihnen Arbeitsmöglichkeit und (meistens) Schutz bot. Sie waren Teil der europäischen Gesellschaft in den Kolonien und vieles, was Kolonialbeamten, Siedlern und Geschäftsleuten selbstverständlich war, akzeptierten auch sie. Andererseits erwirtschafteten die Missionare keinen Gewinn, den sie nach Europa transferieren konnten, und in vielen Fällen waren die Missionare längst im Land, bevor die Kolonialmacht kam.[13] Darüber hinaus darf auch nicht vergessen werden, dass die Mission in der einen oder anderen Form so alt ist wie das Christentum selbst.[14]

---

[9] Walter Rodney, *How Europe Underdeveloped Africa*, London/Daressalam 1972, S. 154/5.

[10] Zitiert in F.B. Welbourn, *East African Rebels: A Study of Some Independent Churches*, London 1961, S. 111.

[11] Stephen Neill, *Colonialism and Christian Mission*, London 1966, S. 7/8.

[12] Roland Oliver, *The Missionary Factor in East Africa*, London 1952, S. 150 (zitiert Hansard 4 iii 92 col. oo59).

[13] *Ein gutes Beispiel hier ist Malawi, wo die permanente Missionsarbeit 1875 in Cape Maclear (Chief Mponda) begann (Livingstonia Mission, Free Church of Scotland). 1876 nahm die Mission der Church of Scotland die Arbeit in Blantyre (Chief Kapeni) auf. 1882 kehrte die UMCA an den See zurück und machte 1885 die Insel Likoma (Chief Chiteji) zum Zentrum der Missionsarbeit am See und darüberhinaus. Am 21.9.1890 erklärte Großbritannien ein Protektorat über die "Makololo, Yao und Machinga counties," das am 21.9.1891 ausgeweitet wurde "over the Nyasaland Districts" (Colin Baker, "The Genesis of the Nyasaland Civil Service," *Society of Malawi Journal*, 41:30-44), dessen schrittweise Ausweitung von den Missionaren in Blantyre ausgesprochen kritisch begleitet wurde. Erst 1904 absorbierte das Britische

Ich gehe davon aus, dass die Mission in der Tat manches mit dem Kolonialismus gemeinsam hatte, besonders in ihrer Einstellung zur afrikanischen Kultur. Ich gehe aber auch davon aus, dass zwischen Mission und Kolonialismus beträchtliche Unterschiede bestanden und dass auch zwischen den verschiedenen Gruppen von Missionaren so große Unterschiede bestanden, dass sich ihr ernsthaftes Studium lohnt.

In diesem Buch werden die deutschen evangelischen Missionare in Tanzania dargestellt, die eine deutlich positivere Einstellung zur afrikanischen Kultur hatten als ihre Kollegen. Der wichtigste dieser Missionare war Bruno Gutmann, der unter den Chagga an den Hängen des Kilimanjaro von 1902 bis 1938 arbeitete.[15] Unabhängig von ihm entwickelten Traugott Bachmann in Mbozi, Unyiha (1898-1916) und Ernst Johanssen in Usambara, Rwanda und Bukoba (1891-1929) ähnliche Auffassungen.

Worin unterschieden sich diese Missionare von ihren Zeitgenossen? Einige behaupteten, der Unterschied läge darin, dass sie als Deutsche besonders begabt seien, andere Völker zu verstehen. Aber der englische Missionar Bischof Vincent Lucas in Masasi hatte zur gleichen Zeit sehr ähnliche Ideen wie Gutmann,[16] und er ist nicht der einzige, für den dies gilt.[17] Es muss also

---

Protektorat auch das Ngoni Kingdom Mmbelwas durch ein friedliches Übereinkommen, das die Livingstonia Missionare vermittelten und das heute Anlass für offizielle Gedenkfeiern ist. — Standardwerke zu den drei Missionen sind: John McCracken, *Politics and Christianity in Malawi 1875-1940: The Impact of the Livingstonia Mission in the Northern Province*, Blantyre: CLAIM-Kachere, 2000; Andrew Ross, *Blantyre Mission and the Making of Modern Malawi*, Blantyre: CLAIM-Kachere, 1996; James Tengatenga, *The UMCA in Malawi. A History of the Anglican Church*, Zomba: Kachere, 2010. In der Zeit zwischen 1887 und 1891 faßte auch die Dutch Reformed Mission in Malawi Fuß, in Mvera 1890 (Martin Pauw, *Mission and Church in Malawi. The History of the Nkhoma Synod of the Church of Central Africa, Presbyterian, 1889-1962*, Lusaka 1980 [ThD Stellenbosch]).

[14] *Siehe Klaus Fiedler, "Christian Missions and Western Colonialism: Soulmates or Antagonists?" in: Kenneth R. Ross (ed.), *Faith at the Frontiers of Knowledge*, Blantyre: CLAIM-Kachere, 1998, S. 218-234; nachgedruckt in Klaus Fiedler, *Conflicted Power in Malawian Christianity. Essays Missionary and Evangelical from Malawi*, Mzuzu: Mzuni Press, 2015, pp. 142-159.

[15] *Siehe dazu: Klaus Fiedler, *The Gospel Takes Roots on Kilimanjaro. A History of the Evangelical Lutheran Church of Old Moshi-Mbokomu 1885-1940*, Zomba: Kachere, 2006.

[16] *Klaus Fiedler, "Bishop Lucas' Christianization of Traditional Rites, the Kikuyu Female Circumcision Controversy and the 'Cultural Approach' of Conservative German Missionaries in Tanzania in: Noel Q. King and Klaus Fiedler [Hg]: *Robin Lamburn - From a Missionary's Notebook: The Yao of Tunduru and other Essays*, Saarbrücken/Ft. Lauderdale: Breitenbach 1991, 207-217.

einen anderen Grund geben, und der liegt, neben theologischen Motiven, in der Rolle, die das Gedankengut der Romantik spielte. Sowohl die Romantik als auch die relevanten theologischen Konzepte werden im nächsten Kapitel beschrieben.

Nicht alle deutschen Missionare hatten so konservative Anschauungen wie Gutmann. Diese Missionare sollen, ohne dass damit eine Wertung ausgesprochen ist, als "progressiv" bezeichnet werden. "Konservativ" bezeichnet solche Missionare, die den Wert historisch gewachsener Institutionen und deren graduelle Veränderung stärker betonten, während die als "progressiv" bezeichnet werden, die dem Neuen und der plötzlichen Veränderung mehr Raum gaben.[18]

Die Progressiven unter den Missionaren waren überzeugt, dass viele Elemente der afrikanischen Kultur nicht wert waren, dass man sich um ihre Erhaltung bemühte, und sie erwarteten, dass sozialer Wandel verhältnismäßig schnell vor sich gehen würde. Auch waren sie der Meinung, dass die Mission den Afrikanern helfen sollte, die Elemente der europäischen Kultur, die sie für wertvoll hielten, in ihre eigene Kultur zu integrieren.

So wie es unter den Missionaren Konservative und Progressive gab, gab es sie auch unter den afrikanischen Christen. Die große Mehrheit war konservativ, die Progressiven waren damals fast ausschließlich jüngere Männer, die im Schulsystem der Mission ihre Ausbildung erhalten hatten. Aus dieser

---

[17] Ähnlich dachten die UMCA Missionare in Malawi, die United Methodists in Kenya und der englische Brüdermissionar Dr. Fisher in Zambia.

[18] Es gab allerdings unter den deutschen Missionaren in Tanzania keine Gruppe, die sich wie die Missionare der schottischen Presbyterianer in Livingstonia in Malawi intensiv für die Verpflanzung europäischer Kultur nach Afrika einsetzten. *Mit dem Aufbau des Overtoun Instituts als Zentrum der Livingstonia Mission verband Dr Laws die Vision einer Universität von Livingstonia, die von seinen Nachfolgern als ungeeignet für Malawi abgelehnt wurde (John McCracken, *Politics and Christianity in Malawi 1875-1940: The Impact of the Livingstonia Mission in the Northern Province*, Blantyre: CLAIM-Kachere, 2000, S. 277ff). Erst 2003 gründete die Livingstonia Synod (CCAP) die University of Livingstonia, und ich hatte das Vorrecht, für ein Jahr an der Theologischen Abteilung "Research Methods" zu lehren. — Dr Laws Bemühen, europäische Kultur in Afrika zu verbreiten, war nicht in einem Gefühl rassischer oder kultureller Ueberlegenheit begründet, sondern in der Überzeugung, daß Afrikaner fähig sind, die beste erhältliche Bildung zu erwerben und zu nutzen, was man heute als ein Konzept rasischer Gleichheit ansehen ansehen würde. – Für die örtliche Perspektive siehe: Happy Nyambose, The Establishment and Contribution of the Overtoun Institute in Northern Malawi and Beyond (1895-2010), MA, Mzuzu University, 2015.

Gruppe gingen dann eine Generation später die Führer der Unabhängigkeitsbewegung hervor.

Die Methode

Den beiden oben beschriebenen Positionen der Identifizierung und Nichtidentifizierung von Mission und Kolonialismus entsprechen zwei unterschiedliche Arbeitsweisen: Die eine konzentriert sich auf die Ähnlichkeiten zwischen den verschiedenen Akteuren im historischen Drama, die andere konzentriert sich auf ihre Unterschiede.

Walter Rodney hat für sein Buch die erste Arbeitsweise gewählt, und für Untersuchungen, die große Zeitabschnitte umfassen und große geographische Räume, hat diese Methode ihren Wert. Aber für detailliertere Untersuchungen ist es besser, sich auf die Unterschiede zwischen den verschiedenen Gruppen zu konzentrieren. Da es sich in diesem Buch um eine in die Tiefe gehende Untersuchung eines verhältnismäßig kleinen Bereiches handelt, habe ich die letztere Methode gewählt.

Progressive und konservative Missionare hatten viel gemeinsam. Wenn sie sich auch in vielem nicht unterschieden, so fühle ich mich doch berechtigt, mich auf die Unterschiede zu konzentrieren, weil sie einen erfassbaren Einfluss auf den Gang der Kirchengeschichte ausübten. Ähnliches gilt auch für das Verhältnis der Missionare zum Kolonialismus. Es ist leicht zu beweisen, dass sie (zu) viel gemeinsames hatten.[19] Aber wenn ein Missionar oder eine Gruppe von Missionaren bestimmte Ansichten nicht mit dem Kolonialismus teilte, dann war das unerwartet und ist deshalb für den Historiker beachtenswert.

---

[19] Zu dieser Frage gibt es viele Untersuchungen. Hier können nur einige der Klassiker erwähnt werden: Roland Oliver, *The Missionary Factor in East Africa*, London 1952; E.A. Ayandele, *The Missionary Impact on Modern Nigeria 1842 – 1914: A Political and Social Analysis*, London 1966; J.F.A. Ajayi, *Christian Missions in Nigeria 1841 – 1891: The Making of New Elite*, London 1965; Robert I. Rotberg, *Christian Missionaries and the Creation of Northern Rhodesia 1880 – 1924*, Princeton 1965. In Deutschland war Friedrich Fabri, der Direktor der Rheinischen Mission, am stärksten mit der Kolonialbewegung verflochten. Siehe: Klaus J. Bade, *Friedrich Fabri und der Imperialismus in der Bismarckzeit. Revolution – Depression – Expansion*, Freiburg 1975. Ein Beitrag aus der DDR ist: Gerhard Bassarak, *Missionsstrategie im Wandel. Zur ökumenischen Bedeutung der Weltmission zwischen Kolonialismus und Ökumene*, Berlin 1977. Zum Verhältnis von Kirche und Staat im frankophonen Afrika: Joachim Sartorius, *Staat und Kirchen im francophonen Schwarzafrika und auf Madagaskar*, München 1973.

Einige in diesem Buch beschriebene Ideen wurden nie in die Praxis umgesetzt oder nur in Ansätzen. Trotzdem glaube ich, dass ihre Beschreibung wichtig ist, denn weil sie vom üblichen abwichen, hätten sie, wären die Umstände anders gewesen, eine deutliche Wirkung auf den Gang der Ereignisse gehabt.

Der Beitrag, den die konservativen Missionare geleistet haben, soll auf drei Ebenen untersucht werden. Die erste Ebene ist die der Ideen. Auf dieser Ebene soll die Einstellung der Missionare zur afrikanischen Kultur dargestellt und beschrieben werden, wie es zu dieser Einstellung kam. Die zweite Ebene ist die der Handlungen. Wie haben die Missionare ihre Idee in die Praxis umgesetzt, und was hat sie gegebenenfalls daran gehindert, das zu tun? Die dritte Ebene ist die Reaktion der Afrikaner. Diese Ebene wird stark betont werden, besonders die Frage, warum Afrikaner auf eine bestimmte Weise reagierten und warum ihre Reaktionen oft so unterschiedlich waren. Um in dieser Frage zu einer Antwort zu gelangen, benutze ich das von Professor Ranger in seiner Analyse der von Bischof Vincent Lucas geleiteten Missionsarbeit in Masasi verwendete Konzept der "Rolle." Dabei wird davon ausgegangen, dass Annahme oder Ablehnung der Versuche der Missionare, Christentum und afrikanische Kultur zu integrieren, nicht davon abhing, wie "afrikanisch" die jeweilige Mischung sich darstellte, sondern davon, welche Möglichkeiten diese Mischung den Betroffenen bot, neue Rollen zu definieren oder bestehende Rollen neu zu definieren.[20]

Die Quellen

Die wichtigsten Quellen für diese Untersuchung sind die Archive der vier Missionsgesellschaften und der Kirche der Herrnhuter Brüdergemeine in Rungwe in Tanzania. Für die Darstellung Gutmanns sind die sehr ausführlichen und meist von Gutmann selbst geschriebenen Protokollbücher der Gemeinde Old Moshi (Kidia) die wichtigste Quelle.

Die zweitwichtigste Quelle sind die Veröffentlichungen der beschriebenen Missionare, besonders umfangreich bei Bruno Gutmann. Diese Veröffentlichungen sind so gelesen worden, dass eine Beziehung hergestellt werden konnte zwischen Ideen und Handlungen der Missionare. Sekundärliteratur wurde überall hinzugezogen, wo es ratsam erschien.

---

[20] Siehe: Terence O. Ranger, "Missionary Adaptation of African Religious Institutions: The Masasi Case," in: T.O. Ranger und I. Kimambo, *The Historical Study of African Religion with Special Reference to East and Central Africa*, London/Nairobi 1972, S. 22. Detaillierter in dem ursprünglich der Konferenz vorgelegten Paper.

Die schriftlichen Quellen wurden durch eine Anzahl von Interviews ergänzt, die ich in den betreffenden Gemeinden durchführte. Diese Interviews machten mich mit den betreffenden Orten vertraut und lieferten auch zusätzliche Informationen. Da ich die Forschungsarbeit neben meiner Berufsarbeit getan habe, mussten allerdings manche Interviews in Tanzania durchgeführt werden, bevor ich Gelegenheit hatte, die deutschen Archive zu sehen.

Die Mission und die afrikanische Kultur

Die Frage, wieweit die aus Europa oder Amerika gekommene Kirche in Afrika oder Asien eine einheimische Gestalt annehmen kann und muss, ist heute eines der heißen Themen der internationalen theologischen Diskussion. Wenn diese Diskussion auch vorwiegend systematisch geführt wird, so liegen doch auch schon viele historische Untersuchungen vor. An Hand von einigen dieser Untersuchungen will ich kurz versuchen, den Hintergrund darzustellen, auf dem dieses Buch geschrieben ist. A.J. Temu, der die englische Missionsarbeit in Ost- und Zentralkenya bis 1923 beschreibt, zeichnet ein absolut negatives Bild: Er schreibt:

> Die Missionare schafften es in bedauernswerter Weise nicht, ihre Religion der afrikanischen Umgebung anzupassen, sondern sie glaubten voller Stolz, dass zum Beispiel ihre Form der Eheschließung und der Beerdigung, ihre theologischen Ideen, ihre Idee der Kleinfamilie und ihr Individualismus für die Kikuyu, Kamba, Teita, Nyika, Pokomo und die islamischen Swahili am besten geeignet wären.[21]

Sehr ähnlich, wenn auch etwas differenzierter, ist das Bild, das Rotberg von den ersten Missionaren in Zambia zeichnet. Er schreibt:

> Die Missionare beeilten sich, die Sitten, Gebräuche und Anschauungen der Einheimischen zu verdammen ... schließlich waren sie ja nach Afrika gegangen, um rückständigen Völkern die Wohltaten der europäischen christlichen Zivilisation zu bringen ... Mit der ehrbaren Besessenheit der frühen Evangelikalen predigten sie eine klare Botschaft der Errettung und der sozialen Veränderung ... Zusätzlich zur geistlichen Wiedergeburt verlangten sie von den Afrikanern sichtbare Zeichen ihrer Umwandlung. Zuerst verlangten sie von den Frauen, Fell oder Stoff um ihre Hüften zu wickeln und die Brüste irgend-

---

[21] A.J. Temu, *British Protestant Missions*, London 1972, S. 107. (Der Titel ist irreführend, da das Buch sich nur mit einigen Missionen in Kenya bis 1929 beschäftigt). Robert W. Strayer, *The Making of Mission Communities in East Africa, Anglicans and Africans in Colonial Kenya, 1875 – 1935*, London; Albany 1978, zeichnet ein differenzierteres Bild. Siehe bes. S. 77-99, "The Making of Mission Culture."

wie zu verhüllen ... Die Männer, die es ja schon gewohnt waren, ihre Lenden zu schürzen, wurden ermutigt, europäische Kleidung zu tragen.[22]

Er fährt dann fort:

> Alle Aspekte der traditionellen afrikanischen Ehe wurden von den Missionaren verboten: Polygamie, Brautgaben und vieles andere wurde rundheraus verdammt ... Alle Missionare versuchten, das Brauen und Trinken von Bier zu verbieten ... Stammestänze und Lieder erregten und wurden verboten ... Die Missionare verlangten Einfachheit, und sie erwarteten von den Afrikanern, dass sie sich so benähmen, wie es gerade neugeborenen Christen steht.[23]

Wie die durchschnittliche Einstellung der *frühen* Missionare in Tanzania aussah, kann an zwei Beispielen gezeigt werden, beide stammen aus Gegenden, die auch in diesem Buch behandelt werden. Marcia Wright schreibt, dass die ersten Herrnhuter Missionare in Tanzania das Evangelium als klaren Gegensatz zur Stammeskultur predigten und dass selbst nach vielen Jahren Missionsarbeit manche Missionare immer noch meinten, dass ein Afrikaner als Christ nicht treu bleiben könnte, wenn er nicht erst mehrere Jahre auf der Missionsstation gelebt hätte.[24]

Marcia Wright beschreibt hier die erste Phase der Herrnhuter Missionsarbeit; später wurde die Opposition der Missionare gegen die afrikanische Kultur sehr viel geringer. Deshalb mag Lemas Untersuchung der Haltung der Leipziger Missionare brauchbarer sein, um den Hintergrund für die Darstellung Gutmanns und seiner Zeitgenossen abzugeben. Lema führt seine Untersuchung bis 1920 fort, und außerdem hat die Einstellung zur afrikanischen Kultur bei den Leipzigern keinen so starken Wandel erlebt wie bei den Herrnhutern.

Lemas Grundansatz ist der, dass die Wirkung der deutschen Missionare auf die afrikanische Kultur weder als völlig zerstörerisch noch als völlig gut angesehen werden könne.[25] Lema betont auch, dass von den drei deutschen evangelischen Missionen die Leipziger am wenigsten in Konflikt standen mit der afrikanischen Kultur. Trotzdem stellt er fest, dass die Missionsarbeit fast

---

[22] Robert Rotberg, Robert I. Rotberg, *Christian Missionaries and the Creation of Northern Rhodesia 1880 – 1924*, Princeton 1965, S. 39.

[23] Ibid, S. 40-41. Siehe auch S. 127-133. Zu Änderungen nach dem Ersten Weltkrieg siehe S. 140.

[24] Marcia Wright, *German Missions in Tanganyika 1891 – 1941: Lutherans and Moravians in the Southern Highlands*, Oxford 1971, S. 43.

[25] Anza Amen Lema, The Impact of the Leipzig Lutheran Mission on the People of Kilimanjaro 1892 – 1920, PhD, Daressalam 1973, S. 53.

jeden Aspekt der Chagga Kultur veränderte und dass die Missionare wenig Sinn darin sahen, mit Kultur und Tradition der Chagga Kompromisse einzugehen.[26]

Lema untersucht die verschiedenen Gründe für die zerstörerische Wirkung der Missionsarbeit auf die Kultur der Chagga. Der stärkste Faktor ist für ihn die Betonung der Unabhängigkeit des einzelnen. Diese Einstellung der Missionare fand ihren Ausdruck nicht nur in der Predigt der Bekehrung, sondern viel mehr im Schulsystem der Mission. In den Schulen lernten die Kinder den Wert des individuellen Vorankommens und nicht die Verantwortung für die Gemeinschaft. Das führte sogar zu offener Respektlosigkeit gegenüber den Eltern und Ältesten, die von den Kindern als rückständige Heiden angesehen wurden.[27]

Bis hierher würde Gutmann Lemas Analyse voll bejaht haben können. Er würde auf die Probleme aber eine andere Antwort gegeben haben als andere Missionare es taten. Gutmann war fest davon überzeugt, dass das Evangelium den Menschen nicht individualisiert, sondern ihn zu einem besseren Glied der Gemeinschaft macht als zuvor. Gutmanns Einstellung wird im dritten Kapitel ausführlich beschrieben, aber weil Lemas Kritik und Gutmanns Anschauungen hier so weitgehend übereinstimmen, ist Lemas Analyse geeignet, als Hintergrund für die Darstellung Gutmanns zu dienen, bei der auch gezeigt werden kann, wie sich Gutmann von seinen Mitmissionaren unterschied.

Es ist verhältnismäßig leicht, das Bild der Geschichte schön säuberlich schwarz und weiß zu zeichnen. Das gibt markante Konturen, entspricht allerdings nur selten der historischen Wirklichkeit. Die nächsten Kapitel werden zeigen, dass es unter den Missionaren sehr unterschiedliche Einstellungen zur afrikanischen Kultur gab. Es wird eine Reihe von Missionaren dargestellt, die sich von vielen Zeitgenossen dadurch unterschieden, dass für sie die afrikanische Kultur der europäischen gleichwertig war. Die Auswahl ist einseitig getroffen, und die behandelten Missionare sind also nicht repräsentativ für alle Missionare. Aber ich glaube doch, dass sie die verbreitete These von dem selbstverständlichen Gegensatz zwischen Mission und afrikanischer Kultur in Frage stellen. Die positive Einstellung der Missionare basierte auf Ideen der Romantik, die von den Vätern der deutschen Missionswissenschaft, z.B. von Karl Graul und Gustav Warneck, in die Missions-

---

[26] Ibid, S. 30.
[27] Ibid, S. 43/44 und 46.

theologie übernommen wurden. Diese Ideen fanden ihren wichtigsten Ausdruck in den Begriffen der Volkskirche und des Volkstums. Es wird auch aufgezeigt werden, welche theologischen Konzepte die Übernahme von Ideen der Romantik in die Missionsarbeit erleichterten.

Man nimmt oft an, dass bei einer positiveren Einstellung zur afrikanischen Kultur die Missionierung Afrikas erfolgreicher gewesen wäre. Dafür bietet diese Untersuchung keine Belege. Sie liefert auch keine Belege für die Vermutung, dass Afrikaner eine Institution umso mehr bejahen, desto mehr afrikanische Elemente sie enthält. Diese Untersuchung kommt im Gegenteil zu dem Ergebnis, dass die Annahme einer Einrichtung nicht davon abhängt, wie die kulturellen Elemente gemischt sind, sondern welche Rolle diese Einrichtung den Betroffenen vermittelt. In diesem Punkt verhalten sich Afrikaner und Europäer genau gleich.

Einige der in dieser Untersuchung beschriebenen Versuche, Christentum und afrikanische Kultur zu integrieren, schlugen fehl. Hierfür gibt es zwei Erklärungen. Die erste geht davon aus, dass die Missionare eine zu statische Auffassung von afrikanischer Kultur hatten, dass für sie nur afrikanisch war, was seine Wurzeln in der afrikanischen Vergangenheit hatte. Die meisten Afrikaner sahen das anders. Sie wollten die Elemente ihrer Kultur, die ihre Funktion verloren hatten, aufgeben und die Elemente der europäischen Kultur, die sie für wertvoll hielten, in ihre afrikanische Kultur integrieren.

Wenn das akzeptiert wird, muss neu definiert werden, was "afrikanische Kultur" ist. Dann ist nicht das afrikanisch, was irgendwelche Wurzeln in der Vergangenheit hat, sondern das, was die gegenwärtigen Bedürfnisse der Afrikaner erfüllt. Zu den gegenwärtigen Bedürfnissen der Afrikaner gehört sowohl der Wunsch, Elemente ihrer traditionellen Kultur zu bewahren als auch der Wunsch, ihnen nützlich erscheinende Elemente anderer Kulturen in ihre eigene afrikanische Kultur aufzunehmen.[28]

Es muss aber auch gesehen werden, dass der Wind der Zeit der konservativen Einstellung der Missionare entgegenblies. Während der Zeit der "Indirekten Herrschaft" wurde die hohe Wertschätzung der afrikanischen Kultur zur Festigung der europäischen Herrschaft missbraucht und diente als Mittel, den gesellschaftlichen Wandel zu verlangsamen. Deswegen konnte der Nationalismus mit seiner progressiven Führungsschicht sowohl vor als auch

---

[28] *Für eine interessante Studie zu der Frage, was wirklich afrikanisch ist, siehe: Rhodian Munyenyembe, *Christianity and Socio-Cultural Issues. The Charismatic Movement and Contextualization of the Gospel in Malawi*, Mzuzu: Mzuni Press, Zomba: Kachere, 2011.

nach Erreichen der Unabhängigkeit wenig Raum haben für konservative Ideen. Zwei Jahrzehnte nach der Unabhängigkeit hat in Afrika ein neues Nachdenken eingesetzt, was Entwicklung bedeutet. Es fällt auf, dass in diesem Nachdenken manche Ideen Raum finden, die schon die konservativen Missionare teilten. Wenn dies mehr ist als Zufall, dann könnte das zu einer positiveren Wertung der konservativen Einstellung zur afrikanischen Kultur führen, als das in den Jahrzehnten davor geschehen ist. Aber bevor wir darangehen können, die Einzelheiten darzustellen, müssen wir dem kulturellen und theologischen Hintergrund der Missionare unsere Aufmerksamkeit widmen.

2. Die Missionare und die Romantik – Deutsche Wurzeln der hohen Wertschätzung der afrikanischen Kultur

Aufklärung, Romantik und die deutschen evangelischen Missionen

Es ist schwierig, das englische Wort "conservative" ins Deutsche zu übersetzen, da "konservativ" in Deutschland einen reaktionären Unterton hat. Das ist bedauerlich, denn die konservativen Institutionen und deren graduelle Veränderung brauchten durchaus nicht reaktionär zu sein, und wenn in diesem Buch gebraucht, dann ist "konservativ" immer in einem neutralen Sinn gemeint.

Das konservative Gedankengut wurde zuerst in England von Edmund Burke (1729-1797) in seiner berühmten Schrift "Reflections on the Revolution in France" (1790) zusammenhängend formuliert.[1] In Deutschland fand das konservative Gedankengut seinen stärksten Ausdruck in der Romantik, deren geistige Väter Edmund Burke und Johann Gottfried Herder (1744-1803) waren. So wie Burke durch die Französische Revolution motiviert wurde, seine Gedanken zu formulieren, so war die deutsche Romantik eine Reaktion auf die hinter der Französischen Revolution stehende Philosophie der Aufklärung.

Alle philosophischen Richtungen der Aufklärung haben gemeinsam, dass in ihnen der rationale Verstand des autonomen Individuums im Mittelpunkt steht. Deswegen musste die Aufklärung alle außerhalb des Menschen stehende Autorität kritisch sehen, sei es die Autorität der Kirche, des (absoluten) Staates oder der gesellschaftlichen Tradition.

Als Reaktion auf die Aufklärung entdeckte die Romantik die irrationale Dimension des Lebens wieder und schuf so neuen Raum sowohl für die Metaphysik als auch für das Wahrnehmen von Gefühlen. Da die Romantik das gesellschaftliche Werden in einem positiven Licht sah, hatte sie auch Raum dafür, die sozialen Unterschiede (Stände) positiv zu sehen und die Tradition als Mittel zur Weitergabe der Werte vergangener Generationen zu schätzen. Darüber hinaus ermöglichte die positive Sicht der Geschichte auch eine

---

[1] Edmund Burke, *Reflections on the Revolution in France*, 1790. I used Edmund Burke, *Reflections on the Revolution in France,* edited with an introduction by Connor Cruise O'Brien, Harmondsworth: Penguin, 1973.

hohe Wertschätzung der verschiedenen geschichtlich gewachsenen Kulturen.

Eine Gruppe Menschen, die Träger einer gemeinsamen Kultur waren, wurde als Volk bezeichnet, ihre Kultur als das Volkstum. Bald wurde "Volk" einer der Schlüsselbegriffe der deutschen Romantik. Aber nicht nur dort, auch in der Blütezeit der deutschen Missionswissenschaft (19. Jahrhundert, erste Hälfte des 20. Jahrhunderts) war "Volk" einer der tragenden Begriffe.[2] Diese Zeit ist die zweite Periode der deutschen evangelischen Weltmission. Im 18. Jahrhundert war sie geboren worden als Kind des Pietismus, der die Bekehrung des einzelnen und seine Eingliederung in die Gemeinschaft der Christen betonte. Die Mission erwartete nur, einzelne zu gewinnen und sammelte sie in Gemeinden, die durch eine strenge Ethik von der "Welt" getrennt lebten.

In den letzten Jahrzehnten des 18. Jahrhunderts hatte die Missionsarbeit sehr unter dem Rationalismus zu leiden. Als dann die deutsche Weltmission wieder auflebte, kam ihre Kraft meist aus der großen Erweckung, die sich über Deutschland und die Schweiz ausbreitete.[3] Diese Erweckung war ein Teil der deutschen Reaktion gegen den Rationalismus, die durch die Enttäuschung der französischen Revolution und die von ihr hervorgerufenen napoleonischen Kriege verursacht worden war. Damit waren in Deutschland die Erweckung und die von ihr getragene Weltmission eng verbunden mit der Romantik, dem deutschen Nationalismus und der politischen Reaktion. Erweckung und Mission hatten dagegen, anders als in England, wenig zu tun mit Liberalismus, Demokratie und Sozialismus, die sich auf dem Hintergrund der Aufklärung entwickelten.[4] Bis zum Ende des Zweiten Weltkrieges

---

[2] *Johannes Christiaan Hoekendijk, *Kerk en Volk in de Duitse Zendingswetenschap*, Amsterdam 1948. Gekürzte deutsche Fassung: *Kirche und Volk in der Deutschen Missionswissenschaft*, München 1967.

[3] *Allgemein zu diesem Konzept siehe: Klaus Fiedler, "Mission als Theologie der Kirche und Missionen als Kinder der Erweckung," *Evangelikale Missiologie*, 2011, 64-77 und Klaus Fiedler, *Missions as the Theology of the Church. An Argument from Malawi*, Mzuzu: Mzuni Press, 2015. Als eine Studie, die sowohl den Kilimanjaro als auch Malawi berührt, siehe Kapitel 2 in: Steven Paas, *Johannes Rebmann. A Servant of God in Africa before the Rise of Western Colonialism*, Nürnberg: VTR, Bonn: VKW, 2011, S. 19-31.

[4] *In seiner Programmschrift sah William Carey manches Gute in der französischen Revolution (William Carey: *Eine Untersuchung über die Verpflichtung der Christen, Mittel einzusetzen für die Bekehrung der Heiden*. Translated and edited by Klaus Fiedler and Thomas Schirrmacher. With an English list of geographical identifications. (edition afem – mission classics, vol. 1). Bonn: VKW, 1993, 1998, S. 80. Siehe auch: Andrew F. Walls, "Missionary

blieben die meisten evangelischen Missionare in diesem politisch konservativen Kontext.

Die führenden deutschen Missionstheologen waren Karl Graul (1814-1864),[5] der Direktor der Leipziger Mission, und Gustav Warneck (1834-1910), den man als den "Vater der deutschen Missionswissenschaft" bezeichnet. Keiner von beiden leugnete sein pietistisches Erbe, aber für beide war die Bekehrung einzelner Menschen nur der erste Schritt der Missionsarbeit. Endziel war für sie die Errichtung von Volkskirchen. Durch eine Vielzahl von Einzelbekehrungen würden immer größere Teile des Volkes zur Kirche gehören, idealerweise sogar das ganze Volk.

Für die Missionare waren die Begriffe Volk und Volkstum eine Möglichkeit, die Wirklichkeit einer fremden Kultur zu erfahren und zu ihr Stellung zu nehmen. Da die Begriffe Volk und Volkstum und auch die Untertöne, die sie mit sich trugen, sich wandelten, soll hier erst einmal ihre Entwicklung durch folgende Perioden verfolgt werden: Frühe Romantik, späte (politische) Romantik, Neuromantik und Nationalsozialismus.

Der Begriff des Volkes in der frühen Romantik

Vor der Zeit der Romantik meinte Volk die unterste Bevölkerungsschicht, ungebildet und kulturlos ("das einfache Volk"). Auch für die Romantiker ist das Volk die unterste Schicht, aber mit umgekehrtem Prestige. Das ungebildete Volk auf dem Lande ist für sie die authentische und unverdorbene Verkörperung des Volkes und seiner Kultur. Aber das Volk ist für sie noch mehr. Es ist ein lebendiger Organismus, geworden in einem langen geschichtlichen Prozess.[6] Es umfasst die gegenwärtige Generation, aber vereint sie zugleich mit allen vergangenen und noch kommenden Generationen zu einer metaphysischen Einheit. In diesem Organismus hat jeder seinen Wert und seinen bestimmten Platz, so wie im menschlichen Körper jedes Glied seine Funktion hat, aber nicht alle Glieder gleich sind.

Die neue Wertschätzung des Volkes wird bei Johann Gottfried Herder deutlich. Er wandte sich gegen die deutsche Verehrung fremder Kulturen und

---

Societies and the Fortunate Subversion of the Church," *Evangelical Quarterly* 88:2 (1988), 141-155.

[5] *Siehe Jürgen Kuberski, Mission und Wissenschaft. Karl Graul und seine Missionstheologie, PhD, Evangelical Theological Faculty, Leuven, 1993.

[6] Werden ist mehr als der geschichtliche Prozeß. Werden schließt ein, daß ein Endstadium erreicht worden ist, das mehr ist als eine vorübergehende Stufe im geschichtlichen Ablauf.

entwickelte erstmals eine positive Einstellung zum Mittelalter. Herder war überzeugt, dass jedes Volk seine eigene Identität (Nationaldenkart) hat. Für Herder war diese kulturelle Identität des Volkes und nicht die Einzelperson die treibende Kraft der Geschichte. Herder forderte, dass der einzelne nichts sei, das Ganze alles. Er sammelte die Erzählungen, Lieder und Gedichte der Völker, weil er in ihnen die ursprüngliche Kultur zu spüren meinte.[7]

Für Herder manifestierte sich der Charakter eines Volkes an deutlichsten in seiner Sprache. Für ihn hatten die menschlichen Sprachen Anteil am göttlichen Wort (Logos), und nur in seiner Muttersprache konnte der Mensch recht zu Gott beten.[8] Herder betonte die Notwendigkeit des Studiums der deutschen Sprache im Besonderen und der Muttersprache eines jeden Volkes im Allgemeinen.

Herder schuf die Grundlagen für zwei neue Wissenschaften, die Sprachwissenschaft und die Völkerkunde. Die Völkerkunde versucht, jede Kultur als eine in sich geschlossene Größe zu verstehen, die ihr eigenes Wertsystem hat. Dieses Verständnis machte es den Missionaren möglich, die Kulturen der Völker nicht eurozentrisch zu sehen. Sie konnten versuchen, den Afrikanern das Evangelium frei von zufälligen europäischen Beimischungen zu bringen ohne fürchten zu müssen, dadurch die christliche Botschaft zu kompromittieren.

Um das Evangelium den Völkern unter denen sie lebten, verständlich verkündigen zu können, widmeten viele Missionare dem Studium der Kultur ihrer Gastvölker große Aufmerksamkeit. Wenn sie auch oft den Zorn der Völkerkundler auf sich zogen, weil sie den "ursprünglichen" Zustand eines Stammes zerstörten, so lieferten sie doch wesentliche Beiträge zur Völkerkunde, wofür die in diesem Buch behandelten Missionare gute Beispiele sind.

Noch größer war der Beitrag der Missionare zur Sprachwissenschaft. Seit der Reformation war es für Protestanten selbstverständlich, den Gottes-

---

[7] *Die Sammlung des Finnischen Nationalepos Kalevala und des estnischen Nationalepos Kalevipoeg geht zB auf Herdersches Gedankengut zurück.

[8] Die Worte Carl Meinhofs, des führenden deutschen Missionslinguisten, klingen wie ein Echo der Gedanken Herders: "Die Sprache eines Volkes ist nicht zufällig erworben, sondern sie ist der tiefste Ausdruck des Wesens eines Volkes. Völker sprechen wie sie sprechen, weil sie sind, was sie sprechen." [Meine Übersetzung] (*International Review of Missions* 1927, 79). Ähnlich Bruno Gutmann, *Schildwacht am Kilimanjaro*, Kassel 1929, S. 47.

dienst in der Landessprache zu halten und die Bibel in diese Sprache zu übersetzen. Das war leicht, da es in Mittel- und Nordeuropa nur wenige Sprachen gab, die meist von mehreren Millionen Menschen gesprochen wurden. Herder wandte sich aber nicht nur gegen eine für alle unverständliche Kirchensprache, er wandte sich auch gegen die Verwendung einer verständlichen Fremdsprache, wie es das Französische in den Kreisen der Gebildeten in Deutschland damals war.

Diese Grundsätze übertrugen die evangelischen Missionare nach Afrika. Sie waren überzeugt, dass nur in der Muttersprache wirksame Missionsarbeit getan werden könne. Nicht nur, weil die Stammessprachen besser verstanden wurden als eine Lingua Franca, sondern vielmehr, weil die Muttersprache die kulturelle Identität eines Volkes gleichsam wie in einem Brennspiegel zusammenfasst. Um wirklich verständlich zu sein, musste das Evangelium so eng wie möglich auf die kulturelle Identität eines Volkes bezogen werden.

Die Romantik ist nie zu einer klaren Definition des Begriffes "Volk" gelangt. Allgemein wurde die Sprache als das wichtigste konstitutive Element angesehen, obwohl die Sprachbereiche mit den politischen und kulturellen Einheiten häufig nicht übereinstimmten. In Afrika wurde jede ethnische Gruppe ("Stamm"), weil sie eine eigene Sprache hatte, als ein eigenes Volk mit eigener kultureller Identität (Volkstum) angesehen. Die Stämme mussten also getrennt gehalten werden, damit jedes "Volk" sein Volkstum bewahren konnte. Diese Volkstumsidee ermutigte nicht nur die Missionare, die vielen Sprachen intensiv zu studieren, sie belastete die Missionare auch mit der fast nicht zu bewältigenden Aufgabe, die Bibel in all diese vielen Sprachen zu übersetzen.[9]

Volk bedeutete aber nicht nur die Einheit der Generationen, sondern auch die Einheit der Menschen mit dem von ihnen bewohnten Land. Jedes Volk hat sein Vaterland. Dort muss jeder wurzeln. Die Auswanderung, für viele Europäer am Anfang des 20. Jahrhunderts eine Lebensnotwendigkeit, wird unter diesen Voraussetzungen zu einem Drama, und jeder Afrikaner, der sein Vaterland (sprich: Stammesgebiet) verlässt, wird als moralisch gefährdet angesehen, weil er in der Fremde entwurzelt ist.

---

[9] Die deutschen Missionare schafften es nicht, die ganze Bibel auch nur in eine der Stammessprachen zu übersetzen. Bei den Chagga schafften sie häufig nicht einmal die Übersetzung des ganzen N.T. Ernst Jaeschke, *Gemeindeaufbau in Afrika*, Stuttgart 1981, S. 50, weist diese Kritik zurück.

Für Herder und für die frühen Romantiker waren Volk und Nation *kulturelle* Begriffe. Zum deutschen Volk und zur deutschen Nation gehörten alle, die Deutsch sprachen. Es war unwichtig, wie diese Deutschen politisch organisiert waren.[10]

Der Begriff des Volkes in der späten Romantik

In der Zeit um 1810 waren der Theologe Friedrich Schleiermacher (1768-1834) und der Philosoph Johann Gottlieb Fichte (1762-1814) die führenden Denker der Romantik. Für Schleiermacher hatten die Völker Teil an der Ebenbildlichkeit Gottes, so wie für Herder die Sprache Anteil hatte an den Eigenschaften des göttlichen Wortes. Dadurch wurden sowohl die Sprache als auch die Völker zum Teil dem Prozess des geschichtlichen Wandels entzogen, und damit wurden Elemente dieses geschichtlichen Prozesses als göttliche Schöpfung definiert. Ähnliche Gedanken finden sich verschiedentlich bei den hier beschriebenen Missionaren. Fast alle verstanden das Volkstum eines Stammes als eine göttliche Gabe, wenn sie es auch nicht direkt als Teil der Gottebenbildlichkeit definierten. Aber Schleiermachers Methode, bestimmte Elemente des historischen Wandels als göttlich zu definieren, wurde von zwei Missionaren angewandt: Bruno Gutmann schloss die primären Bindungen (Sippe, Nachbarschaft, Altersklasse) in die Gottesebenbildlichkeit ein (Kapitel 3), und Hermann Schnabel verstand die Machtergreifung Hitlers als göttliches Handeln.

Herder brachte jedem Volkstum gleiche Achtung entgegen. Fichte dagegen beschrieb das deutsche Volk als das "Urvolk", das anderen Völkern eine metaphysische Qualität voraushatte.[11] Hier kommt ein neuer Ton hinein, der den Weg bereitet für Gefühle deutscher Überlegenheit, ein Gedanke, den später einzelne deutsche Missionare in Tanzania aufnahmen.

Fichte gab dem Wort Volk auch eine politische Bedeutung. Dieser Wechsel von der unpolitischen (Früh-) Romantik zur politischen (Spät-) Romantik wurde in seinen "Reden an die deutsche Nation", die er 1808 im französisch besetzten Berlin hielt, deutlich. Dadurch erhielt der Staat, auch in seiner äußeren Struktur, Anteil an der metaphysischen Qualität des Volkes.

---

[10] *Diese kulturell definierte unpolitische Haltung liegt dem berühmten Deutschlandlied Hoffmanns von Fallersleben zugrunde: "Von der Maas bis an die Memel, von der Etsch bis an den Belt, Deutschland, Deutschland über alles, über alles in der Welt."

[11] Ausführlich hierzu siehe: Friedrich Meinecke, *Weltbürgertum und Nationalstaat*, München/Berlin 1908, S. 98-120, bes. 117.

Der Begriff des Volkes in der Neuromantik

Als die deutsche Romantik um 1820 zu Ende ging, folgte eine Periode des wachsenden Liberalismus, die in den Revolutionen von 1848 ihren Höhepunkt erreichte. Auf 1848 folgte eine Periode drastischer politischer Restauration. In diese Zeit fallen die Gründung des Deutschen Reiches und der erste Höhepunkt der industriellen Revolution mit ihren sozialen Problemen. Die Einigung des Deutschen Reiches erleichterte die Identifikation von Volk und Staat, obwohl immer noch viele Millionen, deren Muttersprache Deutsch war, nicht zum Deutschen Reich gehörten. Die industrielle Revolution weckte ein nostalgisches Sehnen nach der guten ländlichen Gesellschaftsordnung, die es vor ein oder zwei Generationen (vielleicht) noch gegeben hatte.

Die Neuromantik, die gegen 1880 begann, muss zum Teil als Reaktion auf den sich beschleunigenden sozialen Wandel gesehen werden und ist deshalb durch viele negative Einstellungen gekennzeichnet. Die Gegenwart wurde als eine Zeit des Niedergangs verstanden. So gewannen pessimistische Gefühle in der Neuromantik noch weiteren Raum, und sie verbanden sich manchmal mit einem gewissen Fatalismus gegenüber den gesellschaftlichen Problemen.[12] In der Neuromantik begann die Idee der Rasse im Volksbegriff langsam eine Rolle zu spielen. Einzelne Gruppen gewannen in dieser Zeit die Überzeugung, dass Volk nicht nur durch Kultur, Sprache oder Politik definiert werden dürfe, sondern durch die Rasse bestimmt würde. Dieser Gedanke erfuhr einige Jahrzehnte später im Nationalsozialismus seine extremste Ausbildung.

Der Begriff des Volkes im Nationalsozialismus

Die vierte Welle der Romantik, die für die konservativen Missionare Bedeutung gewann, war die Romantik des Dritten Reiches. Es ist zu Recht einzuwenden, dass der Nationalsozialismus nicht Nachfolger der Romantik war, denn seine Wurzeln lagen anderswo. Aber trotzdem spielten in der völkischen Bewegung und im Nationalsozialismus Elemente aus der Romantik eine wichtige Rolle. Nach 1918 war Deutschland in einer verzweifelten Lage. Der Krieg war verloren, der Friedensvertrag von Versailles hatte Deutschland gedemütigt, im Inneren war Deutschland zerstritten, und die wirtschaftliche Lage wurde zunehmend schlechter. Nach Abwehr der

---

[12] Oswald Spengler, *Der Untergang des Abendlandes*, 2 Bände, 1918/22 erlebte immer wieder neue Auflagen.

schlimmsten Angriffe von innen kam die Inflation, und als sie überwunden war, die Weltwirtschaftskrise.

Als Antwort auf diese permanente Krise machte sich ein neues Bewusstsein deutscher Identität bemerkbar, das seinen stärksten Ausdruck in der völkischen Bewegung fand. Für die völkische Bewegung waren die Deutschen eine besondere Rasse und hatten einen besonderen Auftrag, mit dem der gegenwärtige Zustand der Demütigung nicht zu vereinbaren war.

Die völkische Bewegung wandte sich gegen alles, was von der Aufklärung herkam und lehnte deswegen Liberalismus, Sozialismus und Demokratie ab. Die Deutschen waren das führende Volk der Welt. Um die deutsche Wiedergeburt zu erreichen, mussten die Parteien abgeschafft werden, und jedes Individuum musste das Wohl des Ganzen (des Volkes) vor sein eigenes Wohl setzen.

Die deutsche Kultur musste von allem Fremden gereinigt werden. Einige forderten deswegen Ersatz des Christentums durch eine deutsche Religion, andere (z.B. die Deutschen Christen) wollten es von allen jüdischen Elementen reinigen. Viele verschiedene Gruppen bildeten die völkische Bewegung, die meisten von ihnen gingen 1933 im Nationalsozialismus auf.

Da der Nationalsozialismus über viele Jahre hin seinen antichristlichen Charakter verbarg, fanden seine Ideen auch bei engagierten Christen Anklang. Auch Missionare kamen unter diesen Einfluss, z.B. einige konservative Herrnhuter Missionare.

Die evangelische Mission und die Romantik

Die Romantik war ursprünglich keine religiöse Bewegung, aber viele der frühen Romantiker wurden später engagierte Christen. Diese Tatsache und der aufbrechende Patriotismus öffneten die Kirche für die Ideen der Romantik.[13] Die in diesem Buch behandelten Missionare kamen indirekt unter

---

[13] Johannes Christiaan Hoekendijk, *Kerk en Volk in de Duitse Zendingswetenschap*, Amsterdam 1948, gekürzte deutsche Ausgabe: *Kirche und Volk in der deutschen Missionswissenschaft*, München 1967, untersucht sehr ausführlich den Einfluß der Romantik auf die deutsche Missionstheologie. Seine Einstellung zeigt er deutlich in dem Zitat, das er seiner Einleitung voraus stellt: "One of the first things that the Church of today has to do in its postwar penitence is to come out from under the spell cast upon it by Romanticism" (A.N. Wilder, "The Spirit of Our Culture," in C.T. Craig (ed.), *The Challenge of Our Culture*, New York 1946, S. 142). Eine faszinierende englische Darstellung der völkischen Bewegung ist: George L. Mosse, *The Crisis of German Ideology: Intellectual Origins of the Third Reich* (London 1966).

den Einfluss der Romantik. Viele Ideen der Romantik, wie Volk und Muttersprache, waren schon Gemeingut geworden.

Ein direkter Einfluss geschah durch die Übernahme des Volksbegriffes in die Missionstheologie und durch deren Definition des Missionszieles als der Errichtung von Volkskirchen.

Die Missionare standen zeitlich der Neuromantik näher, und so sind hier auch eher direkte Einflüsse zu erwarten. Zwei wichtige Kanäle dieser Einflüsse waren die Dorfkirchenbewegung und die Jugendbewegung. Die Industrialisierung hatte das Leben in den deutschen Dörfern drastisch gewandelt. Viele empfanden diesen Wandel als Verlust, und die Dorfkirchenbewegung hatte es sich zum Ziel gesetzt, ein geistliches Gegengewicht zu schaffen.[14]

Der Beginn der Dorfkirchenbewegung kann auf 1907, das Jahr der ersten Veröffentlichung der Zeitschrift "Die Dorfkirche", datiert werden. H. Sohnray, der Gründer der Zeitschrift, wollte damit helfen, das Selbstbewusstsein der Kirche auf dem Dorfe zu fördern.[15] Von 1913 an wurden in verschiedenen Gegenden Deutschlands zum gleichen Zweck Dorfkirchentage abgehalten. Die Dorfkirchenbewegung sah Deutschland in einer durch den Individualismus verursachten Krise. Die Dorfgemeinschaft verlor ihre bindende Kraft, Industrie, Technisierung und weltweiter Handel machten sich bis ins letzte Dorf bemerkbar und brachten Unsicherheit, Heimatlosigkeit und eine Schwächung der Familienbande.[16] In dieser Situation bemühte sich die Dorfkirchenbewegung um eine Wiedergeburt des deutschen Dorfes durch eine positive Verbindung des Evangeliums mit allen Aspekten des Lebens auf dem Lande. Dies, so wurde es zum 25jährigen Jubiläum formuliert, sollte auf der Grundlage geschehen, dass Familie, Volk und Volkstum als göttliche Ordnungen angesehen werden.[17] Die Dorfkirchenbewegung bemühte sich, ländliches Brauchtum zu bewahren und weiterzuentwickeln, um das Dorfleben zu bereichern. Aber mehr noch ging es darum, dass alle Glieder der Dorfgemeinschaft ihre Abhängigkeit voneinander und ihre Verantwortung füreinander erkannten.

---

[14] G. Holtz, "Dorfkirchenbewegung," in *RGG* 3 II, 248-249. Der Jahrgang 1932 der Dorfkirche wurde hier weitgehend benutzt, weil er als Jubiläumsjahrgang viele rückschauende Artikel enthält.
[15] *Die Dorfkirche* 1932, 257.
[16] *Die Dorfkirche* 1932, 33-37.
[17] *Die Dorfkirche* 1932, 40-44.

Wie Kapitel III zeigen wird, finden sich viele Ideen aus der Dorfkirchenbewegung in Old Moshi wieder. Bruno Gutmann war von Anfang an Abonnent der Dorfkirche und ab 1927 regelmäßiger Mitarbeiter.

Die andere neuromantische Bewegung, die die Missionare direkt beeinflusste, war die Jugendbewegung, die eine Revolte gegen die als hohl und dekadent verstandene bürgerliche Gesellschaft war. Die Jugendbewegung entwickelte eine von aller äußeren Autorität freie Jugendkultur, in deren Zentrum die Ideale der Reinheit und Wahrheit standen. Wann immer es möglich war, verließen die jungen Leute die Städte, um nach ihrem eigenen Lebensstil, nahe der Natur und fern aller städtischen Dekadenz, ein freies Leben auf dem Lande zu führen. Auf ihren Fahrten entdeckte die Jugend den Wert des einfachen Lebens auf dem Lande, sie entdeckte die Volksmusik, schuf sich eine eigene Mode und entwickelte eigene Weisen, Feste zu feiern.[18]

Die Suche nach dem Sinn des Lebens brachte viele Gruppen der Jugendbewegung in Berührung mit der Kirche. Eine Gruppe, die Jugend-bewegung und Christentum verband, war die Berneuchener Bewegung, die in der evangelischen Kirche zur Wiederentdeckung der liturgischen Tradition der alten Kirche führte und die neue Formen des öffentlichen Gottesdienstes und der persönlichen Frömmigkeit schuf.[19] Einige Herrnhuter Missionare der 30er Jahre waren von der Jugendbewegung beeinflusst und auch von der Singbewegung,[20] die im Rahmen der Jugendbewegung einen neuen Stil geistlichen Singens schuf und die Kirchenmusik durch Rückgriff auf die Volksmusik und auf die Musik vor dem 17. Jahrhundert neu belebte.[21]

---

[18] Walter Z. Laqueur, *Young Germany. A History of the German Youth Movement*, New York 1962; Michael H. Kater, "Bürgerliche Jugendbewegung und Hitlerjugend in Deutschland von 1926 bis 1939" in: *Archiv für Sozialgeschichte*, XVII, 1977, 127-174.

[19] Elsbeth Hagmann, *Berneuchen: Ein Weg zur Kirche*, Kassel: Bärenreiter Verlag 1972. Auch: Hans Carl von Haebler, *Geschichte der evangelischen Michaelsbruderschaft von ihren Anfängen bis zum Gesamtkonvent 1967*, Selbstverlag 1975, bes. S. 3-13 und 30-42.

[20] *Für einen Artikel, der die Singbewegung im Rahmen des Christlichen Sängerbundes beschreibt und den Wandel von den Heilsliedern zum neuen Singgut beschreibt, siehe: Horst Krüger, "Die Singbewegung. Paul Ernst Ruppel und der Christliche Sängerbund," *Freikirchenforschung* 22, 2013, S. 110-133, esp. 112-117.

[21] Die Noten der Singbewegung erschienen zum großen Teil im Bärenreiter Verlag, Kassel, der einige von Gutmanns Büchern veröffentlichte und auch die Literatur des Berneuchener Kreises.

Die hier behandelten konservativen Missionare sprachen nicht über Romantik, und die meisten waren sich sicher nicht klar darüber, wie stark sie von ihr beeinflusst waren, weil die Romantik schon selbstverständlicher Bestandteil der deutschen Kultur geworden war. In Deutschland gab es eine starke konservative kulturelle Tradition, aber anders als in England gab es keine Partei, die dem konservativen Gedankengut politischen Ausdruck verleihen konnte. Ein Grund für das spätere Wachsen des Nationalsozialismus war die Tatsache, dass viele Konservative in ihm irrtümlich die Vertretung ihrer Interessen sahen. Dieses Missverständnis führte selbst für die Herrnhuter Mission zu schweren Belastungen ihrer Arbeit.

Wichtige theologische Konzepte

Drei wichtige theologische Konzepte halfen mit, den Missionaren die positive Einschätzung der afrikanischen Kultur zu ermöglichen: der Gedanke der Volkskirche und die damit verbundenen Konzepte der Adiaphora (Mitteldinge) und der praeparatio evangelii (Vorbereitung für das Evangelium).

Während ihrer ersten zwei Jahrhunderte waren die Protestanten in Deutschland wenig an Weltmission interessiert, und deswegen kam auch die Frage nach dem Verhältnis zwischen dem Christentum und einer fremden Kultur kaum auf.[22] Allerdings bedeutete die Reformation selbst eine starke Anpassung an die deutsche Kultur.

Bartholomäus Ziegenbalg, der erste deutsche evangelische Missionar in Indien, lernte Tamil (sowohl die gesprochene Sprache als auch die Schriftsprache) fließend und studierte intensiv den Hinduismus in Tranquebar, weil er überzeugt war, dass für eine wirksame Verkündigung des Evangeliums eine gute Kenntnis der Kultur des Gastlandes Voraussetzung sei. Aber die Leitung der Dänisch Halleschen Mission war an seinen Studien nicht interessiert, und es dauerte über 100 Jahre, bis seine Darstellung des Hinduismus veröffentlicht wurde.[23]

Der erste Missionstheologe, der sich mit dem Problem der Anpassung des Evangeliums an eine fremde Kultur beschäftigte, war Nikolaus Ludwig Graf

---

[22] Eine knappe Übersicht über diese Zeit bietet: Hans Werner Gensichen, *Missionsgeschichte der neueren Zeit*, Göttingen 1961. Zur Zeit der Reformation siehe besonders S. 5-10.

[23] Arno Lehmann, *Es begann in Tranquebar*, Berlin (Ost) 1956, S. 46-58, bes. S. 56. *Für eine ausführliche Studie siehe: Daniel Jeyaraj, *Inkulturation in Tranquebar. Der Beitrag der frühen dänisch-halleschen Mission zum Werden einer indische-einheimischen Kirche (1706-1730)*, Erlangen: Verlag der Ev.-Luth. Mission, 1996.

von Zinzendorf (1700-1760). Er riet seinen Missionaren, "die Seelen nicht mit der Herrnhuter Elle zu messen.[24]" Dieser Rat wurde bei der Frage, ob Polygamisten getauft werden sollten, klar befolgt; in anderen Dingen ähnelten die frühen Herrnhuter Missionsgemeinden aber sehr ihren deutschen Vorbildern.[25]

Die Leipziger Mission, die die von Ziegenbalg begonnene Arbeit in Tranquebar später fortführte, bemühte sich sehr um die Einpassung des Christentums in die indische Kultur. Der führende Theologe der Leipziger Mission war Karl Graul (1814-1864), der sich während seines Aufenthaltes in Indien als Visitator eine tiefe Kenntnis der Tamil Kultur erwarb. Er vertrat die Ansicht, dass der Missionar nur dort in die Kultur des Gastlandes eingreifen dürfe, wo sie mit dem Evangelium völlig unvereinbar sei.[26] Als eine Generation nach Grauls Tod Leipziger Missionare ihre Arbeit in Tanzania begannen, waren sie stark von seinen Gedanken beeinflusst, und auch Bruno Gutmann war von der Übereinstimmung seiner Gedanken mit denen Grauls überzeugt.[27]

Der bedeutendste deutsche Missionstheologe nach Karl Graul war Gustav Warneck (1834-1910).[28] Er definierte die Volkskirche als das grundlegende Ziel aller Missionsarbeit. Grauls Konzept der Adiaphora, Warnecks Konzept der Volkskirche als Missionsziel und die spätere Idee der praeparatio evangelii halfen sehr, eine positive Einstellung zur afrikanischen Kultur zu gewinnen.

Adiaphora

Adiaphoron (Plural: Adiaphora) ist ursprünglich Griechisch und heißt: die Dinge dazwischen. Als theologischer Fachausdruck bezeichnet es den Bereich, der an sich ethisch weder gut noch böse ist. Die Adiaphora unter-

---

[24] Nikolaus Ludwig von Zinzendorf, *Instructionen der Brüder die unter die Heiden (Samojeten) gegangen* (Herrnhut 1736). Leichter zugänglich in: Nikolaus Ludwig Zinzendorf, *Texte zur Mission*, hrsg. von Helmut Bintz, Hamburg 1979, S. 39-42, besonders S. 41.

[25] *Interessant sind hier die Bilder von Genadendaal, der ersten Herrnhuter Siedlung in Africa: www.safrika.org/morav_en.html; http://viewoverberg.com /Genadendal.asp.

[26] Siefried Krügel, *Hundert Jahre Graul Interpretation*, Berlin/Hamburg 1965 (mit ausführlicher Bibliographie).

[27] Bruno Gutmann, "Von Innen nach Außen," in: *In alle Welt*, 1949, 42-44.

[28] Er gründete die "Allgemeine Missionszeitschrift" zur Förderung der Missionswissenschaft. Seine berühmtesten Bücher sind: *Abriß einer Geschichte der protestantischen Mission* (1882) und *Missionswissenschaft* (5 Bände, 1982–1902).

stehen sozusagen dem "bürgerlichen Recht", die Kirche nimmt zu ihnen normalerweise nicht Stellung. Adiaphora sind z.B. der Staat, bürgerliches Recht, Erholung, Essen und Trinken usw., also der größte Teil des sozialen Gefüges eines Volkes.[29] Für Graul war auch das indische Kastensystem ein Adiaphoron. Er übersah die religiösen Aspekte der Kaste nicht, stufte sie aber doch als überwiegend zur sozialen Ordnung des Volkes gehörend ein. Als soziale Ordnung musste die Kaste in der Kirche geduldet werden, allerdings mussten die negativen Seiten des Kastensystems durch das Vorbild der Kirchenführer und durch Erziehung bekämpft werden. Auf diese Weise würde das Kastensystem allmählich ohne Gewaltanwendung durch die Kraft des Evangeliums überwunden werden.[30]

Am Kilimanjaro folgte die Leipziger Mission den gleichen Prinzipien wie in Indien. Die Theologie der Adiaphora machte es möglich, die Beschneidung zu erlauben, das Biertrinken zuzulassen und die Zahlung des Brautpreises beizubehalten. In diese sozialen Ordnungen hatte die Kirche nicht einzugreifen. Damit war es aber auch schwierig, traditionelle Riten zu christianisieren. Denn wie kann man etwas christianisieren, was man vorher als nicht-religiös definiert hat?

Die Volkskirche

Zinzendorf und den ersten Herrnhuter Missionaren ging es nur darum, einzelne zu gewinnen als "Erstlingsfrüchte" des Reiches Gottes. Deswegen war Zinzendorf überzeugt, dass die dreißig Todesfälle unter den Missionaren in den ersten Jahren durch die etwa einhundert Bekehrungen weit aufgewogen worden seien.[31] Aber noch zu Zinzendorfs Lebzeiten erreichte die Zahl der Bekehrungen eine unerwartete Höhe, und damit begann ein Prozess des Umdenkens, der seinen Höhepunkt darin erreichte, dass um die Jahrhundertwende beschlossen wurde, dass bei der neugegründeten Missions-

---

[29] *Den entgegengesetzten Pol repräsentieren die Adventisten. Siehe dazu für Malawi: Macleard Banda, "The Remnant and its Mission." An Investigation into the Interaction of the Seventh-day Adventist Church with Society in Malawi, PhD, Mzuzu University, 2014, und für Tanzania Stefan Höschele, "Christian Remnant - African Folk Church: The History of Seventh-Day Adventism in Tanzania, 1903-1980", PhD, University of Malawi, 2005, published as: Stefan Höschele, *Christian Remnant – African Folk Church: Seventh-day Adventism in Tanzania, 1903-1980*, Leiden: Brill, 2007.

[30] Paul Fleisch, *Hundert Jahre Lutherische Mission*, Leipzig 1936, S. 50-65.

[31] Hermann Römer, *Nicolaus Ludwig Graf von Zinzendorf: Sein Leben und Wirken*, Gnadau 1900, S. 71/72.

arbeit in Tanzania nicht die Einzelbekehrung das Missionsziel sein solle, sondern die Gründung einer Volkskirche.[32]

Volkskirche ist genauso schwierig zu definieren wie das Wort Volk. In der Praxis meint Volkskirche eine Kirche, die einen beträchtlichen Teil der Bevölkerung (idealerweise alle Bewohner) eines gewissen Gebietes umfasst und zugleich eine positive Wertschätzung der kulturellen Identität der Einwohner dieses Gebietes hat. Die Idee der Volkskirche ermöglicht den Missionaren eine weitgehende Anpassung an die Kultur des Gastlandes. Da ein möglichst großer Teil der Bevölkerung gewonnen werden soll, können die Forderungen der Missionare nicht zu streng sein. Außerdem wird die soziale Ordnung als im Grunde gut angesehen. Das verringert die Konflikte mit Eltern, Sippe und Häuptling.

Praeparatio evangelii (Vorbereitung für das Evangelium)

Der typische Vertreter dieser Theologie in Tanzania ist kein deutscher Missionar, sondern Bischof Vincent Lucas von der Universities Mission to Central Africa (UMCA). Aber da er unter den englischen Missionaren eine Ausnahme war und er auch in Tanzania arbeitete, sind seine Gedanken als Vergleichsmaterial sehr wichtig. Zudem kannten die meisten der in diesem Buch behandelten Missionare seine Ideen.

Vincent Lucas konnte sich nicht mit der künstlichen Unterscheidung zwischen religiösem Ritus und säkularem Familienereignis, die das Konzept der Adiaphora ermöglichte, zufriedenzugeben. Das Konzept der praeparatio evangelii machte eine Christianisierung traditioneller Riten möglich. Lucas war überzeugt, dass sich Gott den Afrikanern in ihrer Religion "nicht unbezeugt gelassen habe." So sah er z.B. das Mehlopfer unter dem *msolo* Baum als eine Vorschattung des wahren Opfers Christi auf Golgatha, und die Afri-

---

[32] *Die aus der Missionsarbeit der (meist deutschen und dänischen) Herrnhuter hervorgegangenen Kirchen in Tanzania sind in der Tat Volkskirchen. Eine Darstellung der Geschichte ist: Teofilo H. Kisanji, *Historia Fupi ya Kanisa la Kimoravian Tanganyika Magharibi*, np, nd [c1970]. Diese Kirchen haben sich inzwischen über die von der Mission Comity ursprünglich gesetzten Grenzen hinaus ausgebreitet. Für die Ausbreitung in die lutherischen Gebiete um Njombe (früher Berliner Mission) siehe: Gabriel Mgeyekwa, The Building of Congregational Life in the Evangelical Lutheran Church of Tanzania, Southern Diocese, PhD, University of Malawi, 2007, S. 74, 86, 146, und für Malawi siehe: Katoto Mtambo, The Relationship between the Livingstonia Synod and the Moravian Church and the Coming of the Moravian Church to Chitipa 1888-2005, BA, University of Malawi, 2005.

kanische Religion sah er als einen wilden Obstbaum an, der durch das Evangelium veredelt wird.[33]

Es ist zu bezweifeln, ob die Afrikaner wirklich das Mehlopfer so verstehen konnten wie Lucas, aber zweifellos bot der Gedanke der "Vorbereitung auf das Evangelium" der christlichen Kirche die Möglichkeit, vorchristliche Tradition für sich in Anspruch zu nehmen und traditionelle Riten bewusst zu christianisieren.[34] Das Konzept der Adiaphora erlaubte dagegen nur das Fortbestehen von Ordnungen, die als "nicht-religiös" eingestuft wurden.

Eine eigenständige deutsche Missionstheologie

Lucas' Gedanken finden sich auch bei Ernst Johanssen (Kapitel IV), der sogar auch das Bild von der Veredelung gebraucht. Gab es nun so etwas wie eine eigene deutsche Missionstheologie?

Die große Bewegung der evangelischen Weltmission hatte ihren Ursprung in England, und auch im 20. Jahrhundert waren die meisten protestantischen Missionare englischsprachig. Die größte anderssprachige Gruppe war die deutschsprachige.[35] Deutsche Missionstheologen neigten dazu, die Eigenständigkeit ihres Beitrages zu betonen und unter den nicht-englischen ("kontinentalen") Missionen eine führende Stellung zu beanspruchen.

Obwohl der deutsche Anteil an der Weltmission im 20. Jahrhundert immer klein war,[36] gibt die Missionsgeschichte den Deutschen ein gewisses Recht auf eine besondere Stellung, weil die in England aufgebrochene Bewegung zur Weltmission als erstes großes Land Deutschland erreichte, und weil Männer wie Graul und Warneck schon sehr früh bedeutende missiologische

---

[33] Seine Ansichten legt er dar in: W.V. Lucas, "The Christian Approach to Non-Christian Customs" in: E.R. Morgan (ed), *Essays Catholic and Missionary*, London 1928, S. 114-151.

[34] *Hierzu das erste von mir herausgegebene (und ins Deutsche übersetzte) Buch: Robin Lamburn, *Die Yao von Tunduru. Begegnung von Stammessitte und Evangelium*, Wuppertal 1967. Später gab ich es gemeinsam mit meinem Mentor, Prof. Noel Q. King, heraus als: Robin Lamburn, *From a Missionary's Notebook. The Yao of Tunduru and other Essays*, Saarbrücken/Ft Lauderdale: Breitenbach, 1991.

[35] *Bei der großen Weltmissionskonferenz 1910 in Edinburgh, bei der die Missionsgesellschaften entsprechend ihrer Größe vertreten waren, nahmen 98 deutsche Delegierte teil, verglichen mit über 1000 Delegierten aus Grossbritannien und den USA. Für (m)eine evangelikale Darstellung von Edinburgh 1910 siehe: Klaus Fiedler, "Edinburgh 1910, Africa 2010 and the Evangelicals", *Studia Historiae Ecclesiasticae*, xxxvi (3) Okt 2010.

[36] Etwa 5% (Julius Richter, *Die deutsche evangelische Weltmission in Wort und Bild*, Nürnberg 1941, S. 27).

Konzepte entwickelten. Hinzu kommt noch, dass die politische Spannung zwischen Deutschland und England selbst unter Missionaren zu Missverständnissen und Spannungen führte.

Das spezielle deutsche Missionsverständnis spiegelt sich in der von Gustav Warneck gegründeten Kontinentalen Missionskonferenz wider.[37] Zu ihr gehörten keine angelsächsischen Missionare. Das Schwergewicht der Konferenz lag auf der missionstheologischen Diskussion, in der die deutschen Beiträge ein deutliches Übergewicht hatten. Die Tatsache, dass die nichtdeutschen Teilnehmer stark fluktuierten, zeigt, dass die führende deutsche Stellung nicht alle befriedigte.

Da es so viele unterschiedliche deutsche und englische Missionare gab und in ihre Unterschiedlichkeiten zudem noch politische Motive hineinspielten, sind Verallgemeinerungen gefährlich. Aber man kann doch, etwas vereinfacht, es so ausdrücken, dass in den 30er Jahren die Grundfrage der angelsächsischen Missionstheologie die Errichtung selbständiger Kirchen war, die Grundfrage der deutschen Missionstheologie die Frage nach der bodenständigen Kirche. Das Wirken von Bischof Lucas zeigt, dass solche Verallgemeinerungen nur eine Teilwahrheit sind, und in dieser Arbeit wird auf Lucas verwiesen, um Parallelen zwischen "englischem" und "deutschem" Denken aufzuweisen. Trotzdem waren die deutschen Missionare jener Zeit in Tanzania durchweg konservativer als die englischen Missionare.

Die folgenden Kapitel werden zeigen, wie einzelne Missionare ihre Vorstellung von der bodenständigen Kirche verwirklichten und wie die afrikanischen Gemeinden darauf reagierten.

---

[37] Marcia Wright, *German Missions in Tanganyika 1891 – 1941*, beschreibt in Kap. 2 die Entwicklung dieser Konferenz.

3. Das Evangelium als Erfüllung - Bruno Gutmanns Arbeit unter den Chagga 1902-1920

Der bedeutendste der konservativen Missionare in Tanzania war Bruno Gutmann (1876-1966). Als Missionar der Leipziger Mission arbeitete er von 1902 bis 1938 unter den Chagga mit einer Unterbrechung 1920-1925, weil der Versailler Friedensvertrag alle Deutschen für fünf Jahre aus dem Mandatsgebiet ausschloss. Nachdem Gutmann mehrfach versetzt worden war, übernahm er 1910 die Station Old Moshi. Dort blieb er bis 1938.[38]

Gutmanns Verständnis der Chagga Kultur

Gutmann unterschied sich von anderen Missionaren seiner Zeit durch sein Menschenbild. Nach Lema war der für die Chagga Kultur zerstörerische Faktor in der Missionsarbeit die Betonung individueller Verantwortung und Leistung durch die Missionare.[39] Gutmann hatte eine entgegengesetzte Einstellung. Er sah den Menschen nicht als isoliertes Individuum, sondern als organisches Glied einer Gemeinschaft. Er wollte nicht einzelne Chagga aus ihrer Gesellschaft herausbrechen, sondern das Christentum tief in der Gesellschaftsordnung der Chagga verwurzeln.

Das schloss für ihn die Bekehrung einzelner ein, aber jeder Chagga, der sich der christlichen Botschaft zuwandte, war verpflichtet, denen zu dienen, die durch Familie, Nachbarschaft und Altersgruppe mit ihm organisch verbunden waren (seine "Nächsten"). Wer sich zum Christentum bekehrte, sollte

---

[38] Um einen Einblick in die Gedankenwelt Gutmanns zu gewinnen, sind zwei Bücher geeignet, die von seinem Mitarbeiter und Nachfolger in Old Moshi herausgegeben sind: Ernst Jaeschke, *Gemeindeaufbau in Afrika: Die Bedeutung Bruno Gutmanns für das afrikanische Christentum*, Calwer Theologische Monographien, Reihe C, Band 8. Stuttgart 1981; Bruno Gutmann, *Afrikaner Europäer in nächstenschaftlicher Entsprechung*. Gesammelte Aufsätze anläßlich des 90. Geburtstages von Bruno Gutmann herausgegeben von Ernst Jaeschke, Stuttgart 1966. Das Buch enthält ein fast vollständiges Literaturverzeichnis der Arbeiten Gutmanns mit 500 Titeln. Nachträge in Jaeschke, *Gemeindeaufbau in Africa*, S. 319 und *Lutherisches Missionsjahrbuch* 1969, S. 103 f. und im Anhang D der Erstausgabe dieses Buches. - *Eine nichtchristliche Wertschätzung des Lebens und der Arbeit Bruno Gutmanns bietet: Tillmann Prüfer, *Der heilige Bruno: Die unglaubliche Geschichte meines Urgroßvaters am Kilimanjaro*, Reinbeck: Rowohlt, 2015.

[39] Siehe Einleitung, S. 15/16.

die Bindung an seine soziale Gemeinschaft ("Volksgemeinschaft") nicht lösen, sondern sie im Gegenteil festigen.[40]

Die Gemeinschaft, der der einzelne verpflichtet ist, definiert Gutmann durch die "urtümlichen Bindungen." Der Ausdruck "urtümliche Bindungen" hat Anklänge von antiquiert für den heutigen Leser. Für Gutmann bezeichnet "urtümlich" nicht das, was in der Vorzeit war, sondern das, was heute grundlegend und als göttliche Ordnung verbindlich ist, weswegen ich sie "primäre Bindungen" nenne.[41] Gutmann kennt drei primäre Bindungen: Sippe, Nachbarschaft und Altersklasse. Die bindenden Elemente der primären Bindungen waren also die Blutsverwandtschaft, der gemeinsame Wohnort und das gemeinsame Erleben Gleichaltriger.[42] Für Gutmann waren die primären Bindungen nichts für die Chagga Spezielles, sondern die gottgegebene Grundlage jeder Gesellschaftsordnung überall in der Welt.

Diese seine Überzeugung drückte Gutmann auch theologisch aus: Für ihn war der Mensch nicht als Einzelwesen geschaffen, sondern also Glied einer Gemeinschaft. Die primären Bindungen sind Teil der Gottebenbildlichkeit des Menschen. Nicht der einzelne Mensch ist für Gutmann Ebenbild Gottes, sondern der Mensch, der im "Grundstande" der Schöpfung lebt.[43] Diesen Grundstand definiert Gutmann durch die drei primären Bindungen.[44] Von diesen primären Bindungen ist die Sippe am wichtigsten, die Altersklasse am wenigsten wichtig.[45]

Auf diese Weise war es Gutmann möglich, die grundlegenden Aspekte der Gesellschaftsordnung der Chagga ausgesprochen positiv zu werten. Ihm war klar, dass die Sünde die ursprüngliche Schöpfung Gottes überall in der

---

[40] Bruno Gutmann, "Die gegenwärtige Lage der Dschaggamission," in: *Jahrbuch der Sächsischen Missionskonferenz* 1912, S. 65.

[41] *Um dies auszudrücken, habe ich die Englische Übersetzung der Urtümlichen Bindungen von "primordial ties" zu "primal ties" verändert, und deswegen benutze ich in dieser deutschen Ausgabe den Ausdruck: "Primäre Bindungen." Dies drückt heute Gutmann's Konzept besser aus als sein eigenes Wort "Urtümliche Bindungen."

[42] Ernst Jaeschke, *Gemeindeaufbau* S. 62-70; J.C. Winter, *Bruno Gutmann*, Clarendon 1979, S. 6-7.

[43] Bruno Gutmann, *Afrikaner – Europäer*, S. 172. Das letzte große Werk Gutmanns sollte den Titel "Der grundständige Mensch" tragen. Aus ihm sind Teile in *Afrikaner – Europäer in nächstenschaftlicher Entsprechung* veröffentlicht.

[44] Bruno Gutmann, *Afrikaner – Europäer*, S. 204.

[45] Bruno Gutmann, *Christusleib und Nächstenschaft*, Feuchtwangen 1931, S. 37-38. Für Fritze war die Altersklasse wesentlich wichtiger.

Welt verzerrt hat,[46] aber er war ebenso überzeugt davon, dass die Gesellschaftsordnung der Chagga dem Willen Gottes viel näher stand, als die der Deutschen und der meisten europäischen Völker.[47]

Andere Aspekte der Gesellschaftsordnung der Chagga konnte Gutmann zwar nicht direkt als göttliche Schöpfung identifizieren, konnte sie aber trotzdem in einem sehr positiven Licht sehen. Hierfür drei Beispiele: das erste ist seine Einstellung zur Autorität der Häuptlinge und zur gesamten politischen Ordnung. Für Gutmann war die Herrschaft des Häuptlings aus der primären Bindung der Sippe entstanden und deshalb eine für die Chagga ausgesprochen geeignete Form der politischen Organisation. Deswegen verdiene das Häuptlingstum die volle Unterstützung der Kirche.[48]

Das zweite Beispiel ist die Folklore. Folklore hat für Gutmann wenig Beziehung zu den primären Bindungen, aber er versteht Folklore als einen wichtigen Ausdruck des Gemeinschaftslebens der Chagga, und als solcher verdiene sie die Aufmerksamkeit der Kirche. Gutmann war nicht daran interessiert, die Folklore um ihrer selbst willen zu erhalten, weil er überzeugt war, dass das Gemeinschaftsleben der Chagga auch andersartige Ausdrucksformen finden konnte.

Das dritte Beispiel sind die Übergangsriten, deren wichtigster die Beschneidung ist, die bei den Chagga an Jungen und Mädchen vorge-nommen wird. Dieser Ritus mit dem dazugehörigen Unterricht diente unter anderem dazu, die Heranwachsenden auf die sozialen Pflichten vorzubereiten, die der Status des Erwachsenen mit sich brachte. Diesen Unterricht hielt Gutmann für überaus wichtig, aber nicht die Beschneidung selbst.

Das alles bedeutete, dass Gutmann zu Kultur und Gesellschaftsordnung der Chagga eine nicht unkritische aber eindeutig positive Einstellung hatte. Die Theologie der primären Bindungen ermöglichte es Gutmann, wichtige Teile der Gesellschaftsordnung der Chagga als göttliche Schöpfung anzusehen. In diesem Bereich hat für ihn die Kirche keine Wahl, sie muss die prim Bindun-

---

[46] Bruno Gutmann, "Urtümliche Bindungen und Sünde," in: *Neue Allgemeine Missionszeitschrift*, 1934, 20-31.

[47] Ähnlich positiv wie die Chagga bewertete Gutmann in Europa nur die Serben, die Donauschwaben und die Siebenbürger Sachsen.

[48] Ausführlicher dazu der Artikel: "Die Bindekräfte im Banturechte und ihre Bedeutung für den Erhalt afrikanischen Volkstums," in: *Zeitschrift für vergleichende Rechtswissenschaft*, 1922, 242-258, bes. 242f und 251ff Auch: Bruno Gutmann, "Feldbausitten und Wachstumbräuche der Wadschagga," in: *Zeitschrift für Ethnologie*, 1913, 475-512, bes S. 504.

gen der Sippe, der Nachbarschaft und der Altersklasse um jeden Preis verteidigen, weil Gott sie als die Gefäße geschaffen hatte, die das Evangelium aufnehmen sollen.

Weil Gutmann die politische Struktur als von den primären Bindungen abgeleitet verstand, war es ihm möglich, sie voll zu unterstützen. Gutmann hätte durchaus den Satz unterschrieben, dass die politische Struktur sich grundlegend ändern könnte, ohne damit notwendig in Gegensatz zum Evangelium zu geraten, aber genauso wie die Vertreter der Indirekten Herrschaft erwartete er nicht, dass solche schwerwiegenden Veränderungen noch zu seinen Lebzeiten sich ereignen könnten.[49] Im Bereich der Folklore erwartete Gutmann schnellere Veränderungen. Er bemühte sich liebevoll um Chagga Folklore und versuchte, sie so weit wie möglich in das Gemeindeleben hineinzunehmen, aber für ihn war sie nur ein *möglicher* Ausdruck der Chagga Kultur, durchaus durch andere Ausdrucksformen ersetzbar. So bereitete es ihm kein Problem, die christliche Chagga Folklore mit Elementen aus Europa anzureichern.

Ähnlich war Gutmanns Einstellung zur Beschneidung. Der damit verbundene Unterricht musste erhalten bleiben, weil es in ihm um die primären Bindungen ging. Dieser Unterricht konnte aber auch durchaus im Zusammenhang mit einem anderen Ritus (z.B. der Konfirmation) gegeben werden, sogar in der Schule, und er würde doch den gleichen Zweck erfüllen. Die eigentliche Beschneidung war für ihn theologisch unwichtig. Sie war ein Adiaphoron, an sich weder gut noch böse. Die Kirche durfte sich ihnen nicht entgegenstellen, solange sie nützlich waren. Und dass die Beschneidung für die Chagga, zumindest zu seinen Lebzeiten, noch nützlich war, davon war Gutmann fest überzeugt.[50]

Nur wenige Aspekte der Gesellschaftsordnung der Chagga hielt Gutmann für völlig unvereinbar mit dem Christentum, z.B. Opfer an die Verstorbenen und Wahrsagen. Erstaunlich ist, dass Gutmann auch Polygamie in diese

---

[49] Mehr darüber in Kapitel VI.

[50] *Wie die Chagga machte auch Gutmann keinen Unterschied zwischen Mädchen- und Jungenbeschneidung, obwohl er sich der medizinischen Unterschiede durchaus bewußt war. Aber für ihn war die Mädchenbeschneidung kein medizinisches Problem sondern ein theologisches, und in seiner Theologie bestand kein Einwand gegen die Mädchenbeschneidung, solange die Chagga Christen keine Probleme damit hatten. Es dauerte fast 40 Jahre, vom Ende von Gutmann's Dienst gerechnet, bis die Chagga Christinnen begannen, die Mädchenbeschneidung als Female Genital Mutilation zu sehen.

Kategorie einordnete. Für Gutmann war sie schädlicher Wildwuchs am guten Baum der primären Bindung der Sippe.[51]

Wenn Gutmann von der Stellung der Kirche zur Gesellschaftsordnung der Chagga sprach, sprach er von der Kirche gerne als von der Volkskirche. Dabei war für ihn Volkskirche die Kirche, die auf dem festen Grund gebaut ist, den Gott in den primären Bindungen geschaffen hat und in der jeder einzelne organisch seinen Nächsten verbunden ist.[52] In einer solchen Volkskirche sind Sitten und Gebräuche ein schöner Schmuck, aber sie sind nicht nötig. Die Volkskirche ist auch nicht darauf angewiesen, dass die Mehrzahl der Bevölkerung eines Gebietes ihr angehört.[53]

Weil Gutmann den Gemeinschaftscharakter des menschlichen Lebens so stark betonte, musste er der Gemeinde besondere Aufmerksamkeit widmen. Deswegen spielt die Analyse der Entwicklung der Gemeinde Old Moshi unter Gutmanns Führung eine sehr wichtige Rolle in diesem Kapitel, aber vorher soll Gutmanns deutscher Hintergrund ins Blickfeld kommen.

Gutmanns Prägung

Gutmann veröffentlichte mehr als 5000 Seiten, aber kaum je erwähnte er die Namen derer, die ihn beeinflussten. Seine Bücher zeigen aber deutlich, dass er stark von der Romantik beeinflusst war.[54]

Gutmann trat im Jahre 1895 zu einem sechsjährigen Ausbildungskurs in das Seminar der Leipziger Mission ein. Dort kam er mit den Ideen Karl Grauls in Berührung und übernahm auch Grauls Lehre von den Adiaphora und zog wie er daraus die Schlussfolgerung, dass die Kirche sich nur in den Punkten mit der Kultur des Gastlandes kritisch auseinandersetzen darf, wo diese *eindeutig* zum Evangelium in Widerspruch steht. Am Leipziger Missionsseminar erwarb Gutmann auch die Fähigkeit zu wissenschaftlicher Forschungsarbeit und wurde mit den Ideen Wilhelm Wundts (1832-1920) vertraut, dessen Völkerpsychologie einer der Vorläufer der Sozialanthropologie wurde.[55]

---

[51] Vgl. *Evangelisches Missionsmagazin* 1928, 158.
[52] Bruno Gutmann, *Afrikaner – Europäer*, S. 129; *Christusleib* S. 12/13.
[53] Bruno Gutmann, *Afrikaner – Europäer*, S. 133.
[54] Zu diesem Abschnitt bes.: J.C. Winter, *Bruno Gutmann 1876-1966: A German Approach to Social Anthropology*, Oxford 1979, S. 13 ff; 34 ff.
[55] Er besuchte Wundts Vorlesungen. S. Winter, *Gutmann*, S. 34-36.

Während seiner Studienjahre am Leipziger Seminar wurde er von Professor Wilhelm Riehl (1823-97), München, beeinflusst, der manchmal der "Soziologe der Romantik" genannt wird.[56] Riehl betonte bei seiner soziologischen Arbeit die normativen und gut geordneten Aspekte der gesellschaftlichen Wirklichkeit. Die gleiche Akzentsetzung findet sich bei Gutmann, und sie hat dazu geführt, dass viele Kritiker Gutmann vorwarfen, er sehe die Gesellschaftsordnung der Chagga in einem zu rosigen Licht.

Es finden sich in Gutmanns Stil und Arbeitsmethode verschiedene Anklänge an Riehl, aber wichtiger als Riehl wurde für Gutmann Ferdinand Tönnies, dessen soziologische Sicht er 1908 während seines Deutschlandbesuches kennenlernte.[57] Die Grundlage der Soziologie Tönnies (1855-1936) ist die Gegenüberstellung von Gemeinschaft und Gesellschaft. Mit Gemeinschaft ist das wahre organische Leben gemeint, das seinen Ausdruck findet in Verwandtschaft und Freundschaft und in Einrichtungen, die auf diesen Grundlagen basieren. Gesellschaft beschreibt im Gegensatz zur Gemeinschaft nur künstliche Strukturen.

Die Soziologie Gutmanns wird auch von einem grundlegenden Gegensatzpaar geprägt, dem Gegensatz zwischen Organismus und Organisation. Alles, was mit den primären Bindungen in Beziehung steht, ist Organismus, was nicht in ihnen verwurzelt ist, ist nur Organisation.[58]

Gutmanns politische Anschauungen wurden von Friedrich Naumann beeinflusst, der evangelischer Pastor und christlicher Sozialist war. Naumann hatte viele Anschauungen der Spätromantik übernommen, z.B. ihren Patriotismus und ihre Achtung vor den verschiedenen Ständen in der Gesellschaft, aber auch ihre Betonung der gegenseitigen Abhängigkeit der einzelnen Gruppen in der Gesellschaft und das Bemühen um deren Zusammenarbeit.

Naumann war einer der wenigen christlichen Führer, die die Not der Arbeiterschaft verstanden. Aber anders als Sozialisten und Kommunisten versuchte er nicht, ihre Probleme auf revolutionärem Wege zu lösen. Er hatte

---

[56] J.C. Winter, *Gutmann*, 36-37; Winter – Fiedler 19.5.1973.

[57] J.C. Winter, *Gutmann* 158-164. Tönnies Hauptwerk ist: *Gemeinschaft und Gesellschaft*, 1. Auflage 1887. 1935 schon 8. Auflage, nachgedruckt Darmstadt 1963.

[58] Bruno Gutmann, *Das Dschaggaland und seine Christen*, Leipzig 1925, S. 176 definiert Organisation und Organismus. Ein ähnliches Gegensatzpaar ist Zivilisation und Kultur (Bruno Gutmann, "Wie ordnet sich Zivilisation zu Kultur," in: *Die Neue Schau* 1942, 238-240).

wie die Spätromantik eine hohe Verehrung für die im Laufe der Geschichte gewachsenen Institutionen. Er wollte die Gesellschaftsordnung umformen, nicht zerstören. Deshalb wollte er die Probleme der Arbeiter paternalistisch lösen.[59] Während seines ganzen Lebens behielt Gutmann die gleiche Einstellung. Gesellschaftlicher Wandel ist für ihn nötig und muss schrittweise vor sich gehen. Gutmann war nicht nur kulturell konservativ eingestellt, sondern auch politisch.

Die Erlebnisse seiner Kindheit haben bei Gutmann den Grund gelegt für eine solche Sicht der Gesellschaft. Obwohl seine Eltern keine Bauern mehr waren, kam er doch aus einer ländlichen Familie. Er hatte eine schwere Kindheit und Jugend, weil das kleine Unternehmen seiner Familie durch die Depression von 1879 scheiterte. Dieses bittere Erleben ist der Hintergrund für seine kritische Einstellung gegenüber dem durch wirtschaftliche Entwicklung verursachten gesellschaftlichen Wandel. Aber in dieser schweren Zeit erlebte er auch den Wert der gegenseitigen Hilfe in der Familie, und Familie bedeutete für Gutmann in Deutschland und überall die Großfamilie.[60]

Gutmanns erste Arbeitsperiode am Kilimanjaro 1902-1910

Das Erleben seiner Kindheit und Jugend und seine Ausbildung waren eine gute Vorbereitung für Gutmanns Verständnis der afrikanischen Kultur. Deswegen war es verhältnismäßig einfach für ihn, Christentum nicht mit europäischer Kultur gleichzusetzen.

Nach seiner Ankunft in Tanzania 1902 wurde Gutmann zuerst in Mamba eingesetzt, kam dann 1904 nach Machame und wurde 1906 damit beauftragt, in Masama (Südmachame) eine neue Missionsstation zu gründen. Wegen schlechter Gesundheit musste er 1908 auf Europaurlaub gehen. Nach seiner Rückkehr im Jahre 1909 wurde er schon nach 10 Monaten nach Old Moshi versetzt.[61] Trotz dieser häufigen Versetzungen entwickelte Gutmann in diesen Jahren eine eigenständige Arbeits- und Denkweise, die

---

[59] Ausführlich Theodor Heuss, *Friedrich Naumann: Der Mann, das Volk, die Zeit* (1949/37). Eine ähnliche Stellung nahm Hermann Kutter (1869 – 1931) ein, der später durch Christoph Blumhardt auch Traugott Bachmann beeinflußte (siehe Kapitel IV).

[60] Ernst Jaeschke, *Gemeindeaufbau in Afrika*, S. 13-61 ist eine Darstellung der Lebensgeschichte Gutmanns. Ähnlich auch: Ernst Jaeschke, "Ein Leben für Afrikaner," in: Gutmann, *Afrikaner – Europäer*, S. 11-31. Quellen s. Ernst Jaeschke, *Gemeindeaufbau in Africa*, S. 308ff.

[61] Personalakte Gutmann I (1902 – 1937). Über seine Zeit in Mamba siehe auch: Gerhard Althaus, *Mamba: Anfang in Afrika*, Erlangen 1968, S. 86/7.

schon viele Aspekte seiner späteren Entwicklung erkennen lässt. Zuerst ist sein tiefes Interesse für Sprache und Kultur der Chagga zu nennen. Verschiedene wissenschaftliche Artikel waren das erste Ergebnis seiner Studien, und 1909 erschien sein erstes Buch: "Dichten und Denken der Dschagganeger."[62] Als er die Missionsstation Masama gründete, begann er nicht, wie es damals üblich war, mit einer Internatsschule ("Kostschule"). Er war der Meinung, dass es zwar möglich wäre, in so einer Schule die Kinder intensiver zu beeinflussen, aber dass das die Mission nicht dazu berechtige, die Kinder teilweise der elterlichen Autorität zu entziehen.[63]

Gutmann schätzte nicht nur die Chagga Kultur sehr hoch ein, er begann auch sehr bald, sich in gewissen Bereichen von europäischen Wertvorstellungen und Vorurteilen zu distanzieren. 1904 meinte er noch, dass burische Siedler aus Südafrika in den Ebenen unterhalb des Kilimanjaro einen positiven Beitrag leisten könnten.[64] Aber in all seinen Veröffentlichungen war dies die letzte positive Bezugnahme auf weiße Siedler.

Im nächsten Jahr berichtet er empört, dass ein deutscher Beamter in seine Schule in Masama gekommen sei und bekanntgegeben habe, dass Schulbesuch freiwillig wäre. Das war selbstverständlich, aber er sagte es so – und sein Dolmetscher führte es noch viel deutlicher aus – dass klar wurde, dass die Kolonialverwaltung nicht viel von dieser Schule halte.[65] Er berichtete in Einzelheiten, wie die Bevölkerung die Deutschen in der *boma* (Verwaltungsstelle und Militärstation) fürchtete.[66] Als einige Jahre später Sauerbrunn, ein deutscher Siedler, zwei Arbeiter um einen Teil ihres Lohnes betrogen und einen von ihnen geschlagen hatte, brachte Gutmann den Fall vor das örtliche Gericht und später vor die *boma*.[67]

---

[62] (Leipzig, Verlag der Evangelisch-Lutherischen Mission).

[63] Paul Fleisch, *Hundert Jahre lutherische Mission*, Leipzig 1936, S. 289.

[64] Bruno Gutmann, "Wie ich den Buren begegnete," *Evangelisch-Lutherisches Missionsblatt* 1905, 330-334. Interessant sind dazu die Anmerkungen des Herausgebers.

[65] Leutnant William sagte: *Ni kazi yakwe* ("Das ist seine Sache"). Sein Vorgänger, Kapitän Fonk, hatte gesagt: *Hapana amri, lakini napenda* ("Es ist kein Gesetz, aber ich sehe es gern") (Gutmann – Leipziger Mission 8.7.1907).

[66] Ibid. Drei Männer hatten sich das Leben genommen, weil sie ihre Steuerquittung verloren hatten. Andere waren bereit, aus dem gleichen Grund noch einmal die Steuern zu bezahlen.

[67] Bruno Gutmann: "Bericht über den Prozess Mikaeli/Sauerbrunn vor dem Eingeborenengerichte Moschi und meine Beteiligung an ihm" (Moshi 12.2.11, 36 Seiten, 4 Beilagen). Gutmann hatte keinen Erfolg. Leipzig ermahnte Gutmann, zu versuchen, sich nicht in solche

Gutmanns Analyse der Lage der Chagga Mission und sein Konzept für seine Arbeit in Old Moshi

Als Gutmann in Old Moshi seine Lebensarbeit begann, war er schon ein erfahrener Missionar. Er hatte eine klare Analyse der Situation und klare Vorstellungen über seine Arbeit. Beides kann aus seinem Artikel über die Lage der Chagga Mission entnommen werden.[68] Obwohl in sehr vielen Dingen Kontinuität bestand zwischen seinen Vorstellungen und der Arbeit seiner Vorgänger, trafen doch einige seiner Ideen die Gemeinde völlig unvorbereitet, und für viele der führenden und gebildeten Männer der Gemeinde standen seine Ideen in Konflikt zu ihren tiefsten Aspirationen.[69] Nach Gutmanns Ansicht hatte die Kirche gegen zwei Gegner zu kämpfen. Der erste Gegner war der Islam. In Neu moshi, dem Sitz der deutschen Verwaltung, waren die Muslime in der Mehrheit. Alle Repräsentanten der verschiedenen Häuptlinge waren Muslime geworden, und auch in den Wohngebieten der Chagga an den Hängen des Kilimanjaro gab es schon einzelne Familien, die zum Islam übergetreten waren. Gutmann sah den Islam in der Offensive, sogar gegen die Christen.[70] Aber der viel gefährlichere Gegner war für ihn die europäische Zivilisation, weil sie die sozialen Organismen zerstörte, die von Gott als Gefäße zur Aufnahme des Evangeliums bestimmt waren.[71]

Dinge einzulassen, aber Leipzig versprach auch, zu versuchen, das Material dem Kolonialamt vorzulegen.

[68] Bruno Gutmann, "Die gegenwärtige Lage der Dschaggamission," in: *Jahrbuch der sächsischen Missionskonferenz* 1912. Dieser Artikel ist nicht einfach eine Beschreibung der Lage der Chaggamission, er ist eher ein programmatischer Artikel, der beschreibt, wie Gutmann sich die Arbeit denkt. Der Artikel wurde 1911 geschrieben und ist das Ergebnis intensiven Nachdenkens, und deswegen ist es berechtigt, aus ihm Gutmanns Denken zur Zeit seines Anfangs in Old – Moshi abzuleiten.

[69] *Für meine Geschichte der Gemeinde Old Moshi (Kidia) siehe: Klaus Fiedler, *The Gospel Takes Root on Kilimanjaro. A History of the Evangelical Lutheran Church of Old Moshi-Mbokomu 1885-1940*, Zomba: Kachere, 2006.

[70] *50 Jahre später waren immer noch einzelne Familien unter den Chagga Muslime. Das Vordringen des Islam hatte inzwischen aufgehört.

[71] Bruno Gutmann, "Die gegenwärtige Lage der Dschaggamission," S. 63. Siehe auch *Evangelisches Missionsmagazin* 1924, S. 168. Gutmanns Ablehnung der europäischen Zivilisation ließ nicht nach, im Gegenteil, sie nahm zu. Er sah die europäische Zivilisation (in Europa nicht anders als in Afrika) als eine Zerstörung der Schöpfung Gottes an. In ihr ist nicht mehr die gegenseitige Verantwortung die Grundlage der menschlichen Beziehungen, sondern das Gewinnstreben des Einzelnen. Das Geld ist der Maßstab, an dem alles gemessen wird. Einmal nannte Gutmann die europäische Zivilisation eine "himmelschreiende Gotteslästerung." Vgl. Ernst Jaeschke, *Gemeindeaufbau in Africa*, S. 70-82.

Gutmann war sich bewusst, dass die europäische Zivilisation vorwiegend durch die Kolonialregierung und die europäischen Siedler ausgebreitet wurde, aber er war überzeugt, dass sogar Missionare die Übel der Zivilisation ausbreiteten, z.B. indem sie Zimmerleute ausbildeten, die vom Geldverdienst abhängig waren und dadurch aus dem festen Boden der Chagga Gesellschaftsordnung entwurzelt wurden.[72]

In diesem Zusammenhang fällt auf, dass Gutmann die Religion der Chagga nicht als einen Gegner der Missionsarbeit benennt. Er tut dies nicht, weil er die Beziehung von Christentum und Chagga Religion als Erfüllung sah und nicht als Feindschaft.[73]

Wie zu erwarten, nennt Gutmann als das Ziel seiner Missionsarbeit die Errichtung einer Volkskirche.[74] Damit meint er eine Kirche, die ein positives Verhältnis zur Gesellschaftsordnung der Chagga hat und für ihr Gemeindeleben all die vielen Elemente der Chagga Kultur nützt, die mit dem Evangelium vereinbar sind. Vor sich sah Gutmann eine doppelte Herausforderung: die schnell wachsende Zahl der Christen und das Heranwachsen einer neuen Generation. Um dieser doppelten Herausforderung begegnen zu können, musste die Kirche dem Volkstum der Chagga eng verbunden sein und außer den in der Kirchenordnung von 1903[75] vorgeschriebenen drei Ämtern der Ältesten, des Pastors und des Kassenführers viele neue Ämter einführen. Diese Ämter mussten ehrenamtlich geführt werden, nicht im Auftrag des Missionars, sondern im Auftrag der Gemeinde.[76] Darüber hinaus war es sein Ziel, neue christliche Sitten und Gebräuche einzuführen als Ersatz für viele traditionelle Sitten und Gebräuche, die durch den unvermeidbaren sozialen Wandel oder durch den Übertritt zum Christentum aufgegeben worden waren. Diese neuen Sitten und Gebräuche sollten das tägliche Leben heiligen und konnten sowohl aus der christlichen liturgischen Tradition

---

[72] Bruno Gutmann, "Die gegenwärtige Lage der Dschaggamission," S. 65.

[73] Das zeigen Artikel wie: "Der Zug des Vaters zum Sohne im Volkstum der Wadschagga" (in: Gutmann, *Das Dschaggaland und seine Christen*, S. 132-139) und "Die religiös – sittlichen Eigenwerte der noch natürlich gebundenen Völker als Aufbaustoffe im Wurzelboden für das Evangelium" (in: Bruno Gutmann, *Gemeindeaufbau aus dem Evangelium*, S. 64-68).----

[74] Bruno Gutmann, "Die gegenwärtige Lage der Dschaggamission," S. 65.

[75] Abgedruckt in Jahresbericht 1905, S. 86-93.

[76] Bruno Gutmann, "Die gegenwärtige Lage der Dschaggamission," S. 59.

stammen als auch aus der Kultur der Chagga.[77] Einen guten Teil seiner Energie verwandte er bis 1914 darauf, dieses Ziel zu erreichen.[78]

Um der Gefahr des Islam zu begegnen, wollte er offensiv sein und mit der Gemeinde Old Moshi das Evangelium hinuntertragen zu der zusammengewürfelten Bevölkerung der Steppe am Fuße des Kilimanjaro.[79] Um den Gefahren der europäischen Zivilisation entgegenzuwirken, musste die Kirche eine wahre Volkskirche werden.

Die Frage der Beschneidung

Unmittelbar nach Übernahme der Station Old Moshi bekam Gutmann die Gelegenheit, seine Grundsätze in der Frage der Mädchenbeschneidung in die Praxis zu übersetzen. Das Problem wurde im Gemeinderat vorgebracht von Gabrieli Kimaro aus Sango, der Zweifel hatte, ob es für ihn als Christ richtig wäre, seine Tochter Ndeterewio Kafui[80] beschneiden zu lassen. Ndeterewio scheint das erste christliche Mädchen gewesen zu sein, das ins Beschneidungsalter kam, und so wurde Johannes Schanz, Gutmanns Vorgänger, von der Frage überrascht. Die Gemeindeältesten diskutierten die Frage ausführlich. Es wurde deutlich, dass sie im Gegensatz zu vielen Missionaren, keinen Unterschied sahen, ob Jungen oder Mädchen beschnitten wurden. Deutlich wurde auch, dass eine beträchtliche Bereitschaft bestand, für die Kinder der Christen, gleich ob Mädchen oder Jungen, die Beschneidung abzuschaffen.[81]

Schanz hatte Zweifel, ob eine Abschaffung der Beschneidung in der Gemeinde angenommen würde.[82] Er vertagte deswegen die Entscheidung und

---

[77] Bruno Gutmann, "Die gegenwärtige Lage der Dschaggamission," S. 61.

[78] *Klaus Fiedler, *The Gospel Takes Root on Kilimanjaro. A History of the Evangelical Lutheran Church of Old Moshi-Mbokomu 1885-1940*, Zomba: Kachere, 2006, S. 16-32.

[79] Bruno Gutmann, "Die gegenwärtige Lage der Dschaggamission," S. 63. Sowohl Gutmann als auch die Gemeinde Old Moshi haben sich mit großem Einsatz dieser Missionsarbeit gewidmet. Vergleiche dazu: Peter Beyerhaus, *Die Selbständigkeit der jungen Kirchen als missionarisches Problem*, Wuppertal 1956, S. 93. Beyerhaus leitet aus Gutmanns theoretischen Veröffentlichungen ab, daß er nur ein sehr schwaches Missionsverständnis hatte. Das Gegenteil ist richtig, wie die historischen Quellen und Veröffentlichungen zeigen.

[80] Name freundlicherweise mitgeteilt von J.C. Winter, 24.1.74.

[81] Paul Fleisch, *Hundert Jahre Lutherische Mission*, Leipzig 1936, S. 304 bietet mehr Hintergrundinformation.

[82] *Des Missionars Zweifel sind verständlich, weil der Ältestenrat weitgehend die progressive Elite repräsentierte.

versprach, Superintendent Emil Müller zu fragen. Dieser teilte ihm mit, dass der Missionsrat in Leipzig es abgelehnt hätte, einem etwaigen Verbot der Beschneidung zuzustimmen, Schanz teilte das den Ältesten mit und bat Gabrieli Kimaro, mit der Beschneidung seiner Tochter so lange zu warten, bis eine endgültige Entscheidung getroffen sei, und er versprach, seinen Nachfolger Gutmann zu bitten, für eine schnelle Entscheidung zu sorgen.

Als Gabrieli Kimaro die Frage wieder aufwarf, hielt Gutmann eine Diskussion für unnötig, er informierte Kimaro nur, dass gegen eine Beschneidung seiner Tochter nichts einzuwenden sei, solange "alles Heidnische vermieden werde."[83] Andere Missionare hätten die gleiche Antwort gegeben, denn es war die Grundeinstellung der Leipziger Mission, nur die Dinge zu verbieten, die eindeutig im Gegensatz zum Evangelium stehen. Der Unterschied lag darin, dass es Gutmann sehr leicht fiel, die Beschneidung zu gestatten. Später verteidigte er mit großem Einsatz das Recht der Chagga Christen, ihre Kinder beschneiden zu lassen, als die Führer der Chagga Gemeinden dies zu verbieten versuchten.[84]

Die Regel, dass "alles heidnische vermieden werden müsse," zeigt das Dilemma der Missionare. In dieser so wichtigen Sache mussten die Christen selbst herausfinden, was mit ihrem neuen Glauben zu vereinbaren war und was nicht, wogegen ihnen in manchen unbedeutenderen Dingen die Missionare genaue Anweisungen gaben. Aber die Regelung hatte den Vorteil, dass sie viel Rücksicht nahm auf die Stärke der einzelnen und dass sie unnötige Zusammenstöße vermied.

Kaum ein Jahr danach begann Gutmann den ersten Konfirmandenunterricht in Old Moshi mit einem besonderen Gottesdienst in Gegenwart der Eltern und Paten. Damit hatte die Gemeinde einen zweiten Übergangsritus eingeführt, parallel zum Übergangsritus der Beschneidung.[85]

Dadurch dass die Leipziger Mission die Beschneidung als ein Adiaphoron ansah, verhinderte sie Auseinandersetzungen wie den Beschneidungsstreit, der eine halbe Generation später die meisten Kirchen unter den Kikuyu in Kenia erschütterte.[86] Die Ausgangslage war ähnlich. Wie die Kikuyu hielten

---

[83] Älteste 26.7.10, 16.12.10.
[84] Siehe Kapitel V.
[85] Älteste 12.4.12.
[86] *Klaus Fiedler, "Bishop Lucas' Christianization of Traditional Rites, the Kikuyu Female Circumcision Controversy and the 'Cultural Approach' of Conservative German Missionaries

die Chagga sehr viel von der Mädchenbeschneidung, und so wie unter den Kikuyu gab es auch unter den Chagga Christen und unter den Missionaren viele, die Zweifel hatten, ob die Beschneidung mit dem Christentum zu vereinbaren sei.[87]

Bei den Chagga war es das theologische Konzept der Adiaphora, das bewirkte, dass auf die Dauer die Kirche sich nicht in die Volkssitte der Beschneidung einmischte; aber dasselbe theologische Konzept nahm Gutmann auch alle Möglichkeiten, den Übergangsritus der Beschneidung zu christianisieren, denn qua definitionem war die Beschneidung ja nicht-religiös. Aber für die Chagga gab es keine nicht-religiösen Übergangsriten, und so geschah es, dass der Ritus der Beschneidung nicht christianisiert sondern säkularisiert wurde.

1911 gab Gutmann noch der Hoffnung Ausdruck, Beschneidung und Konfirmation miteinander in Verbindung bringen zu können,[88] aber er musste sich doch damit zufrieden geben, dass die Beschneidung völlig in den Händen der Beteiligten blieb. Er versuchte aber, soviel wie möglich von den Initiationslehren sowohl in den Konfirmandenunterricht als auch in den Schulunterricht und die Predigt zu integrieren.[89]

Neue Sitten schaffen und traditionelles Volkstum bewahren

Als Gutmann seine Arbeit in Old Moshi begann, war er von der Notwendigkeit überzeugt, für im Vergehen begriffene Sitten und Bräuche Ersatz schaffen zu müssen. Da Sitten und Bräuche für Gutmann sozusagen nur das äußere Gewand der Chagga Kultur waren, hatte er keine Probleme, Elemente aus Europa und aus der traditionellen Kultur der Chagga zu mischen. Das wird bei den neuen Bräuchen, die er einführte, deutlich.[90] Die erste Neuerung war das Brautexamen. Bei den Chagga war es eine alte Sitte gewesen, die Brautleute bei der Hochzeit zu unterrichten. Gutmann integrierte nun diese Sitte in das Gemeindeleben. Am Tag vor der Trauung kam das Paar in

---

in Tanzania", in: Noel Q. King; Klaus Fiedler (Hg.), *Robin Lamburn – From a Missionary's Notebook: The Yao of Tunduru and Other Essays*. Saarbrücken/Ft. Lauderdale: Breitenbach 1991, S. 207-217.

[87] Auf den Missionarskonferenzen 1906 und 1913 (siehe Protokolle) wurden diese Zweifel zum Ausdruck gebracht. Die Afrikaner, die die Beschneidung ablehnten, brachten dies während des Beschneidungsstreites 1923 –1926 zum Ausdruck.

[88] *Evangelisches Missionsblatt* 1911, 15.

[89] Georg Fritze (S. 84-89) wollte viel mehr traditionelle Elemente verwenden.

[90] Manche Anregungen entnahm er der Zeitschrift "Die Dorfkirche" (Siehe S. 26/27).

Begleitung von zwei Ältesten zum Pastor, der prüfte, ob sie ihren Katechismus kannten und aus ihm besonders die Zehn Gebote. Danach durfte das Brautpaar noch von den Ältesten, die es begleiteten, unterrichtet werden.[91]

Bald wurde eine andere neue Sitte eingeführt, die heute noch in vielen Gemeinden am Kilimanjaro und am Meru geübt wird. Diese neue Sitte war der Taufgedenktag.[92] Das bedeutete, dass während der Morgenandacht die Namen derer verlesen wurden, die in einem der vorhergehenden Jahre an diesem Datum getauft worden waren. Dabei wurden dann die gesondert erwähnt, die inzwischen verstorben waren. Dann wurde für alle gebetet, die an diesem Tag getauft worden waren. Die, die zum Gedächtnis ihrer Taufe in die Kirche gekommen waren, brachten ein Dankopfer. Am Ende wurde ein gemeinsames Lied gesungen, möglichst das Lied der Taufklasse, die ihr Taufgedächtnis feierte.[93]

Diese Sitte, die ein Ersatz für in Vergessenheit geratene Sitten war, konnte Gutmann ohne Widerstand einführen. Anders wurde das, als Gutmann bewusst versuchte, Chagga Folklore zu erhalten. Im Juni 1912 informierte er die Gemeindeältesten, dass er während des Volksfestes, das nach der Konferenz aller Chagga Gemeinden in Old Moshi stattfinden sollte, einige traditionelle Kinderspiele aufführen lassen wolle, damit sie nicht in Vergessenheit gerieten. Sehr schnell stieß er auf starken Widerstand der Lehrer, die de facto häufig die Leiter der Gemeinde in den Bezirken waren. Eine Woche später hatte er mit ihnen ein ausführliches Gespräch. Sie führten ins Feld, dass die Eltern es nicht gerne sähen, wenn ihre Kinder in der Schule spielten. Sie sollten schließlich arbeiten lernen und nicht spielen. Wenn sie in der Schule spielten, würden sie auf dem Heimweg weiterspielen und sich verspäten, die Ziegen auf die Weide zu bringen. Dadurch würde der Einfluss der Schule in den Elternhäusern zurückgehen. Gutmann begriff, dass die Lehrer selbst diese von ihnen zitierte Meinung teilten. Deswegen stellte er

---

[91] Älteste 14.10.10. Später ausführlich beschrieben in Gutmann, *Afrikaner – Europäer*, S. 192-196. In seinem Vortrag vor den Missionaren "Einführung des Brautexamens. Sitte und Brauch in unseren Gemeinden" empfahl Gutmann, diese neue Sitte in allen Gemeinden einzuführen (*Evangelisches Missionsblatt* 1903, 108). Nur wenige Missionare taten das, z.B. Fritze in Mamba. Fritze betonte später viel stärker die traditionellen Elemente des Brautexamens.

[92] Mündliche Mitteilung Jaspers 25.1.1974.

[93] Älteste 16.12.10; Gutmann, *Die gegenwärtige Lage der Dschaggamission*, S. 61-62. Von dieser Sitte und anderen handelt Gutmanns Artikel: "Einwurzelung von Sitte und Brauch in unseren afrikanischen Gemeinden", *Evangelisches Missionsblatt* 1911, 11-19; 40-47.

seinen Plan zurück, weil er der Ansicht war, dass es wichtiger sei, die Schulen, die ja das wichtigste Instrument der Missionsarbeit waren, zu unterstützen und nicht der Pflege der Folklore den Vorrang zu geben.

Trotzdem wagte er es, in der nächsten Ältestensitzung seinen Plan noch einmal zu erwähnen, und zu seinem Erstaunen waren diesmal die Ältesten gerne einverstanden und schlugen sogar selbst Spiele vor. Gutmann hatte den Ältesten unter anderem damit die Zustimmung erleichtert, dass er erwähnte, dass der berühmte Häuptling Rindi[94] solche Spiele regelmäßig von den Kindern zu ihrer Ertüchtigung hätte aufführen lassen.[95]

Gutmanns Versuche, die traditionellen Reigentänze der Chagga in das Gemeindeleben zu integrieren, blieben in der Gemeinde immer umstritten.[96] Gutmann hatte beobachtet, dass die Jugend nach dem Sonntagsgottesdienst keine vernünftige Unterhaltung hatte und dazu neigte, einfach herumzulungern. Um diesem Übel abzuhelfen, belebte er die alten Tänze und integrierte sie in das Gemeindeleben. Er gab den christlichen Riegenführern (es gab einen für die Jugend jedes Bezirkes) die Aufsicht über die Tänze, die wiederum vor den Ältesten die Verantwortung trugen. Die Plätze, an denen die Reigentänze stattfanden, wurden von der Gemeinden bestimmt, und ältere Christen (Rasenwarte) überwachten die Tänze.[97]

Im Gegensatz zu den Tänzen der Jugend traf die Einführung des großen Erntefestes auf keinerlei Widerstand. Bis heute gehört es zu den beliebtesten Sitten der Gemeinde Kidia (Old Moshi).

Das große Erntefest findet nach der Maisernte statt, erstmals wurde es am 24.9.1911 gefeiert. Es sollte ein christliches Fest für jedermann sein, mit Dankopfern, einem Erntedankgottesdienst, Kinderspielen und – als Höhepunkt – dem *mtingo* Tanz. Der *mtingo* Tanz war ein alter Fruchtbarkeitstanz, der zu Gutmanns Zeiten wegen der zunehmenden Säkularisierung der Landwirtschaft der Chagga fast völlig in Vergessenheit geraten war.

---

[94] *Die Verehrung der Chagga (und seiner eigenen) für Häuptling Rindi drückte er durch die Biographie Rindis aus: Bruno Gutmann, *Häuptling Rindi von Moschi – Ein afrikanisches Helden- und Herrscherleben*, Köln: Hermann Schaffstein, oJ [1928].
[95] Älteste 28.6.12; auch im Jahresbericht, abgedruckt in *Evangelisches Missionsblatt* 1913, 325/6.
[96] In den Dreißigerjahren führte diese Opposition zu einer heftigen Kontroverse zwischen den Ältesten und der Jugend, wobei Gutmann sich auf die Seite der Jugend stellte. Siehe Kapitel VI.
[97] Älteste 11.3.14.

Gutmann "entdeckte" den Tanz wieder, erwarb die dazu nötigen Trommeln und stellte sie jeweils für das Fest zur Verfügung.[98] Daß das große Erntefest in Moshi ein viel größerer Erfolg war als in anderen Gemeinden lag daran, daß in Moshi der *mtingo* Tanz getanzt wurde. Gutmann ließ ihn nach der Ernte tanzen und christianisierte ihn dadurch, daß er dafür sorgte, daß die Texte deutlich auf Gott den Schöpfer bezogen wurden[99] und auch dadurch, daß er das Bier vom Festplatz verbannte.[100]

Schon vor Gutmanns Kommen nach Moshi waren dort neben biblischen Taufnamen auch eine Anzahl christlicher Chagga Namen in Gebrauch. Gutmann hatte beobachtet, daß besonders männliche Taufkandidaten dazu neigten, biblische Namen zu wählen. Er fürchtete, daß die christlichen Chagga Namen völlig verlorengehen könnten. Deshalb hielt er es für nötig, sich gegen die Wahl biblischer Namen einzusetzen. Er stellte Listen christlicher Chagga Namen zusammen, und nicht lange bevor er Moshi verlassen musste, gelang es ihm, die Gemeinde dazu zu bringen, die Wahl biblischer Namen bei der Taufe zu verbieten.[101] Als Gutmann in Europa war, wurde dieser Beschluss nicht mehr beachtet, und nach 1926 wurden für die Gesamtkirche ausdrücklich Chagga Namen, biblische Namen und Suaheli Namen für erlaubt erklärt. Dagegen konnte Gutmann, trotz anderer persönlicher Ansicht, nichts unternehmen. Aber englische Namen, die manche Taufbewerber so gerne hatten, konnten erst gewählt werden, als im Zweiten Weltkrieg die deutschen Missionare das Land verlassen hatten.

---

[98] In Bruno Gutmann, *Schildwacht am Kilimanjaro*, Kassel 1929, Zwischen S. 48 und 49, findet sich ein Bild dieses Tanzes. Bruno Gutmann, "Feldbausitten und Wachstumsbräuche bei den Wadschagga," in: *Zeitschrift für Eingeborenensprachen*, 45, 1913, 475-511 zeigt, daß später eingeführte landwirtschaftliche Nutzpflanzen mit weniger religiösen Riten angebaut wurden.

[99] Gutmann behauptet dies (Älteste 8.9.1911). Winter (mündliche Mitteilung 24.1.1974) meint, daß bis heute die Texte völlig areligiös seien.

[100] Auf der gleichen Grundhaltung beruht die Entscheidung von Imanuel Mkony, später beim Erntefest in Tela, einer Distriktgemeinde in Old Moshi, den *mtingo* Tanz zu verbieten. Mkony hatte nichts gegen den Tanz, etwa weil er die afrikanische Kultur mißachtete oder weil er Synkretismus fürchtete, sondern einfach weil Trommler wie Tänzer nicht mehr bereit waren, ihre Rollen ohne Bier zu spielen. (Int Imanuel Mkony 26.5.71).

[101] *Evangelisches Missionsblatt* 1924, 178-185. Auch die Namenswahl ist ein adiophoron. Der Missionar durfte nicht eingreifen. Aber die einheimische Gemeinde konnte aus freiem Entschluß Regelungen über *adiaphora* treffen. Gutmann gab sich sehr Mühe, daß die Gemeinde einen solchen "freien" Beschluß faßte. Später beim Beschneidungsstreit gab er sich alle Mühe, daß die Gemeinde genau das nicht tat bzw. den gefaßten Beschluß rückgängig machte.

Die meisten Neuerungen fanden die Zustimmung der Ältesten und der Gemeinde. Zwei Vorschläge Gutmanns wurden abgelehnt. Er wollte christliche Lieder mit Chagga Melodien einführen, und er wollte, dass die Toten nicht mehr auf dem Friedhof beerdigt würden sondern im Gehöft, wie es Chagga Sitte war. Yohane Kimambo, damals Hauptlehrer in Kidia, war der stärkste Gegner dieses Vorschlages,[102] aber später ist dann doch die Beerdigung im Gehöft selbstverständlich geworden.

Neue Gemeindeämter

1910 hatte Gutmann es für nötig gehalten, viele neue Gemeindeämter einzuführen. Einige neue Ämter sind schon erwähnt worden: das Patenamt und die Ämter der Riegenführer und der Rasenwarte. Besondere Beachtung verdient das Amt des Ackerpflegers, das Gutmann einführte, um sicherzustellen, dass alle Christen genügend Nahrungsmittel anbauten. 1911 wurden von der Gemeinde sieben Ackerpfleger gewählt, einer für jeden Bezirk. Zwei dieser Ackerpfleger waren Gemeindeälteste und zwei waren Lehrer.[103] Obwohl sie von der Gemeinde gewählt waren, brauchte es längere Zeit, bis ihr Amt von der Mehrheit der Christen akzeptiert wurde. Manchmal vernachlässigten die Ackerpfleger auch ihr Amt.

Pflege der Sippen

Als Gutmann seinen programmatischen Artikel über den Stand der Chaggamission schrieb, hatte er noch nicht zu seiner späteren Formulierung gefunden, dass "Volk" das Leben in den drei primären Bindungen von Sippe, Nachbarschaft und Altersklasse bedeute. Zu der Zeit schrieb er nur, dass die Christen angehalten werden sollten, alle ihre sozialen Verpflichtungen zu erfüllen. Das war 1911. Von 1912 an begann er, wohl unter dem Einfluss von Tönnies, die drei primären Bindungen zu entdecken und zu formulieren. Zuerst entdeckte er die Sippe. Es fiel ihm auf, dass die sippschaftliche Ordnung der Chagga dem einzelnen zunehmend weniger Halt und Orientierung bieten konnte, als sie es noch vor zwei Jahrzehnten selbstverständlich geboten hatte. Deswegen sah er es als eine Hauptaufgabe der Kirche an, die Sippen zu stärken, damit die moralische Autorität der Sippe Christen wie Nichtchristen zugute käme. Die Sippen der Chagga leiteten ihre Herkunft jeweils von einem gemeinsamen Vorfahren ab, der die Sippe einmal grün-

---

[102] Mitteilung Winter 24.1.75; Interview N.N. Mahoma 28.5.71.
[103] Älteste 12.4.12.

dete. Die Sippe war auch die älteste politische Organisationsform der Chagga, weil ursprünglich jede Sippe ein eigenes Siedlungsgebiet hatte. Mit dem Aufkommen der Häuptlingschaften, die sippenübergreifend waren, hatte die Sippe die meisten politischen Funktionen verloren, aber sie spielte weiterhin als soziale Einheit eine bedeutende Rolle. Jedes Sippenglied war der Sippe verpflichtet und konnte von ihr Hilfe erwarten. Mit den Jahrhunderten breitete sich manche Sippe beträchtlich aus, so dass sich die Bedeutung der Sippe in einigen Fällen auf den Besitz eines gemeinsamen Namens reduzierte.

1910 hatten viele Sippen schon keinen Sippenältesten mehr und auch keine Sippenversammlungen, weil offensichtlich vielen Chagga die Sippe nicht mehr als geeignetes Mittel sozialer Organisation erschien. Aber für Gutmann war die Sippe, zwar nicht in ihrer Form, aber doch in ihrem Wesen, Teil der Schöpfung Gottes, und so kämpfte er mit großem Einsatz um den Erhalt der sippschaftlichen Struktur der Chagga. Nach verschiedenen kürzeren Hinweisen in den Ältestensitzungen auf den Wert der Sippe hielt Gutmann am 28.6.1912 den Ältesten einen langen Vortrag zu diesem Thema.[104] In diesem Vortrag beschrieb er den Wert der Sippe: Sie bietet gegenseitige Hilfe, Schutz und moralische Führung. Es waren die Sippen, die es den Chagga ermöglichten, als Volk zu leben. Gutmann betonte auch, dass die Sippe die Chagga für die Aufnahme des Evangeliums vorbereitet hätte. Aus den drei Gründen allein werde deutlich, dass die sippschaftliche Ordnung der Chagga erhalten und wo nötig wiederhergestellt werden müsse, um die Gabe Gottes in der Sippenordnung nicht zu verlieren. Als erste konkrete Schritte schlug er vor, Sippenversammlungen abzuhalten, gemeinsam als Sippe ein Stück Land zu bebauen und die Geschichten von Sippen und Geschlechtern niederzuschreiben.

Nach diesem Vortrag versprachen die Ältesten, Gutmann bei dem Versuch zu unterstützen, die Gemeinde in dieser Richtung zu beeinflussen. Aber sie erklärten auch, dass "dieses große Werk in einer Generation nicht vollendet werden könne." Gutmann antwortete: "Umso notwendiger ist es, jetzt ein festes Fundament zu legen."[105] Es ist zu vermuten, dass die Ältesten hier die Wirklichkeit klarer sahen als Gutmann. Was sie mit Hilfe des Zeitfaktors formulierten, kann nämlich durchaus so verstanden werden, dass sie überzeugt waren, dass in der Gegenwart die Gemeinde durchaus nicht von der

---

[104] Älteste 28.6.12; vgl. Gutmann, *Dschaggaland*, S. 121/122.
[105] Älteste 28.6.12.

Idee begeistert sein würde. Sie hatten Recht, aber trotzdem fand Gutmanns Vorstoß einiges Echo.

Im Juni 1914 führte die Olotu Sippe, deren Sippenältester Zakayo Olutu zugleich Ältester der Gemeinde Moshi war, eine christliche Sippenversammlung durch. Man nahm an dem Tag auch geschlossen am Gottesdienst teil und legte ein Opfer für den Kirchbaufonds zusammen.[106] Die Malisa Sippe baute sogar ein Sippendenkmal, das heute [1975] noch zu sehen ist. Aber trotzdem ist deutlich, dass die Ältesten und Lehrer und auch die Gesamtgemeinde sich nur halbherzig hinter Gutmanns Gedanken gestellt hatten.[107]

Warum fand Gutmann weniger Echo als erhofft? Die Sippe war eindeutig ein zentrales Element der traditionellen Gesellschaftsordnung der Chagga, aber diese Gesellschaftsordnung war im Wandel, und Gutmann versuchte, etwas wieder zu beleben, was seine Funktion weitgehend verloren hatte.[108]

Die Sippen hatten schon vor 1914 viele ihrer Funktionen verloren. Das gleiche galt aber nicht für die Häuptlingsschaft, und deswegen war Gutmann in seiner Unterstützung der Autorität des Häuptlings auch sehr viel erfolgreicher als bei seinem Versuch, den Sippen zu neuem Leben zu verhelfen. Ein kleiner Zwischenfall aus dem Jahre 1910 beleuchtet deutlich seine Einstellung: Die Christen hatten es unter der Führung von Gabrieli Kimaro abgelehnt, an den Häuptling eine spezielle Steuer zu zahlen, die in Hirse abgeliefert werden musste, weil das aus dieser Hirse gebraute Bier für eine "heidnische Sitte" verwendet würde. Gutmann verlangte von den Christen, dass sie diese Steuer umgehend zahlten, denn wenn ihnen Bier angeboten würde, von dem etwas als Opfer ausgegossen wurde, würden sie schließlich

---

[106] Älteste 17.6.14.

[107] Filipo Njau–Gutmann 3.4.21, in: Bruno Gutmann, *Briefe aus Afrika*, Leipzig 1924, S. 10. Yohanne Kimambo, zu der Zeit der führende Lehrer der Gemeinde, unterrichtete z.B. in seiner Klasse über die Bedeutung der Sippen. Gutmann gibt eine Lektion von ihm zu diesem Thema wieder in: *Afrikanische Charakterköpfe*, Leipzig 1922, S. 50-52. Trotzdem war Kimambo grundsätzlich anders (progressiv) eingestellt. Später behauptet Gutmann, daß Kimambo alles getan habe, um die zur Gemeinde Old Moshi in der benachbarten Häuptlingsschaft Mbokumu gehörenden Bezirke (nach Gutmanns Konzept) organisch zu gliedern (Jahresbericht Moshi 1933). Siehe S. 75 ff.

[108] Vergleiche hierzu die Ansicht von Johannes Raum, der überzeugt war, daß die Sippe für die Chagga keine Bedeutung mehr hatte (Missionarskonferenz 17.-22.8.28). Siehe auch: Johannes Raum, "Einiges über urtümliche Bindungen bei den Bantu Ostafrikas," in *Neue Allgemeine Missionszeitschift* 1932, 185 ff. und 234 ff.

auch nicht ablehnen, es zu trinken. Und dann fügte er hinzu, dass die Christen nicht nur dem Häuptling gehorchen, sondern auch seine Autorität stützen müssten.[109] Aber Gutmann unterstützte den Häuptling nicht nur, in Wirklichkeit hatte er auch einiges von den Funktionen des Häuptlings übernommen und von seiner Autorität. Die Zusammenarbeit zwischen Häuptling Salema und der Kirche wurde zunehmend enger, aber erst sein Sohn wurde 1922 Christ.

Gutmanns Einfluss auf die Haltung der Kirche zur afrikanischen Kultur

Rotberg schreibt von den ersten protestantischen Missionaren in Sambia, dass sie sich in einen diametralen Gegensatz zur afrikanischen Kultur gestellt hätten, und nach Maria Wright war es unter den frühen Herrnhuter Missionaren in Rungwe nicht anders gewesen. Aber nicht so in der Leipziger Mission. Alle Vorgänger Gutmanns waren der afrikanischen Kultur vorsichtig begegnet und hatten versucht, nichts zu verbieten, was mit dem Christentum vereinbar war. Aber Gutmann ging weiter. Er war nicht nur mit dem Fortbestehen vieler traditioneller Sitten in der Gemeinde einverstanden, er bemühte sich auch, so viele dieser Sitten wie eben möglich in das Gemeindeleben zu integrieren. Er tat das, weil er überzeugt war, dass Gott in der Kultur der Chagga ein tragfähiges Fundament geschenkt hatte, auf dem der Bau der Gemeinde errichtet werden konnte.

Aber Gutmann kümmerte sich nicht nur um Bräuche und Sitten, die er (nur) als das äußere Gewand einer Kultur verstand. Viel weitgehender war, dass er das Menschenbild der Chagga, das den Menschen als eng mit der Gemeinschaft verflochtenes Individuum sieht, zum Zentrum seiner Theologie machte. Durch diesen Akzent seiner Theologie musste das Gemeinschaftsleben zu einem den Gottesdiensten gleichwertigen Schwerpunkt des Gemeindelebens werden. Gutmann tat, was er konnte, um dafür zu sorgen, dass jeder Christ durch starke Bande verbunden war mit denen, die seine Nächsten waren.

Gutman hatte gezeigt, dass das Christentum mit der afrikanischen Kultur zu vereinbaren war. Er hatte ein tragfähiges Bündnis zwischen der Kirche und der traditionellen Chagga Kultur geschmiedet. Aber genauer besehen hat er dieses Bündnis nur zwischen der Kirche und dem traditionellen Segment der Gesellschaft geschlossen.

---

[109] Älteste 14.10.10.

Seine positive Einstellung zur afrikanischen Kultur dehnte Gutmann nicht auf die Polygamie aus. Für ihn war die Vielehe eine Krankheit am gesunden Organismus der Chagga Kultur, eine Erscheinung, die ihr ursprünglich fremd war. Er war überzeugt, dass die Chagga selbst dieses wüssten und dass sie fühlten, dass Polygamie im Widerspruch zu Gottes Willen stehe.[110] Deswegen gab es für Gutmann keinerlei Kompromiss mit der Polygamie. Er war überzeugt, dass für das "Volksgewissen" der Chagga sowie für das Neue Testament die Monogamie selbstverständlich war, selbst wenn nicht das Gewissen jedes einzelnen Chagga mit dem "Volksgewissen" übereinstimmte.

Diese harte Haltung kann vielleicht dadurch erklärt werden, dass Gutmann von Riehl eine Überbetonung der wohlgeordneten Aspekte der Gesellschaft übernommen hatte, wie sie in der spätromantischen Soziologie allgemein war. Viel spricht aber für die psychologische Erklärung, dass Gutmanns Überzeugung, die Chagga wüssten selbst, dass Polygamie falsch sei, einfach eine Rationalisierung des unter Missionaren und anderen Europäern gültigen Urteils gegen die Vielehe sei.[111]

Gutmann und die Progressiven in Moshi

Was in den vorhergehenden Abschnitten gesagt wurde, erklärt, warum Gutmanns Verhältnis zu den Progressiven nie frei von Spannungen war, obwohl diese Spannungen oft durch seine außerordentliche Persönlichkeit gemildert wurden.

In der Einführung wurde gesagt, dass die als Progressive bezeichnet wurden, die einen schnelleren sozialen Wandel erwarteten und die mehr Elemente aus Europa in ihre eigene afrikanische Kultur aufnehmen wollten. Sie

---

[110] Bruno Gutmann, "Das Königreich der Seele und Afrika," in: *Zeitwende* 1927, I, 97-111; 206-21. *EMM* 1928, 158/9 bezieht sich hierauf.

[111] Von den Leipziger Missionaren in Tanzania und Kenya setzte sich niemand für einen Kompromiß mit der Polygamie ein. Aber im 19 Jhd. war es die Haltung der Leipziger Mission in Australien und Indien, daß Monogamie nicht unabdingbare Voraussetzung für die Taufe sei (Erwin Steinborn, *Die Kirchenzucht in der Geschichte der deutschen evangelischen Mission*, Leipzig 1928, S. 58-60). – Für eine Übersicht über die sich wandelnden Einstellungen verschiedener Missionen zur Polygamy siehe: Moses Mlenga. A Critical Examination of the Issue of Polygamy in the Synod of Livingstonia: Biblical, Moral and Missiological Implications, PhD, Mzuzu University, 2013, S. 42-70. Veröffentlicht als Moses Mlenga, *Polygamy in Northern Malawi. A Christian Reassessment*, Mzuzu: Mzuni Press, 2016.

waren auch davon überzeugt, dass ihre Chancen sozialen Aufstiegs außerhalb der traditionellen Gesellschaftsstruktur lagen.

Die Progressiven waren in Moshi meist Lehrer. Zu der Zeit gab es in Moshi zehn Lehrer, die meist auf dem Lehrerseminar (zuerst in Moshi, dann in Marangu) eine mehrjährige Ausbildung erhalten hatten. Der einflussreichste dieser Lehrer war Yohana Kimambo aus Mbokomu, der viele Jahre Hauptlehrer der Schule von Kidia war, die als Schule der Missionsstation die bedeutendste der Gemeinde war. Zwei andere berühmte Progressive waren Petro Njau und Joseph Merinyo, der als junger Mann sogar in Deutschland gewesen war. Beide wurden später bedeutende Politiker.[112] Unbedingt erwähnt werden muss auch Fillipo Njau, der zu der Zeit einer der gebildetsten Chagga und der Führer der lutherischen Missionslehrer war. Als Gemeindepfleger war er Gutmanns wichtigster Mitarbeiter.[113] Fast alle Progressiven hatten ihre Ausbildung durch die Mission erhalten, und während der ersten 20 Jahre hatte die Kirche in Moshi einen sehr progressiven Charakter, und sie war durch ihre Schulen einer der stärksten gesellschaftlichen Wandel verursachenden Faktoren. Noch zu Gutmanns Zeiten taten die Lehrer den größten Teil der täglichen Gemeindearbeit.

Die erste Stellungnahme gegenüber den Progressiven nach der Übernahme von Moshi war die Entscheidung, Lehrern das passive Wahlrecht zum Amt des Gemeindeältesten zu entziehen. Gutmann begründete diese Entscheidung nicht, und es gab auch keine Diskussion darüber. Was er später veröffentlichte, lässt erkennen, dass er überzeugt war, dass Lehrer wegen ihrer individualisierenden Ausbildung selbst dann nicht Vertreter der (organisch gebunden lebenden) einfachen Christen sein konnten, wenn sie in dem Bezirk unterrichteten, in dem sie aufgewachsen waren. Da aber die Lehrer in Wirklichkeit die meiste Gemeindearbeit taten, durften die Lehrer zwei Repräsentanten in den Ältestenrat der Gemeinde wählen. Es spricht manches dafür, dass Gutmann hier nach europäischem Verständnis Legislative und Exekutive trennte, wobei die Lehrer natürlich zur Exekutive zu rechnen wären. Aber diese Trennung war den Chagga immer fremd. Dass die Lehrer zwei Repräsentanten in den Gemeinderat wählen durften, stellte sie nicht

---

[112] *Sie spielen eine wesentliche Rolle in Suzan Geiger Rogers, The Search for Politics Focus on Kilimanjaro: A History of Chagga Politics. 1916-1952, with Special Reference to the Cooperative Movement and Indirect Rule. PhD, Daressalam 1972.

[113] *Seine Autobiographie ist: Filipo Njau, *Aus meinem Leben*, 1960 (Gutmanns Übersetzung des Chagga Originals).

zufrieden, und Gutmann konnte dies auch nicht dadurch erreichen, dass er zweimal jährlich eine Besprechung mit allen Lehrern abhielt, denn es wurden fast ausschließlich unwichtige Dinge besprochen.[114]

Diese Spannung zwischen Gutman und den Lehrern schwelte lange unter der Oberfläche. Erst 1914 brach der Konflikt offen aus, aber weil Gutmann in einer zu starken Position war, um selbst angegriffen zu werden, spielte sich der Konflikt als Konflikt zwischen Lehrern und den "gewöhnlichen" Christen ab.

Am 22.7.1914 berief Gutmann eine Versammlung aller Ältesten, Lehrer und Ackerpfleger ein. Die Lehrer fühlten sich zu wenig konsultiert, und ihnen wurde vorgeworfen, zu stolz zu sein, um die Versammlungen der Christen am Donnerstag oder die anderen Wochenversammlungen zu besuchen. Zu Gutmanns Bedauern kam es zu keiner offenen Diskussion dieser Spannung zwischen den Lehrern und den anderen Mitarbeitern in der Gemeinde. Das ist nicht verwunderlich, weil die Spannung zwischen den "gewöhnlichen" Christen und den Lehrern in Wirklichkeit nur die Projektion der tieferliegenden Spannung zwischen Gutmann und den Lehrern war. Das Ergebnis dieser Sitzung war die Schaffung eines neuen Gemeindeorgans, der Bezirksversammlung. Diese Versammlungen sollten monatlich stattfinden und für jeden offen sein. Aber es wurde von allen Amtsträgern erwartet, dass sie teilnähmen.[115] Nichts deutet darauf hin, dass die Bezirksversammlung irgendeinem echten Bedürfnis entsprach. Sehr oft fanden die Bezirksversammlungen gar nicht statt. Gutmanns Bemühen, die Kirche so tief wie möglich in der traditionellen Ordnung zu verwurzeln, führte dazu, dass die Progressiven sich zunehmend der Kirche zu entfremden begannen.

Aber selbst unter den Missionaren fanden die Progressiven Unterstützung. Auf dem Gelände der Mission lebte Schwester Berta Schulz, eine Diakonisse. Gegen Gutmanns Rat nahm sie verwaiste Kinder in ihr Haus auf, statt Pflegeeltern für sie zu suchen. An den Abenden unterrichtete sie Schüler, die auf der Mission oder in ihrer Nähe lebten, in Swahili und Deutsch. All das missfiel Gutmann sehr, besonders dass sie Deutsch unterrichtete.[116]

---

[114] Diese Besprechungen hatte Gutmann nur zu dem Zweck eingerichtet, die Mitarbeit der Lehrer nicht zu verlieren.

[115] Älteste 22.7.1914.

[116] Int Nahori Malisa 25.5.71. Gutmann stellt seine Haltung im Vierteljahresbericht Mwika 4/26 dar. Die Missionsleitung in Leipzig dachte ähnlich (Personalakte Berta Schulz; Briefe vom 13.6.19; 26.6.19).

Filipo Njau sah die Dinge anders als Gutmann. Später schrieb er, dass die Missionare Zweifel hatten, ob es vernünftig sei, in den Missionsschulen eine europäische Sprache zu unterrichten, aber dass Berta Schulz und Elisabeth Vierhub anders dachten und Petro Njau und Seth Kileo Chuma aus Machame[117] Deutschunterricht gaben. Als dann Carl Paul von Leipzig auf Visitation kam, wurden die beiden gebeten, ihre Fähigkeiten zu zeigen, und die Missionarskonferenz beschloss, dass Deutsch unterrichtet werde dürfe. Njau schließt: "Damit hatte in unserer Mission der Unterricht in einer europäischen Sprache begonnen."[118]

In diesem Spannungsfeld zwischen Gutmann und den Lehrern oder, allgemeiner ausgedrückt, zwischen Konservativen und Progressiven, hatte Filipo Njau eine schwierige Stellung. Wegen seiner Ausbildung und wegen seiner außergewöhnlichen Fähigkeiten war er der natürliche Führer der Progressiven. Aber in seiner Stellung als Gutmanns wichtigster Mitarbeiter musste er dessen konservative Politik verwirklichen helfen. Gutmann und Njau standen in unterschiedlichen Lagern, aber sie hatten beide eine hohe Wertschätzung der Chagga Kultur,[119] und beiden ging es um das Wohlergehen der Gemeinde. Das bewirkte, dass erst in den zwanziger Jahren der Konflikt ihrer entgegengesetzten Grundhaltungen sichtbar wurde (siehe Kapitel V).

Über die Jahre hin war die Stärkung der Stellung der Ältesten (und damit auch der des Missionars) und Schwächung der Stellung der hauptamtlichen Mitarbeiter (als mögliche Konkurrenten des Missionars) eines der wesentlichsten Ergebnisse von Gutmanns Kommen nach Moshi. Am Anfang war die Kirche in Moshi eine äußerst progressive Kraft. Unter Gutmanns Führung näherte sie sich immer mehr den Konservativen und verlor dadurch weitgehend das Engagement (wenn auch nicht die Mitgliedschaft) der gebildeten Elite.

---

[117] Er war Elisabeth Vierhubs Gehilfe im Hospital in Machame. Den vollen Namen verdanke ich Pfarrer K.A. Mushi (Mushi – Fiedler 5.4.74).

[118] Filipo Njau, *Aus meinem Leben* (Übersetzung von Njaus Manuskript aus dem Chagga ins Deutsche), Schreibmaschinenmanuskript, S. 15/16. Es ist interessant, daß in der 1960 gedruckten deutschen Ausgabe dieser Absatz ausgelassen ist. Das läßt vermuten, daß es selbst 1960 noch Zweifel gab, ob es vernünftig sei, in den Missionsschulen eine europäische Sprache zu unterrichten.

[119] Filipo Njau betonte mir gegenüber, daß er all seinen Kindern Chagga Namen gab.

4. Ähnliche Entdeckungen in anderen Missionen: Gutmanns Zeitgenossen Traugott Bachmann und Ernst Johanssen

In allen vier großen deutschen evangelischen Missionen in Tanzania gab es vor dem Krieg zumindest einen bedeutenden Vertreter der konservativen Richtung: Gutmann für Leipzig, Martin Klamroth für die Küstensynode und Hermann Neuberg für die Bena Hehe Synode der Berliner Mission. In der Bethel Mission war Ernst Johanssen und bei den Herrnhutern waren es Traugott Bachmann und Elisabeth Kootz-Kretschmer. In diesem Kapitel soll Denken und Wirken Ernst Johanssens und Traugott Bachmanns behandelt werden, um zu einem tieferen Verständnis der konservativen Missionsweise zu gelangen.

Traugott Bachmann (1865 -1948) war Herrnhuter Missionar und arbeitete von 1892-1899 in Rungwe unter den Nyakyusa und von 1899-1916 in Mbozi unter den Nyiha. 1916 wurden er und seine Familie interniert. In vielen Punkten unterschied sich Bachmann von Gutmann. Beide kamen aus armer ländlicher Familie, aber Gutmann hatte durch das sechsjährige Studium am Leipziger Missionsseminar eine viel gründlichere Ausbildung erhalten als Bachmann in seinen zwei Jahren an der Herrnhuter Bibelschule Niesky. Deswegen fehlte Bachmann, als er mit der Missionsarbeit begann, das wissenschaftliche Handwerkszeug für das Studium der afrikanischen Kultur. So musste er viel durch schmerzliche Erfahrungen lernen. Verglichen mit Gutmann war Traugott Bachmann schüchtern. Nur zögernd erklärte er sich bereit, etwas über seine Erfahrungen zu veröffentlichen, und seine Lebensgeschichte schrieb er nur für seine Kinder und Enkel nieder. Deswegen können wir von Bachmann keine so systematische Darstellung des Verhältnisses der Mission zur afrikanischen Kultur erwarten, wie sie Gutmann geliefert hat. Umso erstaunlicher ist der Beitrag, den Bachmann zur Förderung einer positiven Einstellung der Kirche zur afrikanischen Kultur leistete.

Traugott Bachmann

Die Leipziger Missionare am Kilimanjaro waren der afrikanischen Kultur von Anfang an mit Achtung begegnet. Anders war es bei den ersten Herrnhuter Missionaren unter den Nyakyusa, die mehr den Konflikt zwischen Evangelium und afrikanischer Kultur betonten.

Zu den zuerst gegründeten Missionsstationen Rungwe und Rutenganyo gehörte viel Land. Die Missionare ermutigten Afrikaner, sich dort anzusiedeln.

Wer sich auf Missionsland niederließ, war der Autorität seines Häuptlings zum Teil entzogen. So wurden die Missionare zu Rivalen der Häuptlinge. Weil die Missionare die ersten Jahre meist vor Menschen predigten, die ihre Heimatdörfer verlassen hatten, gewannen sie erst langsam Verständnis für die Kultur der Nyakyusa, und so gehörte zur Bekehrung des Afrikaners ein radikaler Bruch mit der eigenen Kultur. Die ablehnende Haltung der Missionare gegenüber der Nyakyusa Kultur fand ihren deutlichen Ausdruck darin, dass die Missionare den Brautpreis und das Nyakyusa Erbrecht ablehnten. Die Polygamie, eine der Grundlagen der Gesellschaftsordnung der Nyakyusa, konnten sie demnach nur als Hurerei verstehen.

Anfangs unterschied sich Bachmann kaum von den anderen Missionaren, aber seine Berufung nach Unyiha zum Aufbau einer eigenen Station ermöglichte ihm einen neuen Anfang. Inzwischen hatte Bachmann die Überzeugung gewonnen, dass der Missionar der Kultur des gastgebenden Volkes als Lernender gegenübertreten müsse. Als ein so Lernender wird dann der Missionar unterscheiden lernen zwischen dem, was unveräußerlich zum Evangelium gehört und dem, was kulturell bedingt ist. Die Unterscheidung zwischen Unveräußerlichem und kulturell Bedingtem wird dem Missionar erleichtert, wenn er sich klar macht, dass nicht nur seine eigene Form des Christentums kulturell bedingt ist, sondern dass auch das Alte und das Neue Testament den Glauben im Gewand der Kultur ihrer Völker und Zeiten darstellen.[120]

Deswegen ist es nicht Aufgabe des Missionars, christliche Gesetze zu predigen, wie gerechtfertigt auch bestimmte ethische Grundsätze ihm scheinen mögen. Seine Aufgabe ist es nur, die großen Taten Gottes zu verkündigen, wie sie in der Bibel berichtet werden. Wenn Menschen diese Verkündigung hören, wird Gott ähnliche Taten in ihrem eigenen Leben tun. Der Missionar hat also eine indirekte Aufgabe: er lehrt die jungen Christen nicht, er schafft nur Raum für das, was Gott tun will.

Bachmann war zutiefst überzeugt, dass der neugewonnene Glaube ethische Konsequenzen haben würde. Aber da sich Gott an keine Kultur gebunden hat, konnte sich Bachmann vorstellen, dass christliche Ethik für Deutsche anders aussehen könne als für Nyiha. Deswegen darf der Missionar nach Bachmanns Verständnis keine ethischen Normen aufstellen. Er predigt nur

---

[120] Zu dem gesamten Abschnitt siehe Marcia Wright, *German Missions in Tanganyika 1891 – 1941*, Oxford 1971, S. 88-93 und Traugott Bachmann, Mein Gang durch diese Welt (Manuskript), II, 2-60.

das Evangelium, das dann das Leben derer, die die Botschaft annehmen, durchdringt, ohne sie ihrer Kultur zu entfremden. So wird dann die Individualität eines jeden Volkes inkorporiert in die universale Kirche.

Zwei Dinge erleichterten es Bachmann, eine hohe Wertschätzung der Nyiha-Kultur zu gewinnen: wie Gutmann kam er aus bäuerlicher Umgebung, seine Heimat war Cana, ein kleines Dorf in der Niederlausitz. Der Hof der Eltern war klein, und Bachmann hatte kaum eine Chance, je einen eigenen Hof zu besitzen, aber er arbeitete gern in der Landwirtschaft. Er tat als Missionar viel landwirtschaftliche Arbeit und führte z.B. in Rungwe erfolgreich den Anbau von Kaffee, Tee und Weizen ein.[121] Weil er sich sein Leben lang in ländlicher Umgebung wohl fühlte, waren ihm die Werte der ländlichen Nyiha Kultur leichter zugänglich.

Der andere Faktor war die Theologie Christoph Blumhardts, die Bachmann kennengelernt hatte, als er Friedrich Zündels Biographie las.[122] Blumhardt hatte eine entspannte Frömmigkeit und war voller Hoffnung für alle Menschen. In seiner Theologie betonte Blumhardt sehr stark die Vertikale, das was Gott tut. Doch Taten Gottes kann der Mensch nicht hervorrufen, er kann nur offen für sie sein. Dieser theologische Ansatz machte es Bachmann möglich, die ethischen Konsequenzen der Verkündigung im Leben der Bekehrten dem Heiligen Geist zu überlassen, der in ihnen wirkt.

Möglicherweise kannte Bachmann die lutherische Lehre von den Adiaphora nicht, aber durch Blumhardts "vertikale" Theologie konnte Bachmann der Kultur der Nyiha positiv gegenübertreten. Wenn auch Bachmann nie erwähnt, dass er von der Romantik beeinflusst wurde, so war ihm doch das romantische Konzept der kulturellen Identität selbstverständlich.

Als Bachmann nach Unyiha kam, ging er trotz der vieler praktischen Arbeit, die mit dem Aufbau der Station verbunden war, sofort daran, die Nyiha Kultur kennenzulernen. Sein erstes Ziel war es, die Sprache der Nyiha gut genug zu lernen, um das Evangelium wirkungsvoll verkündigen zu können. Deshalb setzte sich Bachmann nach der Arbeit des Tages hin und ließ sich von zwei oder drei Nyiha die Sprache beibringen. Bachmann fiel es immer schwer, eine Fremdsprache zu lernen, aber da er alles, was er anpackte, gründlich tat, hatte er Englisch und Nyakyusa gut gelernt. Da er selbst wäh-

---

[121] Traugott Bachmann, Mein Gang durch diese Welt II, 71.

[122] Friedrich Zündel, *Pfarrer Johann Christoph Blumhardt: Ein Lebensbild*, Zürich 1883, 4. Auflage.

rend der ersten Monate das Sprachstadium nie vernachlässigte, lernte er auch Nyiha sehr gut.[123]

Als Bachmann noch in Rungwe war, hatte er von Mujobigwa, einem Nyiha, der in Rutenganyo lebte, Nyiha gelernt. So brauchte er von Anfang an mit den Nyiha nur in ihrer eigenen Sprache zu sprechen. Genauso hatte Bachmann entschieden, von Anfang an nur Nyiha beim Aufbau der Station zu beschäftigen und auch keine Nyakyusa Evangelisten einzusetzen.[124] Durch diese Entscheidungen hatte er das Entstehen einer Klasse von "Mittelmännern" vermieden. Damit war der direkte Kontakt zu den Nyiha und ihrer Kultur selbstverständlich.

Bachmann legte großen Wert auf ein gutes Verhältnis zu den Häuptlingen der Nyiha und bemühte sich, nicht in Konkurrenz zu ihnen zu treten. Er baute seine Mission auf der Grenze der Häuptlingsschaften von Mwasenga und Nsowah, die ihn herzlich willkommen hießen. Wie in Rungwe, erlaubte auch hier die Mission die Ansiedlung auf Missionsland. Aber Bachmann hielt die Zahl der Siedler niedrig. Sie machten ihm zu viel Lärm, aber der Hauptgrund war, dass er nur die Leute auf Missionsland wohnen haben wollte, die geistliche Interessen hatten.[125] So blieb die Siedlung bei der Mission klein. Mbozi wurde keine Missionsenklave, sondern das Zentrum für die Missionierung von ganz Unyiha. Bachmann besuchte schon drei Monate nach dem Eintreffen in Mbozi alle zwölf Häuptlinge der Nyiha, um ihnen seine Reverenz zu erweisen.[126] Um die guten Beziehungen aufrechtzuerhalten, führte er ein System ein, nach dem in jedem Monat Arbeiter aus einer anderen Häuptlingsschaft auf der Mission arbeiten durften, um den materiellen Vorteil gleichmäßig zu verteilen.

---

[123] *Er war ein engagierter Übersetzer. Er veröffentlichte: *Ilivagili Lya Mataji Xionyiha*, London: BFBS, 1904; *Tesitementi Umupwa*, London: BFBS, 1913; *Inongwa izya mwa Tesitamenti mukali + Iviholanyo ivwa mwa Tesitamenti mupwa*, Herrnhut, 1913; also the school primer *U te te*, Herrnhut, 1913 and *Fibula wa Xinyija*, Herrnhut, nd [1937].

[124] Visitationsbericht Paul Henning, S. 11. Siehe auch Protokoll der Provinzialkommission 4.7.04, wo Bachmann um die Erlaubnis bittet, bestimmte Bauarbeiten ohne Mithilfe eines Missionshandwerkers zu Ende führen zu dürfen.

[125] Traugott Bachmann, Mein Gang durch diese Welt III, 24-25.

[126] Traugott Bachmann – Buchner 1.12.99 ist ein ausführlicher Bericht über diese Besuche (17 Seiten).

Auf der Grundlage dieser richtigen Vorentscheidungen verlief Bachmanns Lernprozess. Drei wichtige Einsichten bilden sozusagen die Stufen zu seiner hohen Wertschätzung der Nyiha Kultur.

Die erste wichtige Einsicht gewann Bachmann, als zwei junge Männer, die den Taufunterricht besuchten, um Erlaubnis baten, die Mission zu verlassen, um für ihre Bräute zu arbeiten. Sie versicherten, dass sie weiterhin jeden Sonntag zum Gottesdienst kommen wollten. Aber wenn sie nicht für ihre Schwiegereltern arbeiteten, dann würden sie ihre Bräute verlieren, und alle Arbeit und alle Zahlungen, die sie über die Jahre geleistet hätten, wären umsonst gewesen. Zu der Zeit waren die Herrnhuter und die Berliner Missionare noch davon überzeugt, dass durch den Brautpreis (sei es in Waren oder in Arbeitsleistung) die Frau gekauft würde. Und Frauenkauf könne in der christlichen Gemeinde nicht geduldet werden. Trotz dieser seiner Überzeugung sah Bachmann das Problem der jungen Männer und gab ihnen die gewünschte Erlaubnis, weil sie ja schon lange vor ihrer Begegnung mit der christlichen Botschaft verlobt waren. Da diese Ausnahmeerlaubnis der Missionsordnung widersprach, fühlte sich Bachmann verpflichtet, Superintendent Meyer (Mwasulama) zu informieren. Meyer teilte Bachmanns Meinung.

Wichtiger war die zweite Einsicht, und sein ganzes Leben lang erinnerte sich Bachmann daran, wie er sie gewann. Er berichtet, dass er, sobald die ersten christlichen Mädchen sich dem Alter für die Verlobung näherten, gegen den "Frauenkauf" predigte. Eines Abends trat Nsesheye (Nansalu) Namwasenga, die Mutter des ältesten christlichen Mädchens, in der höflichen Weise der Nyiha in Bachmanns Zimmer. "Du hast gesprochen", sagte sie. Bachmann fragte: "Worüber?" Nsesheye: "Du hast gesagt, dass wir Frauen die Sklaven unserer Männer seien, weil sie uns gekauft hätten. Wenn es das ist, was deine Bücher dir sagen, dann lügen sie. Kein Nyiha verkauft sein Kind, und wenn wir Frauen gekauft worden wären, könnten unsere Männer uns verkaufen." Dann erklärte sie Bachmann, was Verlobung und Heirat für die Nyiha bedeuteten. Sie überzeugte Bachmann, und von dem Tage an wurden in der Gemeinde Mbozi die Mädchen so verlobt, wie es bei den Nyiha immer üblich gewesen war.[127]

Einige Zeit später versuchte Bachmann, den christlichen Männern beizubringen, ihren Frauen zu helfen, die Lasten zu tragen. Aber weder bei Frau-

---

[127] Traugott Bachmann, *Ich gab manchen Anstoß*, Hamburg n.d.; ausführlicher in Mein Gang durch diese Welt III, 169-171; s. auch EMM 1922, 136.

en noch bei Männern fand Bachmann ein Echo. Wieder war es Nsesheye Namwasenga, die Bachmann zu der Einsicht brachte, dass jede Gesellschaft ihre eigene Form der Arbeitsteilung zwischen den Geschlechtern habe und dass die Kirche sich in diese Arbeitsteilung nicht einzumischen habe.[128]

Bachmann verstand die Nyiha Kultur zunehmend besser und wurde deshalb immer besser akzeptiert. Ein Symbol dieser Annahme war das Angebot, Bachmann wie einen Nyiha Häuptling zu grüßen. Als er nach Mbozi gekommen war, grüßte er die Nyiha so, wie man in Deutschland grüßte. Das war für die Nyiha sehr unhöflich, und nach einigen Jahren beschlossen die Christen, dass man Bachmann anbieten werde, ihn wie einen Nyiha Häuptling zu grüßen, sobald er dafür genügend Einsicht gewonnen haben würde. Als es so weit war, waren Bachmann (Mwalwizi) und seine Frau (Nakalukwa) einverstanden. In diesem Zusammenhang beschlossen die Ältesten, dass auch in der Gemeinde die traditionellen sozialen Umgangsformen gelten sollten.[129]

Um Heuchelei zu verhindern, war Bachmann nicht dem Beispiel der benachbarten presbyterianischen Mission in Mwenzo (Nord Zambia) gefolgt, wo der Genuss von Bier verboten war.[130] Ohne Bachmann zu fragen, hatte die Gemeinde aber deutliche Unterscheidungen vorgenommen. Bier, das für die Geister zubereitet worden war, durfte nicht getrunken werden; und wer wiederholt eine stark alkoholische Biersorte braute, wurde unter Kirchenzucht gestellt.[131]

Eine ähnliche Haltung entwickelte sich gegenüber den Tänzen. Zuerst hatte Bachmann sie für Christen völlig untersagt. Aber dann bemerkte er, dass die Nyiha am Gesang ohne Körperbewegungen keine rechte Freude hatten. Als 1905 Paul Henning aus Herrnhut zur Visitation kam, wurde er mit einem

---

[128] Traugott Bachmann, Ich gab manchen Anstoß 141–143. Ihr Hauptargument war: wenn sie täten, was Traugott Bachmann wollte, würden die Leute sagen, Jesus mache die Frauen faul.

[129] Traugott Bachmann, Mein Gang durch diese Welt III, 181-184; Ich gab manchen Anstoß 144/145; Traugott Bachmann, Praktische Lösung missionarischer Probleme auf einem jungen Arbeitsfelde (Nyaßagebiet, Deutsch – Ostafrika), Herrnhut 1912.

[130] *Mwenzo war eine der Missionsstationen der Livingstonia Mission der Free Church of Scotland. Zur Geschichte von Mwenzo siehe John McCracken, *Politics and Christianity in Malawi 1895-1940. The Impact of the Livingstonia Mission in the Northern Province*, Zomba: Kachere, 2008, bes. S. 163-169, 188-191.

[131] Traugott Bachmann, *Ambilishiye, Lebensbild eines eingeborenen Evangelisten aus Deutsch – Ostafrika*, Herrnhut 1936, S. 14.

Nyiha Lied empfangen. Dazu marschierte man. Aber schon zwei Jahre später wurde Kaisers Geburtstag so gefeiert, als ob er ein Nyiha Häuptling wäre, und seitdem waren traditionelle Tänze ein integraler Bestandteil des sozialen Lebens der Nyiha Christen. Aber sie lehnten Tänze zum Begräbnis ab und auch die Tänze, die sie als unmoralisch empfanden.[132]

Bei all diesen Entscheidungen war das Grundprinzip, dass die soziale Ordnung auch für Christen gültig bleiben solle. Wo nötig, hatte die Gemeinde die soziale Ordnung gereinigt, um sie für Christen akzeptabel zu machen. Aber es hatte wenige Versuche bewusster Christianisierung traditioneller Kultur gegeben. Am erfolgreichsten war die Einführung christlicher Nyiha Lieder. Anfangs sang die Gemeinde nur Übersetzungen europäischer Lieder, aber Bachmann bemerkte bald, dass die christliche (d.h. europäische Art) zu singen den Nyiha fremd war und so machte er christliche Texte zu traditionellen Melodien. Diese Lieder kamen gut an, und bald schufen die Nyiha Christen eigene Lieder, die sogar in der benachbarten Safwa Gemeinde Utengule Aufnahme fanden.[133] Ohne Probleme wurde auch akzeptiert, dass die gleichen Gebete, die früher an die Ahnen gerichtet wurden, jetzt an Gott gerichtet wurden. Jedoch Bachmanns Vorschlag, die öffentlichen Gebete vor der Aussaat und vor der Ernte zu christianisieren, lehnten seine Mitarbeiter immer wieder ab, weil sie so verwoben seien mit dem Heidentum, dass eine Christianisierung zu gefährlich sei.[134]

Bachmann hatte bemerkt, dass überall wo die Herrnhuter arbeiteten, vor ihrer Ankunft Propheten aufgetreten waren, deren Prophezeiungen die Annahme des Christentums erleichterten.[135] Bachmann war überzeugt, dass Gott die Nyiha auf noch viel tiefere Weise auf die Annahme des Evangeliums vorbereitet hatte. Mit fast allen anderen Missionaren nahm er an, dass der Gott, der von den Afrikanern verehrt wurde, der Gott der Christen sei. Aber er ging noch weiter. Wie auch Gutmann war er überzeugt, dass Gott das Gewissen des Afrikaners für die Annahme des Evangeliums vorbereitet habe. Er schrieb:

---

[132] Traugott Bachmann, *Lösung*, S. 9-10; Mein Gang durch diese Welt III, 180.

[133] Traugott Bachmann, Mein Gang durch diese Welt III, 180; *Missionsblatt der Brüdergemeine* 1906, 104 (Hennings Visitationsbericht).

[134] Traugott Bachmann, Mein Gang durch diese Welt III, 62 –67; Eintrag im Tagebuch der Station Mbozi 1908.

[135] Marcia Wright, *German Missions* S. 86; Traugott Bachmann, Mein Gang durch diese Welt III, 19.

> Aus dem bisher gesagten wird immer wieder hervorgetreten sein, dass die Nyika nicht gesetzlos leben, sondern durch ungeschriebene Gesetze in Schranken gehalten wurden ... Die Nyika haben seit alters darüber nachgedacht, was wahrhaftig ist, was ... All das aber steht in engster Verbindung mit ihrer sozialen Lage, auch mit dem Klima des Landes. Das sollte bei allen sittlichen Forderungen der Mission bedacht werden.[136]

Für Bachmann war christliche Ethik nicht das Gegenteil traditioneller Ethik, sondern eher ihre Erfüllung. Im Zusammenhang mit den Nyiha Tänzen, die die Christen ablehnten, berichtet Bachmann, dass die Christen sagten: "Wir singen nur die Lieder, die wir vor unseren Schwiegereltern singen könnten und tanzen nur die Tänze, die wir vor ihnen tanzen könnten." Ähnlich sagte ein anderer Christ: "Lasst uns Gott fürchten, so wie wir unsere Schwiegereltern fürchten." Mit Sätzen wie diesen knüpfte man nicht nur an traditionelle Sitten an, es wird darüber hinaus die christliche Moral mit den Schwiegereltern, den Hütern der traditionellen Moral, in Verbindung gebracht.[137]

Die Polygamie als Testfall

Bachmanns Grundsatz war es ja, dass der Missionar nur die großen Taten Gottes zu predigen habe und dass der Heilige Geist dafür sorgen würde, dass die Neubekehrten im Rahmen ihrer Kultur die ihrem Glauben entsprechenden ethischen Konsequenzen zögen. Das für alle Missionen in Afrika dornige Problem der Polygamie musste zum Testfall für diesen Grundsatz werden.[138]

Bachmann hatte beobachtet, dass für die Nyiha die Vielehe ein wichtiger Teil der sozialen Ordnung war. Während Gutmann der Überzeugung war, dass zwar nicht das Gewissen jedes Einzelnen, aber doch das Volksgewissen der Chagga die Polygamie für Unrecht halte, konnte Bachmann nichts dergleichen bei den Nyiha finden. Bachmann hatte erfreut beobachtet, dass die Nyiha Christen sehr genau zu unterscheiden wussten welche Sorte Bier, welche Lieder und welche Tänze annehmbar waren und welche sie ablehnen mussten. Würden sie bei den verschiedenen Formen der Ehe genauso zu unterscheiden wissen? Da Bachmann später das Gewinnen neuer Einsichten zur Frage der Polygamie unter die wichtigsten geistlichen Erlebnisse

---

[136] Traugott Bachmann, Mein Gang durch diese Welt III, 153.

[137] Traugott Bachmann, Mein Gang durch diese Welt III, 181.

[138] *Moses Mlenga hat die Ideen Bachmanns für seine Dissertation (A Critical Examination of the Issue of Polygamy in the Synod of Livingstonia: Biblical, Moral and Missiological Implications, Mzuzu University, 2013) genutzt, indem er sie in die historische Darstellung der Einstellung von Missionaren zur Polygamy eingliederte. Siehe S. 54-56.

seines Lebens einordnete, ist es sicher gut, noch einmal seiner eigenen Darstellung zu folgen. Aufgrund einer Aufforderung von Herrnhut, die Kultur der Gastvölker gründlicher kennenzulernen, begann Bachmann, sich von seinen Nyiha Sprachlehrern ausführlich über die Kultur der Nyiha informieren zu lassen. Einige Stunden besprachen sie auch Liebe, Ehe und Sexualität. Bachmann war schon vorher aufgefallen, dass die Gemeindeältesten ihn in Fragen der Gemeindezucht längst nicht so unterstützten wie bei der Predigt des Evangeliums. Bei einem dieser Gespräche fragte Ambilishiye Mwachanila,[139] Bachmanns wichtigster Mitarbeiter, sehr abrupt: "Ist Jesus ein Mann, der sich ganz besonders für diesen Bereich, für das Verhältnis zwischen Mann und Frau, interessiert? Gibt es denn in anderen Bereichen keine Sünden?" Bachmann war schockiert und konnte nur antworten: "Nein, er ist kein solcher Mann."[140] Daraufhin wurde Bachmann weitherziger und vermied es, das sechste Gebot für Afrikaner zu deren ersten Gebot zu machen.

Nicht lange nach diesem Erlebnis wurde er mit der Frage der Polygamie in voller Schärfe konfrontiert: An einem Sonntag im Jahre 1909 kommen einige Christen zu Bachmann. In der Hand haben sie Hefte, in die sie die Übersetzung des Matthäusevangeliums geschrieben hatten. Ambilishiye Mwachanila schlägt Matthäus 19,9 auf. "Hier steht: 'Ich aber sage euch, wer sich von seinem Weibe scheidet, es sei denn um Ehebruch, der macht, dass sie die Ehe bricht'. Ist das richtig übersetzt?" Bachmann bejaht. Die Männer sind schockiert. Ambilishiye spricht für sie: "Dieser Vers ist richtig übersetzt? Demnach hält Jesus Ehescheidung für Sünde! Wir tun es auch. Warum predigst du und die anderen Missionare dann die Ehescheidung? Seht ihr denn nicht, welche Unordnung dort entstanden ist, wo ihr schon so lange die Ehescheidung predigt? Wir wollen nicht, dass es bei uns so wird wie in Unyakyusa!" Bachmann antwortete: "Im neuen Bund muss die Einehe zu ihrem Recht kommen, deshalb müssen wir für die Auflösung der Vielehe sprechen." Aber die Antwort überzeugte weder die Fragenden noch Bach-

---

[139] Sippenname mitgeteilt von N.A. Mwaisongo (Mwaisongo – Fiedler 27.5.1975). See Traugott Bachmann, *Ambilishiye. Lebensbild eines eingeborenen Evangelisten aus Deutsch-Ostafrika,* Herrnhut 1917 [nach den Mitteilungen von T. Bachmann bearbeitet von P.O. Henning, Henning's additions were left out in Bachmann's revision of the book in 1936.]

[140] Traugott Bachmann, *Ich gab manchen Anstoß* 147-148. Ambilishiye (Nkovamalulu) Mwachanila war in Rutenganyo mit dem Christentum in Berührung gekommen. Er wollte sich dort ansiedeln, wurde aber nach Mbozi verwiesen. Er kam 1899 nach Mbozi und gehörte mit seiner Frau Amfunizye zur Gruppe der ersten Täuflinge.

mann selbst. Es dauerte nicht lange, bis Bachmann die Überzeugung gewann, dass Gott den Unterschied zwischen Einehe und Vielehe, den wir machen, nicht macht.[141] Nun wäre es konsequent gewesen, wenn Bachmann Polygamisten getauft hätte. Aber nach der Missionsordnung durfte niemand, sei es Mann oder Frau, der in einer polygamen Ehe lebte, getauft werden.

Bachmann konnte nicht gegen die Missionsordnung handeln, aber er konnte hoffen, dass diese Ordnung geändert würde, denn bis ins späte 19. Jahrhundert waren in der Herrnhuter Missionsarbeit Polygamisten getauft worden.[142] Außerdem war die Direktion in Herrnhut offen für eine Rückkehr zur alten Ordnung. Besonders Paul Henning, der 1905 Mbozi auf einer offiziellen Visitation besuchte, war der Ansicht, dass Polygamie wie jede andere bürgerliche Ordnung behandelt werden sollte.[143]

Bei seiner Visitationsreise war Henning sofort bei seiner Ankunft in Unyamwezi mit der Frage der Polygamie konfrontiert worden. Er sollte entscheiden, ob der Taufbewerber Yachaza, dessen Frau an Lepra erkrankt war, eine zweite Frau nehmen dürfe. Nach der Sozialordnung der Nyamwezi hätte er sie einfach zu ihrer Familie zurückschicken können, aber er fühlte, dass er das als Christ nicht dürfe. Henning hätte ihm gern die Erlaubnis gegeben, fürchtete aber die Konsequenzen dieser Entscheidung,[144] und so war er der erste von vielen, die sich fürchteten, Präzedenzfälle zuzulassen oder aus der Solidarität aller Missionen auszubrechen. In Mbozi versuchte Bachmann aus seiner Erkenntnis Konsequenzen zu ziehen. Er durfte keine Polygamisten taufen, aber er ging so weit, wie er gehen konnte. Als z.B. Mutawurwa, ein alter Mann, nach seiner Taufe seine erste Frau "wie eine Mutter" weiterhin

---

[141] Traugott Bachmann, *Ich gab manchen Anstoß*, S. 148-149, weniger ausführlich in *Ambilishiye* S. 22. Auch Mein Gang durch diese Welt III, S. 191-193.

[142] Zinzendorf hatte angeordnet: "Die Vielweiberei ist ihnen zu wehren, wenn sie erst vorkommen soll, wo sie aber Weiber haben, da behalten sie solche bis auf weitere Anfrage. Denn dabei kann viel Ungerechtigkeit und Parteilichkeit vorgehen." (Nikolaus Ludwig von Zinzendorf, *Texte zur Mission*, Hrsgb. Helmut Bintz, Hamburg 1979).

[143] Paul Henning Visitationsbericht, S. 56-57.

[144] Ibid, S. 34-39. Diese Seiten wurden nicht veröffentlicht. Später veröffentlichte Henning die Geschichte weniger detailliert in Paul Henning, "Zur Frage der Polygamie" in: *Evangelisches Missionsmagazin* 1927, 289 ff. – Similar arrangements are recorded for Northern Malawi: Moses Mlenga, *Polygamy in Northern Malawi. A Christian Reassessment*, Mzuzu: Mzuni Press, 2016.

in seinem Gehöft wohnen ließ, schritt er nicht dagegen ein.[145] Die Geschichte eines Schmiedes mit zwei Frauen zeigt deutlich Bachmanns Einstellung. Yohani Shivuga wohnte schon zwei Jahre auf der Missionsstation und meldete sich dann zum Taufunterricht. Er besuchte den Unterricht für "neue Leute", dann den Taufunterricht, ließ sich aber nicht taufen. Er besuchte das zweite Jahr den Taufunterricht, ließ sich wieder nicht taufen. Nach dem dritten Jahr wurde er endlich getauft, nachdem er seine zweite Frau entlassen hatte. Sofort nach seiner Taufe begann sein geistliches Leben nachzulassen. Er wurde rastlos, und endlich bekannte er, dass er seine zweite Frau wieder zu sich genommen habe, weil er die Schuld, sich von ihr ohne Grund geschieden zu haben, nicht länger ertragen konnte. Widerwillig entschieden Bachmann und die Ältesten, Yohani Shivuga unter Gemeindezucht zu stellen. Aber sie wählten bewusst die leichtere Form, die ihn zwar vom Abendmahl ausschloss, ihm aber die Teilnahme an den Versammlungen der Christen erlaubte. Sofort hörte seine Rastlosigkeit auf, und er führte das Leben eines guten Christen.[146] Aber Bachmann konnte seinen Wunsch, das Abendmahl zu empfangen, nicht erfüllen, und es scheint Bachmann genauso geschmerzt zu haben wie Yohani Shivuga.[147]

1905 wurde Hennings Stellungnahme zur Polygamie nicht im Missionsblatt der Brüdergemeine veröffentlicht.[148] 1908 dagegen wurden aus Bachmanns Quartals- und Jahresberichten Auszüge veröffentlicht, die die Probleme der Polygamisten lebhaft beschrieben.[149] Der Fall von Mwanamasawa Simbey wurde als der tragischste beschrieben. Bachmann hatte in der Hoffnung auf

---

[145] Missionsblatt der Brüdergemeine 1906, 150/151; Marcia Wright, *German Missions*, S. 106.
[146] Traugott Bachmann, Mein Gang durch diese Welt IV, 231.
[147] Traugott Bachmann, Mein Gang durch diese Welt III, 190-195 (*Anstoß* 150/151). Hier ist es wichtig, den in der veröffentlichten Fassung fehlenden Absatz zu kennen: "Von jener Zeit an wurden mir die Abendmahlsfeiern eine Last, auch die Taufen wurden es je länger je mehr. Zum Abendmahl durften Leute kommen, von denen ich nicht ganz sicher war, ob sie auf sexuellem Gebiet sauber seien, und Johani musste draußen bleiben. Außerdem sah nicht nur ich und die Christen, daß es eine ganze Anzahl von Männern und Frauen gab, die sich vom Heidentum, vom Abgöttischen getrennt hatten und doch nicht getauft wurden, weil sie sich von ihren überzähligen Frauen nicht trennen, sie nicht in Schande stürzen wollten, sondern die Heiden sahen das alles auch. So wurden die Bitten um die Taufe immer seltener, sie verlor an Wert." (Mein Gang durch diese Welt III, 195).
[148] Obwohl viele Seiten von Hennings Visitationsbericht vorhanden sind, sind die Seiten über die Frage der Polygamie in Mbozi nicht auffindbar (Herrnhut – Fiedler 27.5.75).
[149] Letzmalig 1909. Missionsblatt der Brüdergemeine 1911, 175 zeigt nur Resignation.

eine Änderung der Missionsordnung Mwanamasawa abgeraten, seine zweite Frau zu entlassen. Aber Mwanamasawa wollte seine Taufe nicht endlos aufschieben, und so wurden dann zwei Mitarbeiter Bachmanns zu den Eltern geschickt, um mit ihnen die Sache zu regeln. Die Eltern hätten zugestimmt, aber die Tochter sagte: "Bin ich eine Ziege, dass ihr mir Männer gebt, wie ihr wollt, ich will niemand anders als Mwanamasawa." Daraufhin lehnte Bachmann jedes weitere Vorgehen ab und sagte Mwanamasawa, dass Jesus von ihm verlange, dass er seiner Frau treu bliebe und dass er auch ohne Taufe Christ sei.[150]

Ähnlich lag auch der Fall des Häuptlings Mukoma der Nyamwanga. Er war Christ, konnte aber nicht getauft werden, weil er mehrere Frauen hatte. Sein Christsein zeigte er unter anderem darin, dass er verbot, dass bei seinem Tode ihm Menschen mit ins Grab gegeben würden. Er befahl seinem Sohn Alinane, dafür zu sorgen, dass nicht einmal ersatzweise ein Tier geopfert würde, denn er würde zu Jesus gehen und ihn sehen.[151]

Während der Missionarskonferenz 1908 war die Taufe von Polygamisten einer der Hauptverhandlungspunkte. Bachmanns Hauptkontrahent war der junge Oskar Gemuseus (Kabeta), Lehrer an der Schule in Rungwe. Für ihn war es unverständlich, wie ein Missionar in einer Sache, die die Bibel so deutlich lehrt,[152] Kompromisse machen könne. Theodor Meyer, der Superintendent der Mission, unterstützte Bachmann, aber die anderen Missionare sahen wenig Notwendigkeit, der Polygamie gegenüber eine andere Haltung einzunehmen. Sie argumentierten, dass Scheidung bei den Nyakyusa üblich sei und dass es nicht schlimm sei, wenn ein Mann seine überzähligen Frauen entlasse. Bachmann argumentierte, dass für die Nyiha Polygamie ehrbar sei, Scheidung aber eine große Sünde.[153]

---

[150] *Missionsblatt der Brüdergemeine*, 1908, 282-284.

[151] Traugott Bachmann, *Ich gab manchen Anstoß* 151/152; *Ambilishiye* 62/63; *Missionsblatt der Brüdergemeine* 1916, 259. Marcia Wright schreibt, daß bei Mukomas Beerdigung tatsächlich eine Henne geopfert wurde. Sie beruft sich dafür auf *Missionsblatt der Brüdergemeine* 1916, 258 f, aber dort heißt es nur, daß die Großen des Landes eine Henne opfern wollten und daß Alinane ablehnte. Der Text, auf den sich Wright bezieht, sagt, daß Alinane konsequent ablehnte und daß so Mukoma seinen Vorfahren mit leeren Händen folgte.

[152] Für eine detaillierte Analyse des biblischen Befundes siehe Moses Mlenga, *Polygamy in Northern Malawi. A Christian Reassessment*, Mzuzu: Mzuni Press, 2016, S. 45-73.

[153] Missionarskonferenz 1908.

Die Gegner der Polygamie fühlten sich in ihrer Meinung unterstützt durch Gwalusako Mwambungu aus Ipyana, der selbst Polygamist gewesen war und Polygamie geradewegs als Hurerei bezeichnete. Er machte keinen Unterschied zwischen Nyiha und Nyakyusa.[154] Da er damals der führende afrikanische Christ war, wurde seine Meinung als die Meinung der christlichen Afrikaner angesehen, aber war seine Ansicht nicht zuerst das Echo der Einstellung der Missionare?[155]

Am Ende der Konferenz wurde folgender "Kompromiss" erreicht: Der Glaube von Männern mit mehreren Frauen sollte nicht bezweifelt werden, aber um getauft werden zu können, müssen sie alle Frauen bis auf eine entlassen.[156] Das dürften sie aber nur tun, wenn es ohne Bruch der sozialen Ordnung möglich ist. Genauso können auch Frauen nur dann getauft werden, wenn sie aus einer polygamen Ehe gelöst sind.[157]

Nach einiger Zeit wurden für Frauen die strengen Regeln Schritt für Schritt erleichtert mit dem Argument, dass Frauen nicht das Recht hätten, sich scheiden zu lassen und so auch getauft werden konnten, wenn sie in einer polygamen Ehe leben.[158] So geschah es dann, dass alle fünf Frauen eines

---

[154] Sippenname mitgeteilt von Pfarrer Mwakalobo, Ipyana (Mwakalobo – Fiedler 6.4.1975). Im Bericht über die Allgemeine Kirchenkonferenz war er der einzige Afrikaner, der (gleich mehrmals) zitiert wurde.

[155] Bachmann würde das so gesehen haben (Traugott Bachmann, Jesus Christus und die Menschheit (Schreibmaschinenmanuskript) 1939, S. 157. Gwalusako Mwambungu repräsentierte genausowenig die zu ihm als Füher aufsehenden Nyakyusa Christen wie die Leher die Chagga Christen repräsentierten, sie sie als ihre Vertreter in der Leitung der Kirche gewählt hatten.

[156] *Hier liegt ein klarer Verstoß gegen den theologischen Grundsatz der Rechtfertigung aus Glauben allein vor (weil Monogamie hinzukommt) oder eine Verneinung der Taufe (da ihr Glaube auch ohne Taufe akzeptiert wird). Siehe Moses Mlenga, A Critical Examination of the Issue of Polygamy in the Synod of Livingstonia: Biblical, Moral and Missiological Implications, Mzuzu University, 2013, p. 201: "Since grace is unconditional and baptism is among the things that are required to symbolically seal the grace of God and its acceptance by the sinner, a polygamous marriage cannot constitute a permanent obstacle to baptism. The fact that grace is free and that such free grace must be accepted by faith, gives the converted polygamist a firm place in the church of Christ. Therefore, if a church accepts the conversion, then the grace received and accepted by faith of a polygamist cannot make baptism depend on any achievements."

[157] Missionarskonferenz 1908; Karl Müller/Adolf Schulze, *200 Jahre Brüdermission*, Herrnhut 1931/32, Band 2, S. 485 f.

[158] Provinzialkommittee (PK) 23.2.11: Bachmann bittet um Erlaubnis, fünf polygame Frauen zu taufen. Die Entscheidung wurde nach Herrnhut verwiesen, keine Antwort. Sofort nach

Nyakyusa getauft wurden, ihr gemeinsamer Ehemann aber draußen bleiben musste.

Paul Henning war mit den Ergebnissen der Missionarskonferenz von 1908 nicht zufrieden. Er wollte eine grundlegende Änderung erreichen und unterbreitete seine Beobachtungen Professor Gustav Warneck, dem damals führenden evangelischen Missionswissenschaftler Deutschlands. Man einigte sich darauf, im Zusammenhang mit der Kontinentalen Missionskonferenz in Halle ein Treffen aller betroffenen Missionare einzuberufen. Aber dort konnten die anwesenden Missionare kaum ihrer Meinung Ausdruck geben. Warneck erklärte, dass theologisch gesehen Herrnhut ganz klar das Recht habe, Polygamisten zu taufen, dass sie aber damit warten möchten, bis auch andere Missionen diese Erkenntnis gewönnen. Als Bachmann den Bericht von diesem Treffen erhielt, bewegte er den Gedanken, ob er nicht alle Verbindungen zu Herrnhut abbrechen und freier Missionar werden sollte. Aber er fühlte, dass er soweit doch nicht gehen könne.[159]

Wenn er sich so auch mit dem 1908 erreichten Kompromiss zufriedengeben musste, konnten sich seine Ansichten doch weiterentwickeln. Im Laufe der Jahre führte er seinen Grundansatz, dass der Kampf gegen die Polygamie nicht Teil des Evangeliums, sondern unpassende europäische Importware sei, zur logischen Konsequenz: die Kirche solle nicht nur vor, sondern auch nach der Taufe geschlossene polygame Ehen akzeptieren.[160]

---

seiner Rückkehr von Europa 1913 warteten die Frauen immer noch auf die Taufe. (Zwei waren Häuptlingsfrauen, von den anderen werden zwei mit Namen erwähnt: Nashiyombe und Nacivula). (PK - Angelegenheit Juli 1913: Meyer an alle Mitglieder). Diesmal erhielt Bachmann sofort die Erlaubnis ohne Rückfrage in Herrnhut.

[159] Herrnhut – Fiedler 26.6.73; Traugott Bachmann, Mein Gang durch diese Welt III, 197.

[160] Soweit ich weiß, war er der einzige Missionar in Tanzania, der diese Ansicht vertrat. Später wurde sie von den Anhängern einiger der afrikanischen unabhängigen Kirchen vertreten. *Zu beachten ist, daß drei Kirchen in Malawi, die lange die Polygamie voll bejahten, in den letzten Jahren davon abgewichen sind. Die African Abraham Church akzeptiert weiterhin bestehende polygame Ehen unter ihren Mitgliedern, lehrt aber die Monogamie und verlangt sie von ihren Führern (Jemiter Mwale, The Establishment and Development of African Abraham Church in Malawi (1929-2000): A Case Study on the Major Changes in Doctrines and their Impact (Chamchere Mission Station), BA, University of Malawi, 2000. Die Last Church of God and his Christ, gegründet unter anderem um Polygamisten den Eintritt in die Kirche zu ermöglichen, toleriert weiterhin die (nur noch wenigen) polygamen Ehen, erlaubt aber nicht das Eingehen neuer polygamer Ehen (Wezi Gondwe, The History of the Last Church of God and His Christ International from 1925 to the Present, MA, Mzuzu University, 2015 submitted). Dasselbe gilt von der African International Church (Godwins Lwinga, Gospel and Culture

Weil Bachmann der erste Missionar in seinem Gebiet war, hatte er es mit seiner positiven Einstellung zur afrikanischen Kultur leichter als Gutmann. Deswegen traf er auch auf weniger Widerstand von afrikanischer Seite. Aber es ist interessant, dass bei ihm wie in Old Moshi der Widerstand hauptsächlich von den ausgebildeten Lehrern kam.

Diese Lehrer waren aus dem sehr effektiven Schulsystem von Mbozi hervorgegangen. Aus dieser Schule, zuerst von Bachmann und seiner Frau geleitet, kamen die ersten Lehrer und Evangelisten, die dann später immer wieder an Fortbildungskursen in Mbozi teilnahmen.[161] Genauso wie in Old Moshi hatten in Mbozi die ersten Lehrer ihre gesamte Ausbildung in engem Kontakt mit dem Missionar erhalten.

Sowohl Leipzig als auch Herrnhut gewannen die Überzeugung, dass die Lehrerausbildung verbessert und zentralisiert werden müsse. Leipzig eröffnete 1902 das Lehrerseminar in Old Moshi, das 1912 nach Marangu verlegt wurde.[162] Herrnhut eröffnete die Mittelschule in Rungwe unter der Leitung von Oskar Gemuseus. Als die ersten in Rungwe ausgebildeten Lehrer nach Mbozi zurückkehrten, weigerte sich Bachmann, sie besser zu bezahlen als die von ihm selbst ausgebildeten Lehrer.[163]

Gutmann und Bachmann hatten beide dasselbe Problem: Durch das gute Schulwesen in ihrer Gemeinde schufen sie eine Elite und förderten so die soziale Differenzierung. Aber ihre Sicht der Gesellschaft, von der Romantik geprägt, kannte zwar verschiedene Stände, sah aber die Menschen innerhalb dieser Stände fast egalitär. Deswegen war für sie individuelles Vorwärtskommen eine Gefahr für den Gemeinschaftsgeist.

---

in Malawi. A Missiological Examination of the Relationship between Ndali Traditions and Christianity (1900-2012), MA, Mzuzu University, 2013. — Zu einer ähnlichen Lösung kommt Moses Mlenga, obwohl er davon ausgeht, daß die Polygamy nicht dem (ursprünglichen) Willen Gottes entspricht (Moses Mlenga, A Critical Examination of the Issue of Polygamy in the Synod of Livingstonia: Biblical, Moral and Missiological Implications, S. 203ff, veröffentlicht als: Moses Mlenga, *Polygamy in Northern Malawi. A Christian Reassessment*, Mzuzu: Mzuni Press, 2016).

[161] Einzelheiten in: Johanna Eggert, *Missionsschule und sozialer Wandel in Ostafrika*, Bielefeld 1970, S. 82.
[162] Paul Fleisch, *Hundert Jahre Lutherische Mission*, S. 227-298.
[163] Marcia Wright, *German Missions*, 135/136. Sie zitiert Oskar Gemuseus, "Die Tätigkeit in der 'Mittelschule' in Rungwe 1914-16.'

Bei Bachmann und bei Gutmann geriet die hohe Wertschätzung der afrikanischen Kultur in Konflikt mit den Wünschen der gut ausgebildeten Elite. Das war bei Ernst Johanssen, mit dem sich der zweite Teil dieses Kapitels beschäftigt, ganz anders.

Ernst Johanssen

Ernst Johanssen (1864-1934) arbeitete von 1891-1929 in der Bethel Mission in Usambara, Rwanda und Buhaya. Die Johanssens kamen auch vom Land, aber als holsteinische Gutsbesitzer kamen sie nicht wie Bachmann und Gutmann aus den Schichten der Landbevölkerung, die so schwer unter der Industrialisierung gelitten hatten. Johanssen hatte auch eine viel bessere Ausbildung als Gutmann. Neben der Theologie beschäftigte sich Gutmann mit Soziologie, Johanssen mit vergleichender Religionswissenschaft.

Durch seinen familiären Hintergrund und durch seine Ausbildung hatte Johanssen einen weiteren Horizont als Bachmann und Gutmann. So war es für ihn leichter, seine Ansichten im Laufe seines Lebens zu korrigieren. Seine Haltung war auch dadurch geprägt, dass er in drei verschiedenen Gebieten arbeitete. Zudem war er von Anfang an der Leiter der Mission.[164]

Wie Gutmann und Johanssen, so unterschieden sich auch die Missionen voneinander, für die sie arbeiteten. Bethel war uniert, Leipzig war streng lutherisch. Bethel betonte deswegen die Rechtgläubigkeit weniger und die Zusammenarbeit mehr als Leipzig. Johanssen selbst kam aus einem lutherischen Landstrich, und in seinen theologischen Überzeugungen blieb er auch zeitlebens Lutheraner. Sein geistlicher Hintergrund war die Erweckungsbewegung, die im Ravensberger Land in der Nähe Bethels einen ihrer Schwerpunkte hatte. Seine vorwiegend lutherische Theologie machte es Johanssen leichter, die Werte der afrikanischen Kultur zu erfassen. Er sprach nicht von Adiaphora, aber er Unterschied zwischen Volkstum und Heidentum.[165] Das gleiche hatte Bachmann getan, wenn er auch weder von Adiaphora noch von Volkstum sprach.

Aber ganz anders als Bachmann hatte er durch die Schriften Johann Georg Hamanns (1730-1788), die ihn durch sein ganzes Leben begleiteten, viel direkteren Kontakt zu den Grundgedanken der Romantik.[166] Hamann war

---

[164] Ernst Johanssen, *Führung und Erfahrung im 40jährigen Missionsdienst*, Bethel nd., 3 Bände.
[165] W. Trittelwitz, "D. Ernst Johanssen," *EMM* 1934, 185.
[166] *Johanssen sagt nicht, welche Werke Hamanns er las.

einer der ersten Kritiker der Aufklärung und beeinflusste Herder stark, der der bedeutendste Wegbereiter der Romantik wurde.[167] Durch Hamann gewann Johanssen sein Verständnis der Geschichte und des kulturellen Erbes eines Volkes. Auf dieser Grundlage konnte er dann später Denken und Glauben der Shambala und Rwanda verstehen.[168]

Als Ernst Johanssen 1891 in Tanzania ankam, war der Widerstand des Häuptlings Meli von Moshi gegen die deutsche Eroberung noch nicht zu seinem Ende gekommen. Deswegen wollte der deutsche Beamte in Tanga ihnen eine Abteilung Soldaten mitgeben als Schutz beim Aufbau der Mission in Usambara. Johanssen wies dieses Angebot höflich zurück und zog es vor, sich beim Aufbau der Mission auf die erhoffte Freundschaft mit Häuptling Kinyashi von Mlalo zu verlassen und nicht auf die deutsche Kolonialverwaltung. Die deutsche Behörde war darüber sichtlich indigniert, genauso wie über Johanssens Kritik am niedrigen moralischen Niveau der Europäer in Tanga.[169]

Die Ablehnung militärischen Schutzes war der Ausdruck einer drastischen Änderung in der Leitung der Mission in Deutschland. Sie hieß damals noch nicht Bethel Mission, sondern Evangelische Missionsgesellschaft für Deutsch-Ostafrika, kurz Berlin III genannt.

Der Gründer dieser Mission war niemand anders als Carl Peters (Mkono wa damu - blutige Hand),[170] der meinte, eine deutsche Mission in Ostafrika könnte seinen imperialistischen Plänen dort nützlich sein.[171] Bis 1891 arbeitete Berlin III nur im Küstenstreifen und setzte einen großen Teil ihrer Möglichkeiten in der Fürsorge für die Deutschen dieser Gegend ein. Wegen dieser fragwürdigen Allianz von Christentum und Kolonialismus, wegen des Fehlens eines fähigen Leiters und wegen Fehlens einer klaren Vision konnte Berlin III weder leben noch sterben. Man hoffte, dass Friedrich von Bodelschwingh, der Leiter der Betheler Anstalten und einer der berühmtesten evangelischen Persönlichkeiten seiner Zeit, die Mission aus der Krise führen könne. Aufgrund seines Patriotismus und seiner guten Beziehungen zur

---

[167] *Hamann (1730 - 1788) glaubte, daß Glaube an Gott die einzige Lösung für die quälenden Fragen der Philosophie sei.
[168] Ernst Johanssen, *Führung und Erfahrung im 40jährigen Missionsdienst* I, S. 30-34.
[169] Ibid, S. 49-50.
[170] Ramadhani Mwaruka, *Utenzi wa Jamhuri ya Tanzania*, Nairobi/Daressalam 1968, S. 9.
[171] Siehe Stephen Neill, *Colonialism and Christian Mission*, London 1966, S. 394 f.

herrschenden Schicht vermutete man, dass er die ursprünglichen Absichten der Mission bewahren würde.

Es gelang Bodelswingh schnell, Berlin III aus der Krise zu führen. Aber er tat das durch einen deutlichen Kurswechsel. Er gab die meisten bisherigen (kolonialfreundlichen) Unternehmungen der Mission auf und begann eine neue Missionsarbeit in Usambara mit Missionaren, die in Bethel ausgebildet worden waren.

Obwohl noch bis 1905 Berlin der Sitz der Missionsgesellschaft war, hatte sie durch die Übernahme der Leitung durch Bodelschwingh ihren imperialistischen Charakter verloren, und der Geist der Bethelschen Anstalten hatte die Oberhand gewonnen.

In Mlalo hieß Häuptling Kinyashi Ernst Johanssen willkommen und gab ihm ein Stück Land zum Aufbau der Missionsstation. Das Stück Land, nicht gekauft sondern geschenkt, war gerade groß genug für die Anlage der Mission, und so gab es gar keine Möglichkeit, wie es in Rungwe und zum Teil auch in Mbozi geschehen war, Afrikaner anzusiedeln.[172]

Johanssen und sein Kollege Wohlrab waren von Anfang an bereit, die soziale Ordnung der Shambala so lange zu akzeptieren, wie sie nicht direkt dem Evangelium widersprach. Das ging so weit, dass sie am 24.10.1891 mit den Kriegern Häuptling Kinyashis in den Kampf zogen, um das Land gegen die angreifenden Teita zu verteidigen, denn auch in Deutschland hätten sie sich einer Generalmobilmachung nicht entzogen. Sie nahmen auch an den großen Häuptlingsfesten teil, die immer auch religiös waren.[173]

Neben dem Errichten der Gebäude widmete Johanssen sich intensiv dem Erlernen des Shambala. Nachdem er das Notwendige gelernt hatte, konzentrierte er sich darauf, Sprichworte und Redewendungen zu sammeln. Er hoffte, so das Denken der Shambala richtig zu verstehen und die christliche Botschaft wirkungsvoll weitergeben zu können. Er stellte fest, dass die Shambala eine eigenständige Kultur hatten, dass sie moralische Maßstäbe kannten, dass sie von Gott wussten und dass sie die im Neuen Testament im Zusammenhang von Schuld und Sünde, Erlösung und Vergebung benutzten Bilder gut verstehen konnten. Johanssen gewann die Überzeugung, dass sich Gott in der Geschichte, in den Gesetzen und in der sozialen Ordnung

---

[172] Ernst Johanssen, *Führung und Erfahrung im 40jährigen Missionsdienst* I, S. 201.
[173] Ernst Johanssen, *Führung und Erfahrung im 40jährigen Missionsdienst* I, S. 64-67.

der Shambala "nicht unbezeugt gelassen habe"[174] und dass die Shambala schon vor dem Kommen der Missionare fähig gewesen wären, Gottes moralische Forderungen zu verstehen.[175] Aber er hatte auch den Eindruck, dass die Sprichwörter über Gott und auch die Redewendungen, die so passend waren zu bestimmten Aspekten des Evangeliums, aus einer vergangenen Zeit zu stammen schienen. Er entwickelte keine Theorie der Uroffenbarung, aber er war überzeugt, dass vor einer Anzahl von Generationen die Afrikaner eine klarere Vorstellung von Gott und seinen moralischen Forderungen hatten.[176] Nach drei Jahren baten die ersten neun Shambala um die Taufe; unter heftigem Widerstand ihrer Familien und noch heftigerem Widerstand ihrer Sippen. Vier der Jungen gaben dem Druck nach, die anderen fünf wurden Pfingsten getauft.[177]

Als Getaufte waren die Jungen von den Initiationsriten ausgeschlossen, und sie wussten auch nicht, ob sie eine Frau finden würden. Trotzdem wurden sie der Kern der entstehenden Gemeinde. Ein Jahr später bat der erste Erwachsene, Shemueta, um die Taufe. Er hatte zwei Frauen, aber eine verließ ihn, weil er Christ werden wollte, und die andere entschied sich, bei ihm zu bleiben und auch Christ zu werden.[178] Durch diese Verkettung von Umständen konnten sich die Missionare die Entscheidung ersparen, ob Polygamisten getauft werden dürften oder nicht.

Die Frage der Taufe von Polygamisten wurde nie systematisch diskutiert, und so wurde Monogamie zur Vorbedingung für die Taufe. Später kam Johanssen zu der Überzeugung, dass dies ein tragischer Fehler war.[179] In seiner Anschauung lag er damit zwischen Gutmann und Bachmann. Von Gutmann unterschied er sich darin, dass er überzeugt war, dass die Shambala an der Polygamie nichts Böses fänden und dass er auch kein Zeichen dafür fand, dass sie früher einmal anders gedacht hätten. Wie Bachmann sah er

---

[174] Das wird auch betont in Ernst Johanssen/Paul Döring, *Das Leben der Schambala beleuchtet durch ihre Sprichwörter*, Berlin 1915, S. 68 f. *Bischof Vincent Lucas of Masasi hatte hierin dieselbe Theologie.

[175] Johanssen bezieht sich hier auf Römer 1, 19-20. 25. 28. 32 und 2, 9. Siehe Johanssen, *Führung und Erfahrung im 40jährigen Missionsdienst* 1, 71 ff. *Dies wurde auch von verschiedenen Misionaren der Berliner Mission betont.

[176] Ernst Johanssen, *Führung und Erfahrung im 40jährigen Missionsdienst* I, S. 64f.

[177] Ibid., S. 102-107 berichtet ausführlich.

[178] Ibid., S. 158-162.

[179] Ibid., S. 158-162.

polygame Ehen als gültige Ehen an und stand damit vor dem Dilemma, entweder die Scheidung einer gültigen Ehe zu verlangen oder Polygamisten zu taufen. Johanssen machte keine energischen Versuche, die Dinge zu ändern, obwohl er als Leiter der Mission viel mehr Möglichkeiten hatte als Bachmann. Aber im Ende kam man in Usambara zu der gleichen Lösung wie bei den Herrnhutern. Frauen durften in Polygamie leben, weil sie sich nicht scheiden lassen durften. Aber obwohl die Männer sich scheiden lassen konnten, durften die Missionare ihnen das nicht empfehlen, denn polygame Ehen waren für sie gültige Ehen, deren Scheidung mit dem Neuen Testament nicht zu vereinbaren war. Einem gläubigen Polygamisten wurde deswegen gesagt, dass er mit der Taufe warten müsse, bis durch Tod oder durch die von der Frau eingeleitete Scheidung er nur noch eine Frau haben würde.[180]

Diese Entscheidung soll getroffen worden sein, um durch die Gemeindemitgliedschaft von Polygamisten es den jüngeren Christen nicht zu erschweren, das Ideal der Monogamie zu erreichen.[181]

Es ist schwer festzustellen, ob das der wahre Grund war. Die Tatsache, dass Johanssen sich von Gesprächen während wichtiger Missionarskonferenzen eine Änderung erhoffte, lässt vermuten, dass die Furcht, aus der Front aller evangelischen Missionen auszubrechen, ein wenigstens ebenso wichtiger Grund war.

Die Shambala wohnen in engräumig gebauten kleinen Dörfern, und ohne dass die Missionare das gewünscht hätten, errichteten die Neubekehrten christliche Dörfer auf ihrem eigenen Land.[182] Obwohl Johanssen sich bewusst bemühte, die Christen ihrer Umgebung nicht zu entfremden, neigten sie dazu sich abzusondern. Das pietistische Erbe der Mission half mit dazu und auch die Tatsache, dass Wohlrab für die Werte der afrikanischen Kultur viel weniger offen war als Johanssen.

In den nächsten Jahren wurden sieben weitere Missionsstationen gegründet, aus denen dann Gemeinden wurden. Das Christentum schlug tiefe Wurzeln in Usambara, aber es blieb eine Minderheit, weil die meisten

---

[180] *Hier wird, genauso wie bei den Herrnhutern, die Lehre von der Rechtfertigung allein durch den Glauben verneint.
[181] Ernst Johanssen, *Führung und Erfahrung im 40jährigen Missionsdienst* I, S. 168.
[182] Ibid., S. 109.

Shambala Muslime wurden. Kleine engagierte Gemeinden kennzeichnen die Kirche in Usambara.[183]

1907 ging Johanssen nach Rwanda, um dort eine neue Missionsarbeit zu beginnen. Was er in Usambara gelernt hatte, versuchte er in Rwanda anzuwenden. Die erste Missionsstation in Rwanda war Kirunda. Johanssen eröffnete dort keine Internatsschule, sondern eine Tagesschule, um die Kinder nicht von ihren Familien zu entfremden. Er betonte sehr stark die Notwendigkeit der Achtung aller Autorität und bemühte sich sehr um guten Kontakt zu Msinga, dem König von Rwanda. Er besuchte ihn regelmäßig in seiner Hauptstadt, sprach mit ihm und versuchte so, ihm das Evangelium nahezubringen. Msinga war sehr erfreut, dass ein erstes von Johanssen verfasstes Lesebuch eine Reihe von Rwanda Geschichten und Fabeln enthielt.[184]

Für Johanssen war das sorgfältige Erlernen des Rwanda nicht nur die Vorbedingung jeder wirkungsvollen Missionsarbeit, sondern auch jedes Versuches, ihre Glaubenswelt und ihr Leben zu verstehen. Um ein tieferes Verstehen zu erreichen, studierte er die Religion der Rwanda mit den Mitteln der vergleichenden Religionswissenschaft. Als ein erstes Ergebnis veröffentlichte er eine Studie der Vorstellungen von Gott (Imana) und dann eine Studie des Mandwa Kultes.[185] Johanssen stellte fest, dass die Rwanda Gott als Schöpfer kannten und wussten, dass er mächtig und gut war, aber dass sie sich in Gebeten nie direkt an ihn wandten, sondern nur mit Sätzen wie "möge Gott dies oder das tun." Opfer wurden nicht Gott gebracht, sondern den Verstorbenen und besonders dem Heroen Ryangombe, der im Mandwa Kult verehrt wurde.[186]

Im Mandwa Kult sind Menschen von den Geistern göttlicher Heroen besessen. Diese Menschen werden dann Mandwa genannt. Im Mittelpunkt des Kultes steht Ryangombe, der König der Mandwa, ein mächtiger Held, der

---

[183] Mitteilung Jasper 8/68.

[184] Ernst Johanssen, *Führung und Erfahrung im 40jährigen Missionsdienst* II S. 73; 93-123; III, S. 167.

[185] Ernst Johanssen, "Die Gottesvorstellung eines Bantuvolkes, Der Imana – Gedanke bei den Bewohnern Ruandas," in: *Allgemeine Missionszeitschrift* 1923, 149-165; Ernst Johanssen, *Mysterien eines Bantuvolkes verglichen mit dem antiken Mithras-Kult*, Leipzig 1925.

[186] *Walter F. Rapold, *Der Gott, der abends heimkommt. Die Inkulturation des christlichen Gottesbegriffs in Rwanda durch Ernst Johanssen (1864 – 1934) anhand der Imana Vorstellung,* Volketswil: Verlagsgemeinschaft für europäische Editionen, 1999.

als König einen mächtigen Bullen tötete und dabei selbst zu Tode kam. Ryangombes letzte Botschaft war, dass er den Tod überwinden und auf den Vulkanen von Nyondo über die Toten regieren würde. Später erschien er dann dem mächtigen König Rugansu, der sich auf einer Expedition verirrt hatte. Ryangombe half ihm, den Rückweg zu finden, und Rugansu musste zustimmen, dass alle seine Untertanen, unabhängig von Geschlecht oder ethnischer Herkunft, Medien werden dürften.

Im Mandwa Kult werden der Gott-Held und seine Umgebung nicht durch Statuen dargestellt wie in antiken Mysterienkulten, sondern durch Männer und Frauen, die die entsprechenden Insignien tragen. Gemeinschaft mit diesen Heroen wird durch Initiation erreicht ("ein Mandwa werden"). Ziel des Kultes ist es, durch Gemeinschaft mit dem Erlöser auf eine höhere Ebene menschlicher Existenz gehoben zu werden. So will der Mandwa ein neuer, göttlicher, Mensch werden.

Johanssen verglich den Mandwa Kult mit dem antiken Mithras Kult. Er fand viele Ähnlichkeiten, nicht so sehr in den Symbolen als in den tieferen Sehnsüchten und Wünschen. Aber Johanssen berichtete auch von vielen Missbräuchen des Kultes.

In seiner Analyse wandte sich Johanssen gegen die zu seiner Zeit weit verbreitete religionswissenschaftliche Theorie (er zitierte Wilhelm Wundt), dass sich die afrikanische Religion wie jede andere in einer Aufwärtsentwicklung befände.

In der Studie der Gottesvorstellungen setzte sich Johanssen mit den gleichen Theorien auseinander. Wundt behauptete, dass die Afrikaner ursprünglich Gott nicht gekannt hätten, sondern dass es von der Verehrung der Naturgeister über die Ahnen- und dann die Heroenverehrung zum Glauben an Gott gekommen sei. Wundt behauptete, die Gottesvorstellung sei in Afrika noch sehr schwach und eng an Mond und Sonne gebunden. Johanssen wies nach, dass Imana keinerlei Beziehung zu Sonne und Mond habe und dass Imana keine Charakteristika des Heroen Ryangombe aufwiese, was der Fall hätte sein müssen, wenn sich die Gottverehrung langsam aus der Hereonverehrung entwickelt hätte. Mit dem von ihm dargebotenen Material war Johanssen einer der ersten Wissenschaftler, der dafür eintrat, die afrikanische Gottesvorstellung als ursprünglich und authentisch zu betrachten.

Aus der Tatsache, dass die Rwanda Gott kannten, schloss Johanssen, dass sich Gott den Afrikanern entsprechend ihren Verstehensmöglichkeiten offenbart hatte.[187] Aus der Tatsache, dass Gott wenig Anbetung dargebracht wurde, schloss er, dass seit der ursprünglichen Offenbarung ein Niedergang stattgefunden habe. Aber auch in dem Zustand der Abwärtsentwicklung war der Gottesglaube der Afrikaner eine göttliche Vorbereitung für die Annahme der Erlösung in Christus, so dass das Reis der evangelischen Hoffnung den Baum der afrikanischen Religion veredeln kann.[188]

In Johanssens Verständnis afrikanischen Denkens und in seiner Missionsarbeit gibt es viele Berührungspunkte zu Gutmann. Häufig zitierte Johanssen aus Gutmanns Veröffentlichungen als Ergänzung zu seinen eigenen Beobachtungen und Gedanken.[189] Noch deutlicher werden die Beziehungen, wenn Johanssen sagt, dass das christliche Gewissen sich auf das Volksgewissen gründen könne, die Sozialordnung der Afrikaner weitgehend die Zehn Gebote reflektiere oder wenn er sagt, dass die Sippenordnung von dem, was mit dem Christentum unvereinbar ist, gereinigt, aber diese Ordnung selbst erhalten werden müsse.[190] Wie Gutmann unterscheidet auch Johanssen zwischen der Organisation als Mittel zum Erreichen eines Zieles und dem Organismus, der von Gott geschaffenen Gemeinschaft.[191]

Der wichtigste Unterschied zwischen Johanssen und Gutmann liegt in ihrem Verständnis der europäischen Zivilisation. Gutmann hielt sie für an sich schlecht, Johanssen wandte sich nur gegen ihre schlechten Seiten. Er meinte sogar, dass die Zivilisation manchmal (unwillentlich!) mit der Mission verbündet sein könnte. Für ihn war es nicht Aufgabe des Missionars, die Afrikaner zu europäisieren, aber auch nicht, ihre Europäisierung zu bekämpfen.[192] Johanssen wollte sowohl die alte Kultur erhalten als auch die Modernisierung fördern. Schon 1913 war er überzeugt, dass die begabtesten Afrikaner eine europäische Sprache lernen sollten, und als König Msinga ihn bat, ein Wörterbuch zusammenzustellen, damit die Rwanda leichter

---

[187] *Bischof Vincent Lucas sah das ähnlich, wenn er betonte, daß "sich Gott nicht habe unbezeugt gelassen."
[188] Ernst Johanssen, *Gottesvorstellung* S. 165.
[189] Besonders in: Ernst Johanssen, *Geistesleben afrikanischer Völker im Lichte des Evangeliums*, München 1931.
[190] Ernst Johanssen, "Das Evangelium in seiner Auseinandersetzung mit afrikanischem Volkstum," in: *EMM* 1933, S. 135 ff, bes. S. 141.
[191] Ibid; Er gibt eine Zusammenfassung der Gedanken Gutmanns in: Ernst Johanssen, "Die Bedeutung der Gutmannschen Gedanken für unsere Mission," in: *Unsere Erfahrung* 1932, 27-36.
[192] Ernst Johanssen, *Führung und Erfahrung im 40jährigen Missionsdienst* II, S. 86.

Deutsch lernen könnten, erklärte er sich gerne dazu bereit. Der König wünschte auch, dass seine Untertanen im Pflanzen von Bäumen, im Kaffeeanbau und in verschiedenen Handwerken unterrichtet würden. Johanssen stimmte gerne zu, aber er kam nicht weit, da er 1916 kurz nach der belgischen Eroberung Rwanda verlassen musste.[193]

Nach dem Krieg kehrte Johanssen nach Ostafrika zurück. Er arbeitete zuerst in Usambara und dann in Buhaya, weil die Bethel Mission ihre Arbeit in Rwanda nicht wiederaufnehmen durfte. In seinen vier Jahren in Bukoba gelang es Johanssen, die hohe Wertschätzung der traditionellen afrikanischen Kultur mit den Bestrebungen der progressiven Elite zu kombinieren. Da das aber in die Zeit nach dem Kriege fällt, und da Gutmann vor der gleichen Fragestellung stand, wird dieses Thema in Kapitel VI behandelt.

In diesem und dem vorhergehenden Kapitel wurde die Entwicklung der konservativ geprägten Missionsarbeit bei dreien ihrer führenden Vertreter beschrieben. Bis 1916 hatte ihr Verständnis der Missionsarbeit in allen evangelischen deutschen Missionen in Tanzania stark an Boden gewonnen. Obwohl sie oft von gleichen Voraussetzungen ausgingen, hatten Bachmann, Gutmann und Johanssen bis 1916 keinen Kontakt miteinander, aber sie hatten alle drei eine Weise der Missionsarbeit entwickelt, die von einer hohen Wertschätzung der afrikanischen Kultur ausging. Obwohl ihre Ideen wie ihre Persönlichkeiten und ihr Hintergrund Unterschiede aufwiesen, hatten sie sechs Grundsätze gemeinsam, und diese Grundsätze können als grundlegend für alle Missionare angesehen werden, die in ihrer Missionsarbeit von einer hohen Wertschätzung der afrikanischen Kultur ausgingen.

Diese Grundsätze sind:

(1) Vor dem Kommen des Christentums hat sich Gott in Afrika nicht unbezeugt gelassen. Spuren der Offenbarung Gottes sind in der Religion, der sozialen Ordnung und in Sitten und Gebräuchen zu finden.

(2) Die Kultur eines Volkes ist eine einzigartige Schöpfung. Die Mission muss diese Kultur erhalten, die soziale Ordnung und die Autorität des Häuptlings oder Königs anerkennen.

---

[193] Ernst Johanssen, *Führung und Erfahrung im 40jährigen Missionsdienst* II, S. 113-114, auch S. 123.

(3) Gottes moralische Forderungen waren den Afrikanern weitgehend bekannt, deswegen haben traditionelle und christliche Moral eine gemeinsame Grundlage.

(4) Nur wo bestimmte Sitten eindeutig dem Evangelium widersprechen, darf die Mission auf Änderung hinarbeiten. Das muss geschehen, ohne das Gefüge der sozialen Ordnung zu zerstören.

(5) Traditionelle Sitten, soziale Ordnungen und religiöse Riten können christianisiert und benutzt werden, um die Kirche in Afrika zu stärken. Die Kirche kann die traditionelle Kultur vor der Zerstörung bewahren.

(6) Die größte Gefahr für die afrikanische Kultur ist die europäische Zivilisation.[194] Die Mission muss die Afrikaner gegen diese Zivilisation schützen, und dabei müssen sich die Missionare auch gegen die Europäer wenden.

Als die alliierten Truppen 1916 Deutsch-Ost-Afrika besetzten, wurden Johanssen und Bachmann interniert und später nach Deutschland repatriiert. Gutmann durfte in Moshi bleiben, musste aber 1920 nach Deutschland zurückkehren, weil der Versailler Friedensvertrag alle Deutschen für wenigstens fünf Jahre aus Tanzania verbannte.

---

[194] Im Unterschied zu Gutmann sah Johanssen die europäische Zivilisation nicht als nur schlecht an, aber er sah sie doch als große Gefahr, weil sie die Religion zerstörte, die das Herz der afrikanischen Kultur war. Dadurch, daß das Christentum der afrikanischen Kultur einen neuen religiösen Mittelpunkt anbietet, kann es reintegrierend wirken (*EMM* 1933, 139).

5. Konfirmation ist nicht afrikanisch genug - Die Christianisierung der Übergangsriten

In den letzten beiden Kapiteln wurde das Tun und Denken dreier führender früher konservativer Missionare beschrieben. In diesem und in den nächsten beiden Kapiteln soll die Zeit zwischen den beiden Weltkriegen dargestellt werden. Die Grundlagen der konservativen Missionsmethode blieben unverändert, aber die Versuche, bestimmte Aspekte der traditionellen Kultur bewusst zu christianisieren, wurden verstärkt. Ein gutes Beispiel dafür sind die Initiationsriten.

Für die Zeit zwischen den beiden Weltkriegen sind noch drei wichtige Charakteristika zu nennen. Zum einen waren die Gemeinden gewaltig gewachsen, und zu ihnen gehörten schon viele Christen der zweiten Generation. Beides brachte viele Probleme mit sich. Viele Missionare glaubten, dass eine stärkere Anpassung an die afrikanische Kultur zur Lösung dieser Probleme beitragen könnte. Sie glaubten nicht, dass die Einführung "demokratischer" Formen der Gemeindeführung und die Gründung von Vereinen oder ähnlichen Organisationen in der Gemeinde nützlich wären.

Zum anderen war in der Gesellschaft das progressive Segment immer noch klein, aber es hatte an Zahl und Einfluss deutlich gewonnen. Die Progressiven begannen ihre Ideen öffentlich zu vertreten, gründeten die ersten politischen Vereinigungen[195] und stellten erstmals die Führungsrolle der traditionellen Elite mit den Häuptlingen an der Spitze infrage.

Das dritte Charakteristikum dieser Zeit war das Aufkommen der völkischen Bewegung und des Nationalsozialismus in Deutschland. Beide Bewegungen beeinflussten einige Missionare stark. Ganz allgemein führte diese geistige Klimaveränderung in Deutschland dazu, dass viele Missionare autoritärer wurden, und bei einzelnen schuf sie deutlich rassistische Einstellungen.

---

[195] Z.B. die Young Kikuyu Association, die Buhaya Union und die Kilimanjaro Native Planters Association. (A.J. Temu, *British Protestant Missions*, London: Longmans, 1972, S. 129-136); John Iliffe (Hg) *Modern Tanzanians: A Volume of Biographies*, Nairobi 1973, S. 59-60; Rogers, Search S. 263 ff.) *Zu Malawi siehe: John McCracken, *Politics and Christianity in Malawi 1875-1940. The Impact of the Livingstonia Mission in the Northern Province*, ³2009 (1977), S. 304-320.

Der Beschneidungsstreit am Kilimanjaro

Viel besser bekannt als der Streit um die Beschneidung am Kilimanjaro ist die Auseinandersetzung um die Mädchenbeschneidung bei den Kikuyu in Kenya. Sie soll hier kurz beschrieben werden, damit Parallelen und Unterschiede leicht erkennbar sind. Vom Anfang ihrer Missionsarbeit an hatte die presbyterianische Church of Scotland Mission (CSM) sich gegen die Mädchenbeschneidung gewandt. 1925 beschlossen die afrikanischen Mitarbeiter der Missionsstation Kikuyu zur Freude der Missionare unter der Führung von Dr. Arthur, dass sie ihre Töchter nicht beschneiden lassen würden. 1926 empfahl das "African Church Committee" das totale Verbot. Daraufhin verbot die CSM die Mädchenbeschneidung unter Androhung des Kirchenausschlusses. Die Africa Inland Mission (AIM) mit ihrem Zentrum in Kijabe schloss sich an. Hunderte von Kikuyu Christen verließen die Kirche oder wurden exkommuniziert. Die Auseinandersetzung gewann eine neue Dimension, als die Kikuyu Central Association Mädchenbeschneidung und Kikuyu Nationalismus miteinander identifizierte. Die Auseinandersetzung nahm gewalttätige Formen an und erreichte ihren Höhepunkt mit der Ermordung der AIM Missionarin Hilda Stumpf im Jahre 1930.[196]

Die afrikanischen Mitarbeiter der CMS mussten einen Eid unterschreiben, die Mädchenbeschneidung in keiner Weise zu unterstützen. Nicht alle waren dazu bereit. Durch den Streit erlitt die Missionsarbeit einen schweren Rückschlag. Auch kam es zur Gründung unabhängiger afrikan-ischer Kirchen und Schulen.[197]

Am Kilimanjaro begann die Auseinandersetzung um die Beschneidung ähnlich wie in Kikuyu. Aber am Kilimanjaro waren keine Europäer beteiligt, es war eine Auseinandersetzung zwischen dem traditionellen und dem progressiven Segment in der lutherischen Kirche. Diese Kontroverse beleuchtet die Haltung der Progressiven zur afrikanischen Kultur und auch die Einstellung der Missionare, die den Streit beendeten. Die Darstellung erfolgt vom Gesichtswinkel der Gemeinde Old Moshi aus.

---

[196] *Klaus Fiedler, *Ganz auf Vertrauen. Geschichte und Kirchenverständnis der Glaubensmissionen*. Gießen/Basel: Brunnen, 1992, S. 257-258. Dort auch weitere Literaturangaben. In Teilen der mündlichen Überlieferung heisst es, daß Hilda Stumpf zwangsbeschnitten wurde. Dafür geben die direkten Quellen keinen Hinweis, aber es scheint klar, daß der Mord mit der Kontroverse zusammenhing.

[197] Dieser Abschnitt beruht vorwiegend auf: A.J. Temu, *British Protestant Missions [in Kenya]*, London: Longmans, 1972, S. 154-160. Vgl. dazu F.B. Welbourn, *East African Rebels*, London 1961, S. 135-143.

Als Gutmann 1920 Old Moshi verlassen musste, übernahm Filipo Njau die Verantwortung für die Gemeinde. Sein Gehilfe, besonders für Mbokomu, das eine eigene Häuplingsschaft bildete, war Yohane Kimambo. Yohane Kimambo war der erste von den Leipziger Missionaren in Moshi Getaufte und gehörte zur ersten Gruppe von Lehrern, die eine Seminarausbildung erhielten. Nach seiner Ausbildung leitete er über zehn Jahre die Stationsschule in Kidia (Old Moshi), dann ging er aus Gesundheitsgründen zurück nach Mbokomu.[198]

Filipo Njau stammte aus Kidia. Seine Sippe war klein, aber sie war immer einflussreich gewesen. Er war einer der ersten Lehrer, die nicht in Moshi, sondern in Marangu ausgebildet wurden. Er sprach gut Deutsch und English und fließend Swahili. Er war einer der Führer der Lehrer der Leipziger Mission und hatte Kontakt zu vielen Lehrern in anderen Gemeinden.[199]

Während Gutmanns Abwesenheit bestanden die meisten Einrichtungen, die er geschaffen hatte, fort, aber trotzdem steuerten Njau und Kimambo die Gemeinde in eine Richtung, die mehr ihrer progressiven Einstellung entsprach.[200] Gutmann scheint das befürchtet zu haben, denn er ließ die beiden Gemeindepfleger geloben, organischer Teil der Gemeinde zu sein. Um dem noch Nachdruck zu verleihen, wurde ein Ältester Leiter des Ältestenrates und nicht Filipo Njau.[201] Trotzdem dominierte Njau die Sitzungen des Ältestenrates. Da er den Platz des Missionars ausfüllen musste, wies man ihm auch die dominierende Rolle des Missionars zu.

Da von den Missionaren nur Alexander Eisenschmidt, der nach dem Versailler Vertrag russischer Nationalität war, bleiben durfte, fand in praktisch

---

[198] Sein Leben bis 1921 beschreibt Gutmann in: "Johane Kimambo, ein Jünger ohne Falsch" in: *Afrikanische Charakterköpfe - Unseres Heilands schwarze Handlanger*, Leipzig 1922, S. 43-55. Die in diesem Beitrag gegebene positive Einschätzung änderte Gutmann später (Jahresbericht Moshi 1933). Siehe auch Älteste 3.10.28, 7.1.30. Eintrag Älteste 17.1.30. Älteste 11.2.30, 20.12.34, 4.6.35.

[199] Er beschreibt sein Leben in: Filipo Njau, *Aus meinem Leben*, übersetzt von Bruno Gutmann, herausgegeben von Martin Küchler, Erlangen 1960 (56 Seiten).

[200] Filipo Njau – Gutmann 11.8.21, 20.2.21, 20.9.22 (Bruno Gutmann, *Briefe aus Afrika*, Leipzig 1925). In meinem Interview mit Filipo Njau (26.7.72) betonte er diesen grundlegenden Unterschied zu Bruno Gutmann, allerdings auch die Übereinstimmung in vielen praktischen Fragen. In "Charakterköpfe" stellt Gutmann Yohane Kimambo als einen überzeugten Anhänger seiner Ansichten dar, aber im Jahresbericht Moshi 1933 schreibt er explizit, daß Kimambos Haltung der seinen genau entgegengesetzt war.

[201] Mitteilung Winter 24.1.74. Vermutlich war Zakayo Olotu der Älteste.

allen Gemeinden am Kilimanjaro der gleiche Führungswechsel statt. Dieser Wechsel von der Führung durch meist konservative Missionare zur Führung durch meist progressive afrikanische Gemeindepfleger machte die Auseinandersetzung um die Beschneidung möglich, die in Old Moshi und in der gesamten lutherischen Kirche am Kilimanjaro das beherrschende Ereignis der Jahre 1923-1926 war.

Während des Krieges hatten die Pare Gemeinden (zuerst Shigatini, dann Vudee und Gonja) beschlossen, für ihre Kinder die Beschneidung abzuschaffen. 1922 fassten die beiden West-Kilimanjaro Gemeinden Machame und Masama den gleichen Beschluss.[202]

Während der Konferenz der Lehrer und Ältesten in Machame im März 1922 wurde über die Beschneidung diskutiert. Nach Moshi wurde berichtet, dass die Kinder nach der Konfirmation selbst entscheiden sollten. Daraufhin beschlossen die Ältesten in Moshi, dass die Frage in den Bezirken besprochen werden sollte. Niemand scheint das Problem ernst genommen zu haben. Zweimal wurde es auf die Tagesordnung gesetzt und nicht behandelt. Im September 1922 wurde beschlossen, dass Filipo Njau alles niederschreiben sollte, damit es in den Bezirken unter Leitung des Lehrers und des Bezirksältesten besprochen werden konnte. Die Ergebnisse dieser Besprechungen sollten dann einer Versammlung aller Lehrer und Ältesten der Gemeinde vorgelegt werden. Auch jetzt noch entwickelte sich alles langsam. Erst im Juli 1923 diskutierten die Ältesten erneut die Beschneidung. Sie beschlossen, dass Jungen und Mädchen während des Konfirmandenunterrichts nicht beschnitten werden dürften, aber danach frei entscheiden könnten.[203] Einen Monat später kam plötzlich Bewegung in die Sache, weil im Januar 1923 in Old Moshi bei der jährlichen Konferenz der Lehrer und Ältesten die Abschaffung der Beschneidung beschlossen worden war.[204]

---

[202] Fleisch, *Hundert Jahre*, S. 417. Gutmann berichtet, daß die Gemeinde Masama am strengsten war. Aber praktisch alle Jungen hätten es noch geschafft, sich vor Beschluß der Strafen beschneiden zu lassen.
[203] Älteste 22.3.23. 10.5.22, 13.9.22, 18.7.23.
[204] Bericht *Evangelisches Missionsblatt* 123, 65-67 (enthält einen von Filipo Njau geschriebenen Brief an Gutmann). Abgeordnete von Old Moshi waren Anton Tarimo, Filipo Njau, Zakayo Olotu, Yohane Kimambo, Gabrieli Kimaro. Siehe auch Fleisch, *Hundert Jahre*, S. 417.

In Moshi wurde aufgrund dieses Beschlusses nichts unternommen, bis er von der Missionarskonferenz vom 2.-8.8.1923 ratifiziert worden war.[205] Die afrikanischen Leiter der Kirche hatten unter Führung von Lazaros Laiser beschlossen, die Beschneidung zu verbieten, "weil die Bibel sie verbietet."[206] Für die Missionare war die Beschneidung aber ein Adiaphoron, über das nicht die Bibel entscheidet, sondern das Gewissen des einzelnen. Die (fast ausschließlich amerikanischen) Missionare ratifizierten die Entscheidung der Lehrer und Ältesten, erwähnten aber nicht, dass sie die theologische Begründung nicht akzeptieren konnten.[207]

Einige Tage nach der Rückkehr von der Konferenz wurde A.C. Zeilinger, der amerikanische Missionar in Moshi, von den Führern der Gemeinde um sein Urteil gebeten. Er antwortete, dass er ihnen, wenn sie sich untereinander geeinigt hätten, helfen würde, das Problem zu beseitigen. Daraufhin beschloss am 5.9.1923 der Ältestenrat, dass ab sofort niemand mehr beschnitten werden dürfe.[208] Alle Ältesten stimmten zu, aber wie die Interviews zeigen, taten es viele nur unter einem Gruppendruck. Eindeutige Zustimmung fand dieser Beschluss fast nur bei Lehrern.[209]

Sie sagten, dass es falsch sei, Gottes Schöpfung zu "verbessern." Außerdem sei die Beschneidung schmerzhaft und unnötig.[210] Die große Mehrheit der Gemeinde dachte anders. Für sie war es "ein Gesetz, das sie nicht mochten", und sie war überzeugt, dass "Fillipo Njau seine Gesetze über die Bibel

---

[205] Bericht in *Evangelisches Missionsblatt* 1924, 17-24. Teilnehmer waren die Amerikaner Hult, Steimer, Magney, Melander, Zeilinger und die im Versailler Vertrag als Nicht-Deutsche klassifizierten Leipziger Missionare Blumer, Eisenschmidt, Reusch und Pfitzinger. Der Bericht erwähnt die Beschneidung nicht. Die "amerikanische Zeit" am Kilimanjaro beschreibt Fleisch, *Hundert Jahre*, S. 353-364.

[206] Missionarskonferenz 6.-13.9.27; *Evangelisches Missionsblatt* 1926, 29; Max Pätzig, *Lasaros Laiser*, Erlangen 1959.

[207] Missionarskonferenz 6.-13.9.27.

[208] Älteste 15.8.23; 5.9.23.

[209] Besonders erwähnt wurden Yohane Kimambo, Oforo Lyatoo, Lehrer von Tela-Oru (Int Simeon Macha 23.5.71) und der Vater des heutigen Pfarrers Elisa Kisaka (Int Nairobi Malisa 25.5.71).

[210] Int Nahori Malisa 25.5.71. Der Grund, daß die Beschneidung mit der Bibel nicht zu vereinbaren sei, wurde von niemandem erwähnt.

gesetzt habe" und "dass er Gesetze gemacht hätte, die mit Religion nichts zu tun hätten."[211]

Fillipo Njau hatte sich voll mit dem Beschluss der Lehrer- und Ältestenkonferenz identifiziert, und jetzt identifizierte ihn die Gemeinde voll mit dem Verbot der Beschneidung.

Bei so starker Opposition wurden bald ähnliche Disziplinarmaßnahmen nötig wie in Kenya. In allen Bezirken wurden Schreibhefte verteilt, und jeder musste unterschreiben, dass er die Beschneidung ablehne. Viele lehnten es ab zu unterschreiben: Sie hätten kein Kind in dem Alter, und sie (oder die Kinder) würden dann später entscheiden.[212] Wer so antworten konnte, hatte Glück. Andere, die ein Kind in dem Alter hatten, unterschrieben und ließen ihr Kind heimlich beschneiden. Wenn sie gefragt wurden, sagten sie, dass das Kind krank sei.[213] Andere fügten sich, beschnitten ihre Kinder aber später. Wer erwischt wurde, kam vor den Ältestenrat.[214] Übertreter wurden nicht exkommuniziert, sondern "beiseitegesetzt." Das war formal eine etwas leichtere Form der Gemeindezucht, aber nicht einmal Buße konnte diese Strafe lösen. Das ließ Beschneidung als die schlimmste Sünde erscheinen. Die Namen aller, die beschnitten worden waren, wurden im Sonntagsgottesdienst nach denen der Ausgeschlossenen abgekündigt. 1924/25 wurden mindestens zwanzig Personen "beiseitegesetzt." Noch nie war die Gemeinde so in Unruhe gekommen. Alles wurde noch dadurch verschlimmert, dass die Lehrer- und Ältestenkonferenz im August 1924 ausdrücklich die Strafen bestätigte.[215] Die Ähnlichkeiten zum Beschneidungsstreit in Kikuyu fallen sofort ins Auge. In beiden Fällen entwickelte sich der Streit langsam. In beiden Fällen waren die repräsentativen Organe der afrikanischen Kirche am Entscheidungsprozess beteiligt und gaben ihre volle Zustimmung. Aber diese Organe waren nicht repräsentativ, sondern Werkzeuge in den Händen

---

[211] Int Simeon Macha 23.5.71; Mitteilung Daniel Lyatoo 5/71; Int Petro Moshi 23.5.71. Der deutlichste Widerstand kam von Zakayo Olotu, der einen Beschwerdebrief an Gutmann schrieb (Int Simeon Macha 23.5.71).

[212] Int Nahori Malisa 23.5.71; Ndesanyo Kitange 27.5.71. Imanuel Mkony hatte keine Kinder.

[213] Int Simeon Macha 23.5.71.

[214] Älteste 5.9.23.

[215] Missionarskonferenz 3.-7.9.25. Bericht darüber: Bruno Gutmann, "Die erste und doch dreißigste," *Evangelisches Missionsblatt* 1926, 27-32; 51-54. Auf S. 29-31 stellt er den Beschneidungsstreit aus seiner Sicht dar.

einer vokalen Minderheit.[216] In beiden Fällen wurde die einmal getroffene Entscheidung mit Härte durchgesetzt und auch von denen unterstützt, die ursprünglich keine Notwendigkeit für ein Verbot der Beschneidung sahen. Der große Unterschied war, dass am Kilimanjaro Missionare persönlich nicht beteiligt waren. Dies zeigt, dass die Auseinandersetzung nicht als Streit zwischen Europäern und Afrikanern gesehen werden darf, sondern als Streit zwischen dem (großen) traditionellen und dem (kleinen aber vokalen) progressiven Segment der Kirche. Für die Progressiven war die Beschneidung rückständig, für die traditionell gesinnten war sie ein wichtiges Element der sozialen Ordnung.

Im März 1925 durfte Gutmann nach Tanzania zurückkehren. Er arbeitete zuerst in Masama und lieh sofort der schweigenden Mehrheit der Gemeinden, die die Beschneidung nicht aufgeben wollte, seine volle Unterstützung.[217] Seine Osterpredigt in Masama benutzte Gutmann zu einer mächtigen Warnung an die, die gegen die Beschneidung kämpften. Diese Osterpredigt erregte natürlich bei den Progressiven großen Ärger. Die Missionarskonferenz im September 1925 war die erste, die wieder eine Leipziger Mehrheit hatte. Parallel zu den Missionaren tagten die Lehrer und Ältesten. Bei den Missionaren war die Beschneidung einer der Haupttagesordnungspunkte. Gutmann hielt das Hauptreferat. Für ihn hatte die Beschneidung nichts mit dem Evangelium zu tun, sondern war ein Teil der bürgerlichen Ordnung, und, zurzeit auf jeden Fall, ein unaufgebbarer Teil dieser Ordnung. Das Verbot der Beschneidung würde den moralischen Verfall fördern, die Ausbreitung des Christentums hemmen und dem Islam die Türen öffnen. Die meisten Missionare konnten diese Auffassung nicht ganz teilen, aber sie stimmten überein, dass Beschneidung kein Grund für Gemeindezucht sei. Die Missionare informierten die Lehrer und Ältesten über ihre Ansicht, und Gutmann hielt ihnen einen Vortrag über die Beschneidung. Am Abend kam es zu einer heftigen Konfrontation zwischen den afrikanischen Leitern der Kirche und den Missionaren unter Führung Gut-

---

[216] A.J. Temu, *British Protestant Missions [in Kenya]*, London: Longmans, S. 157 geht davon aus, daß die afrikanischen Kirchenführer von den Missionaren gezwungen wurden, die Beschneidung zu verbieten. Am Kilimanjaro gab es mit Sicherheit keinen Zwang der Missionare, auch keinerlei Druck auf die Abgeordneten aus den Gemeinden, die beschlossen, was ihre Gemeinden nicht wollten. Welbourn setzt voraus, daß es genuine afrikanische Ablehnung der Mädchenbeschneidung gab (Welbourn, *East African Rebels*, S. 136; 142f).

[217] Zu Gutmanns Zeit in Masama: *Evangelisches Missionsblatt* 1926, 210-214; 161-169; 241-247. Er konnte nicht nach Old Moshi zurückkehren, weil diese Station (damals noch) in den Händen der amerikanischen Augustana Mission bleiben sollte.

manns. Am nächsten Morgen weigerten sich die beleidigten Missionare, mit den Lehrern und Ältesten zu sprechen und verlangten erst eine Entschuldigung. Die Lehrer und Ältesten entschuldigten sich, wollten aber in der Sache nicht nachgeben. Sie waren nur bereit, die Strafen etwas zu mildern. Das reichte den Missionaren nicht, und die Missionare verwiesen sie auf den "evangelischen Weg." Dann fährt das Konferenzprotokoll fort:

> Es wird schließlich ein vollkommenes Einvernehmen zwischen den Missionaren und den Christen erzielt, und die Eingeborenen danken den Missionaren, besonders auch B. Gutmann.

Einstimmig wurde beschlossen:

> Den Dschaggagemeinden soll die Beschneidung nicht verboten werden, sie wird aber auch nicht von Gemeinde wegen als erlaubt gelten. Will ein Christ sich beschneiden lassen, so soll er darauf hingewiesen werden, dass er einen Brauch vollzieht, dessen Beseitigung die Gemeinde anstrebt. Er handelt vollständig auf eigene Verantwortung.[218]

Die Lehrer nahmen die Erwähnung einer zukünftigen Abschaffung der Beschneidung nicht ernst, für sie war es ein vollständiger Sieg Gutmanns.

Aber Fillipo Njau wollte nicht nachgeben. Nach seiner Rückkehr nach Old Moshi verschwieg er die Ergebnisse der Konferenz von Machame, obwohl viele Gemeindemitglieder die Aufhebung aller Strafen wegen Beschneidung sicher interessiert hätte. Die Ältesten, die teilgenommen hatten, sagten auch nichts. Als sie später gefragt wurden, warum, sagten sie, dass sie die in Swahili geführten Verhandlungen nicht verstanden hätten. Einen Brief an die Ältesten mit den Verhandlungsergebnissen unterschlug Filipo Njau, und als Hult, Zeilingers Nachfolger, wünschte, dass er die Frage noch einmal mit den Ältesten verhandele, erweckte Njau den Eindruck, als ob die Ältesten es ablehnten, den Beschlüssen von Machame zu folgen. Aber sie hatten noch nicht einmal von ihnen gehört.[219]

Im April 1926 kehrte Gutmann nach Old Moshi zurück. Die beiden ersten Versammlungen des Ältestenrates beschlossen, dass alle während des Streites um die Beschneidung Ausgeschlossenen bedingungslos wiederaufgenommen werden sollten.[220] Einen Monat später erhielt Filipo Njau eine Berufung als erster afrikanischer Lehrer an das Lehrerseminar von Marangu.

---

[218] Missionarskonferenz 3.-7.9.25.
[219] Älteste 19.5.26.
[220] Älteste 5.5.26; 19.5. 26.

Damit kam er in eine für ihn viel passendere Umgebung und war kein Konkurrent mehr für die Missionare.

Dieser Streit war eine der schwersten Krisen in der Entwicklung der Gemeinde Old Moshi. In allen Entscheidungsgremien waren die gewählten Ältesten in der Mehrheit, sie konnten sich aber gegen die vokale Minderheit der Lehrer nicht behaupten. Obwohl Gutmann viel getan hatte, um Stellung und Einfluss der Lehrer zu beschränken, war es ihm nicht gelungen, Älteste zu finden, die ihre Gemeinde wirklich repräsentieren konnten. Warum unterstützten die Ältesten das, was sie gar nicht wollten und wurden so Werkzeuge in der Hand der Lehrer? Die Antwort liegt in der Vergangenheit. Schon vor 1920 waren die Ältesten in gewissem Sinne Werkzeuge gewesen, nicht in der Hand der Lehrer, sondern des Missionars.

Der Streit um die Beschneidung zeigt, dass die Gemeindepfleger die Rolle der Missionare und deren Einstellungen übernommen hatten. Während der Missionarskonferenz 1913 in Shigatini waren sich alle Missionare darüber einig gewesen, dass angestrebt werden sollte, durch Predigt und Unterweisung und durch Diskussionen mit den Ältesten und den Gemeinden zu einer Abschaffung der Beschneidung zu kommen. Die Ergebnisse dieses Prozesses sollten dann in einer Ältestenkonferenz bekanntgemacht werden.[221] Bis 1917 waren in Upare "gute" Ergebnisse erzielt worden, und einige Missionare sahen die Chance, in den Chagga Gemeinden die gleichen Ergebnisse erzielen zu können.[222] Es ist also nicht verwunderlich, dass die Gemeindepfleger und Lehrer zusammen mit der Rolle der Missionare als Führer der Kirche auch deren Einstellung zur Beschneidung übernahmen. Und da sie weniger Autorität hatten, wendeten sie mehr Druck an.

Die Kontroverse zeigt auch, dass die Gemeindepfleger einen starken Korpsgeist entwickelt hatten. Durch ihre Seminarausbildung, durch Beziehungen über Gemeinde (und Häuptlingsschaft) hinaus und durch gemeinsame Bestrebungen hatten die Gemeindepfleger der verschiedenen Gemeinden eine starke Solidarität entwickelt. Deshalb tat Filipo Njau am Anfang nichts gegen die Beschneidung. Als aber die Lehrer sich einmal geeinigt hatten, warf er all sein Gewicht in den Kampf gegen die Beschneidung. Auch darin

---

[221] Missionarskonferenz 1913. Vorträge über Mädchenbeschneidung: Schachschneider, "Mädchenbeschneidung innerhalb unserer Gemeinden mit besonderer Beziehung auf den Zeitpunkt der Konfirmation"; Seesemann: "Die Mädchenbeschneidung und ihre Gefahren."
[222] Missionarskonferenz 3.-7.9.25.

folgte er den Missionaren: Sie hatten unterschiedliche Auffassungen, vertraten aber gemeinsame Entschlüsse einhellig gegenüber den Gemeinden.

Im Protokoll der Missionarskonferenz von 1925 steht, dass über die Beschneidung volle Übereinstimmung erreicht wurde. In einem Brief sprach Superintendent Raum aber von erbittertem Widerstand.[223] Das ist wahr, die Lehrer hatten mehr als ihre Meinung zu verteidigen. Sie kämpften um den Erhalt ihrer Rolle als die Gruppe derer, die die Kirche führen. Ihr Widerstand endete in voller Unterwerfung, die sie während der Missionarskonferenz 1927 so formulierten: "Aber unsere eigene Kraft, wenn wir nicht eins sind mit unseren Missionaren, bringt uns nicht vorwärts."[224]

War der Konflikt zwischen den Afrikanern und Gutmann wirklich ein europäischer Sieg? Von Old Moshi aus gesehen war der Streit um die Beschneidung kein Streit zwischen afrikanischen Christen und den Missionaren, sondern zwischen der konservativen Mehrheit und der progressiven Minderheit der Gemeinde. Die Konservativen waren in der Mehrheit, hatten aber keine bedeutenden Führer, und deshalb fiel es ihnen schwer, ihre Ansichten durchzusetzen. Die Progressiven waren in der Minderheit, waren gewandt und hatten zwei sehr fähige Führer. Damit war die Mehrheit unterlegen, und diese setzte Gutmann ein, um ihre Reihen zu stärken.

Konfirmation und Schildschaft: Bruno Gutmann in Old Moshi

Für die Leipziger war die Beschneidung kein religiöser Ritus, sondern ein Mittelding. Adiaphora konnten aber nicht christianisiert werden, und so konnte Gutmann die Beschneidung nicht direkt zur Konfirmation in Beziehung setzen. Fast alle Kinder wurden weiterhin beschnitten, die Beschneidung hatte aber ihren gemeinschaftlichen Charakter verloren und war eine Sache der Familie geworden.

Schon nach 1910 hatte Gutmann versucht, die der Beschneidung verbundenen Lehren in den Konfirmationsunterricht und in den Schulunterricht zu integrieren, denn schon sehr früh hatten ihn die wertvollen Lehrinhalte des mit der Beschneidung verbundenen Unterrichts fasziniert.[225] Als nach der Besetzung von Old Moshi Gutmanns Bewegungsfreiheit eingeschränkt war,

---

[223] Raum – Leipzig 12.1.26.
[224] Missionarskonferenz 1927.
[225] Bruno Gutmann, "Eine Jugendlehre bei den Wadschagga", in *Evangelisches Missionsblatt* 1911, 14-21.

nutzte er die dadurch frei gewordene Zeit, um die Initiationslehren niederzuschreiben.[226]

Nach 1925 bemühte sich Gutmann, die gemeinschaftsbildende Funktion der Beschneidung auf die Konfirmation zu übertragen: Er schuf aus kleinen Gemeinschaften zusammengesetzte Altersklassen. Im traditionellen Ritus legten sich die Jungen nach der Operation in Gruppen zu zweit auf die Erde, und der Lehrer zog einen Kreis um jedes Paar und band die beiden Jungen so für ihr ganzes Leben zu gegenseitiger Hilfe aneinander.[227]

1925 in Masama und ab 1926 in Moshi begann Gutmann, diese "Schildschaften" genannten Gruppen zur Gliederung der Konfirman-denklasse zu benutzen.[228] Gutmann sah nicht nur die Vermittlung von christlichem Wissen als Ziel des Konfirmationsunterrichts. Sein Ziel war umfassender. Er wollte die Konfirmanden auf die volle Teilnahme am Gemeindeleben vorbereiten.[229] Deswegen ergänzte er die beiden wöchentlichen Unterrichtsstunden durch eine dritte am Samstag, in der die Konfirmanden, Schildschaft für Schildschaft, auszogen, um denen in der Gemeinde zu helfen, die Hilfe brauchten. Gutmann bemerkte bald, dass für diese Zwecke Zweierschildschaften zu klein waren, und so schuf er Schildschaften von vier und sechs Mitgliedern.

Die Schildschaften wurden so lange gut in der Gemeinde aufgenommen, wie sie in der traditionellen Weise verstanden werden konnten als eine Gemeinschaft gegenseitiger Hilfe. Als Gutmann sie aber einsetzte, um denen zu dienen, denen sie nicht verpflichtet waren, war der Widerstand von

---

[226] Seine wichtigsten Informanten waren Malan Malisa, Kyencha Mshiwu und Mlasany Njau aus der Häuptlingsschaft Moshi und Ndelishiyo Mboro, Machame (Winter, B.lit. 102). In der Schlußphase lebte nur noch Mlasany Njau, der jeden Morgen sehr früh zu Gutmann kam und vier Jahre lang jeden Morgen eine Lehre diktierte. Er tat das, damit Gutmann sie vor dem Verlorengehen bewahren solle (Bruno Gutmann, *Die Stammeslehren der Dschagga*, 3 Bände, München 1932-1938, S. 1-2). Alle Initiationstexte in dem Buch sind in Chagga mit deutscher Übersetzung.

[227] Bruno Gutmann, *Freies Menschentum aus ewigen Bindungen*, Kassel 1928, S. 48.

[228] Für diesen Abschnitt sind wichtig: "Der Kampf um die Schilde" (*Freies Menschentum*, S. 47-56, 1928), "Der Schildgriff" (*Zurück auf die Gottesstraße*, S. 54-56. Zu Masama: *Evangelisches Missionsblatt* 1926, 167 f.

[229] Bruno Gutmann, *Zurück auf die Gottesstraße*, Leipzig n.d. (1938), S. 61f. Hier vertritt Gutmann die romantische Einstellung, daß das Erziehungswesen eng verbunden sein muß mit der Gemeinschaft, der es dienen soll.

allen Seiten groß. Den stärksten Widerstand leisteten die Gebildeten.[230] Anfangs wurden die Schildschaften im Konfirmationsunterricht gebildet, später setzte Gutmann sie schon in der Schule ein, um dort die Disziplin zu fördern und um ein Gegengewicht zu schaffen gegen den Konkurrenzgeist in der Schule.[231] Die, die von niemandem als Schildkamerad gewünscht wurden und die, die zu schwach waren, um gleichwertige Partner zu sein, wurden unter den Schutz einer ganzen Schildschaft gestellt. Auch das stieß auf starken Widerstand, aber bald wurden Kinder auch in Gruppen zu drei, fünf oder sieben konfirmiert.[232] Gutmann und die Ältesten waren der Meinung, Mädchen seien oft nicht stark genug, um einander zu helfen. Sie sollten sich deshalb eine oder zwei ältere Frauen wählen, die sie leiten würden und denen sie dafür in Hof und Feld helfen sollten. Die Taufklassen Erwachsener organisierte Gutmann ähnlich wie die Konfirmationsklassen.[233]

Traditionell gab es zwei Elemente des sozialen Zusammenhaltes: die kleine Schildschaft und die große Altersklasse. Gutmann betonte fast nur die Schildschaft, denn die Altersklasse, geformt in der Hitze einer Übergangsperiode, war immer in der Gefahr, egoistisch und unsozial zu werden.[234]

Als Gutmann die Schildschaften einführte, waren die Alten glücklich, weil sie selbst noch zu einer traditionellen Schildschaft gehörten oder weil sie die Hoffnung hatten, dass die Altersklasse wiederbelebt werden könne.[235] Selbst unter jungen Leuten fand die Idee Anklang, und noch heute wird in Kidia niemand allein konfirmiert oder getauft. Offen ist, wieweit die Schildschaft ihren christlichen Charakter bewahrt hat: Dazu zwei Antworten: "Ich bete jeden Tag für jeden meiner Schildgenossen", sagte der eine. Die ande-

---

[230] Gutmann, *Freies Menschentum*, S. 53f. Waren die Gebildeten stärker individualisiert oder waren sie nur besser fähig, Gefühle, die alle hatten, zu formulieren?
[231] Die Idee und den Anfang der Realisierung beschreibt Gutmann in *Evangelisches Missionsblatt* 1927, 31-36 ("Der Kampf und die Schulzucht"), bes. S. 32. Siehe auch Bruno Gutmann, *Unter dem Trutzbaum*, S. 99-106 ("Schule und Volk"), bes. S. 100. Gutmann, *Gottesstraße*, S. 25 zeigt, daß Gutmanns Ideen auch realisiert wurden.
[232] Gutmann, *Freies Menschentum*, S. 50; *Gottesstraße*, S. 38ff.
[233] Gutmann, *Gottesstraße*, 26-28.
[234] Bruno Gutmann, *Christusleib und Nächstenschaft*, Feuchtwangen 1931, S. 37 –38. Johannes Raum war gleicher Ansicht (*IRM* 1927, 589), nicht aber Fritze (siehe S. 84 ff). Für Gutmann war die Altersklasse die am wenigsten wichtige primäre Bindung.
[235] Gutmann, *Gottesstraße*, S. 29 –31. Niemanden scheint es gekümmert zu haben, daß es im traditionellen Leben nur nach jeweils mehreren Jahren eine neue Altersklasse gab, jetzt aber jedes Jahr.

re antwortete: "An unserem Tauftag braue ich Bier, und wir besuchen einander."²³⁶

Gutmanns Kombination von traditioneller Initiation und christlicher Konfirmation war unvollständig, aber erfolgreich. Das lag wohl daran, dass sie den Zweck des ursprünglichen Ritus erfüllte. Die so gestaltete Konfirmation markierte, wie die traditionelle Initiation, das Ende der Kindheit und den Beginn des Erwachsenseins. Die Konfirmation vermittelte auch die nötige Unterweisung. Dieser Fall zeigt, dass Annahme oder Ablehnung eines Ritus nicht davon abhängt, wie afrikanische und europäische Elemente genau gemischt sind, sondern davon, ob der Ritus seine Funktion erfüllt.

Gutmanns Haltung zur Initiation zeigt deutlich seine konservative Haltung. Er hielt die Beschneidung für unnötig,²³⁷ aber er unternahm nichts gegen sie, solange die Chagga kein Interesse daran zeigten. Er erwartete, dass irgendwann einmal die Chagga selbst sie aufgeben würden. Dieser Prozess könnte 40 Jahre, nachdem er Moshi verlassen hatte, begonnen haben.²³⁸

Die volle Integration von Initiation und Konfirmation: Georg Fritze in Mamba

Gutmanns Nachbar Georg Fritze²³⁹ war überzeugt, dass Gutmann nicht weit genug gegangen sei, und in Opposition zu Gutmann legte er fast alles Gewicht auf die Altersklasse als Ganzes und nur wenig auf die Schildschaften.²⁴⁰ Fritze war der erste Leipziger Missionar der Nachkriegs-generation.²⁴¹ Diese Missionarsgeneration unterschied sich stark von der Bachmanns und Gutmanns. Wegen der deutschen Niederlage und der darauffolgenden Demütigung und wegen der wachsenden völkischen Stimmung war ihre konservative Einstellung stärker autoritär. Zusätzlich muss Fritze auch von der Jugendbewegung beeinflusst worden sein, die eine Wiedergeburt der deutschen Kultur durch eine Wiedergeburt der Jugend erstrebte.²⁴² Im Ganzen

---

[236] Interviews Kristosia Materu 24.5.71; N.N., Mahoma 28.5.71.
[237] Die wenigen unbeschnittenen Glieder seiner Gemeinde nahm Gutmann engagiert gegen unschöne Bemerkungen in Schutz.
[238] Seit etwa 1972 lehnt eine wachsende Zahl von Eltern es ab, ihre Töchter beschneiden zu lassen.
[239] Geboren 15.5.1899, gestorben 25.1.1944.
[240] Siehe Anhang B.
[241] Vgl. Winter, Gutmann, S. 61.
[242] Siehe S. 27.

gesehen war die konservative Haltung der Nachkriegszeit weniger auf Tatsachen bezogen und stärker nostalgisch geprägt. Man neigte dazu, die entfernte Vergangenheit, sei es die der Germanen oder der Chagga, in einem verklärten Licht zu sehen, um in diese Vergangenheit die romantische Sicht der Gesellschaft hineinzuprojizieren.

Bachmann hatte nur lebendige Nyiha Sitten in das Gemeindeleben aufgenommen, Gutmann hatte darüber hinaus auch versucht, sterbende Sitten neu zu beleben. Fritze dagegen bemühte sich, einen Ritus wiederzubeleben, der schon seit 15 Jahre ausgestorben war. Dadurch wollte er die durch das starke Wachstum der Gemeinde in und nach dem Ersten Weltkrieg verursachten Probleme lösen. Er fühlte, dass die Zucht in der Gemeinde schlechter geworden sei. Er war überzeugt, dass früher wegen des Altersklassensystems mit seiner klaren Führungsstruktur mehr Disziplin geherrscht hatte. Da die Jugend den größten Teil der Gemeinde ausmachte, sah er in der Wiederbelebung der Altersklassen eine Möglich-keit, das geistliche Leben der ganzen Gemeinde zu vertiefen.[243] Wie Gutmann ließ auch Fritze die Frage der Beschneidung unberührt, aber aus entgegengesetzten Gründen. Für Fritze war die Beschneidung nicht nur ein Element der bürgerlichen Ordnung, sondern ein religiöser Ritus, der mit dem Christentum unvereinbar war.[244] Fritze zielte also auf die Abschaffung der Beschneidung und nahm sehr gerne unbeschnittene Jungen zur Initiation in der Rikaschule (Konfirmandenklasse) an.[245]

Fritzes Ziel war es, nicht nur christliche Unterweisung zu geben. Die Rikaschule sollte auch über gemeinsames Erleben echte Charakterbildung vermitteln und so einen neuen Jahrgang in das Leben der Gemeinden einführen.[246] Die vorletzte traditionelle Altersklasse (*rika*) in Mamba war zwei Monate im Lager geblieben, die letzte nur noch 14 Tage, und seit 1915 gab es

---

[243] *Evangelisches Missionsblatt* 1938, 241 (zitiert Jahresbericht Mamba 1937). Fritze beschreibt seine Vorstellungen in "Gedanken über die Konfirmation" (*Evangelisches Missionsblatt* 1931, 321-328). Dieser Artikel ist eine gekürzte Fassung seines Vortrages während der Missionarskonferenz 1931.

[244] Georg Fritze, Rika Lyikanyie, Schreibschinenmanuskript n.d., S. 31-34. Er war glücklich, daß in Mamba 20 junge Leute sich nicht hatten beschneiden lassen und inzwischen verheiratet waren und Kinder hatten.

[245] Int Yakobo L. Lyimo 9.2.1974.

[246] Die Darstellung beruht primär auf Fritzes unveröffentlichtem Manuskript: Rika Lyikanyie (101 Seiten, unvollendet, es scheint aber sehr wenig zu fehlen, n.d., geschrieben vor dem Ende der ersten Rikaschule, wohl 1932).

keine Altersklasse mehr mit gemeinsamem Erleben.[247] Fritze musste also eine Institution wiederbeleben, die keine gesellschaftliche Funktion mehr hatte.[248]

Fritze gelang es, alle Betroffenen, die Missionare, die Gemeindeältesten und die ganze Gemeinde, von dem Wert seines Versuches zu überzeugen. Am Anfang blieben die Jungen sieben Wochen im Lager, dann erst jede Woche eine Nacht und einen Tag und dann jede zweite Woche. Der Kurs schloss dann mit einem vierzehntägigen Aufenthalt im Lager ab, auf den die Konfirmation folgte.[249] Die erste Rikaschule begann mit 41 Jungen im Alter von 14-20 Jahren.[250] Die wichtigsten Mitarbeiter Fritzes waren Simeon Moshi (50) aus Mamba, der Lehrer Yakobo Lyimo (40) aus Marangu, Simeon Minja und Elifasi Mnene.[251]

Nach einem feierlichen Gottesdienst zogen die Jungen ins Lager ein. Sie gingen auf einem mit Draecenen gesäumten Weg aufs Lager zu. Am Eingang mussten sie durch ein mit Wasser gefülltes zwei Meter tiefes Loch gehen und dann über ein Feuer ins Lager springen. Das Loch hatten die Jungen am Tag vorher gegraben, und als die Jungen Fritze fragten, warum sie das Loch gruben, hatte er geantwortet, dass sie dort am nächsten Tag einen Elefanten begraben würden.

Im Lager empfing sie Yakobo Lyimo mit den Worten: "Willkommen im Haus der Altersklasse. Deine Kindheit hast du in diesem Wasser gelassen. Hier sollst du lernen, als Christ und als Kämpfer zu leben. Sei tapfer, männlich

---

[247] Fritze, Rika 1-3. Die Initiationslager waren ohne Einflußnahme der Mission abgeschafft worden. Es ist wahr, daß die Missionare sie nicht befürworteten, aber da vor 1915 die Christen nur eine geringe Minderheit in der Bevölkerung ausmachten, kann der Einfluß der Mission höchstens einen sowieso stattfindenden Prozeß noch etwas beschleunigt haben (Schon vor dem Kommen der Europäer war wegen der ständigen Kriegsgefahr die Dauer der Initiationslager verschiedentlich verkürzt worden.)

[248] Siehe dazu: Georg Fritze, "Gedanken über den Konfirmandenunterricht," *Evangelisches Missionsblatt,* 1931:321-328.

[249] Fritze, Rika 4-5; Jahresberichte Mamba 1932, 1933.

[250] Nur für ganz wenige Jungen des entsprechenden Alters wurde die Teilnahme abgelehnt.

[251] Fritze, Rika 72. Yakobo Lyimo trat in den Ordinationskurs ein, starb aber vor seinem Abschluß am 26.2.33 (Fleisch, *Hundert Jahre,* S. 444 ff). Elifasi Mnene heißt auch Elifasi Ngowi (Int Mamba 9.2.74). Wegen eines Disputes über den Besitz des Bezirkes Ashira herrschte zwischen Marangu und Mamba traditionelle Feindschaft. So mußte Fritze aus jedem Häuptlingstum einen Führer wählen.

und stark."[252] Dann erklärte Fritze in einer eindrucksvollen Rede, was alles bedeutete. Das Wasser sollte die Jungen an ihre Taufe erinnern und dass sie nun in eine neue Phase ihres geistlichen Lebens eintreten würden. Alles Schlechte und Nutzlose (den alten Elefanten) sollten sie hinter sich lassen oder im Feuer verbrennen und sich so auf ein neues Leben vorbereiten.

Das Leben im Lager war streng geregelt. Körperliche Arbeit, exerzieren und Konfirmationsunterricht füllten den Tag. Der Abend gehörte den *mapfundo*, dem Unterricht, wie er in den traditionellen Initiationslagern stattgefunden hatte. Jede *impfundo* begann mit einer kleinen Symbolhandlung, die dann erklärt wurde.[253] Meist gab Fritze die *mapfundo* selbst, manchmal auch ein Lehralter der Chagga.[254] Während der Nacht mussten die Jungen Wache halten. Zuerst fühlten sie sich wie Krieger, aber schnell wurden sie es leid, und unter dem Druck der Jungen musste er die Zahl der Nächte, in denen eine Wache nötig war, auf drei vermindern.[255] Besonders eindrucksvoll waren die sonntäglichen Märsche, bei denen die ganze Rika Fritze zu einem Außenposten der Gemeinde begleitete. Diese Märsche erinnerten an die Züge der Initianten vom Lager in die Ebene oder in den Bergwald, um etwas zu jagen.[256]

Die Rikaschulen waren eine Mischung von traditionellen und europäischen Elementen. Die Nachtwache war ein deutsches Element (Pfadfinder, Jugendbewegung), deutscher Herkunft waren auch das Exerzieren und die Trompetensignale. Die *mapfundo* waren meist kürzer als früher, und Fritze sprach nicht wie die Lehralten der Chagga durch einen "Übersetzer." Trotzdem wurden sie als richtige Chagga *mapfundo* empfunden.[257] Fritze hatte

---

[252] Int Mamba 9.2.74.

[253] Beispiele bringt Fritze, Rika 74-91. Fritze betonte Zusammenarbeit, gegenseitige Hilfe, Achtung vor den Älteren, gutes Benehmen (Int Yakobo L. Lyimo 9.2.1974; Simeon Minja 9.2.1974).

[254] Der erste Lehralte, der in der Rika Schule eine *impfundo* gab, war Msanjo Mmamba (70). Er meinte zuerst, daß man Christenkinder diese "Dinge von früher" nicht lehren könne (Fritze, Rika 65).

[255] Fritze, Rika 89.

[256] Charles Dundas, *Kilimanjaro and its People*, London 1924, S. 218f. Während dieser Jagden benahmen sich die Jungen äußerst selbstbewußt und furchteinflößend. Keine Frau wagte ihnen nahe zu kommen. Siehe auch Otto Raum, *Chagga Childhood*, London, 1940, S. 348. Wenn die Jungen mit Fritze unterwegs waren, waren sie nicht agressiv, aber es erweckt den Eindruck, als ob sie die äußerst selbstbewußte Art beibehalten hätten.

[257] Fritze, Rika 70.

ursprünglich mehr *mapfundo* aus denen nehmen wollen, die Gutmann gesammelt hatte, aber die Christen von Mamba schätzten diese traditionellen Lehren nicht, und ganz allgemein beobachtete Fritze, dass die Ältesten und erfahrenen Christen gegenüber allem, was an die alte Zeit erinnerte, sehr zurückhaltend waren. Vor Eintritt ins Lager hatte Fritze den Jungen gemäß traditioneller Sitte die Haare scheren wollen, eine in vielen afrikanischen Gesellschaften damals übliche Handlung. Aber die leitenden Christen lehnten das rundweg ab, und so erfand er das Elefantengrab.

Die Integration der Mädchen war ein Problem, das Fritze in der ersten Rikaschule nicht zu lösen vermochte. Traditionell hatten die Mädchen ihren eigenen Initiationsritus, aber Konfirmandenunterricht war immer Mädchen und Jungen gemeinsam gegeben worden. Die Mädchen nahmen anfangs nur am gemeinsamen Unterricht teil. Auch später wurden sie nie gleich behandelt, obwohl sie auch einmal die Woche für einen ganzen Tag auf die Missionsstation kamen und obwohl Fritze auch einige *mapfundo* für Mädchen entwickelte.[258] Durch die Rikaschulen wollte Fritze nicht nur den Konfirmationsunterricht eindrucksvoller gestalten, durch die Altersklassen wollte er auch die Gemeinde reorganisieren. Deshalb wurden in jedem Bezirk Altersklassenführer gewählt. Diese Führer bildeten einen eigenen Rat und waren für die Ordnung unter der Jugend verantwortlich. Außerdem verflocht Fritze die verschiedenen Altersklassen. Bei ihm gab es nicht wie bei Gutmann die Schildschaften Gleicher, sondern Patenschaften.[259] Sein ganzes Leben lang war jeder mit drei anderen verbunden. War er Konfirmand, war ein Mitglied der letztjährigen *rika* sein Pate (*wawa*, älterer Bruder), und im nächsten Jahr würde er Pate eines Konfirmanden, und auch eines Taufkandidaten werden. Ein Angehöriger einer Taufrika würde nur Pate eines Angehörigen der nächstjährigen Taufrika sein, aber je einen Paten in der vorjährigen Konfirmanden- und Taufrika haben.[260]

Die vorhandenen Quellen ermöglichen kein Urteil, inwieweit die Rikaschulen das geistliche Leben der ganzen Gemeinde vertieften. Die Teilnehmer

---

[258] *Missionsblatt der Brüdergemeine* 1939, 46.
[259] Missionarskonferenz 1930.
[260] Von Gutmann beschrieben in *Evangelisches Missionsblatt* 1938, 241 f. und 267 nach Jahresbericht Mamba 1937. Gutmanns Kommentare zeigen, daß Fritze von Gutmanns Schildschaften nicht viel hielt. Das bestätigte Fritze explizit während der Missionarskonferenz 1936. Aber es gab in Mamba viele Schildschaften, und es gibt sie sogar heute noch (Int Paulo Moshi und Yakobo L. Lyimo 9.2.74). Die von Fritze so sehr geförderten Patenschaften gibt es nicht mehr.

erhielten fundierten Glaubensunterricht, und die Rikaschulen lehrten die Jungen gegenseitige Verantwortung und Disziplin und vermittelten ihnen Kampfbereitschaft[261] und ein starkes Gruppenbewusstsein unter der Parole: "Wir haben zusammen den Elefanten begraben."[262]

Bevor Fritze Anfang 1934 zu seinem ersten Heimataufenthalt nach Deutschland ging, begann er eine neue Rika. Sein Gehilfe Ruben Moshi führte dann während seiner Abwesenheit den wöchentlichen oder vierzehntäglichen Unterricht durch.[263] Eine Woche nach seiner Rückkehr rief Fritze diese zweite Rika zu ihrer letzten Periode im Lager zusammen. Diese Rika hieß "rika lyiosha", die Rika, die der ersten in der gleichen Weise folgt. Bei diesen beiden Rikaschulen hatte es kaum Opposition gegeben. 1937 begann er die dritte Rikaschule. Die Rika trug den Namen "rika yiringishie", die ganz gefestigte Rika.[264] Für die, die weniger als 29 Jahre alt waren, gestaltete Fritze auch den Taufunterricht als Rikaschule.[265] Inzwischen war die Gemeinde Mamba gebeten worden, in Komalyangoe in Ober Marangu, einem "katholischen" Gebiet, in dem aber noch niemand getauft worden war, zu arbeiten. Auch dort organisierte Fritze die Taufbewerber als Rika und unterrichtete sie auf der Mission.[266]

Im Laufe der Jahre kam es dahin, dass Fritze den größten Teil seiner Arbeitsenergie in die Rikaschulen investierte. Er war glücklich über den Erfolg seiner Anstrengungen. Gutmann war kritisch,[267] andere Missionare waren interessiert. Inspektor Vogt von Herrnhut war begeistert, als er bei seinem Besuch in Mamba die Rika von Komalyangoe erlebte.[268] Während der Kon-

---

[261] Int Paulo Moshi und Yakobo L. Lyimo 9.2.1974; Mitteilung Missionar Kissel 1970. Fritze war 13 Jahre jünger als Gutmann (geb. 1889), von 1915-1918 Soldat. Er war einer der ersten neuen Missionare nach dem Krieg (Jaeschke - Fiedler 6.7.82).

[262] "Lulerika njofu handu hamwi" (Int Mamba 9.2.1974). Die, die in der Rika Schule waren, hatten auch einen besonderen Gruß: "Myringa na moro" Antwort: "Weshiuta nyi soe" (Simeon Minja, Rika Lyikanyie, Manuskript, 1.2.1974).

[263] Jahresbericht Mamba 1933.

[264] Int Paulo Moshi 9.2.74.

[265] 30% der Taufbewerber waren weniger als 29 Jahre alt.

[266] Jahresbericht Mamba 1938; Georg Fritze, "Missionsarbeit in einem rein heidnischen Gebiet," in: *Evangelisches Missionsblatt* 1937, 129-131. Komalyangoe ist heute ein Bezirk der Gemeinde Ngaruma.

[267] Gutmann – Ihmels 9.9.36. Leipzig dachte ähnlich: Leipzig – Gutmann 30.11.36; Küchler – Leipzig 2.11.37.

[268] 7.-9.5.38 (Jahresbericht 1938).

ferenz des evangelischen Missionskirchenbundes in Kidugala im Jahre 1938 hielt Fritze einen Vortrag über seine Rikaschulen und wenige Tage später auch auf der Konferenz des Missionsrates in Dodoma. Im nächsten Monat diskutierten die Herrnhuter Missionare Fritzes Rikaschulen.[269] Wilhelm Guth in Gonja (Upare) führte auch das Altersklassensystem ein.[270]

Die Gemeinde Mamba war aber zunehmend unzufriedener geworden. Die Unzufriedenheit brach während der dritten Rikaschule 1936/37 oder 1937/38 aus.[271] Ein afrikanischer Pastor sagte, dass die Rikaschulen zu Arroganz und Überheblichkeit führten.[272] 1938 begann Fritze die vierte Rika, "rika lyilungany", die Rika, die die Beziehung erhält.[273] Irgendwann in der ersten Hälfte des Jahres muss der Unwille der Gemeinde offensichtlich geworden sein. Die Eltern und die Ältesten hatten nichts gegen gewisse afrikanische Elemente in der Rikaschule, und sie lehnten auch die Idee an sich nicht ab. Aber sie wollten nicht, dass Fritze den Jungen Aufklärungsunterricht gab. Dieser Unterricht war ein wesentliches Element des traditionellen Unterrichts gewesen, aber für die Chagga war die Beschneidung die unabdingbare Voraussetzung für die Initiation. Deswegen erzwangen die Ältesten wegen der Klagen der Eltern und mit der Unterstützung von Benjamin Moshi, dem afrikanischen Pastor von Mamba, die Schließung der Rikaschulen.[274]

---

[269] Fritze – Küchler 14.9.38; Jahresbericht 1938. Siehe auch Kapitel VIII, wahrscheinlich begann Schnabel etwas ähnliches 1939 in Kyimbila.

[270] *Evangelisches Missionsblatt* 1938, 267f. Guth übernahm Anregungen sowohl von Gutmann als auch von Fritze. Im April 1935 begann er, die Konfirmanden als Rikaschule zu organisieren. Die Taufkandidaten sollten folgen. Bei der zweiten rika führte Guth eine wichtige Änderung gegenüber Fritzes Rikaschulen ein. Die rika durfte sich nicht mehr ihre eigenen Führer wählen, sondern die Ältesten wählten aus jedem Bezirk einen Führer, der verheiratet sein mußte mit noch kleinen Kindern. Diese Regelung wurde eingeführt, weil verschiedene gewählte Altersklassenführer nicht lange nach ihrer Wahl aus der Gemeinde ausgeschlossen werden mußten (Jahresbericht Südpare; *Evangelisches Missionsblatt* 1937, 267f. siehe auch *Evangelisches Missionsblatt* 1937, 280-300 mit Gutmanns Kommentar.).

[271] Int mit Yakobo Lyimo 9.2.74.

[272] Küchler – Leipzig 2.11.37 sagt, daß Fritze seine Ideen ohne genügende Konsultation mit den Vertretern der Gemeinde verwirklichte. Gutmann kritisierte auch, daß Fritze die weibliche Seite der Menschheit geringschätzte. Gutmann bezieht sich auf *Blätter für Mission* 1938, 1/2, wo Fritze dem Teufel "typisch" weibliche Eigenschaften zuschreibt.

[273] Jahresbericht Mamba 1938.

[274] Hierin stimmen alle Interviews Mamba 9.2.74 überein. In den Akten von Mamba und von Leipzig ist kein Hinweis darauf zu finden. Der Jahresbericht 1938 zeigt, daß die Rikaschulen in

Alle Informanden in Mamba stimmten darin überein, dass der einzige
Grund für die Schließung die Tatsache war, dass Fritze unbeschnittene Jungen zur Initiation zuließ. Aber auch eine andere Interpretation ist möglich.
Fritze hatte die Kontrolle eines wichtigen Ritus übernommen und so seine
eigene Macht vergrößert und den Einfluss der Eltern und der Ältesten vermindert. Dazu bildeten die Jungen, durch ihre Erlebnisse im Lager geprägt,
eine ihm ergebene Schar. Wenn er z.B. am Sonntag Außenbezirke der Gemeinde besuchte, nahm er oft seine Rika mit. Die Rikaschulen boten Fritze
die Möglichkeit, seine Rolle neu zu definieren und seinen Einfluss zu verstärken. Aber die Rikaschulen verminderten den Einfluss der Eltern und der
Ältesten, die sich deswegen, als sie sich erst einmal dieser Folgen bewusst
wurden, gegen die Rikaschulen wenden mussten. Gutmanns Schildschaften
hatten diese Folgen nicht, deswegen wurden sie akzeptiert, und Opposition
gegen sie beschränkte sich auf Einzelaspekte.

Die Beschneidung in Uzaramo

Weiteres Material zum Vergleich mit den Auseinandersetzungen um die
Beschneidung am Kilimanjaro und in Kikuyu bietet die Diskussion während
der Küstensynode der Berliner Mission im Jahre 1937.[275] Siegfried Knak, der
Direktor der Berliner Mission, war genauso ein Vertreter der Gedanken
Gutmanns wie Walter Braun, der für die Berliner Missionsarbeit in Tanzania
zuständige Inspektor.[276]

Beide waren überzeugt, dass die anfänglich oft negative Haltung der Mission zur afrikanischen Kultur revidiert werden müsste. Ein offen-sichtlicher
Fall für eine solche Korrektur war die Beschneidung der Jungen. Die ersten
Missionare hatten sie wegen ihrer islamischen Herkunft verboten. Die Initiation der Mädchen, ohne Beschneidung, aber mit mehrjähriger Abge-

---

voller Blüte standen. Der Abbruch der Rikaschulen muß also in das Jahr 1939 fallen. Fritze
war sehr ärgerlich und überließ die Austeilung des Abendmahls bei der Konfirmation völlig
dem afrikanischen Pastor Benyamin Moshi (Int Yakobo Lyimo 9.2.74).

[275] Für diesen Abschnitt sind die Protokolle der Küstensynode 1937 die wichtigste Quelle.

[276] Knaks wichtigstes Buch ist: Siegfried Knak, *Zwischen Nil und Tafelbai: Eine Studie über
Evangelium, Volkstum und Volk unter den Bantu*, Berlin 1931. Siehe auch Tambaram Report
III, S. 289-356. Zu Brauns Einstellung: Walter Braun, "Die Gotteskraft des Evangeliums inmitten heidnischer Religion und natürlicher Volksordnung in Ostafrika", in: *Mission und
Pfarramt* 1938, 29-37.

schlossenheit, hatten sie zu christianisieren versucht.[277] Die Missionare waren bereit, die Beschneidung zu gestatten, und das entsprach offensichtlich den Wünschen der Zaramo Christen; denn während und nach dem Ersten Weltkrieg hatte sich, trotz Verbotes, die Beschneidung unter ihnen sehr verbreitet.

Als Inspektor Braun Kisarawe besuchte, forderte die Gemeinde einmütig, dass das Verbot aufgehoben werden solle. Braun stellte fest, dass in Kisarawe bei 136 Gemeindegliedern nur zwei Jungen und ein Mann unbeschnitten waren. So setzte Braun das Thema Beschneidung auf die Tagesordnung der Synode. Andrea Kirumbi, Pastor von Kisarawe, und Dr. Ernst Tscheuschner, Leiter der Mittelschule Kisarawe, sollten Referate halten. Andrea Kirumbi führte aus, dass die Ältesten nur aus Furcht vor den Europäern dem Beschneidungsverbot zugestimmt hätten, aber schon damals die Absicht gehabt hätten, ihre Söhne im Geheimen beschneiden zu lassen. Deswegen sollte der Beschneidung keine besondere Bedeutung beigemessen werden, man solle "nur alles Heidnische vermeiden."[278] Dr. Tscheuschner wies darauf hin, dass verschiedene Missionen in Tanzania die Beschneidung erlaubt oder sogar christianisiert hätten. Außerdem sei in Uzaramo die Mädcheninitiation niemals verboten gewesen. Die Kirche solle deswegen christliche Initiationslager einrichten, die auch die Möglichkeit zur Beschneidung böten.

Dann eröffnete Tuheri bin Abraham, ein Lehrer aus Maneromango, die Diskussion.[279] Er wollte, dass die Beschneidung von allem gereinigt würde, was mit dem Christentum unvereinbar sei. Falls dies nicht möglich sei, sollte es bei der bisherigen Regelung bleiben, es solle aber keine Sanktionen geben. Anna von Waldow, Leiterin der Mädchenschule von Maneromango, schlug vor, den vorislamischen Initiationsritus (*ngh'ula*) zu christianisieren, da zu ihm die Beschneidung nicht gehörte. Aber alle waren der Meinung, dass das

---

[277] Eine fast vollständige Bibliographie über die Zaramo bietet Lloyd W. Swantz, *The Zaramo of Tanzania*, Daressalam 1966. Siehe auch: T.O. Beidelmann, *The Matrilineal Peoples of Eastern Tanzania*, London 1967.

[278] *Hier ist die Parallele zur Haltung der Missionare in Old Moshi gegenüber der Mädchenbeschneidung zu beobachten.

[279] Er war auch ein christlicher Dichter und schuf eine Reihe von Kirchenliedern (Anna von Waldow–Fiedler 24.8.73). Das heutige lutherische Gesangbuch enthält eines seiner Lieder (No. 150).

nicht akzeptiert würde.[280] Jeder, der sich in dieser Sitzung zu Worte meldete, war dafür, die Beschneidung zu erlauben. Dann wurden alle weiblichen Synodalen gebeten, den Raum zu verlassen. Es wurde durch Umfrage festgestellt, dass von den afrikanischen Synodalen nur Andrea Ndekeja von Daressalam nicht beschnitten war, und der war kein Zaramo. Nur ein Drittel der Kinder der Synodalen war nicht beschnitten.

Nach dieser Feststellung wurde die Sitzung beendet, damit die afrikanischen und die europäischen Synodalen getrennt beraten konnten. Als die gesamte Synode sich wieder versammelte, trug Martin Ganisya, der führende afrikanische Pastor der Synode, als Ergebnis der Besprechung vor, dass es unmöglich sei, die Beschneidung zuzulassen. Wer sein Kind doch beschneiden lasse, solle unter Gemeindezucht fallen. Die Aufhebung des Verbotes würde die Gemeinde verwirren. Braun war schockiert. Er fragte, ob wirklich alle dieser Ansicht wären oder ob ihre Zustimmung so sei wie die der Ältesten damals. Ganisya antwortete: "Wir verstehen, dass ihr uns einen Weg öffnen wollt, aber das würde für die Gemeinde schlimme Folgen haben." Braun fragte wieder, ob alle der Meinung wären. Zuerst fragte er die Frauen, alle bejahten. Dann fragte er die, die sich am Vormittage für die Aufhebung des Verbotes ausgesprochen hatten. Jeder erklärte einzeln seine Zustimmung. Daraufhin gab Braun nach, Strafen wurden beschlossen, und die alte Heuchelei ging ungehindert weiter.

Der Unterschied in der Haltung der Missionare ist deutlich. In Uzaramo waren sie nicht wie am Kilimanjaro bereit, sich auf die Seite der schweigenden Mehrheit der Gemeinden und damit gegen die von diesen Gemeinden selbst gewählten Vertreter zu stellen. Aber die Haltung der Pastoren in Uzaramo war die gleiche wie die der Gemeindepfleger am Kilimanjaro. Beide Gruppen fürchteten, dass eine Aufhebung des Beschneidungs-verbotes ihre Stellung als Führer der Kirche in Frage stellen würde.

Die Christianisierung der Mädcheninitiation: Anna von Waldow in Maneromango[281]

Mit dem Eintreten der ersten Menstruation wurde jedes Zaramo Mädchen für einige Jahre eingeschlossen. Während dieser Abgeschlossenheit musste

---

[280] Beschrieben in: "Nula ya Kizaramo" in: Zeitschrift für Eingeborenensprachen 1934/5, 145 f. Siehe auch Swantz, *The Zaramo*, S. 39.
[281] Die Christianisierung der wali Sitte ist hier nur kurz beschrieben. Eine sehr ausführliche Darstellung und Analyse bietet Irene Fiedler, *Wandel der Mädchenerziehung in Tanzania*, Saarbrücken/Ft. Lauderdale 1983, S. 227-270.

sie eine Puppe (*mwana nyang'hiti* oder *mwana sesela*) so versorgen, als ob sie ihr Kind wäre. Sie durfte keine schwere Arbeit tun, und kein Mann durfte sie sehen. Zuerst blieb sie einige Monate in einem Raum im Haus ihres Vaters, dann wurde sie zu einer älteren Frau (*kungwi*) gebracht, um all das zu lernen, was für das Leben einer verheirateten Frau nötig war. Wenn dann die Verhandlungen über die Heirat abgeschlossen waren, wurde sie unter großen Festlichkeiten "herausgebracht."[282]

Die Mädcheninitiation war nie verboten worden, aber die Gemeinde Maneromango hatte einen Beschluss gefasst, dass die Zeit der Abgeschlossenheit von mehreren Jahren auf einen Monat zu verringern sei. Auf Vorschlag von Martin Ganisya, der die Kirche während der Abwesenheit der Missionare leitete, hatte die Gemeinde zwei Ältestinnen gewählt, die auch nach den eingeschlossenen Mädchen (*wali* oder *wanawali*) sehen sollten. Aber selbst die Töchter der engagiertesten Christen blieben viel länger eingeschlossen, und die Ältestinnen besuchten sie meist nur einmal kurz bevor sie herauskamen.

Von 1932-1940 unternahm die zur Berliner Mission gehörige Diakonisse des Paul Gerhardt Stifts Anna von Waldow den Versuch, eine umfassende christliche Alternative zur traditionellen *wali* Sitte zu schaffen. Sie versuchte dabei, die wichtigsten Elemente der Mädcheninitiation beizubehalten, fragwürdige Elemente ersetzte sie durch andere, und die gesamte Initiation durchdrang sie mit christlichem Geist.

Die Mädchen wurden, wie es die Gemeinde damals unter Martin Ganisya beschlossen hatte, nach der ersten Menstruation für einige Wochen eingeschlossen. Wenn sie dann die Abgeschlossenheit verließen, kamen sie zu Anna von Waldow ins *wali* Haus. Dort blieben sie etwa zwei Jahre, und die Hochzeit beendete den Aufenthalt im *wali* Haus. In diesen zwei Jahren konnte Anna von Waldow fast alles unterrichten, was im Lehrplan der Regierung für eine Mädchenschule vorgesehen war.

---

[282] Siehe Anna von Waldow, Uzaramo Transformation, Manuskript, n.d. (1935). Teile davon veröffentlicht in G.M. Culwick, "News Ways for Old in the Treatment of Adolescent African Girls," in: *Africa* 12, 425-432; Samson Samatta, "Simulizi za mwana kitwanzi," übersetzt von Anna von Waldow, herausgegeben von Ernst Dammann als: "Mädchenerziehung bei den Zaramo," in: Afrika und Übersee XLV (1961), 293-306. Die heutigen Mädchenriten werden beschrieben in Marja Liisa Swantz, *Ritual and Symbol in Transitional Zaramo, Society, with Special Reference to Women*, Gleerup 1970, 363-393. Eine zusammenfassende Darstellung gibt: Irene Fiedler, *Mädchenerziehung in Tanzania*, S. 173-181.

Die *wali* Schule war sehr erfolgreich, denn sie belebte nicht eine ausgestorbene Sitte neu, sondern sie christianisierte eine Sitte, die von allen als nötig angesehen wurde. Die Christianisierung wurde Anna von Waldow leicht gemacht, weil die Gemeinde schon aus eigener Verantwortlichkeit eine Änderung angestrebt hatte. Die Mitarbeiterinnen Anna von Waldows kamen alle aus der Gemeinde Maneromango, und über die Frauenbibelstunde war die *wali* Schule eng mit dem geistlichen Leben der Gemeinde verbunden.

Widerstand gab es manchmal von Seiten der Männer. Als Anna von Waldow für ein paar Tage bei Morogoro in Urlaub war, schliefen zwei Mädchen in den Häusern junger Männer, und später wurde ein Mädchen schwanger, als sie zu Besuch bei ihren Eltern war. So wurde im (von Männern beherrschten) Ältestenrat das *wali* Haus diskutiert. Ein Ältester sagte: "Unsere Töchter werden in diesem Haus verdorben, sie lernen schlechte Gewohnheiten, und alle, die herausgekommen und jetzt verheiratet sind, sind faul." Walter Reckling, der Missionar von Manero-mango, schrieb an Anna von Waldow, dass sie den Mädchen zu sehr vertraue. Die Ältesten beschlossen, dass ab sofort die Mädchen jeden Tag eine Stunde auf dem Felde arbeiten sollten, dass sie besser eingeschlossen werden sollten (einige hatten früher schon Stacheldraht und vergitterte Fenster vorgeschlagen) und dass die Eltern ihre Töchter für die Ferien abholen sollten.[283]

Im Juli 1940 musste Anna von Waldow Maneromango verlassen, die Schule bestand aber noch einige Monate weiter. Bei ihrem Abschied hatte die Schule über hundert Schülerinnen, davon 47 im wali Haus, die höchste jemals erreichte Zahl.

Von allen bisher behandelten Missionaren hatte Anna von Waldow das bewussteste Konzept der Veränderung. Sie wollte traditionelle Sitten verändern, aber den Rahmen intakt halten, um nicht die gesamte soziale Ordnung durch zu schnelle Veränderung in einem Bereich zu gefährden. Der intakt gehaltene Rahmen bot ihr zugleich auch Schutz gegen Widerstände von außen. Anna von Waldow hat bewiesen, dass eine hohe Wertschätzung der afrikanischen Kultur sich durchaus mit dem engagierten Bemühen um sozialen Wandel verbinden lässt. Aber dieser Wandel wird nicht revolutionär sein, sondern von den traditionellen Ordnungen und Institutionen ausgehen.

---

[283] Reckling – Anna von Waldow 15.4.34.

Max Rudlaffs Jungendörfer in Unyakyusa

Max Rudlaff (Mwansasu) war ein Berliner Missionar im "lutherischen" Teil von Unyakyusa.[284] 1935, zwei Jahre nach seiner Ankunft, beklagten sich die christlichen Eltern von Manow, dass sie die Kontrolle über ihre Jungen, die kurz vor der Pubertät stehen, verlören. Rudlaff schlug vor, dass die Jungen ihr eigenes Dorf nahebei bauen und sich einen Führer wählen sollten, dem sie gehorchen müssten. Dieser Führer würde tägliche Andachten halten, dafür sorgen, dass die Jungen den Katechismus lernten, sie bei gemeinsamen Arbeiten anführen, auf Ordnung achten und ernsthafte Verstöße melden.[285] Auch sollte er die Jungen vor den Gefahren der Küste und des Lupa Goldfeldes[286] warnen und sie ermahnen, nicht die Europäer nachzuahmen, sondern tief in ihrer Kultur verwurzelte Afrikaner zu sein.

Mit den Jungendörfern griff Rudlaff eine Sitte auf, die bei der nichtchristlichen Mehrheit der Nyakyusa noch üblich war. An mehreren Orten wurde sein Rat befolgt, und obwohl Rudlaff, weil er meist drei Gemeinden (Manow, Itete, Mwakaleli) zugleich betreuen musste, sich nicht viel um diese Dörfer kümmern konnte, wurde die Disziplin unter den Jungen deutlich besser.[287]

Die Berliner Missionsleitung unterstützte Rudlaffs Idee, und die Ältesten von Manow waren darüber erfreut.[288] Aber im Gegensatz zu Gutmann hatte Rudlaff die Idee der Altersklasse nicht aus theologischen Gründen verwendet, für ihn waren die Dörfer nur eine Übergangslösung, bis die Jungen er-

---

[284] *Als die Herrnhuter und Berliner Missionare 1891 die Nordspitze des Malawi Sees (Nyasa See) erreichten, beschlossen sie, daß die Herrnhuter Missionare westlich und die Berliner östlich dieses Punktes arbeiten sollten. So wurde die Mehrheit der Nyakyusa "Herrnhuter" und die Minderheit "Berliner". Bis in die 1990er Jahre hielten die beiden Kirchen "comity" ein. Zu deren Ende siehe: Gabriel Mgeyekwa, The Building of Congregational Life in the Evangelical Lutheran Church of Tanzania, Southern Diocese, PhD, University of Malawi, 2007, S. 22 and 74.

[285] Rudlaff – Knak 25.9.35. Ähnlich: Baudert – alle Missionare 19.4.37. Er zitiert Jahresbericht Kyimbila 1936, in dem Schnabel Rudlaffs Bemühungen beschreibt. Baudert fand diese Bemühungen empfehlenswert.

[286] Eine lebendige Beschreibung ist: Oskar Gemuseus, *Mission und Gold*, Herrnhut 1936.

[287] Rudlaff – Fiedler 2.8.73.

[288] Knak- Rudlaff 21.1.36, Rudlaff – Knak 30.1.36.

kennen würden, dass es das Beste sei, den Eltern zu gehorchen.[289] Deswegen ist es verständlich, dass Rudlaff diese Idee nicht weiter ausbaute.[290]

Ein Vergleich: Masasi

Da bisher sehr unterschiedliche Einstellungen zu den Übergangsriten beschrieben worden sind, werden Vergleiche möglich. Eine kurze Darstellung der Christianisierung der Beschneidung unter den Yao in Südtanzania soll weiteres Vergleichsmaterial liefern.[291]

Unter den Yao arbeiteten keine deutschen, sondern britische Missionare der UMCA. Unter der Führung von Bischof Vincent Lucas hatten sie sich mit ähnlichen Problemen auseinanderzusetzen wie die deutschen Missionare und fanden ähnliche Lösungen, waren aber konsequenter.

Die Initiation (bei den Jungen verbunden mit der Beschneidung, bei den Mädchen[292] mit der Dehnung der kleinen Schamlippen) spielte damals wie heute für die Yao eine wichtige Rolle. Bishop Lucas war überzeugt, dass die Kirche sich die erzieherische Wirkung der Beschneidung nutzbar machen sollte, und auf Anregung afrikanischer Christen ging er daran, die Initiation von allem zu reinigen, was mit dem Christentum nicht zu vereinbaren war und durch Elemente aus der christlichen liturgischen Tradition zu ergänzen. Dadurch wurde der Ritus für die Kirchenführer akzeptabel. Und weil die

---

[289] Rudlaff–Knak 15.12.35; Rudlaff–Fiedler 2.8.73. Theologisch war Rudlaff ein Schüler Karl Barths, der in seiner Theologie keinen Raum hatte für urtümliche Bindungen oder ähnliche Konzepte. Karl Barth, "Die Theologie und die Mission in der Gegenwart", in: Theologische Fragen und Antworten, Gesammelte Vorträge III, Zürich 1957, S. 100-126.

[290] Marcia Wright, German Missions, S. 197 schreibt, daß "Rudlaff die Altersklassen als Einheiten der Konfirmation benutzte." Davon sagen die Archive nichts, auch Rudlaff sieht es nicht so. Er war auch viel weniger von Gutmann beeinflußt, als Wright es erscheinen läßt.

[291] Die christianisierten Yao Übergangsriten sind zuerst von Bischof Lucas selbst beschrieben worden, dann von Robin Lamburn, Missionar in seiner Diözese. Eine historische Untersuchung lieferte Terence O. Ranger. Professor für Geschichte an der Universität Daressalam. Die Quellen (1) W. Vincent Lucas, "The Educational Value of Initiatory Rites," in: IRM 1927, 192-198; (2) W. Vincent Lucas, "The Christian Approach to Non-Christian Customs," in: Essays Catholic and Missionary (ed. E.R. Morgan), London 1928, S. 114-151; (3) Robin Lambum, Die Yao von Tunduru, hrsg. von Klaus Fiedler, Wuppertal 1967; (4) Terence O. Ranger, "Missionary Adaptation of African Religious Institutions: The Masasi Case," in: T.O. Ranger und I.N. Kimambo, The Historical Study of African Religion, London, Ibadan, Nairobi 1972, S. 221–251.

[292] Zu den Mädchenriten siehe: Irene Fiedler, *Wandel der Mädchenerziehung in Tanzania*, S. 173-181.

wichtigsten Elemente des traditionellen Ritus erhalten waren, konnten ihn auch die gewöhnlichen Christen annehmen. Selbst für Nichtchristen war der christianisierte Ritus anziehend. In den christlichen Beschneidungslagern wurden die Wunden nach der Operation medizinisch versorgt und heilten so viel schneller. Das verkürzte die Zeit im Lager und damit die Ansprüche an die Lebensmittelvorräte der Familie.[293]

Soziologisch gesehen waren zwei Veränderungen, die Lucas als vorübergehende Maßnahmen dachte, äußerst wichtig. Traditionell waren nur wenige Dorfälteste (*mamwenye*) "Besitzer des Schwanzes" (*asyene machila*) und als solche berechtigt, die Initiation durchzuführen. Lucas hielt diese Regelung für gut, aber da es keine christlichen Dorfältesten gab, die tief genug im christlichen Glauben gegründet waren, ließ er die Initiation vom örtlichen Priester (Afrikaner oder Europäer) durchführen, bis einmal genügend geeignete christliche Dorfälteste zur Verfügung stehen würden. Ähnliches galt für den Unterricht im Lager. Der meiste Unterricht wurde von Lehrern der Mission erteilt, da nicht genügend geeignete christliche Dorfälteste zur Verfügung standen[294] Diese Veränderungen hatten weitreichende Folgen. Die Priester (mehr und mehr Afrikaner) übernahmen bei der Initiation die Rolle der *asyene machila* und die Lehrer die Rolle der Ältesten. Dies bedeutete für beide Gruppen eine deutliche Verbesserung der sozialen Position, besonders, da viele Priester aus niederen sozialen Schichten kamen. Und nach Bischof Lucas Tod in Jahre 1945 waren es diese afrikanischen Priester, die die christlichen Beschneidungsriten weiterführten.

Obwohl es durchaus Opposition gab (zuerst natürlich von den Dorfältesten, aber auch von europäischen Missionaren und später von gebildeten Yao Christen), wurde die christianisierte Beschneidung eine fest etablierte und weit verbreitete Sitte.[295] Das Gegenteil gilt für die Mädcheninitiation (*mala-

---

[293] Das zeigte sich auch bei der Kanisa la Biblia im Tunduru Distrikt (*mit mehrheitlicher Yao Bevölkerung). Viele islamische Eltern schickten ihre Kinder aus diesem Grund in das Beschneidungslager (*jando*) im Missionshospital Mbesa. 1982 wurden auf Beschluß des afrikanischen (!) Kirchenrates der Kanisa la Biblia die Lager abgeschafft (*in diesem Kirchenrat waren die Yao inzwischen in der Minderheit).

[294] Robin Lamburn, *Die Yao von Tunduru. Begegnung von Stammessitte und Evangelium*, Wuppertal: Fiedler, 1967, S. 36.

[295] *Die Jungeninitiation, zu der die Beschneidung zwingend gehört, ist eine alte Tradition der Yao. Wie die Christen den Ritus christianisierten, so islamisierten die Muslime ihn (*jando*). Eine ausgezeichnete Studie der islamischen Yao in Malawi is: Ian Dicks, *An African Worldview: The Muslim Amachinga Yawo of Southern Malawi*, Zomba: Kachere, 2012.

ngo). Sie wurde auf Vorschlag von Missionarinnen christianisiert. Viele traditionelle Elemente wurden ausgelassen, besonders die Dehnung der kleinen Schamlippen. Selbst führende christliche Frauen hielten sich nicht an die Vorschriften, und insgesamt war die Christianisierung der Mädcheninitiation ein Fehlschlag.[296]

Die Reaktion auf die Christianisierung der Übergangsriten: eine vorläufige Analyse

Eine Reihe Beispiele sind beschrieben worden. Alle boten eine Mischung von traditionellen und christlichen Elementen. Auffällig ist die unterschiedliche Reaktion der Afrikaner. Das Bild wird oft säuberlich schwarz/weiß gezeichnet mit den Afrikanern, die an ihrer überkommenen Kultur hängen und den Missionaren, die darauf aus sind, die "heidnischen Sitten und Gebräuche" zu zerstören. Aber in Uzaramo waren es eindeutig die Missionare, die für die Beschneidung eintraten, von Gutmann und anderen Missionaren am Kilimanjaro ganz zu schweigen. In der Diözese Masasi wurden über die Jahre die meisten europäischen Priester zu Gegnern der christlichen Beschneidungslager.[297] Aber Lucas und Lamburn waren auch Europäer. Es ist auch nicht wahr, dass die Afrikaner allgemein eine Integration traditioneller Riten ins Christentum befürworteten. Das zeigt die Diskussion über die Beschneidung in Uzaramo, und auch die Tatsache, dass selbst bei den Kikuyu viele Afrikaner aus Überzeugung die Meinung der CSM Missionare vertraten. Deutlich ist, dass Zustimmung zu und Ablehnung von Bemühungen, das Christentum stärker zu afrikanisieren, von der Rasse der Betroffenen so wenig abhängig ist wie die Einschätzung der afrikanischen Kultur. Es müssen also andere Kriterien gefunden werden.

Missionare waren oft besorgt, dass durch die Hintertür der christianisierten Riten "heidnische" Ideen in die Kirche einfließen könnten. In allen Fällen, die bisher beschrieben wurden, äußerte nie ein Afrikaner diese Furcht. Die Gemeindepfleger der Chagga führten verschiedene Elemente ins Feld (unbiblisch, schmerzhaft, überflüssig). Dass so viele Argumente vorgetragen wurden, lässt den Verdacht aufkommen, dass es tiefer liegende Gründe gab, die ihnen selbst nicht bewusst waren. Es ist meine Überzeugung, dass die Reaktion auf Versuche zur Integration von Christentum und afrikanischer Kultur nicht von theologischen, sondern von soziologischen Faktoren abhängt. Dort, wo die positive Einstellung zur afrikanischen Kultur eine

---

[296] Robin Lamburn, *Die Yao von Tunduru*, S. 28.
[297] Terence O. Ranger, *Missionary Adaptation*, S. 240.

neue bessere Definition der Rolle in der Gesellschaft möglich machte, fand sie Zustimmung, und wo das Gegenteil der Fall war, traf sie auf Ablehnung.

Dieses Konzept wurde zuerst von Professor Terence O. Ranger auf Masasi angewandt.[298] Er zeigt, dass Widerstand der Dorfältesten dadurch verursacht wurde, dass sie viel von ihrer Autorität verloren, und dass die afrikanischen Priester, deren Autorität wuchs, die stärksten Verfechter der christianisierten Riten waren. Ranger weist auch darauf hin, dass die christianisierten Riten deutlich die Veränderung der gesellschaftlichen Machtverhältnisse bei den Yao widerspiegeln.

Rangers Konzept erklärt auch die Stellungnahme zur Beschneidung am Kilimanjaro. Die Gemeindepfleger hatten die Rolle der Missionare übernommen und mit ihr auch deren Einstellung zur Beschneidung. Dass sie gegen die Beschneidung entschieden, obwohl sie den Widerstand der Gemeinde voraussehen konnten, zeigt, dass sie sich als die wahren Führer der Kirche verstanden, von der Zustimmung der Gemeinde genauso wenig abhängig wie die Missionare vor ihnen. Hätten sie nachgegeben oder Kompromisse gemacht, hätte das die neue Definition ihrer Rolle gefährdet.

Dieses Konzept erklärt auch manches, was wie ein Widerspruch aussieht. Die afrikanischen anglikanischen Priester in Masasi bejahten und unterstützten die Beschneidung voll, wogegen die die Kirche leitenden Gemeindepfleger und Lehrer am Kilimanjaro sie bekämpften. Trotz entgegengesetzten Handelns taten beide Gruppen das gleiche: sie definierten ihre Rolle neu. Was die einen durch den Kampf gegen die Beschneidung versuchten, versuchten die anderen durch ihre Christia-nisierung zu erreichen.

Auch der Unterschied zwischen Masasi und Maneromango bei der Mädcheninitiation findet durch das Rollenkonzept seine Erklärung. Zaramo und Yao sind beide vorwiegend matrilineal, und die Stellung der Frau in der Gesellschaft ist vergleichsweise hoch.[299] Die Kirche in Masasi schuf einen neu-

---

[298] Terence O. Ranger, Missionary Adaptation, S. 3/4 des auf der Konferenz in Daressalam 1970 vorgelegten Papiers: David Perkin, Politics of Ritual Syncretism among the Kenya Mijikenda, unpublished. Ich danke Mrs. Cindy Smith, dass sie mir ihre Kopie dieses Papaers gab. Perkin argumentiert: "It is ... necessary to regard syncretism as a process, with neither beginning nor end, and sociologically irrelevant except in so far as it shows how new roles emerge and are legitimized or existing roles are given force."

[299] Aylward Shorter, *African Culture and the Christian Church*, London/Dublin 1973, S. 165 assoziiert Matrilinealität mit Beweglichkeit, schwacher Autoritätsstruktur und Entwicklungsmöglichkeiten für Führungstalente. Das gilt für Uzaramo (Mitteilung Lloyd Swantz 1976) und,

en Ritus, hatte aber kaum Raum für Frauen. In einer völlig "patrilinearen" Kirche waren ihnen alle Führungspositionen verschlossen und Lucas, der so geschickt auf die männliche Seite der Yao Kultur einging, war nicht fähig, den Frauen in der Kirche eine Stellung zu verschaffen, die auch nur in etwa ihrer relativ hohen Stellung in der Gesellschaft entsprach. Ganz anders in Maneromango. Martin Ganisya hatte das Amt der Ältestin eingeführt. Als Anna von Waldow die Mädcheninitiation christianisierte, integrierte sie nicht nur einen traditionellen Ritus in die Kirche, sondern sie ermöglichte es den Zaramo Frauen, in der Kirche eine genauso wichtige oder möglicherweise wichtigere Rolle zu spielen als in der traditionellen Gesellschaftsordnung.

---

wie meine eigenen Beobachtungen zeigen, genauso für die Yao. Ich beschreibe aber die Stellung der Frau nur als relativ hoch, weil trotzdem in beiden Gesellschaften die Männer herrschen. *Eine Untersuchung zur Rolle der Frau in einer matrilinealen Gesellschatsordnung ist: Rachel NyaGondwe Banda [Fiedler], *Women of Bible and Culture. Baptist Convention Women in Southern Malawi,* Zomba: Kachere, 2005.
[299] Suzan Geiger Rogers, The Search for Politics Focus on Kilimanjaro: A History of Chagga Politics. 1916-1952, with Special Reference to the Cooperative Movement and Indirect Rule. PhD, Daressalam 1972.

6. Wenn eine progressive Gemeinde konservativ wird – Bruno Gutmann und die Gemeinde Old Moshi 1926-1938

In ihrer Dissertation zur Geschichte der Chagga[300] stellt Susan Rogers den Gegensatz zwischen dem progressiven Segment der Gesellschaft und der traditionellen Elite, repräsentiert durch die Häuptlinge und ihre Anhänger, als treibende Kraft der politischen Entwicklung dar. Da es zwischen der politischen Entwicklung am Kilimanjaro und der Entwicklung der Gemeinde Old Moshi viele Berührungspunkte gibt, und da Gutmanns Ansichten in manchem mit denen der Vertreter der Indirekten Herrschaft (Indirect Rule) übereinstimmten, soll Susan Rogers Darstellung als Hintergrund dienen für die Beschreibung der Entwicklung in der Gemeinde Old Moshi in der Zeit zwischen den beiden Kriegen.

Susan Rogers hat sicherlich Recht, wenn sie sagt, dass der Kaffeeanbau den Chagga bis dahin ungekannte Möglichkeiten bot und dass er der entscheidende Faktor im Modernisierungsprozess am Kilimanjaro war. Richtig ist auch, dass die Kolonialbeamten, die den Kaffeeanbau förderten, nicht voraussahen, dass er die Entstehung einer mit den von der Kolonialregierung unterstützten Häuptlingen konkurrierenden Elite maßgeblich fördern würde.[301]

Zum Gedankengut der Indirekten Herrschaft, wie Donald Cameron es beschreibt, gehört auch die Vorstellung, dass die Form der Herrschaft der Häuptlinge sich wandeln könne, um weniger autoritär und mehr repräsentativ zu werden. Trotzdem änderte sich in den ersten 20 Jahren in diesem Punkt bei den Chagga nichts. Die Kolonialregierung erinnerte die progressiven Chagga immer wieder daran, dass die Häuptlinge ihre einzig rechtmäßigen Vertreter und Führer seien. Im Laufe der Jahre wurde die Autorität der Häuptlinge immer mehr von der Unterstützung durch die Kolonialbehörden abhängig, bis dann endlich kurz nach Erreichen der Unabhängigkeit die Häuptlinge als überflüssig alle Macht verloren und die politische Macht in Tanzania völlig in die Hände der Progressiven überging.

---

[300] Ibid..
[301] Suzan Rogers, The Search for Politics Focus on Kilimanjaro, S. 234.

Dieses Kapitel beschäftigt sich mit Gutmanns zweiter Arbeitsperiode in Old Moshi. Gutmann hatte seine Einstellung zur afrikanischen Kultur in den verhältnismäßig ruhigen Jahren von 1910-1920 entwickeln können, jetzt musste er unter der Herausforderung eines sich beschleunigenden sozialen Wandels beweisen, wie tragfähig sein Konzept der Gemeindearbeit war.

Die weitere Entwicklung der Gedanken Gutmanns

Als Gutmann 1925 nach Tanzania zurückkehrte, stellte er fest, dass sich unerwartet viel verändert hatte. Die Gemeinde war stark gewachsen,[302] der Einfluss der europäischen Zivilisation war viel stärker geworden, und die Zeit der patriarchalischen Herrschaft der Missionare war vorbei. Gutmann war überzeugt, dass sein Konzept der organisch gegliederten Gemeinde den richtigen Weg zeige und dass die traditionelle Chagga Kultur viele Heilmittel für gesellschaftliche Missstände bieten könne.[303]

Vor dem Krieg hatte Gutmann sich hauptsächlich bemüht, die primäre Bindung der Sippe für den Gemeindeaufbau zu nutzen, und er hatte auch versucht, dem Wachstum der Gemeinde durch die Wahl von Bezirksältesten und Ackerpflegern und durch Bezirksversammlungen gerecht zu werden.

Sofort nach seiner Rückkehr nach Old Moshi im Jahre 1926 organisierte er die Taufbewerber und die Konfirmanden in die in Kapitel V beschriebenen Schildschaften. Später organisierte er schon die Schulklassen so, um den Gefahren der Individualisierung entgegenzuwirken.[304]

Ein weiterer wichtiger Schritt war die Einrichtung christlicher Nachbarschaften. Schon vor 1920 hatte Gutmann wegen der wachsenden Zahl der Christen dezentralisiert und den Bezirken größeres Gewicht beigemessen, z.B. dadurch, dass die Vorbereitung aufs Abendmahl dort stattfand.

---

[302] Die Gemeinde Old Moshi hatte 1925 2135 Mitglieder (Staude – Fiedler 10.4.75). 1926-1930 wurden 1107 Erwachsene getauft (Taufregister Kidia). Zu dem Zeitabschnitte siehe: Klaus Fiedler, *The Gospel Takes Root on Kilimanjaro. A History of the Evangelical Lutheran Church of Old Moshi-Mbokomu 1885-1940*, Zomba: Kachere, 200, S. 51ff.

[303] Während der Missionarskonferenz 1927 beschrieb Gutmann in seinem Vortrag "Kirchenzucht in einer neuen Zeit" seine Vorstellungen. Dieser Vortrag spielt eine ähnliche Rolle für Gutmanns zweite Arbeitsperiode wie "Die gegenwärtige Lage" für die erste Arbeitsperiode in Old Moshi.

[304] Siehe "Schule und Volk", in: Bruno Gutmann, *Unter dem Trutzbaum: eine Einkehr in Moshi am Kilimanjaro*, Leipzig n.d. (1938), S. 99-100.

Bald erwiesen sich die Bezirke als zu groß. Als 1928 die Verteilung der Erntedankgaben an Arme besprochen wurde, sagte ein Ältester, dass es nicht genüge, einmal im Jahr zu helfen. Sie hätten deswegen ihren Bezirk in Nachbarschaften eingeteilt.[305] Jede Nachbarschaft hatte zwei Älteste gewählt, die gegenseitige Hilfe organisieren, sich um das geistliche Wohlergehen kümmern und den Kontakt zu den Gemeindeältesten und dem Pastor pflegen sollten.[306]

Das beeindruckte die Gemeindeältesten, und Anfang 1929 wurden alle Bezirke in Nachbarschaften unterteilt. 1931 wurde die Vorbereitung auf das Abendmahl in die Nachbarschaften verlegt, weil dort einer den anderen wirklich kannte.[307] Die Nachbarschaften waren aber für Gutmann nicht einfach ein Mittel zur effektiven Organisation der Gemeinde. Sie waren Ausdruck seines Strebens, die Kirche mit den primären Bindungen zu verflechten, und da die christlichen Nachbarschaften den traditionellen Nachbarschaften entsprachen, wurden sie ein wirksames Mittel zur Gliederung der großen Gemeinde.[308]

Obwohl Gutmann vor dem Krieg mit seinen Versuchen zur Wiederbelebung der Sippenstruktur auf wenig Gegenliebe gestoßen war, versuchte er es wieder. Diesmal wollte er die moralische Autorität der Sippenhäupter als Stütze für die christliche Moral heranziehen. Er schuf einen Beirat aus Sippenhäuptern, der Gemeindeältesten in Fragen der Moral und der Kultur beraten sollte. Dieser Rat traf sich zweimal jährlich mit den Ältesten, erreichte aber nicht, was Gutmann von ihm erwartete, weil die Sippenhäupter ihren Einfluss weitgehend verloren hatten.

Um das Sakrament der Taufe bedeutsam für das heranwachsende Kind zu machen, betonte Gutmann das Patenamt sehr. Dieses Amt hatte sowohl in der europäischen christlichen Tradition als auch in der Tradition der Chagga

---

[305] Zu einer Nachbarschaft gehören alle, die Wasser zur Bewässerung vom gleichen Kanal bekommen. Gutmann nennt die Nachbarschaften auch Kanalsitze.

[306] Bruno Gutmann, "Die Gemeinde," in: Das Gottesjahr 1930, S. 56 gibt kein Datum an. Vergleich mit dem Protokollbuch zeigt, daß es die Sitzung vom 3.10.28 war. Siehe auch Älteste 17.10.28.

[307] Nachbarschaftsführer 25.8.31. 1934 hatte die Gemeinde Old Moshi 13 Bezirke mit 38 Nachbarschaften mit durchschnittlich 130 Christen (Winter – Fiedler 17.12.71). Siehe auch Trutzbaum S. 118.

[308] Nach seiner Rückkehr nach Deutschland forderte Gutmann immer wieder, daß die Kirche in Deutschland die Nachbarschaften einführen müsse.

seine Wurzeln. Gutmann hielt regelmäßige Besprechungen mit den Paten. Am Taufgedächtnistag begleiteten die Paten ihre Patenkinder zum Gottesdienst. Auf Widerstand traf Gutmanns Regelung, dass verstorbene oder aus der Gemeinde ausgeschlossene Paten durch Ersatzpaten zu ersetzen seien. Aber wenn das Patenamt mehr sein sollte als christliche Folklore, war das nur konsequent. Die Paten waren oft nahe Verwandte, die sowieso eine Verantwortung für das Kind hatten. Die Paten hatten das Kind zu begleiten bis zur Konfirmation, bei der es dann in neue, auf der primären Bindung der Altersklasse beruhende Bindungen integriert wurde.

Nach der Konfirmation bildeten die jungen Leute die Altersklasse (*rika*), die in jedem Bezirk einen eigenen Riegenführer hatte, dem ein aus den Ältesten gewählter Rasenwart zur Seite stand.

Mit den hier beschriebenen Institutionen hatte Gutmann an die Organisation der Gemeinde sozusagen letzte Hand angelegt. Für ihn war die Gemeinde keine Masse einzelner, die alle auf den Pastor ausgerichtet waren, sondern ein reichgegliederter Organismus, in dem gegenseitige Hilfe selbstverständlich ist. Gutmann hatte erreicht, dass jedes Gemeindeglied einigen anderen eng verbunden war. Jeder konnte geistliche und praktische Hilfe leisten und empfangen. Als Pastor einer so großen Gemeinde sah Gutmann seine Aufgabe nicht darin, sich um jeden einzelnen zu kümmern, sondern die Führer dieser organischen Gruppierungen anzuleiten, ihren Dienst gut zu tun. Dies tat er besonders durch regelmäßige Treffen, nicht nur mit den Gemeindeältesten, sondern auch mit den Ackerpflegern, den Nachbarschaftsführern, den Rasenwarten, den Riegenführern und den Paten. Wenn nötig, traf er sich auch mit allen Christen oder den Ältesten und Lehrern eines Bezirkes. Durch die verschiedenen Organe war die Kirche eng mit der sozialen Ordnung der Chagga verflochten, sie war eine echte Volkskirche geworden.

Einige Formen des Gemeindeaufbaus, die Gutmann aus Deutschland kannte, verwendete er bewusst nicht. Als Junge war er Mitglied im CVJM gewesen. Obwohl er dort wichtige geistliche Impulse empfangen hatte,[309] gründete er in Old Moshi keine CVJM Gruppe, sondern führte *rika* Versammlungen ein und Tänze am Sonntagnachmittag. Diese Tänze waren eine gute Chagga Sitte, aber im Wandel der Zeit wenig anpassungsfähig. Eine CVJM Gruppe hätte durchaus auch solche Tänze organisieren können, und sie

---

[309] *Siehe Tillmann Prüfer, *Der Heilige Bruno. Die unglaubliche Geschichte meines Urgroßvaters am Kilimandscharo*, Reinbeck: Rowohlt, 2015, S. 18.

wäre dazu anpassungsfähiger geblieben. Aber Gutmann hielt nichts von freiwilligen Zusammenschlüssen in der Kirche und auch nicht, wie später deutlich wird, in der Politik.[310]

Die Organisation der Gemeinde knüpfte stark an verwandte Institutionen in der traditionellen Gesellschaft an. Aber diese Gesellschaft veränderte sich rapide. Gutmann lehnte diesen Wandel nicht grundsätzlich ab, aber die Frage muss gestellt werden, ob die traditionellen Institutionen fähig waren, mit dem Wandel fertig zu werden. Wenn die gleiche Frage für die Institutionen der Indirekten Herrschaft gestellt wird, fällt die Antwort weitgehend negativ aus.[311]

Dies gilt nicht im selben Maß für die Gemeinde Old Moshi. Einige der Institutionen, die Gutmann schuf, konnten, weil sie anpassungsfähig waren, beträchtliche soziale Umwälzungen überstehen wie die Nachbarschaft und die Schildschaft. Aber andere, wie der Beirat der Sippenhäupter und die Sonntagstänze, wurden bald anachronistisch. Gutmann war es gelungen, eine Gemeinde von über 4000 Mitgliedern erstaunlich effektiv zu organisieren,[312] aber er hatte ihr keine Struktur gegeben, die sich ohne Schwierigkeiten dem gesellschaftlichen Wandel anpassen konnte.

Die Rolle der afrikanischen Pastoren

Gutmanns konservative Einstellung findet deutlichen Ausdruck in seiner Vorstellung von der Rolle afrikanischer Pastoren. Wie sehr sich seine Vorstellung von progressiven Führungskonzepten unterscheidet, zeigt eine Gegenüberstellung von Filipo Njau und Imanuel Mkony, seinen wichtigsten Mitarbeitern während seiner ersten bzw. zweiten Arbeitsperiode in Old Moshi.

Als Gutmann nach Old Moshi kam, war Imanuel Mkony schon sechs Jahre Lehrer dort. Er wäre gern zum Lehrerseminar gegangen, aber Gutmann

---

[310] Gutmann gehörte schon deutlich zur älteren Generation, und er erhoffte sich vom Kommen des jungen Missionars Ernst Jaeschke neue Impulse für die Jugendarbeit. Jaeschke hatte schon Verbindungen zu Lehrer Hirsch in Lwandai geknüpft, um eine Art Pfadfindergruppe aufzubauen, konnte aber die notwendige Reise nach Usambara nicht bezahlen. Dann brach der Krieg aus (Jaeschke – Fiedler 6.7.82).

[311] Kenneth Robinson, *The Dilemmas of Trusteeship*, London 1965, S. 87.

[312] Dies bestätigt Ernst Jaeschke, Gutmanns Nachfolger, in seiner Einleitung zu *Afrikaner – Europäer*, S. 25.

sagte ihm, er solle mit dem, was er hat, zufrieden sein.[313] Mkony war ein guter Lehrer und ein aktiver Mitarbeiter der Gemeinde,[314] und als dann später Filipo Njau nach Marangu ging, war es wohl selbstverständlich, dass Immanuel Mkony seinen Platz einnahm. Aber der Wechsel war mehr als ein Austausch von Personen. Mkony und Njau waren unterschiedliche Charaktere, und sie vertraten unterschiedliche Einstellungen. Ihr Hintergrund war ähnlich, beide hatten das Internat in Kidia besucht, aber da Mkony nicht zum Seminar konnte und Njau gehen durfte, ging ihre Entwicklung auseinander. Njau wurde, was er wurde, hauptsächlich durch die Ausbildung, die er erhielt, Mkony dadurch, dass er in seiner Arbeit wuchs und seine Qualitäten bewies. Mkony blieb in seiner Heimat verwurzelt, Njau stand in Kontakt zu den Lehrern in den verschiedenen Gemeinden.

Imanuel Mkony entsprach eindeutig besser Gutmanns Vorstellung von einer afrikanischen Gemeindeführung. Um Entfremdung der Führer von den "gewöhnlichen" Christen zu vermeiden, meinte Gutmann, dass sich afrikanische Führungskräfte am besten in ihrer Heimatgemeinde entwickeln würden. Dieser Grundsatz schloss für Gutmann nie eine Ausbildung an einem Seminar oder einer theologischen Schule aus, wenn auch manche der Anhänger Gutmanns unter den jüngeren Missionaren ihn so verstanden. Marcia Wright schreibt, dass Gutmann aus grundsätzlichen Überlegungen die Ordination afrikanischer Pastoren ablehnte, aber falls er je solche Einwände hatte,[315] so arbeitete er doch bei allen Schritten zur Ordination von Afrikanern aktiv mit und hatte schon 1912 erste Schritte dazu gefordert.[316]

Insgesamt waren Lutheraner und Herrnhuter sehr langsam bei der Ordination von Afrikanern.[317] Aber bei der so stark wachsenden Zahl der Christen konnten auch die Lutheraner ihre Augen nicht länger verschließen. 1927 erkannte die Leipziger Missionarskonferenz die Notwendigkeit "ordinierter Gehilfen" an. Darauf antwortete Leipzig, dass nicht Gehilfen der Missionare,

---

[313] Int Imanuel Mkony 26.5.71.

[314] Er tat auch die missionarische Pionierarbeit im malariaverseuchten Kahe (Mkony – Gutmann 21.6.24; Int Mkony 26.5.71).

[315] *Ich glaube nicht, daß er je solche Einwände hatte.

[316] Wright, German Missions, S. 178. Sie beruft sich auf Fleisch, Hundert Jahre S. 418 f. und 444 und Interviews Josephu Merinyo und Bishof Stefano Moshi Okt. 1964. Fleisch enthält keine Hinweise auf Gutmanns Einwände. In Gutmann, "Gegenwärtige Lage" (1912), fordert Gutmann Vorbereitungen für Ordination von Afrikanern.

[317] Nur Bethel ordinierte 1920 sechs afrikanische Pfarrer, und der Berliner Missionar Priebusch ordinierte Martin Ganisya.

sondern selbständige Pastoren nötig wären.[318] 1930 nahm der Kirchentag den Entschluss, Afrikaner zu ordinieren, mit Begeisterung zur Kenntnis, und der erste Ordinationskurs (Januar 1933-April 1934) begann unter der Leitung von Senior Raum in Machame mit 14 Teilnehmern, von denen 12 schon Gemeindepfleger waren.[319]

Die Gemeinde Old Moshi wählte zuerst Imanuel Mkony für die Ordination aus. Einige Lehrer kritisierten, dass er kein Englisch verstünde und schlugen statt seiner Filipo Njau vor, der Lehrer am Seminar in Marangu war. Gutmann antwortete, dass Englisch zur Ordination nicht nötig sei. Aber auch diese Diskussion zeigt die Differenz zwischen den Lehrern und Gutmann. Isaki Shayo, der Kandidat für Mbokomu, konnte keine ausreichende Unterstützung in der dortigen Bezirksgemeinde finden.[320] Stattdessen wurde Ndesanyo Kitange aus Mowo ausgewählt. Er war ein am Seminar ausgebildeter Lehrer, war aber kein Gemeindepfleger.[321]

Der Unterricht im Ordinationskurs wurde in Swahili erteilt, und die Teilnehmer mussten viel niederschreiben (Mkony und Kitange hatten beide noch im hohen Alter ihre Hefte). Sie erhielten wöchentlich 24 Stunden Unterricht. Dazu gehörten auch Kirchengeschichte, Missionsgeschichte mit besonderer Betonung Afrikas und Islam. Für die damalige Zeit war ihr Kurs gründlich. Besonders betont wurde die praktische Theologie.[322] Nach der Ordination wurde Mkony in Mbokomu eingesetzt. Außerdem betreute er die Missionsarbeiten in Okuma und Uru. Ndesanyo Kitange wohnte in Kidia, tat aber seine Arbeit vorwiegend in dem Gebiet der heutigen Gemeinde Shia, in Msaranga und in der Missionsgemeinde Kahe.[323] Damit hatte Gutmann beide Pastoren an wichtigen Stellen der Gemeinde (im Westen und

---

[318] Missionarskonferenz 1927, Beschluß 35. Siehe auch Fleisch, *Hundert Jahre*, S. 411; 440.

[319] Raum beschreibt seine Vorstellungen für Arbeit und Dienst dieser Männer in: "Stellung unserer eingeborenen Hirten im Ganzen unserer Arbeit. Thesen." (Missionarskonferenz 1933) Fleisch, *Hundert Jahre* zählt fälschlich 13 Kandidaten.

[320] Älteste 11.10.32.

[321] Int Ndesanyo Kitange 27.5.71. Fleisch, Hundert Jahre, S. 444 hat von dieser Änderung nicht Notiz genommen. Mkony ist heute (1982) über 90 Jahre alt und sehr hinfällig, der jüngere Kitange noch sehr rüstig, Er lebt bei seiner Tochter, die Lehrerin in Mowo ist. 1975 waren noch beide rüstig und aktiv in der Gemeinde. (Jaeschke – Fiedler 6.7.82).

[322] Fleisch, *Hundert Jahre*, S. 444; siehe auch: Johannes Raum, "Heranbildung eingeborener Pastoren für die Gemeinden der Evg.- Luth. Mission zu Leipzig in Ostafrika," in: Neue Allgemeine Missionszeitschrift 1933, 22-34.

[323] Älteste 2.7.35; Interviews Imanuel Mkony 26.5.71; Ndesanyo Kitange 27.5.71.

im Osten) eingesetzt und ihnen eine weitgehend selbständige Arbeit zugewiesen.[324] In den meisten Gemeinden blieben die afrikanischen Pastoren in der Nähe des Missionars und waren viel weniger selbständig. Auch in Old Moshi standen die afrikanischen Pastoren unter der Kontrolle des Missionars, aber sie erhielten verantwortungsvolle Aufgaben zu einer Zeit, als die Regierung es strikt ablehnte, den gebildeten Chagga irgendwelche Führungsrollen zu geben.

Obwohl sich die Missionare und die progressiven Chagga Christen über die Notwendigkeit der Ordination von Afrikanern einig waren, spiegelt das Amt der afrikanischen Pastoren in seiner von dem ihrer europäischen Kollegen unterschiedlichen Struktur doch die konservative Haltung nicht nur Gutmanns, sondern der gesamten Mission wieder. In seinem Vortrag auf der Missionarskonferenz 1930 verlangte Fritze zuerst, dass die auszubildenden afrikanischen "Hirten" in ihrem Denken und Fühlen Afrikaner bleiben sollten. Daran hätte kein Afrikaner gezweifelt, und deswegen scheint dieser Satz Ausdruck einer repressiven Haltung zu sein. Als Teilnehmer des Ordinationskurses sollten Männer gewählt werden, die sich im Gemeindedienst bewährt hatten, also notwendig ältere Männer.[325] Kein Missionar war diesen Weg gegangen, sie hatten alle als junge Männer ihre Ausbildung erhalten. Aber der afrikanische Pastor sollte noch mehr als der afrikanische Lehrer tief in seiner Umgebung verwurzelt sein. Das wurde darin ausgedrückt, dass ein afrikanischer Pastor in der Regel seiner Heimatgemeinde dienen sollte, "da dies die Grundlage eines fruchtbaren Dienstes ist."[326] Diese drei Punkte sorgten dafür, dass die Stellung der afrikanischen Pastoren und die

---

[324] Mit Beifall beobachtet von Inspektor Küchler (Visitationsbericht 1937). Um den Pastoren in ihrer Arbeit zu helfen, erstellte Gutmann eine "Hirtenordnung", die auch heute noch von hohem Wert für die Arbeit des Pfarrers wäre. Zur Geschichte der Hirtenordnung s. Ernst Jaeschke, *Gemeindeaufbau in Africa*, S. 149 f. Der Text wurde zuerst veröffentlicht in: *Dorfkirche* 1941, 85 ff. ("Einweisung in den Hirtendienst einer christlichen Gemeinde"). Nach dem Krieg: *Lutherische Blätter* 1960, S. 40-53; Gutmann, *Afrikaner – Europäer* S. 150-167; Ernst Jaeschke, *Gemeindeaufbau in Africa*, S. 157-176. Peter Beyerhaus, *Die Selbständigkeit der jungen Kirchen als missionarisches Problem*, Wuppertal 1956, S. 95/96 scheint nicht davon Notiz genommen zu haben, daß es in Gutmanns Gemeinde zwei afrikanische Pastoren gab.

[325] Fast alle waren über 40 (*Evangelisches Missionsblatt* 1931, 18).

[326] Johannes Raum, "Thesen: Die Stellung unserer eingeborenen Hirten im Ganzen unserer Arbeit" (Missionarskonferenz 1930). Einige Jahre später äußerte Ihmels, der Direktor der Leipziger Mission, seine Bedenken. Er hielt diesen Grundsatz für eine der schwersten Gefahren der Missionsarbeit (Ihmels – Müller 30.6.37).

ihrer europäischen Kollegen unterschiedlich blieb. Dabei waren die Missionare überzeugt, dass der afrikanische Pastor so viel besser zur afrikanischen Kultur passe.[327]

Gutmann und die Ältesten

Es ist nicht verwunderlich, dass Gutmann und die Progressiven häufig Konflikte hatten. Eher verwunderlich ist, dass die Ältesten, Gutmanns natürliche Verbündete, oft nicht mit ihm übereinstimmten. Gutmanns Verhältnis zu den Ältesten soll bei drei wichtigen Problemen in Einzelheiten dargestellt werden: Beim zunehmenden Genuss von Bier, bei der zunehmenden Zahl nicht kirchlich gesegneter Ehen und beim Konflikt zwischen den Ältesten und der Jugend wegen der Reigentänze am Sonntagnachmittag. Dabei wird deutlich werden, dass der Konservatismus der Ältesten anderer Natur war als der Gutmanns. Sein Ziel war es, soviele Elemente der traditionellen Kultur wie möglich zur Lösung der Probleme der Gegenwart zu benutzen. Das Ziel der Ältesten dagegen war eher die Aufrechterhaltung des status quo. Deswegen neigten sie dazu, die Verwendung traditioneller Elemente manchmal als eine für ihre Rolle gefährliche Neuerung zu sehen.

In seiner Untersuchung über die Haltung der Missionare zur Chagga Kultur schreibt Lema, "dass die Missionare sich nie die Mühe machten, die wahre Bedeutung des Biertrinkens herauszufinden."[328] Falls das stimmt, war Gutmann eine Ausnahme. Er wusste sehr gut, dass "Bier niemals verkauft wurde" und dass es fast immer aus Anlass bestimmter Ereignisse in Familie, Sippe oder Häuptlingsschaft gebraut wurde. Gutmann wusste auch sehr gut, welcher Teil des Brautpreises in Bier gegeben werden musste, welche Brautgaben von wieviel Bier begleitet sein mussten und wer dieses Bier trinken durfte. Er wusste auch, dass traditionell das Biertrinken von den Ältesten kontrolliert wurde und dass sie besonders darauf achteten, die Kinder fernzuhalten.

All das wusste Gutmann sehr gut, und obwohl er selbst kein Bier trank, sagte er nie etwas gegen den Biergenuss innerhalb dieser traditionellen Ordnung. Aber er hatte Veränderungen beobachtet. Mit der Zunahme der individuellen Freiheit und mit der Ausbreitung der Geldwirtschaft wurde Bier leichter erhältlich und konnte sogar gekauft werden. Die Aufsicht der Ältes-

---

[327] Johannes Raum, "Die Hirtenschule in Madschame," in: Lutherisches Missionsjahrbuch 1934, S. 142-149, bes. S. 145.
[328] Lema, Impact, S. 587.

ten über das Biertrinken war weniger strikt geworden, und sogar Mädchen begannen, selbst Bier zu brauen und ihre Verlobten dazu einzuladen. Außerdem war die Menge Bier, die zum Brautpreis gehörte, stark gewachsen.[329]

Um unmäßiges Trinken zu bekämpfen, appellierte Gutmann an die alte Ordnung.[330] Die Ältesten sollten wieder das Biertrinken kontrollieren. Aber sie taten es nicht. Dann ließ er die Gemeinde ein Gesetz beschließen, dass es Weihnachten kein Bier geben dürfe. Nur in drei Bezirken wurde das Gesetz befolgt, in den anderen Bezirken gehörten die Gemeindeältesten zu denen, die das meiste Bier brauten.[331] Hätten sie kein Bier gebraut, hätte das ihren sozialen Status gefährdet. Um die beim *wari wo tila* ("Spielbier," wenn der Bräutigam das erste Mal "seiner Braut das Haus zeigt") getrunkene Menge Bier zu reduzieren, ließ Gutmann die Nachbarschaftsführer die Frage diskutieren. Es wurde beschlossen, wieder der alten Ordnung zu folgen: "Nur einmal, nur eine Kufe, nur die nächsten Verwandten, nur wenn die Braut von einer älteren Schwester begleitet ist und der Bräutigam von seinem Paten."[332] Für einige Zeit wurden diese Regeln befolgt,[333] aber auch hier wurde der Appell an die alte Ordnung von den Gemeindeältesten nicht aufgenommen. Weniger Bier hätte die führende gesellschaftliche Stellung der Gemeindeältesten gefährdet, da diese ohne großzügige Bewirtung von Gästen nicht vorstellbar war.

Mit der Rückbesinnung auf die alte Ordnung versuchte Gutmann auch das Problem zu lösen, dass immer mehr Paare ohne kirchlichen Segen heirateten und oft sogar ohne alle traditionellen Voraussetzungen zu erfüllen.

Das Thema wurde erstmals im Ältestenrat diskutiert, als Georg Fritze während Gutmanns Europaaufenthalt 1930/31 auch Missionar von Old Moshi war. Die "wilden Ehen" wurden von ihm als "aller göttlichen und menschli-

---

[329] Eintrag Älteste 7.11.26.

[330] Um den Alkoholmißbrauch zu bekämpfen, nahm er in das Gesangbuch der Gemeinde einen Abschnitt darüber auf, was die Bibel zu alkoholischen Getränken sagt: "Madedo hekapana na wukuvu wo wari na wunanzi" [Worte gegen die Liebe des Bieres und der Trunkenheit], Kitabu kya Siri, 1931, S. 150-152.

[331] Da Bier ein Adiaphoron war, konnte der Missionar darüber keine Gebote erlassen, aber die Gemeinde konnte es aus eigener Initiative tun. Gutmann versuchte diese Intitiative anzuregen.

[332] Nachbarschaftsführer 23.6.32.

[333] Riegenführer 6.9.32.

chen Ordnung zuwider" bezeichnet, und er hielt strenge Kirchenzucht für nötig. Nach seiner Rückkehr sprach Gutmann mit den Ältesten, den Riegenführern und den Rasenwarten über das Problem. Man beschloss, sich zu bemühen, die Kosten der Heirat zu senken und auch die Menge des Biers beim "Spielbier." Aber beides verminderte die Zahl der "wilden" Ehen nicht.

1933 wurde deutlich, dass die betroffenen Paare die Kirchenzucht nicht ernst nahmen.[334] Sie wurden ja doch nach einiger Zeit wieder in die volle Mitgliedschaft der Gemeinde aufgenommen. Man war sich auch klar, dass es denen gegenüber, die so eine Ehe in einer Notsituation eingegangen waren, ungerecht wäre, die Zeit des Ausschlusses auf sechs Jahre zu erhöhen.[335] Gutmann schlug vor, den Mädchen, die sich aus Not zur "wilden" Ehe entschlossen, einen legalen Weg nach traditionellem Vorbild zu öffnen. Das Mädchen sollte nicht zu ihrem Bräutigam ziehen, sondern zu ihrer Schwiegermutter und so erzwingen, dass alles für die Eheschließung nötige schnellstens geregelt würde. Darauf sollte dann eine Trauung mit allen kirchlichen Ehren folgen.[336]

Die Nachbarschaftsführer stimmten dem Vorschlag zu, die Ältesten lehnten ab.[337] Aber irgendwie muss es Gutmann doch gelungen sein, seinen Vorschlag durchzubringen. Im Jahresbericht 1933 vermerkt er, dass diese Regelung drei Paare vor der Gemeindezucht bewahrt habe. Insgesamt war aber der Erfolg gering. Das ist verständlich, denn die einzige Lösung wäre gewesen, den langwierigen und immer teurer werdenden Prozess der Eheschließung drastisch zu vereinfachen, aber diese Lösung würde die sowieso schon abnehmende Autorität der älteren Generation über die jüngere noch mehr vermindert haben.[338]

---

[334] Gutmann schreibt das ausdrücklich im Jahresbericht Moshi 1933. 1933 hatte sogar Fritze eingesehen, daß solche Verbindungen nicht Unzucht waren, sondern richtige Ehen (Jahresbericht Mamba 1933, vgl. Moshi 1930).

[335] Älteste 27.6.33.

[336] Nachbarschaftsführer 4.7.33.

[337] Älteste 11.7.33.

[338] *Überall scheint die kirchliche Trauung ein Problem zu sein. Ich habe deswegen vorgeschlagen, die kirchliche Trauung abzuschaffen (worauf natürlich niemand hört): Klaus Fiedler, "For the Sake of Christian Marriage Abolish Church Weddings", *Religion in Malawi* 1995, 22-27. Auch: Klaus Fiedler, *Conflicted Power in Malawian Christianity. Essays Missionary and Evangelical from Malawi*, Mzuzu: Mzuni Press, 2015, S. 6-21.

Hier liegt eine interessante Parallele zum Streit um die Beschneidung vor. Vor dem Krieg standen die Missionare der Beschneidung sehr kritisch gegenüber und erhofften ihre Abschaffung. 1923 entsprach die Haltung der Gemeindepfleger genauso der früheren Haltung der Missionare wie 1933 die Reaktion der Ältesten auf Gutmanns Vorschlag einer "beschleunigten" Hochzeit. Um 1930 hatten die Missionare "schnelle" Ehen rundum verurteilt, und die Ältesten waren der gleichen Meinung. Um 1933 sahen Gutmann und sogar Fritze die Dinge anders, aber die Ältesten vertraten weiter die frühere Meinung der Missionare.

Gutmann und den Ältesten machte es auch Sorge, dass die jungen Leute am Sonntag nach dem Kirchgang keine vernünftige Beschäftigung hatten. Um dem abzuhelfen, hatte Gutmann die Reigentänze der Jugend organisiert, die am Sonntagnachmittag auf den Bezirksrasen stattfanden. Die von der Gemeinde gewählten Riegenführer des Bezirks und die Rasenwarte waren für gutes Benehmen verantwortlich.

Als Gutmann 1930 in Heimataufenthalt ging, verboten die Ältesten sehr bald die Tänze wegen ungebührlichen Betragens und mangelnden Respekts für die ältere Generation.[339] Gutmann war ärgerlich über dieses autoritäre Vorgehen. Nach Old Moshi zurückgekehrt, ließ er die Frage von den Riegenführern, den Rasenwarten und den Nachbarschaftsführern diskutieren. Aber obwohl die Jugend sich zur Einhaltung strenger Regeln bereit erklärte, lehnten die Ältesten im Juni 1932 immer noch die Wiedereröffnung der Tänze ab, denn bei dem derzeitigen Zustand der Jugend sei es unmöglich, die Tänze zu beaufsichtigen. Darauf antwortete einer der Riegenführer, dass ohne die Spielrasen die Übelstände sich nur unangreifbarer ausbreiten. In den Gehöften könne niemand die Spottlieder strafen.[340]

Die Jugend wiederholte ihre Forderung. Im November 1932 wurde sie endgültig abgelehnt. Der Sieg der Alten über die Jugend war eindeutig. Die Entscheidung löste kein Problem, aber die ältere Generation hatte ihre Macht spüren lassen. Während traditionell die Altersklasse der Krieger die Führung hatte, waren in der Gemeinde die Alten zur führenden Altersklasse geworden. Sie hatten die Tänze nicht verboten, weil sie Synkretismus befürchte-

---

[339] Sie kritisierten besonders die scharfe Zunge der jungen Leute. Satirische Liedchen und Spottverse waren bei den Gesängen der Chagga Jugend häufig (Otto Raum, *Chagga Childhood*, London 1940, S. 223).

[340] Riegenführer 12.7.32.

ten oder die Chagga Kultur ablehnten. Sie fühlten ihre dominierende Rolle gefährdet und reagierten typisch autoritär.[341]

Obwohl die Entscheidung vom November 1932 endgültig sein sollte, wurde der Druck der Jugend so stark, dass es Gutmann nach erneuten langwierigen Verhandlungen gelang, eine Revision der Entscheidung herbeizuführen. Im Januar 1935 wurden die Spielrasen wieder eröffnet.[342]

Bis heute [1970] sind alle drei Probleme in der Gemeinde Kidia ungelöst: Der Bierkonsum scheint ständig zu steigen, die Spannung zwischen den Generationen ist beträchtlich, und Eheschließungen ohne kirchlichen Segen sind die nur selten durchbrochene Regel.

Gutmann und das Schulwesen

In der wissenschaftlichen Literatur wird Gutmann oft als erzkonservativ dargestellt und als Gegner jedes europäischen Einflusses auf die Afrikaner. Susan Rogers spricht davon, dass die von Gutmann geführten Leipziger der alten Garde 1932 zu begreifen begannen, dass die Ausbildung an der Zentralschule für die Schüler nicht so schädlich sei wie erwartet.[343] Johanna Eggert geht in ihrer Studie des Schulwesens der deutschen evangelischen Missionen in Tanzania sogar so weit zu behaupten, dass Gutmann verhindern wollte, dass sie irgendeine fremde Kultur kennenlernten. Sie schreibt auch, dass er europäische Schulen für Afrikaner kompromisslos ablehnte.[344]

Die Leipziger Mission hatte immer das beste Schulwesen der deutschen evangelischen Missionen, und schon vor dem Krieg hatte Moshi ein für damalige Verhältnisse sehr gutes Schulwesen. Weil die Lehrer bereit waren, über Jahre ohne oder für sehr geringen Lohn zu arbeiten, war es auch bei Gutmanns Rückkehr noch in gutem Zustand. Zwischen 1925 und 1928 wurde das Schulwesen Tanzanias aufgrund der Politik der Kooperation zwischen Regierung und Mission reorganisiert.[345]

---

[341] Nachbarschaftsführer 22.11.32.
[342] Älteste 8.1.35. Die Verhandlungen: Riegenführer 8.7.34; Nachbarschaftsführer 17.7.34; Nachbarschaftsführer und Rasenwarte 2.10.34; Älteste und Riegenführer 23.10.34; Älteste und Nachbarschaftsführer 6.11.34; Älteste 4.12.34.
[343] Rogers, Search, S. 528. Rogers verweist auf Wright, *German Missions*, S. 347.
[344] Johanna Eggert, *Missionsschule und sozialer Wandel in Ostafrika*, Bielefeld 1970, S. 210; 212f.
[345] Oliver, *Missionary Factor*, 1967 ed., S. 263-281; Eggert, *Missionsschule*, S. 197-220.

Sofort unterstützte Gutmann mit aller Kraft das Leipziger Programm, mit dem das Schulwesen auf die verlangte Höhe gebracht werden sollte durch die Einrichtung von zuschussberechtigten "Modellschulen" und durch die Ausbildung von qualifizierten Lehrern. Gutmann wusste, dass ein verbessertes Schulwesen eine Gefahr für die traditionelle Kultur bedeutete. Er lehnte deswegen das Schulwesen nicht ab, sondern betonte die Verpflichtung der Mission, "die Intellektuellen dem Volkstum einzugliedern."[346] 1928 mussten die Missionare entscheiden, ob sie bereit waren, Zuschüsse der Regierung anzunehmen und dafür das Schulwesen auf das entsprechende Niveau zu bringen. Superintendent Raum war dagegen, Eduard Ittameier meinte, dass er als Deutscher keine Zuschüsse annehmen könne, die dem Zweck dienten, die Bewohner einer Kolonie zu anglisieren, die rechtens deutsches Eigentum wäre.[347] Fritze, Blumer und Eisenschmidt stimmten Raum und Ittameier zu. Nur Paul Rother, Direktor des Seminars in Marangu und Bruno Gutmann traten eindeutig für die Annahme der Zuschüsse ein. Im Ende fiel die Entscheidung doch für die Annahme der Regierungszuschüsse. 1928/29 begann daraufhin die Reform des Schulwesens. In Old Moshi wurden deswegen zur Sitzung des Ältestenrates zusätzliche Vertreter aus allen Bezirken eingeladen, um die Reform des Schulwesens zu besprechen. Die Schulen sollten stärker in die Gemeinde integriert werden. Deswegen sollten für jede Schule sechs Schulälteste gewählt werden.[348] In wichtigen Bezirken sollten Modellschulen errichtet werden.

Bald hatte Old Moshi vier Modellschulen in Kidia, Mbokomu, Tela und Shia.[349] Trotz der Gefahren, die er sah, unterstützte Gutmann den Ausbau des Schulwesens voll.[350] Als Fritze 1930 Gutmann vertrat, meinte er, dass Gutmann zu viele Schulen eröffnet hätte und einige besser geschlossen werden sollten.[351] Nach seiner Rückkehr tat Gutmann wieder alles für den Ausbau des Schulwesens, und er beklagte sich bitter darüber, dass Fritze 1930 eine gesunde Entwicklung gestört hätte.[352] Diese Einstellung wurde

---

[346] Missionarskonferenz 20.8.28; Gutmann, *Gemeindeaufbau aus dem Evangelium*, S. 129.
[347] Missionarskonferenz 20.8.28. Fritze, Blumer und Eisenschmidt ließen wissen, daß sie mit Raum und Ittameir übereinstimmten.
[348] Das war eine der grundlegenden Forderungen der Phelps-Stokes Kommission. Älteste 7.11.28.
[349] Jahresbericht Moshi 1930 (verfaßt von Fritze).
[350] Old Moshi hatte das beste Schulwesen der Leipziger Mission (Winter, Gutmann, S. 71).
[351] Jahresbericht Moshi 1931.
[352] Jahresbericht Moshi 1933.

von der Gemeinde geteilt. Als aufgrund des Verfalls der Kaffeepreise Geld knapp wurde, legte die Gemeinde großen Wert darauf, dass keine Schulen geschlossen wurden.[353]

Damit die Schulen die Kultur der Chagga nicht zerstörten, achtete Gutmann darauf, dass die Schulen nicht nur die Muttersprache und die Stammeskultur pflegten, sondern auch fest in den primären Bindungen verwurzelt waren. So baute er alle Schuldisziplin auf den Schildschaften auf. Den Schülern standen Älteste aus ihren Heimatgebieten zur Seite, die die Verbindung zu Sippe und Nachbarschaft hielten.[354] In vielen Diskussionen war Paul Rother, der Direktor von Marangu, der engste Verbündete Gutmanns.[355] Hätte der Ausbruch des Zweiten Weltkrieges Gutmanns Rückkehr nicht verhindert, wäre Gutmann nach Marangu gekommen als Superintendent der Mission und als Koordinator des gesamten Schul-wesens.[356]

Ernst Johanssen stand bei seiner Rückkehr nach Tanzania vor den gleichen Fragen. Er hatte 1925 an der Erziehungskonferenz in Daressalam teilgenommen und war überzeugt, dass die Zusammenarbeit zwischen Mission und Regierung notwendig und möglich sei.[357] Er wusste auch, dass die afrikanischen Christen großen Wert auf Englischunterricht legten.[358] So wurde in Lwandai eine Zentralschule mit Englisch als Unterrichtssprache eingerichtet. Andere Bethelmissionare in Usambara waren dagegen. Franz Gleiß hatte schon 1925 gegen die unnötige Betonung des Schulwesens protestiert.[359] 1928 entschieden sich die Usambara Missionare, während Johanssen in Buhaya war, unter der Führung Wohlrabs gegen die Ansicht von Frau Lindner, der Direktorin der Zentralschule, statt English Swahili als Unterrichtssprache einzuführen, um die künftigen Führer nicht von ihren Volks-

---

[353] Älteste 17.11.31; 8.12.32.

[354] Gutmann, Christusleib und Nächstenschaft, S. 230-233; Trutzbaum, S. 99-106; s. auch Freies Menschentum, S. 93 f. Gottesstraße, S. 25 f.

[355] Int Rudolf Rother 29.4.73.

[356] Missionsrat – Leipzig 17.8.39. Bevor Gutmann in Europaaufenthalt ging, sagte er zu Jaeschke: "Ich gehe in Urlaub. Sie werden auch Missionar von Moshi bleiben, nachdem ich zurückgekommen bin. Dann werde ich im Privathause von Rothers wohnen und lediglich die Senioratsgeschäfte besorgen. Ich komme nicht zurück in die Gemeindearbeit." (Jaeschke - Fiedler 6.7.82). Die Betreuung des Schulwesens würde sich wohl mehr auf Aufsichts – und Repräsentationsaufgaben beschränkt haben.

[357] In Führung III, 99-114 veröffentlichte Johanssen Tagebuchauszüge von der Konferenz.

[358] EMM 1930, 58.

[359] Gleiß – Arbeitsausschuß der Betheler Mission 21.9.25.

genossen zu entfremden. Englisch sollte aber Unterrichtsfach bleiben.[360] Johanssen war wütend, der Director of Education antwortete, dass man nicht für jede Schule eigene Vorschriften entwickeln könne.[361] Bethels Haltung war unklar, auch Bodelschwingh schwankte hin und her.[362] Aber bald wurde das Problem dadurch gelöst, dass das Department of Education Lwandai als Zentralschule anerkannte, obwohl nur die Fächer Englisch und Mathematik in Englisch unterrichtet wurden. Religion wurde in Shambala gegeben, alle anderen Fächer in Swahili.[363]

Gutmann und Johanssen bejahten beide Englisch als Unterrichtssprache an den Zentralschulen, allerdings mit unterschiedlicher Begründung. Gutmann hielt den Unterricht in Englisch für nötig, weil ihn die Regierung verlangte. Johanssen dagegen war der Ansicht, dass jeder seine Fähigkeiten soweit wie eben möglich entwickeln sollte. Und so wie es für einen Deutschen gut ist, Englisch zu lernen, sei es auch für einen Afrikaner gut.[364] Johanssen verband die hohe Wertschätzung der afrikanischen Kultur mit vollem Verständnis für das Streben der Afrikaner nach Fortschritt. Gutmann hielt das Englischlernen an sich nicht für wertvoll, war aber bereit, dem Wunsch der Afrikaner danach zu entsprechen.[365]

Der Kleiderstreit und die Kaffeeunruhen

Der letzte Abschnitt hat gezeigt, dass die Haltung vieler Missionare und die Bestrebungen der gebildeten afrikanischen Elite zwar weit auseinandergingen, dass Zusammenarbeit im Schulwesen aber gut möglich war. Allerdings blieben dabei die persönlichen und die Gruppenbeziehungen nicht immer problemlos. Der Kleiderstreit zwischen Fritze und Merinyo wirft deutliches Licht auf die Wertvorstellungen der gebildeten Elite und mancher Missionare. Der Kleiderstreit zeigt aber auch, dass nicht alle "konserva-

---

[360] Wohlrab – Bethel 5.4.28.

[361] Johanssen – Bodelschwingh 13.9.28. 1930 veröffentlichte Johanssen einen Artikel, der den Wunsch der Afrikaner nach englischer Ausbildung verteidigte (Ernst Johanssen, "Heraus aus der Isolierung," in: *NAMZ* 1930). Zum Problem allgemein: Wright, *German Missions*, S. 198 f.

[362] Johanssen – Bodelschwingh 13.9.28.

[363] Eggert, *Missionsschule* S. 247.

[364] Johanssen – Bodelschwingh 13.9.28.

[365] Die Familie Johanssen hatte starke Beziehungen nach England, die auch der Krieg nicht zerstören konnte. Zu Gutmanns Englischkenntnissen siehe Jaeschke, *Gemeindeaufbau*, S. 58 f, Winter, Gutmann, S. 99.

tiven" Missionare gleich waren. Denn er endete damit, dass der konservative Gutmann den progressiven Merinyo gegen den konservativen (autoritären) Fritze in Schutz nahm. Die Kaffeeunruhen bieten außerdem die Möglichkeit, die Einstellung der Missionare in Beziehung zu setzen zum politischen Erwachen einer Gruppe, die die Autorität der Häuptlinge in Frage stellte.

Vor dem Kriege trugen die Chagga Christen meistens das, was die Missionare als afrikanische Kleidung bezeichneten, nämlich den von den Arabern gegen Ende des 19. Jahrhunderts übernommenen *kanzu*. Jetzt in den 30er Jahren begannen viele Chagga europäische Kleidung zu tragen, und viele Missionare sahen das als ein Symbol der Zerstörung der Chagga Kultur.

Europäische Kleidung war auch Ausdruck einer zunehmenden sozialen Differenzierung, die manche Missionare ganz und gar ablehnten. Für die Chagga, besonders für die Gebildeten und für die, die Geld verdienten, war europäische Kleidung Symbol des Fortschritts und des beginnenden Strebens, die europäische Herrschaft abzuschütteln. Das erklärt, warum der Streit so hitzig war und warum nationalistische Töne mitschwangen.

Der Kleiderstreit begann in Old Moshi, als Gutmann in Europa war und Fritze ihn von Mamba aus vertrat. Fritze nahm regelmäßig an den Sitzungen des Ältestenrates teil und teilte auch die Sakramente aus. Bei einem dieser Besuche kniete eine Frau nieder, um das Abendmahl zu empfangen. Sie trug gute europäische Kleider und sogar einen Hut.[366] Diesen Hut nahm ihr Fritze vom Kopf. Damals kam ähnliches autoritäres Verhalten bei Missionaren häufiger vor und wurde meist von den Betroffenen auch hingenommen. Aber diesmal nicht, denn die Frau mit Hut war die Frau von Joseph Merinyo, der der wichtigste Führer der jungen, meist von der Mission ausgebildeten Chagga war, die mehr und mehr die führende Stellung der "rückständigen Häuptlinge" in Frage stellten. Durch seine Stellung als Übersetzer und Gehilfe von Charles Dundas und anderen britischen Kolonialbeamten hatte er starken Einfluss auf die Politik der Chagga gewonnen. Er war sehr progres-

---

[366] Fleisch, Hundert Jahre, S. 433. Fritze erzählte Jaeschke den Vorgang wie folgt: "Merinyos Frau hatte einen großen Tropenhut mit breiter Krempe auf und kniete vor dem Altar. Ich konnte einfach weder den Mund sehen noch ihr sonst den Kelch reichen. Da nahm ich behutsam den Hut vom Kopf und legte ihn sachte zur Seite."(Jaeschke – Fiedler 6.7.82). Nach Jaeschke hat Fritze zwei Fehler begangen: Er hatte bewußt oder unbewußt in ein "Wespennest" gestochen und er hatte mißachtet, daß die Rechtsperson in einer Chagga Ehe allein der Mann ist. Fritze hätte sich also an Joseph Merinyo wenden müssen bei einer Klage über seine Frau (Jaeschke – Fiedler 6.7.82).

siv. Das zeigte sich besonders darin, dass er einer der Gründer der Kaffeegenossenschaft und ihr erster Sekretär war.[367] Zudem war er als Junge in Deutschland gewesen, er sprach Swahili, Englisch und Deutsch und war einfach nicht bereit, an angeborene Unterschiede zwischen Europäern und Afrikanern zu glauben.

Merinyo reagierte scharf.[368] Er schrieb einen langen Beschwerdebrief nach Leipzig. Darin beschrieb er zuerst, wie das Evangelium an den Kilimanjaro kam und dass viele Chagga es annahmen. Dann kamen andere Fremde (Siedler, Händler), die fingen an, den Chagga zu nehmen, was sie hatten, und nach einiger Zeit begannen sogar einige der Missionare, sich wie diese Fremden zu benehmen. Sie missgönnten den Chagga den Fortschritt, und gemeinsam mit ihren "unangezogenen Älteren" [schlecht gekleideten Ältesten] machten sie Gesetze über die Kleidung, die die Christen tragen durften. Dann folgen Klagen über einzelne Missionare, die ihren Höhepunkt erreichen in der Beschwerde über Fritze:

> Es ist gesagt, dass die Christen müssen Schuhe ausziehen wenn die in Kirche gehen, und ebenso wenn es in Abendmahl sind. Diese Gebote sind uns natürlich eine schwereintrag an denn Herzen... Deswegen er fengt mit seine eigene Gebote wegen Kleider + zwangte die Leute mit Macht zu folgen seine unangenehme Gebote, das schlimmste, was er getan hat ist das. "Er hat an Josefu Merinyos Frau, der berühmte man in der Wachagga, den Hut auf dem Kopf abgenommen und trunter geworfen ohne ihr oder ihr Mann zu fragen." Etc...[369]

Der Brief schließt mit der Forderung nach der Ordination afrikanischer Pastoren. Beigefügt ist eine Liste von 13 Lehrern, die das Vertrauen der Christen besäßen und zur Ordination geeignet seien. Aus Moshi werden Yohane Kimambo und Petro Masamu genannt, aber nicht Imanuel Mkony.

Von Leipzig erhielt Merinyo keine schriftliche Antwort.[370] Leipzig erinnerte aber die Missionare daran, dass Kleidung ein Adiaphoron sei und dass Ge-

---

[367] I. N. Kimambo und A. J. Temu (Hrgb) A History of Tanzania, Nairobi 1969, S. 137; Int J. Merinyo 4/70.

[368] Detaillierter in Lema, Impact, S. 442. Lema schreibt, daß sich Merinyo zuerst bei Raum beschwerte, der zurückschrieb, er möge die Sache mit Fritze besprechen (Raum - Merinyo 5/1930). Merinyo sagt, daß Fritze es abgelehnt hätte, mit ihm zu sprechen. Aber in den Akten Merinyos gibt es einen Brief von Fritze vom 31.3.30, in dem Fritze Merinyo einlädt, mit ihm die Sache zu besprechen.

[369] Merinyo – Leipzig 8.5.30.

[370] Int Joseph Merinyo 4/70.

setzlichkeit unangebracht wäre.[371] Weil Merinyo so einflussreich war und weil Fritzes Hutabnahme nur der plötzliche Wind war, der in ein schon lange schwelendes Feuer blies, breitete sich die Unruhe über ganz Ostchagga aus. Um dieses "gefährliche Feuer" zu löschen, führte Superintendent Raum in Begleitung Ittameiers eine offizielle Visitation durch.[372] Sie waren zufrieden, dass überall "die Gemeinden als solche" Merinyos Agitation "völlig fern stünden."[373] Die gewöhnlichen Gemeindeglieder waren weiterhin "gute" Christen. Raum wählte den 1930 stattfindenden Kirchentag der Chaggagemeinden, um mit Merinyo öffentlich abzurechnen. Um so die "Agitation" zu stoppen, sollte Merinyo mit seinen Anhängern erscheinen. Er musste aber allein auftreten, da die Mitunterzeichner seines Briefes ihm inzwischen ihre Unterstützung entzogen hatten. Raum triumphierte.[374]

Fritze fühlte sich verpflichtet, auch seinen Teil zur Niederschlagung dieser Rebellion beizutragen. Die Affäre wurde auf der Missionarskonferenz diskutiert, und Fritze fühlte sich beauftragt, in Old Moshi gegen Merinyo vorzugehen. In Wirklichkeit war aber auf der Missionarskonferenz die Sache für beendet erklärt worden. Es war beschlossen und ins Protokoll geschrieben worden, dass Merinyos Klage gegen Fritze vom Ältestenrat von Old Moshi in Fritzes Anwesenheit besprochen werden sollte.[375] Diese Verhandlung fand nicht statt, und bald darauf erhielt Fritze einen Brief, der Merinyo des Ehebruchs bezichtigte. Als Merinyo zu einer Sitzung des Ältestenrates nicht erschien, wurde er wegen Ehebruchsverdachts exkommuniziert.[376] Es wurde auch festgelegt, dass, sollte er nicht des Ehebruchs schuldig sein, erst noch seine "Agitation" behandelt werden müsse vor einer eventuellen Wiederaufnahme in die Gemeinde.[377]

Gegen seinen Gemeindeausschluss protestierte Merinyo in einem scharfen Brief an Superintendent Raum. Raum antwortete freundlich, unternahm aber nichts. Anfang 1931 bekam Merinyos Frau ein Baby, und die Eltern

---

[371] Leipzig – Missionsrat 12.8.30.
[372] Visitationsbericht Mamba, Mwika, Moshi 18-24.7.30 (Raum und Ittameir).
[373] Im Jahresbericht Mamba 1930 sieht Fritze das ganz anders.
[374] Raum – Leipzig 2.9.30.
[375] Älteste 13.12.32.
[376] Älteste 8.9.30; laut J.B. Webster, The African Churches among the Yoruba 1888-1922, Oxford 1964, S. 58 wurde die Anklage der Unmoral oft von Missionaren gegen aufbegehrende Afrikaner verwendet.
[377] Älteste 13.10.30; 30.12.30; 27.1.31.

wollten das Kind taufen lassen. Fritze lehnte ab, und Merinyo ließ das Kind katholisch taufen.[378]

Als Gutmann in Deutschland von diesem Streit hörte, verstand er die Vorgänge sofort besser als Raum und Fritze am Ort. Er fürchtete, dass sich aus Anlass dieser Streitereien eine bedeutende unabhängige afrikanische Kirche von der Leipziger Mission abspalten könnte.[379] Als mögliche Ursache sah Gutmann die Tatsache, dass einige Missionare ihre Gemeinde zu paternalistisch regierten.[380]

Wieder in Old Moshi sah es Gutmann als eine seiner ersten Aufgaben an, das Unrecht in Ordnung zu bringen, das Fritze und Raum Merinyo angetan hatten. Er brachte die Sache im Missionsrat vor und erhielt die Erlaubnis, Merinyo wieder in die Gemeinde aufzunehmen, vorausgesetzt, dass dieser zugäbe, dass es ein Fehler war, sein Kind katholisch taufen zu lassen. Dazu war Merinyo bereit, und im Dezember 1932 wurde er wiederaufgenommen.

In diesem Streit verteidigte Gutmann die Haltung der Progressiven gegen die reaktionäre Einstellung eines konservativen Missionars. Interessant ist hier der Unterschied zwischen Fritze und Gutmann. Beide waren nicht begeistert, wenn Afrikaner europäische Kleidung trugen.[381] Aber Gutmann ging es zuallererst darum, den primären Bindungen zu ihrem Recht zu verhelfen und so die Kirche eng mit der Kultur der Chagga zu verflechten. Fritze dagegen kämpfte um die Erhaltung der Chagga Folklore. Gutmann wollte, dass alle Entscheidungen Ergebnis eines Beratungsprozesses seien, Fritze handelte autoritär. Er bestand nicht aus Achtung vor der Kultur der Chagga darauf, dass sie keine europäische Kleidung trügen, sondern aus einer Haltung der Überlegenheit heraus. Gutmann dagegen wusste, dass

---

[378] Älteste 13.12.32; 27.4.31; 27.7.31.

[379] Ihmels–Gutmann 12.7.30; vgl. Bruno Gutmann, Sektenbildung und Rasseerlebnis in Ostafrika, in: EMM 1934, 277-292.

[380] Ihmels–Gutmann 12.7.30. Am schlimmsten war die Situation in Arusha, wo Leonhard Blumer vier Jahre mit seiner Gemeinde Krieg führte über Fragen der Modernität. Als Strafe für schlechtes Verhalten der Gemeinde nagelte er wiederholt die Kirchentür zu. Als er die schwangere Frau von Lasaros Laiser, dem Gemeindepfleger, ernsthaft schlug, wurde er von Leipzig auf Vorschlag des Missionsrates abberufen (Gutmann – Missionsrat 29.12.33). Siehe auch Max Pätzig, Lasaros Laiser, Erlangen 1959, S. 14-15.

[381] Gutmann, Freies Menschentum, S. 66; Georg Fritze, "Die Kleiderfrage," in: *Evangelisches Missionsblatt* 1928, 248-252. Zu Gutmann siehe auch: Johanssen, Führung III, 146. Auch Älteste 5.11.29.

die Chagga den *kanzu* erst kürzlich von den Arabern übernommen hatten. Kleidung gehörte für ihn zum äußersten Rand der Kultur eines Volkes. Deswegen zog er es vor, sich mit Merinyos Einstellung zu arrangieren statt verlustreiche Schlachten wegen des Adiaphorons Kleidung zu schlagen.

Auf ähnliche Weise arrangierte sich Gutmann mit der wichtigsten Institution der Progressiven, mit der Kaffeegenossenschaft. 1937 wurde der Weltmarkt von brasilianischem Kaffee überflutet, und die Preise fielen dramatisch. Man gab der inzwischen aus den Händen der Progressiven weitgehend in die Hände der Regierung übergangenen Kaffeegenossenschaft die Schuld. Unzufriedenheit breitete sich aus, es kam zu Tätlichkeiten, einige Kaffelagerhäuser wurden zerstört.[382] Zu Zerstörungen kam es nur in evangelischen Gebieten, nicht aber in Old Moshi.[383] Zentrum der Unruhe war Machame, wo Salomon Nkya, einer der beiden dortigen afrikanischen Pastoren, die Agitation gegen die von der Regierung aufgezwungenen Regeln der Genossenschaft unterstützte und wo sich der Missionar neutral verhielt.[384]

Obwohl Gutmann alle Autorität einsetzte, um in Old Moshi die Agitation gegen die Genossenschaft einzudämmen, war er durchaus kein Anhänger des Genossenschaftswesens. In all seinen vielen Büchern und Artikeln erwähnt Gutmann die Kaffeegenossenschaft nicht ein einziges Mal. Das ist umso erstaunlicher, als Merinyo, ihr erster Sekretär, nur eine halbe Stunde bergab von seinem Haus wohnte und beide immer im Gespräch miteinander blieben. Aber warum erwähnte er dann die Genossenschaft nie? In einem seiner Briefe als Superintendent verrät er den Grund: Für ihn war die Genossenschaftsbewegung gefährlich, nicht weil er die weiße Herrschaft

---

[382] Rogers, Search bietet detaillierte Informationen: Anfänge der Bewegung, S. 263-292; Hintergrund 1935 –37, S. 578-656; die Unruhen selbst S. 657-681.

[383] Gutmann – Ihmels 1.10.37; 9.12.36. Gutmann tat alles, was in seiner Macht war, um die Agitation in Old Moshi zu unterdücken. Sein Bericht über die Unruhen: Gutmann – Ihmels 22.9.37; 1.10.37.

[384] Gutmann – Ihmels 9.12.36; Jahresbericht Salomon Nkya 1936. Die Bevölkerung von Machame hatte sich viel stärker als die von Old Moshi vom Kaffeeanbau abhängig gemacht. Einige hatten ihre Bananenstauden herausgerissen, um mehr Kaffee anbauen zu können. Gutmann war immer davon ausgegangen, daß die Chagga ihre Grundnahrungsmittel selbst anbauen müßten, so daß das den Weltmarktpreisen ausgelieferte Einkommen aus dem Kaffeeanbau nicht für die Ernährung nötig ist (Jaeschke - Fiedler 6.7.82). Für ganz Tanzania ist diese Haltung heute als richtig erwiesen.

zementieren wollte, sondern weil diese Bewegung ihre Wurzeln außerhalb der traditionellen Gesellschaftsordnung hatte.

> Diese Organisationen werden hier immer und überall der Tummelplatz für die Ansprüche und Turnierleidenschaften der halbgebildeten und der angestammten Landesautorität gegenüber sich mehr oder weniger unabhängig fühlende Afrikaner sein. Und wenn es bei ihrer Ausbildung und Führung nicht gelingt, sie gegen die hier angedeuteten Gefahren innerlich immun zu machen, werden die Lehrer aus Missions- und Regierungskreisen wohl immer die ersten Opfer sein. Und ich habe nicht den Eindruck, dass man auch in unseren Kreisen sich über diese Lage völlig klar ist.[385]

Deswegen versuchte Gutmann, Dämme gegen die Flut zu errichten. Er tat alles, um die Autorität des Häuptlings und alle traditionelle Autorität zu stützen.[386] Wegen Gutmanns großer Autorität gewann die Genossenschaftsbewegung in Old Moshi wenig Boden.[387] Dass er im Recht war, sah Gutmann dadurch bewiesen, dass das, was sich in Machame ereignete, wo Raum und die Missionare vor ihm den Kaffeeanbau sehr gefördert hatten, in Old Moshi nicht geschah. Es ist wahr, sinnlose Zerstörung wurde vermieden, aber welchen Weg zeigte Gutmann für die Zukunft? Nur die Unterstützung vergehender Autoritäten. Er bewies, dass dieses noch ein gangbarer Weg war, aber wie lange würde er gangbar bleiben? Dies war eines der Hauptprobleme bei allen konservativen Missionaren in Tanzania. Sie nahmen die traditionelle Gesellschaftsordnung ernst, ließen in ihren Vorstellungen aber wenig Raum für neue gesellschaftliche Entwicklungen.

Gutmann und die Progressiven

Gutmann war nicht der Kulturreaktionär, als der er oft dargestellt wird. Selbst Institutionen gegenüber, die wie die Schulen seiner Einstellung gefährlich werden konnten, entwickelte er keine negative Haltung. Genauso war seine Haltung gegenüber den Führern der Progressiven. Er teilte ihre Vorstellungen nicht, hielt aber gute Beziehungen zu ihnen aufrecht und erhielt sich so ihre Wertschätzung. Das ist ein Zeichen für seine starke Persönlichkeit, aber auch für die Reife seiner Haltung.

Trotzdem blieb der grundlegende Gegensatz zwischen Gutmann und den progressiven Chagga, denn wie die Kolonialregierung identifizierte sich

---

[385] Gutmann (Superintendent in Vertretung) –Ihmels 9.12.36.

[386] Er tat es mit Erfolg: Visitationsbericht Küchler 1937. Gutmann lehnte die Kooperativen ab, weil sie keine Wurzel in der traditionellen sozialen Ordnung hatten.

[387] Visitationsbericht Küchler 1937.

Gutmann mit der traditionellen Elite. Aber trotzdem sind da Unterschiede. Der deutlichste Unterschied ist seine bewusste Unterstützung der Ordination von Afrikanern. Damit entstand in der Kirche eine neue Führungsstruktur, die wie die der Missionare und der Kolonialverwaltung auf Ausbildung und Leistung beruhte und nicht auf Herkunft. Bis 1940 waren die Machtbefugnisse der afrikanischen Pastoren noch spürbar eingeschränkt, aber sobald die deutschen Missionare ihre Arbeit verlassen mussten, konnten die afrikanischen Pastoren mehr Verantwortung übernehmen. Ähnliches gilt für die Führung der Gemeinde Old Moshi. Es ist wahr, dass er den Ältesten so viel Macht gab wie möglich, aber zwei gewählte Lehrer und die hauptamtlichen Mitarbeiter gehörten immer zum Ältestenrat. Außerdem traf sich Gutmann jeden Freitag mit den Lehrern zur Vorbereitung der Sonntagsgottesdienste.

Die Indirekte Herrschaft erwartete kein Entstehen von Institutionen, die über einen "Stamm" hinausgingen. Obwohl die Leipziger Mission durch ihre Betonung der Muttersprache stark auf den Stamm konzentriert war, war die entstehende lutherische Kirche, weil die Leipziger Mission in verschiedenen Sprachgruppen arbeitete, von Anfang an eine stammesübergreifende Organisation. Dieser stammesübergreifende Charakter der Kirche wurde 1930 durch die Einrichtung des Kirchentages deutlicher sichtbar und auch dadurch, dass alle Kandidaten für die Ordination gemeinsam in Swahili unterrichtet wurden. 1937 wurde die Leipziger Mission Teil des Missionskirchenbundes, zu dem lutherische Kirchen in ganz Tanzania gehörten. All das bedeutet, dass zu einer Zeit, als die Ideologie der Indirekten Herrschaft sich noch völlig auf den "Stamm" konzentrierte, die lutherische Kirche schon national organisiert war, wenn dies auch die meisten Gemeindeglieder in Old Moshi nicht sehr berührt haben mag.

7. Integration oder Apartheid? – Die Reaktion auf Gutmanns Ideen in der Herrnhuter und in der Berliner Mission

In diesem Kapitel werden zuerst die Herrnhuter Missionare behandelt, die sich zu einer hohen Wertschätzung der afrikanischen Kultur bekannten und dann ähnlich eingestellte Missionare in den benachbarten Konde und Bena–Hehe Synoden der Berliner Mission. Die führenden konservativen Missionare der Herrnhuter waren eine Generation jünger als Gutmann und deutlich von seinen Schriften beeinflusst. In vielem hatten sie Gutmann nicht verstanden, und ihre hohe Wertschätzung der afrikanischen Kultur war anders als bei Gutmann stark im deutschen Nationalismus begründet. Aber in vielen ihrer Diskussionen stand der Name Gutmanns für ihr Bestreben, besser auf die afrikanische Kultur einzugehen.

Um die Situation in den 30er Jahren zu verstehen, müssen wir einen Blick auf die Vorgeschichte werfen. Die Herrnhuter waren 1891 nach Tanzania gekommen und hatten Rungwe zum Zentrum ihrer Arbeit gemacht. Wie in Kapitel 4 dargestellt, verstanden die ersten Missionare dort das Evangelium als Gegensatz zur afrikanischen Kultur. Diese Meinung wich bald einer verständnisvolleren Haltung, wobei Bachmann in Mbozi am weitesten ging.

1916 wurden alle deutschen Missionare interniert, und die presbyterianische Livingstonia Mission aus dem benachbarten Malawi schickte Missionare, um nach den Herrnhuter Gemeinden zu sehen.[388] Dieses schottische Zwischenspiel brachte Fortschritte in der Selbstverwaltung der Kirche,[389] aber Rückschritte im Prozess der Anpassung an die afrikanische Kultur. Die Schotten tauften aus einer polygamen Ehe nur die erste Frau,[390] und sie

---

[388] Marcia Wright, German Missions, S. 144-145; *John McCracken, *Politics and Christianity in Malawi 1875-1940: The Impact of the Livingstonia Mission in the Northern Province,* Blantyre: CLAIM-Kachere, 2000, S. 267-269, 274-275.

[389] Dies ist mein allgemeiner Eindruck aus den Interviews in Rutenganyo (bes. Enoki Mwambungu 23.11.70). Mwambungu erwähnte besonders die Einführung der kirk session (Gemeinderat) und der Ämter der Ältesten und Diakone. Vgl. Marcia Wright, *German Missions,* S. 150.

[390] *Moses Mlenga, A Critical Examination of the Issue of Polygamy in the Synod of Livingstonia: Biblical, Moral and Missiological Implications, PhD, Mzuzu University, 2013, p. 41. Gedruckt als: Moses Mlenga, *Polygamy in Northern Malawi. A Christian Reassessment,* Mzuzu: Mzuni Press, 2016.

ließen die Ältesten entscheiden, dass kein Christ Bier trinken dürfe.[391] Das Bierverbot wurde nicht überall akzeptiert, am wenigsten in den nördlichen Gemeinden Utengule und Mbozi.

1925 kehrten als erste Herrnhuter Missionare Oskar Gemuseus (Kabeta) und Ferdinand Jansa (Gwajanga) zurück. Ab 1926 wurden wieder alle Frauen aus einer polygamen Ehe getauft. Auf der Allgemeinen Kirchenkonferenz im selben Jahr war die Bierfrage sehr umstritten. Es wurde entschieden, dass nur bei Amtsträgern Biertrinken mit Kirchenzucht geahndet werden solle. Diese unbefriedigende Lösung sorgte dafür, dass die Frage immer neu diskutiert wurde.[392]

Der konservative Bachmann kehrte nicht nach Tanzania zurück, wohl aber der progressive Gemuseus mit seiner Überzeugung von der Wichtigkeit des Schulwesens. Gemuseus wusste sich bei seinem Bestreben, ein gutes Schulsystem aufzubauen, der Unterstützung aller Gemeinden sicher. Die Nyasa-Provinz der Brüder-Unität schien unter progressiver Führung eine schnelle Entwicklung vor sich zu haben. Aber dazu kam es nicht, weil die Mehrheit der jungen Missionare, die in den 30er Jahren ihre Arbeit in der Provinz begannen, anders dachten als Gemuseus. Sie standen unter dem Einfluss der deutschen Neuromantik mit ihrer hohen Wertschätzung der deutschen Kultur und ihrer Offenheit für den deutschen Nationalismus.

Von diesen Missionaren kam 1931 als erster Franz Rietzsch (Mwakalukwa) nach Tanzania. Er sollte als Pastor arbeiten. Der zweite war 1932 Joseph Busse (Mwambungu), Pastor und Lehrer, der in Gemeinde und Schule in Rungwe der Mitarbeiter von Walter Marx (Mwasoni) werden sollte. 1933 kam Hermann Schnabel (Mwaipopo), der neben der Gemeindearbeit auch die Verwaltungsarbeit der Provinz tun sollte.[393]

Der Missionsleitung in Herrnhut lagen damals drei Dinge am Herzen: Das schnelle Hineinnehmen der Afrikaner in Führungsaufgaben, der Aufbau eines guten Schulwesens und das stärkere Ernstnehmen der afrikanischen Kultur. Die Entwicklung wurde dadurch erschwert, dass Herrnhut erst sehr

---

[391] *For Northern Malawi see: Joyce Mlenga, An Investigation of Dual Religiosity between Christianity and African Traditional Religion among the Ngonde in Karonga District in Northern Malawi, Mzuzu University, 2013, S. 244f. Als Buch: Joyce Mlenga, *Dual Religiosity in Northern Malawi*, Mzuzu: Mzuni Press, 2016.

[392] Marcia Wright, *German Missions*, S. 161.

[393] Personalbögen Rietzsch, Busse, Schnabel. Schnabel beschreibt seine Ankunft in: Herrnhut, 1933, 207-209; 309-311.

spät begriff, dass die letzten beiden Ziele einander ausschlossen, zwar nicht prinzipiell, so aber doch in der Vorstellung der meisten jüngeren Missionare.

Die drei Missionare hatten neben ihrer theologischen Ausbildung alle eine spezielle Ausbildung in afrikanischer Kultur erhalten. Sie begannen sofort, was sie gelernt hatten, in die Tat umzusetzen. Busse verwendete trotz seiner schlechten Gesundheit viel Energie auf das Studium der Sprachen und Kulturen des Missionsgebietes.[394] Franz Rietzsch kam nach Kyimbila als Mitarbeiter und designierter Nachfolger von Ferdinand Jansa, der schon vor dem Kriege Missionar gewesen war. Rietzsch begann sofort mit musikalischen Studien, die das Ziel hatten, den musikalischen Geschmack der Nyakyusa Christen zu verbessern und afrikanische Kirchenmusik zu fördern.[395] Rietzsch konnte nicht verstehen, warum die Nyakyusa Christen die Lieder Ira David Sankeys aus der amerikanischen Erweckung[396] den Chorälen der deutschen Reformation vorzogen. Rietzsch ließ den Chor auch traditionelle Nyakyusa Melodien singen. Aber der Älteste Asukenye Mwaipopo hatte einige dieser Melodien verboten, weil sie denen, die bei gewissen "heidnischen" Tänzen gebraucht wurden, zu ähnlich waren. Rietzsch erklärte diese Entscheidung ohne weitere Konsultationen für ungültig. An einem Sonntag, an dem Jansa verreist war, hatte Samueli Gondwe, so wie es vor Rietzschs Kommen üblich war, Lieder für den Chor ausgesucht. Rietzsch verlangte, dass der Chor stattdessen von ihm ausgesuchte Lieder singe. Aus Furcht vor dem Europäer gehorchte der Chor, sang aber doch wenigstens eins der von Samueli Gondwe ausgesuchten Lieder. An diesem Sonntag sang der Chor sehr schlecht, und der Dirigent Wilson Mwakisyala und der Tenor Peter Kabisa weigerten sich, überhaupt zu singen.[397]

Als Jansa von der Reise zurückkam, versuchte er, den Streit zu schlichten, aber Rietzsch konnte nicht einsehen, dass er etwas falsch gemacht haben könnte. Rietzsch stritt mit seiner Gemeinde nicht nur über Musik, sondern auch über Kleidung. Er war dagegen, wenn Afrikaner Krawatten, Hosen,

---

[394] Das wichtigste Ergebnis dieser Studien ist: Joseph Busse, Die Sprache der Nyiha in Ostafrika, Berlin 1960 [based on his Hamburg University PhD 1943. Weiteres siehe Bibliographie.
[395] Jahresbericht Kyimbila 1932 (Jansa).
[396] Die Erweckung ist die Heiligungserweckung, wie ich sie nenne, auch als Zweite Evangelische Erweckung bekannt (Siehe Kapitel "Born in Revival" in Klaus Fiedler, *The Story of Faith Missions*, Regnum: Oxford, ²1995).
[397] Jahresbericht Kyimbila 1933. Siehe auch Baudert – Gemuseus 24.11.32. Einzelheiten nach Mpembele – Fiedler 10.6.74.

Hemden oder Schuhe trugen, denn es sei nicht richtig, Kulturen zu vermischen. Und wer nicht "richtig" gekleidet war, durfte im Chor nicht mitsingen.[398]

Oberflächlich gesehen ging es bei diesen Auseinandersetzungen um kulturelle Fragen, in Wirklichkeit ging es aber wie im Konflikt Fritze/Merinyo in Old Moshi, um Fragen der Autorität. Als gerade eingetroffener junger Missionar hatte Rietzsch die vom Ältesten getroffene Regelung für ungültig erklärt, verlangte kategorisch einen Wandel des musikalischen Geschmacks und verbot das Tragen europäischer Kleidung, die ein Symbol des Fortschritts war. Das war mehr als die Gemeinde zu ertragen bereit war, und Gemuseus und Jansa sahen die Versetzung von Rietzsch nach Rutenganyo als einzigen Ausweg.[399] So kam dann später Schnabel nach Kyimbila.

Rietzsch ging sehr ungern nach Rutenganyo.[400] Er war noch nicht lange dort, als es schon wieder Ärger gab. Schon bald nach seiner Ankunft hatte er begonnen, in Rutenganyo seine Überzeugungen in die Tat umzusetzen. Anfangs besuchten viele Leute seine Chorstunden. Im April 1934 verlangte eine Delegation aus der Gemeinde, dass er aufhören solle, solch neue Dinge zu lehren. Sie wollten das lernen, was alle anderen Chorleiter lehrten. Wenn er dazu nicht bereit war, hätten sie lieber einen afrikanischen Dirigenten. Rietzsch kümmerte sich nicht um diese Ansichten, und bald kam niemand mehr zur Chorübstunde.[401]

Zur gleichen Zeit ging der Bau der neuen Kirche nicht mehr weiter. Man warf Rietzsch vor, er wolle die besseren Lieder (Sankey, Reichslieder usw.) den Europäern vorbehalten und hätte für die Afrikaner nur minderwertige (traditionelle) Musik. Rietzsch konnte es auch nicht ausstehen, wenn *Europäer* Sankey Lieder sangen, aber die Vorwürfe spiegeln trotzdem seine Einstellung wieder: "Afrika steht auf einer niedrigen Entwicklungsstufe. Wir Europäer müssen darauf sehen, dass die Afrikaner uns nicht nachahmen, und wir entscheiden in unserer Weisheit, welche Elemente unserer Kultur

---

[398] Mpembele – Fiedler 10.6.74; Int Kyimbila 20.11.70.
[399] Baudert – Gemuseus 9.2.33 und Protokoll P.K. 1/33. Baudert wollte den Eindruck vermeiden, daß die Versetzung ein Sieg der Ältesten über den Missionar sei. Aber das gelang ihm nicht (Mpembele – Fiedler 10.6.74, Int Kyimbila 20.11.70). Siehe auch Rietzsch – Baudert 16.2.33, Baudert – Rietzsch 24.4.33; Baudert – Gemuseus 20.4.33 und 24.4.33.
[400] Baudert – Gemuseus 22.5.33.
[401] Rietzsch – Baudert 1.11.34; F. Wehle, "Musikalische Pionierarbeit unter Negern," in: Allgemeine Musikzeitung 1934, 448-449.

geeignet sind, die afrikanische Kultur zu bereichern." Ganz anders als Gutmann verband Rietzsch seine sehr hohe Wertschätzung der afrikanischen Kultur mit einer sehr niedrigen Einschätzung der Fähigkeiten der Afrikaner. Er schrieb: "Wenn der Missionar nicht selbst sich um alles kümmert, geschieht nichts." Aber eben weil er sich um alles kümmerte, wurde die neue Kirche erst fertig, als er nicht mehr in Kyimbila war.[402]

Ab 1934 wurden für fast alle Herrnhuter Gemeinden afrikanische Pastoren ordiniert, aber nicht für Rutenganyo. Zuerst behauptete er keinen afrikanischen Pastor zu brauchen. Als man ihn dann drängte, bevor Bischof Gemuseus Tanzania verließ, noch die letzte Chance einer Ordination wahrzunehmen, war er nicht fähig, einen geeigneten Kandidaten zu finden.[403] Der Friede kehrte in die Gemeinde erst wieder zurück, als Yona Mwaitabele nach Kriegsausbruch Pastor von Rutenganyo wurde.[404]

Rietzsch war anders als Gutmann. Gutmann war zutiefst überzeugt, dass Europa von Afrika lernen müsse. All seine Ideen entwickelte Gutmann in engem Kontakt zu seiner Gemeinde. Rietzsch dagegen war von der Überlegenheit der Europäer zutiefst überzeugt und hatte sehr wenig Kontakt zu seiner Gemeinde.

Wegen seines überheblichen Umgangsstils und wegen seiner Verachtung aller Musik, die die Nyakyusa Christen seit Jahrzehnten lieben gelernt hatten, gelang es ihm nicht, seiner Gemeinde die Augen zu öffnen für den Wert traditioneller Melodien und Instrumente. Nach dem Scheitern seiner Versuche in zwei Gemeinden sah er sich außerstande, seine Ziele auf pragmatische Weise zu erreichen. Vom Provinzialkommittee ermutigt, begann er mit einer gründlichen Analyse der traditionellen Nyakyusa Musik. Das Ergebnis waren zwei interessante Artikel.[405] Auf der Missionarskonferenz von 1936

---

[402] Rietzsch – Marx 12.10.38.

[403] Marx – Rietzsch 9.11.38; Marx – Vogt 6.12.38.

[404] Jahresbericht Rungwe District 1942.

[405] Gerhard F. Wehle, "Musikalische Pionierarbeit" beschreibt seine Bemühungen. Rietzsch selbst verfaßte: "Diesseits und jenseits von Dur und Moll," in: Herrnhut 1935, 54-67; 71-73. Sein Musikgeschmack weist starke neuromantische Einflüsse auf, die ihn durch die Singbewegung und durch die liturgische Bewegung von Berneuchen erreichten (Rietzsch – Baudert 14.5.35; Marx – Baudert 21.12.36). Die Singbewegung versuchte die deutsche Kirchenmusik durch Rückgriffe auf die mittelalterliche Musik und auf die deutsche Volksmusik wieder neu zu beleben. Die Berneuchener versuchten die Ideen der Romantik, die in der Jugendbewegung Ausdruck gefunden hatten, für eine liturgische Erneuerung nutzbar zu machen. Rietz-

hielt er ein Referat über die Rolle des Kirchenliedes im evangelischen Gottesdienst. Man ermutigte ihn, ein neues Gesangbuch mit vielen afrikanischen Melodien zu schaffen. Aber Rietzsch scheint sich mehr und mehr darauf beschränkt zu haben, die deutschen Choräle auf die "richtige" Nyakyusa Art zu setzen,[406] und da er äußerst sorgfältig und langsam arbeitete, hatten seine Bemühungen keinerlei greifbare Ergebnisse.[407] Die Gemeinden Kyimbila und Rutenganyo lehnten Rietzschs Bemühungen um afrikanische Kirchenmusik einhellig ab. Aber das heißt nicht, dass die Herrnhuter Gemeinde in Südwesttanzania etwas gegen einheimische Kirchenlieder gehabt hätten. Denn schon vor Rietzschs Kommen waren solche Lieder beliebt und weit verbreitet. In Mbozi und Utengule wurden schon in den ersten Jahren der Missionsarbeit afrikanische Kirchenlieder geschaffen, und das Nyakyusa Gesangbuch von 1930 enthielt 23 Lieder mit afrikanischen Melodien.[408] Seitdem hat die Zahl der afrikanischen Kirchenlieder sehr zugenommen, besonders stark in Undali, dem Gebiet der Mission Isoko.[409] Einige Lieder werden heute mit Swahili Text auch außerhalb der Herrnhuter Gemeinden gesungen.[410]

Die Afrikaner lehnten Rietzschs Ideen völlig ab. Aber das heißt nicht, dass sie ihre eigene Kultur ablehnten. Rietzschs Bemühen um die afrikanische Kultur frustrierte das Streben seiner Gemeindeglieder nach Fortschritt, und es verminderte ihre Selbständigkeit. Rietzschs hohe Wertschätzung der afrikanischen Kultur war ein Mittel zur Aufrechterhaltung der weißen Vorherrschaft.

Schnabel wurde in Kyimbila eingesetzt, Jansa kehrte 1934 nach Europa zurück. Schnabel hatte sich das Ziel gesetzt, die Gemeinde von einer Organisation zu einem Organismus zu entwickeln.[411] Er war überzeugt, dass Gut-

---

schs romantische Neigung zum Mittelalter ließ in Rutenganyo die falsche Meinung aufkommen, er sei nach seiner Rückkehr nach Deutschland Katholik geworden.

[406] Baudert – Rietzsch 14.5.35.

[407] Busse – Fiedler 10.9.68; Rietzsch – Marx 12.10.38.

[408] Inimbo sya Kipanga kya Kilisiti, Herrnhut 1930. Das Buch hat 260 Lieder.

[409] Mitteilung Helge Heisler 24.4.68.

[410] Howard S. Olson, Tumshangilie Mungu, Makumira 1968. (Nr. 4, 11, 12 Andrew Kyomo, Ndali; Nr. 49 Nyiha; Nr. 28 Nyakyusa).

[411] Seine Gedanken beschreibt Schnabel in: "Gemeindeaufbau in Ostafrika," in: *Missionsblatt der Brüdergemeine* 1935, 73-81. (Hier werden Gutmanns Gedanken deutlich, und durch sie die von Tönnies)

mann den Weg zu dieser Entwicklung zeigte.[412] Zuerst wollte er von Gutmann das Patenamt übernehmen, begann dann aber doch bald am Wert dieser Institution zu zweifeln. Darauf reagierte Samuel Baudert von der Missionsdirektion in Herrnhut mit der Bemerkung, dass das Gutmanns beste Idee sei, dass für Schnabel aber offensichtlich Volkstum vor Gemeindeaufbau gehe.[413]

Schnabel bemühte sich wenig um die Sippen, aber er förderte die traditionellen Essgemeinschaften der Nyakyusa, weil er eine Beziehung zwischen diesen Essgemeinschaften und dem Abendmahl sah. Als ersten Schritt ließ er die Gemeinde sich beim Empfang des Abendmahls nach Essgemeinschaften setzen.[414] Schnabel wollte auch die traditionellen Opfermahlzeiten christianisieren, aber Baudert lehnte seinen Vorschlag wegen zu großer Ähnlichkeit mit dem traditionellen Ritus ab.[415] Jansa hatte die Gemeinde in 15 Ältestenschaften eingeteilt. Schnabel teilte dann jede Ältestenschaft in zwei oder mehr Nachbarschaften. Für diese Nachbarschaften wurden Ordnungen aufgestellt, und für jede Nachbarschaft wurde im April 1936 ein Nachbarschaftsführer (*amafumu*) eingesetzt wie in Old Moshi.[416] Der *amafumo* half bei der Austeilung des Abendmahls an die Mitglieder seiner Nachbarschaft und war ganz allgemein der Führer der Christen seiner Nachbarschaft.

Schnabel bemühte sich, wie Gutmann auch, besonders um die Jugend seiner Gemeinde. Im November 1936 veranstaltete er in Mandana ein Treffen für alle, die in den letzten Jahren konfirmiert wurden. Es gab erst einen Gottesdienst, dann brachte Rietzsch den jungen Leuten eins seiner Lieder bei.[417] Dann sprach man über aktuelle Themen.

Schnabel hatte beobachtet, daß bei den Nyakyusa die *banyango* (Lehrmütter) die Aufgabe hätten, die Mädchen zu unterrichten. Er schlug vor, daß die Gemeinde diese Sitte nutzen sollte, zudem von den sieben Ältestin-

---

[412] Jahresbericht Kyimbila 1935; *Missionsblatt der Brüdergemeine* 1935, 78.
[413] Baudert – Marx 20.11.36.
[414] Schnabel, "Das Abendmahl und eine afrikanische Volkssitte," in: Herrnhut 12.11.37, S. 327/8. Advent 1934 saßen die 420 Teilnehmer der Abendmahlsfeier noch nach Ältestenbezirken, aber ab 1935 sollten sie nach Essgemeinschaften sitzen (*Missionsblatt der Brüdergemeine* 1935, 75-76).
[415] Baudert – Marx 20.11.36.
[416] *Missionsblatt der Brüdergemeine* 1935, 14; Baudert – Marx 20.11.36.
[417] Jahresbericht Kyimbila 1936. (Rietzsch war damals noch engbefreundet mit Schnabel.)

nen drei de facto den Status von christlichen Lehrmüttern hatten. Baudert unterstützte diese Idee und empfahl sie allen Missionaren zur Nachahmung.[418]

Im August 1936 lud Schnabel alle Amtsträger der Gemeinde ein, mit ihm zu essen und zu besprechen, wie sie zusammenarbeiten könnten.[419]

Durch all diese Bemühungen wollte Schnabel genauso wie Gutmann das Verantwortungsbewußtsein der Gemeinde stärken. Schon bevor Schnabel nach Tanzania kam, hatte er Gutmanns Bücher gelesen und sich mit seinen Ideen identifiziert. Aber er hatte auch viele Ideen der völkischen Bewegung und der Kolonialbewegung übernommen. In seiner Arbeit fürs Sprachexamen beschrieb er seine Vorstellungen für die Missionsarbeit in Unyakyusa. Zusammen mit vielen von Gutmann übernommenen Ideen vertrat er die Errichtung großer europäischer Plantagen und forderte, daß die afrikanischen Christen "zur Arbeit (d.h. auf europäischen Plantagen) erzogen werden sollten."[420]

Solche Ideen konnten auf die Dauer nicht neben den Ideen Gutmanns bestehen. Entweder mußten Gutmanns Ideen verschwinden oder die völkischen Ideen, und bei Schnabel war Gutmann eindeutig der Verlierer.

Der Streit über das Erziehungswesen 1935/36

1935 bekam die ganze Kirche zu spüren, wie repressiv die hohe Wertschätzung der afrikanischen Kultur durch konservative Missionare sein konnte. Die englischsprachige Zentralschule in Rungwe wurde in ein Lehrerseminar umgewandelt, in dem nur in Swahili unterrichtet wurde. Anfang 1935 rief Walter Marx, Direktor der Schulen von Rungwe, alle Schüler zusammen. Yeremia Mwaiseja, damals Schüler der dritten Klasse, erinnert sich noch heute sehr lebhaft daran:

> Mwasoni [Marx], der mit der Entscheidung nicht einverstanden war, machte einen Baum mit drei Ästen: Schreinerschule, Zentralschule, Lehrerseminar. Er sagte: "Wir nähren diesen Baum. Aber ein Ast bringt keine Frucht. Wir haben

---

[418] Baudert – alle Missionare 19.4.37.

[419] Damit knüpfte er an die alte Brüdersitte des Dienerfestes an (Jahresbericht Kyimbila 1936).

[420] Hermann Schnabel, Einige Gedanken zur Frage nach unserem Missionsziel 4/34. Gemuseus kommentierte: Die Afrikaner arbeiten gerne, aber auf ihrem eigenen Land (Gutachten über die Prüfungsarbeit Schnabels, 16.4.36).

nicht genug Geld, und deswegen schließen wir die Zentralschule." Viele der Jungen weinten, Marx tat das weh. Die Eltern waren tieftraurig.[421]

Alle waren überzeugt, daß die Zentralschule der wichtigste Zweig der Schule sei, geeignet für die besten Schüler. Das Lehrerseminar war für die, die für die Zentralschule nicht gut genug oder zu alt waren, und die Schreinerschule war für die am wenigsten begabten Schüler.[422]

Mit dieser Entscheidung hatten die "Lutheraner" unter den Herrnhuter Missionaren (sie wurden so genannt wegen ihrer lutherisch geprägten Frömmigkeit) eine Möglichkeit ausgenutzt, die ihnen eine Änderung in der Schulpolitik der Kolonialregierung bot.[423] Vor 1935 erhielten nur Zentralschulen mit Englisch als Unterrichtssprache Regierungszuschüsse, nun wurden die gleichen Zuschüsse auch für Lehrerseminare gewährt, in denen nur in Swahili unterrichtet wurde. Die "lutherische" Gruppe unter den Missionaren war gegen jede Art von Englischunterricht: Er würde den Prozeß der sozialen Differenzierung beschleunigen, er würde den Nationalismus fördern (Schnabel gebrauchte dafür das Wort Bolschewismus) und die führende Stellung der Europäer in Frage stellen.[424]

Herrnhut konnte zu dieser Frage keine klare Stellung finden, denn man wollte die afrikanische Kultur erhalten und zugleich ein modernes Schulwesen aufbauen.[425] Anders als Gutmann konnte Herrnhut keinen Weg vorschlagen, um die beiden Ziele in Einklang zu bringen. Selbst Gemuseus und Marx konnten sich nicht eindeutig für Englisch aussprechen. Oder vielleicht wagten sie es nicht, obwohl sie für die Zentralschule waren und auch für English als Unterrichtsfach.[426]

---

[421] Int Yeremia Mwaiseja, 8.1.73. Die Archive lassen nicht klar erkennen, ob Marx gegen die Schließung war. Es sieht aber so aus.

[422] Int Yeremia Mwaseja, 8.1.73.

[423] PK 1/35.

[424] Von Schnabel ausdrücklich formuliert (Missionarskonferenz 1937).

[425] 1933 empfahl Baudert dringend, Englisch zu lehren, aber es nicht als Unterrichtssprache zu benutzen (Baudert - Gemuseus 27.11.33).

[426] Oskar Gemuseus, "Gedanken zur Erziehung des Afrikaners," EMM 1931, 298-308, bes. S. 303 ff; Walter Marx, "Mission und dialektische Theologie, Mission und Volkstum," in: NAZM 1933, 225-235.

Die Missionare gaben an, daß sie die Zentralschule schlossen, um sozialer Entwurzelung und kultureller Entfremdung zu steuern. Lazarus Mwanjisi,[427] damals der führende afrikanische Lehrer in Rungwe, sah die Sache anders. Er sagte nur: "Wivu!" (Neid).[428] Das ist nicht die ganze Wahrheit, aber die Furcht, daß Afrikaner Europäern gleichwertig werden könnten, war sicher ein wichtiges Motiv hinter dem Widerstand von Missionaren wie Schnabel und Rietzsch gegen den Englischunterricht.

Die afrikanischen Christen reagierten auf die Schließung der Zentralschule mit Empörung und Trauer. Lazarus Mwanjisi ging im März 1935 an die Regierungsschule in Malangali, und im nächsten Jahr folgten ihm viele Schüler und Lehrer.[429]

Am größten war die Enttäuschung in den Nyakyusa Gemeinden, besonders am Nyassasee.[430] Von dort protestierte ein Häuptling sogar schriftlich. Häuptling R. Korano schrieb:

> Alle meine Leute schreien sehr nach einer Zentralschule in unserem Distrikt, oder irgendeiner anderen Schule, in der English unterrichtet wird. Vor einigen Jahren hatten wir unsere Zentralschule in Rungwe... Sie wissen, daß die Nyakyusa sehr großen Wert legen auf Englisch... Meine Leute sagen, daß die Weißen Väter in unser Land kommen sollen, um Englisch zu lehren.

Er erklärt, daß er 1906 versprochen habe, in seinem Land keine andere Mission zuzulassen. Dann fährt er fort:

> Ich bitte Sie deswegen dringend, sich um diese Frage zu kümmern, denn ich weiß, daß bald die Weißen Väter in mein Land kommen werden, um unsere Jungen Englisch zu lehren, denn ich wünsche auch, daß Englisch gelehrt wird. Aber ich werde die Weißen Väter erst rufen, wenn Sie mir geantwortet haben.[431]

Solche Reaktionen waren nicht überraschend, denn jedes Vorwärtskommen im Dienst der Kolonialverwaltung hing von guten Englischkenntnissen ab.

---

[427] Getauft 1912, Schule 1931 – 35. Gemuseus und Mwaitebele gaben ihm erfolgreich Deutschunterricht. Nach dem Krieg Lehrer in Rungwe. Robinson Kisyombe, presbyterianischer Missionar von Malawi, lehrte ihn Englisch. Mwanjisi wurde der erste einheimische Englischlehrer der Mission. Unterrichtete 1926 in Kyimbala, Schule wurde nach Rungwe verlegt. 1928 Grade II Certificate, 1930 Grade I Certificate.

[428] Int Lazarus Mwanjisi 8.1.73.

[429] Marx – Oelke 18.3.36; Gemuseus – Isherwood 17.3.36; vgl. Wright, German Missions, S. 195.

[430] Gemuseus – Marx 14.9.36. Int Yeremia Mwaiseje 8.1.73. Marx Memorandum 31.5.37.

[431] Chief R. Korano – Lordbishop [Gemuseus], n.d., etwa 2/37.

Zudem wurde Englisch ganz allgemein als Schlüssel zum Fortschritt angesehen.[432]

Der Streit über Gutmanns Gedanken: Die Missionarskonferenz 1936

Von 1933 bis 1935 hatte die Neubesinnung über die Stellung der Missionare zur afrikanischen Kultur ihren Niederschlag vorwiegend in Briefen, in Berichten und in einigen Artikeln gefunden. Aber 1935 hatte die Frage eine solche Bedeutung gewonnen, daß sie zum Hauptthema der Missionarskonferenz 1936 gewählt wurde.[433] Schnabel hielt das Hauptreferat: "Die Ziele unserer Missionsarbeit. Bemerkungen zu Gutmanns Gedanken." Schnabel gab eine gute Beschreibung der Ideen Gutmanns und seiner Arbeit. Er betonte zu Recht, daß Gutmann nicht auf Folklore Wert lege, sondern auf die primären Bindungen. Er verlangte, daß die Mission die primären Bindungen voll in ihrer Arbeit nutzen solle. Wie Gutmann betonte er die Nachbarschaften und schlug vor, daß alle Gemeinden, wie es Kyimbila getan habe, Nachbarschaftsführer einsetzen sollten. Grundsätzlich forderte er, daß die Mission das Verhältnis zwischen Schöpfung und Erlösung neu überdenken müsse. Dann könnte viel von der sozialen Ordnung der Nyakyusa in die Gemeinde übernommen werden.

Den Rest des Tages diskutierte man über Schnabels Referat. Man stimmte weitgehend überein, daß man von Gutmann einiges lernen könne. Über Gutmanns Prinzipien war aber keine Übereinstimmung zu erzielen. Die eine Gruppe (geführt von Schnabel) wollte sich erst mit Gutmanns Prinzipien beschäftigen und dann daraus praktische Folgerungen ziehen. Diese Gruppe war voller Euphorie: Schnabel sagte, Gutmann habe das Evangelium für ihn erst bedeutsam gemacht. Und Schnabel fügte hinzu, daß Gutmanns Schriftauslegung ein ganz neues Verständnis des Evangeliums und Luthers ermögliche. Die andere Gruppe wurde von Gemuseus und Tietzen (Mwasanga) geführt (sie wurden ihres Frömmigkeitsstils wegen "Pietisten" genannt) und war genau gegenteiliger Meinung: Gemuseus stellte fest, daß Gutmann das Evangelium vergewaltige, und Tietzen fügte hinzu, daß Jesus nicht so gedacht und gesprochen habe, wie Gutmann es darstelle.

Diese scharfe Kontroverse war nur möglich, weil sich schon lange vor der Konferenz starke theologische Differenzen unter den Missionaren entwi-

---

[432] W.H. Whiteley, Swahili: The Rise of a National Language, London 1969, S. 61.
[433] Dieser Abschnitt beruht auf den Protokollen der Missionarskonferenz 1936.

ckelt hatten, denn Gutmann ging es ja nicht um neue Methoden, sondern um eine neue Theologie der Gemeinde. So waren die Missionare gespalten in "Lutheraner" und "Pietisten."[434]

Die "Lutheraner" gehörten alle zur jüngeren Generation. Zur Zeit ihrer Ausbildung nahmen nationalistische Empfindungen in Deutschland stark zu, und völkische Ideen hatten unter den Studenten des Seminars in Herrnhut, an dem Busse, Schnabel und Rietzsch ihre Ausbildung erhielten, Eingang gefunden.[435] Bis auf zwei gehörten alle jüngeren Missionare zu den "Lutheranern." Der Führer der "Pietisten" war Gemuseus, nach seiner Rückkehr nach Deutschland dann Tietzen. Die "Pietisten" hatten die Herrnhuter Missionsarbeit nach dem Krieg wiederaufgebaut. Sie waren bereit, Verbesserungen zu akzeptieren, aber keine neue Theologie.

Als erste praktische Konsequenz erlaubten die Missionare den Christen zu tanzen. Die Ältesten hielten nicht viel davon, aber die Missionare waren überzeugt, daß diese Tänze Freude machten und helfen würden, die kulturelle Identität zu erhalten.[436] In Mbozi, wo dank Bachmann "harmlose" Tänze nie verboten waren, nahm man diese Entscheidung als Erlaubnis, auch die Tänze zu tanzen, die die ersten Christen von Mbozi als mit dem Christentum nicht vereinbar verboten hatten.[437] Allgemein gewannen die Missionare den Eindruck, daß die Tänze oft ungute Begleiterscheinungen hatten und widerriefen bald die Erlaubnis. Gutmann bemerkte dazu, daß sie sich um Folklore gekümmert hätten statt um Volkstum, um eine Sitte statt um die primären Bindungen.[438]

Noch schärfere Auseinandersetzungen gab es auf der Konferenz um die Frage, ob am Lehrerseminar in Rungwe Englisch wieder unterrichtet werden solle. Das Thema stand nicht auf der Tagesordnung, die Diskussion war

---

[434] Diese Ausdrücke werden weder in ihrer historischen noch in ihrer gegenwärtigen Bedeutung gebraucht, sondern so, wie die Missionare es damals selbst taten.
[435] Information Traeger 5.5.73. Die Lehrer des Seminars waren mit den völkischen Tendenzen nicht einverstanden.
[436] Evangelisch – Lutherisches Missionsjahrbuch 1938, S. 65/6. Marx – Förster 30.9.38. Oskar Gemuseus, Stellung zu den Eingeborenensitten. (Manuskriptnachlaß, Herrnhut); BMG 1939, 110-111; Jahresbericht Kyimbila 1937).
[437] Siene S. 54 ff. (Jahresbericht Mbozi 1936).
[438] Bruno Gutmann, "Das Wesen der Volkskirche," in: *Allgemeine Evangelisch – Lutherische Kirchenzeitung*, 1938, 712 ff; 738 ff. Abgedruckt in Gutmann, Afrikaner – Europäer, S. 141.

lang, schwere Spannungen wurden deutlich, und ein Ergebnis gab es nicht.[439]

Ähnlich kontrovers war die Frage der Lehrergehälter. Die "lutherischen" Missionare wollten einem in Rungwe ausgebildeten Lehrer das gleich niedrige Gehalt zubilligen wie den Lehren, deren einzige Ausbildung ihre eigene Schulzeit gewesen war. Zugleich beklagten sie sich bitter, daß viele in Rungwe ausgebildete Lehrer den Dienst der Kirche verließen, um sich nach einer besser bezahlten Arbeit umzusehen. Die weiseren unter den Missionaren machten ihnen keine Vorwürfe und kämpften für jeden Shilling Gehaltserhöhung.[440]

Die Missionarskonferenz von 1936 erhöhte die Spannungen unter den Missionaren und unternahm nichts, um dem Wunsch der Gemeinden nach einem besseren Erziehungswesen entgegenzukommen. Als im gleichen Jahr die Allgemeine Kirchenkonferenz das Erziehungwesen diskutierte, versuchten nur drei Abgeordnete die Missionare zu verteidigen.[441] Als Gemuseus davon hörte, schrieb er an Marx:

> Manche der jungen Brüder erinnern mich an die Leute, die beim Erscheinen der Eisenbahn ihre voll berechtigten Bedenken äußerten: daß nämlich diese zur Zerstörung der sozialen Verhältnisse beitragen würde, was sie sicherlich auch getan hat. Aber was hätte es genützt, wenn jene sagten: "Wir unterstützen das Unternehmen nicht, sondern fahren mit der Postkutsche." Die Eisenbahn ist unaufhaltsam an ihnen vorbeigefahren, und die Postkutsche steht jetzt als Schaustück aus alter Zeit im Heimatmuseum.[442]

Gemuseus hatte klar erkannt, worum es ging und was die Gemeinden brauchten. Aber weil die intellektuellen und politischen Strömungen in Deutschland eine reaktionäre Haltung gegenüber dem afrikanischen Erziehungswesen förderten, konnte er selbst als Superintendent seine Einsicht nicht durchsetzen.

---

[439] Marx – Baudert 21.10.36.
[440] Z.B. Marx – Hauffe 23.11.37. Darauf antwortete Hauffe am 28.11.37, daß der einzige Unterschied der sei, daß die in Rungwe ausgebildeten Lehrer schlechter seien.
[441] Einer aus Unyakyusa (Yosefu) und zwei aus Utengule (Sakalija Mwakasungulu und Msatulwa Mwashitete). Gemuseus – Marx 14.9.36.
[442] Gemuseus – Marx 24.9.36.

Göttliche Offenbarung im Volkstum der Nyakyusa und die Nyakyusa Volkskirche: Die Konferenzen 1937-1939

1936 waren die Gegensätze klar zu Tage getreten, aber die Missionare hatten es vermieden, die Streitpunkte theologisch zu diskutieren. Im Jahre 1937 wurde die theologische Grundfrage, ob es eine göttliche Offenbarung in der afrikanischen Kultur gibt, zur Diskussion gebracht. Die Antworten, die Schnabel und Busse gaben, unterschieden sich grundsätzlich von denen, die Bachmann, Gutmann und Johanssen und auch Lucas gegeben hatten.

Bevor es zur eigentlichen Auseinandersetzung kam, gab es ein Vorspiel. In seiner Eröffnungsrede über neue Entwicklungen in der Missionsarbeit erwähnte Marx das neue Bewußtsein der Rassen- und Volkszugehörigkeit. Rietzsch nahm das Thema auf und fragte, warum die Missionare nicht vor dem Eingeborenengottesdienst einen deutschen Gottesdienst gehabt hätten. Die Konferenz beschloß, daß es im nächsten Jahr so sein solle. Rietzsch war damit nicht zufrieden und erklärte:

> daß wir uns bewußt werden, wo wir wurzeln. Wir wurzeln in der deutschen Heimatkirche. Darum ist es nötig, wenn wir die rechte Voraussetzung für den Eingeborenengottesdienst haben wollen, daß wir durch einen deutschen Gottesdienst, gleich ob in Gemeinschaft mit anderen Deutschen oder ob allein, in unsere deutsche Heimatkirche eintauchen.[443]

Werner Hauffe (Kasunga), einer der beiden "Pietisten" unter den jüngeren Missionaren, sagte daraufhin, daß für ihn nicht Gemeinschaft der Rasse, sondern Gemeinschaft des Glaubens Vorbedingung für einen Gottesdienst sei.[444] Dies muß manchen, die es hörten, sehr fremd geklungen haben. Der kleine Zwischenfall zeigt, wie tiefe Wurzeln der Nationalismus schon unter den Missionaren geschlagen hatte. Er stellt auch zugleich die Grundfrage der nächsten Jahre heraus: was sollte Vorrang haben, der gemeinsame Glaube oder die unterschiedliche kulturelle Identität.

Am zweiten Konferenztag hielt Busse einen Vortrag über Mission und Schule. Er behauptete, daß die Mission immer schon die falsche Einstellung zum afrikanischen Volkstum gehabt hätte und daß deswegen die Schulen die Kultur der Nyakyusa zerstören würden. Um dem entgegenzuwirken, müßten die Schulen voll in die Gemeinden integriert und diese noch enger dem

---

[443] Missionarskonferenz 1937.
[444] Missionarskonferenz 1937.

Volkstum der Nyakyusa angeschlossen werden.[445] Gemuseus und Tietzen widersprachen und behaupteten, daß die Mission die Nyakyusa durch die Schriftsprache erst zu einem Volk gemacht und das Volkstum der Nyakyusa gestärkt und gegen Zerstörung geschützt habe.[446] In dieser Diskussion formulierte Schnabel, worum es ging: Alles hänge davon ab, ob man die göttliche Ordnung im Stammesleben sehe oder nicht. Busse ging noch weiter und sagte: "Beides, Evangelium und Volkstum, kommt von Gott ... Es geht darum, daß wir das Volkstum so ernst nehmen wie das Evangelium selbst."[447]

Mit diesen Sätzen hatten Schnabel und Busse gezeigt, daß sie in ihren Überzeugungen den Deutschen Christen sehr nahe standen, die unter dem Einfluß der Völkischen Bewegung und des Nationalsozialismus eine Theologie entwickelt hatten, in der es zwei Quellen der Offenbarung gab, die Bibel und das deutsche Volkstum. Für die Deutschen Christen war die Machtübernahme Hitlers im Jahre 1933 ein Ereignis der Heilsgeschichte, und der Nationalsozialismus war für sie die tiefste Verkörperung des deutschen Volkstums. Es gab verschiedene Richtungen unter den Deutschen Christen, aber wenn es zum Konflikt kam zwischen den beiden Offenbarungsquellen, dann war meist das Deutschtum der Maßstab, mit dem gemessen wurde, was denn in der Bibel Offenbarung wäre und was nicht.

1938 erregte Schnabels Volkstumstheologie in Herrnhut große Besorgnis. Andulile Kalinga, eine alte Frau, wollte getauft werden. Da sie lahm war, wurde sie zu Hause unterrichtet. Man sagte, sie sei lahm, weil ihr Mann sie verflucht habe, und Schnabels Frau (Tala) konnte keine Anzeichen einer organischen Krankheit finden.[448] Schnabel bat Gordon Mwansasu, ihren Häuptling (ein Christ) und ihren Mann, bei der Taufe dabei zu sein. Schnabel taufte die Frau und sagte zu ihr: "Steh auf, nimm deinen Stock und geh." Die Frau tat das auch. Zu ihrem Mann sagte Schnabel: "Gott ist sehr böse. Deine Frau kann jetzt laufen." Und zu Andulile Kalinga sagte er: "Dieser Stock ist Christus, von dem kommt dir die Kraft." Vier Wochen später kam

---

[445] Missionarskonferenz 1937. Editha Gysin nahm Busses Gedanken auf. (Kapitel V, Abschnitt 6).
[446] Missionarskonferenz 1937. Nach dem Kriege übernahm Busse diese Ansicht. Er schreibt: "Erst unter dem Einfluß der Mission und der Verwaltung der Weißen wuchsen sie zu einem Volk zusammen. (Joseph Busse, *Junge Kirche im afrikanischen Gewand*, Stuttgart 1968 (3), S. 30).
[447] Missionarskonferenz 1937.
[448] *Missionsblatt der Brüdergemeine* 1939, 23-24.

sie allein zur Kirche (mit Christus, ihrem Stock), und ihre Krankheit kehrte nie wieder zurück.[449] An Förster, Mitglied der Herrnhuter Missiondirektion, schrieb Schnabel: "Wir dürfen ja daran glauben, daß Christus in Brot und Wein gegenwärtig ist – warum sollte er es nicht auch in einem Stock sein können?" Förster gab seinen Zweifeln Ausdruck. Er zweifelte nicht an der Heilung, sondern an Schnabels Theologie der Offenbarung.[450] Darauf antwortete Schnabel mit einem scharfen Angriff. Er warf der Kirche vor, sie suche wie die Schriftgelehrten Gottes Offenbarung nur in einem Buch und sei unfähig, Gott zu schauen und seine großen Taten in der Gegenwart zu erkennen. Förster war schockiert, zeigte den Brief Samuel Baudert, Mitglied der Unitätsdirektion. Der war genauso schockiert, vertrat Schnabel doch eine Theologie der Offenbarung, die der der Thüringer Deutschen Christen ähnelte, der extremsten Gruppe der Deutschen Christen, bei der christliche Elemente kaum noch Raum hatten. Förster schrieb an Vogt, der 1937 Baudert als Missionsinspektor abgelöst hatte und sich gerade in der Nyassa Provinz auf einer Visitationsreise befand. Er bat Vogt, mit Schnabel zu sprechen und herauszufinden, wo er theologisch und geistlich wirklich stünde. Vogt berichtete Förster dann, daß Schnabel ein fähiger Missionar sei und ein starker Charakter. Dies führe gelegentlich zu beträchtlichen Spannungen zu den anderen Missionaren, aber in der Tiefe seines Wesens sei er demütig und bereit, auf andere zu hören. Das löse immer die Probleme.[451]

Der Missionsdirektion schien dieser Bericht zu optimistisch. Man beschloß, an Tietzen, der bald Superintendent werden sollte, einen offiziellen Brief zu schreiben und vorzuschlagen, daß Schnabel Vorsteher (Finanzverwalter und Rechnungsführer) ohne Gemeinde werden solle, um dadurch seine nationalistische Theologie zu neutralisieren. Tietzen meinte darauf, daß man Schnabels Theologie nicht zu ernst nehmen solle, da nur er sie teile.[452]

Vogt nahm auch an der Missionarskonferenz des Jahres 1938 teil. Ganz gleich, welches Thema gerade auf der Tagesordnung stand, immer wieder kam man auf das beherrschende Thema Volkstum und Kirche. Das Schulwe-

---

[449] Hauptquelle ist Int Nr. 4 Kyimbila (20.11.70, ein Augenzeuge). Einzelheiten wurden hinzugefügt aus: Jahresbericht Kyimbila 1938, Schnabel – Marx 9.5.38 und *Missionsblatt der Brüdergemeine* 1939, 23-24 (vor der Heilung geschrieben).

[450] Förster – Vogt n.d. (erwähnt Förster – Schnabel).

[451] Visitationsbericht Vogt 1938.

[452] Missionsdirektion, Protokoll 24.11.38 (S. Bau, Förster, K. Reichel, F. Neub); Protokoll 5.1.39 erwähnt Tietzen - Förster 19.12.38).

sen stand auch wieder zur Diskussion, und auf Druck von Vogt wurden einige Schritte vorwärts getan. Die Dorfschulen sollten nicht mehr vom örtlichen Missionar beaufsichtigt werden, sondern von einem Schulinspektor (Busse). Weil es nicht mehr zu umgehen war, wurde sogar in Rungwe wieder Englischunterricht eingeführt. Selbst Busse war diesmal dafür, weil er begriffen hatte, welchen Wert die Gemeinden darauf legten. Schnabel und Rietzsch leisteten immer noch Widerstand.

Wichtigstes Thema war die Nyakyusa Volkskirche. Das Thema hatte zwei Aspekte: Schnabel behandelte in seinem Referat: "Warum Volkskirche" zuerst die theologische Seite. Wie Busse im Vorjahr sagte er, die Kirche sei dem Volkstum der Nyakyusa fremd und zerstöre die primären Bindungen. Das Christentum wäre viel zu stark von Rom beeinflußt, in Wirklichkeit hätte Gott aber viele Uroffenbarungen gegeben. Jedes Volk (Stamm) habe seine eigene Heilsgeschichte. Das Alte Testament sei für die Juden, die Nyakyusa hätten ihr eigenes Altes Testament in ihrem religiösen Erbe und in ihrem Volkstum.

Vogt antwortete sofort mit einem einstündigen Diskussionsbeitrag.[453] Er war nicht einverstanden, daß die Kirche ein Fremdkörper sei. Nicht die Mission, sondern das Geld und die Zivilisation würden die primären Bindungen zerstören. Er warnte vor einer Verherrlichung der deutschen Vergangenheit und lehnte kategorisch die Möglichkeit mehrerer Heilsgeschichten ab. Er akzeptierte rassische und kulturelle Unterschiede, behauptete aber, daß das Evangelium notwendigerweise zu einem interna-tionalen Denken führen müsse und daß vor Gott alle Menschen gleich blieben.

Zwischen der Ansicht Schnabels und der Vogts, die auch von Gemuseus, Marx und Tietzen geteilt wurde, war kein Kompromiß möglich. Trotzdem erzielten die Missionare eine beträchtliche Übereinstimmung über die Schritte, die zur Gründung einer alle Nyakyusa Gemeinden (Herrnhuter und Berliner) umfassenden Volkskirche führen sollten. Schnabel stellte den Antrag zu beschließen, daß die beginnende Zusammenarbeit mit der Berliner Mission nur gute Früchte bringen könne, wenn ihr klar formuliertes Ziel die Schaffung einer Stammeskirche sei (er gebrauchte nicht das übliche Wort "Volkskirche"). Jede Mission sollte weiter in ihrem eigenen Gebiet arbeiten, aber eine Kirche sollte alle Nyakyusa vereinen. Alle stimmten zu, daß alle Anstrengungen unternommen werden sollten, um die werdende Stammeskirche voll in den Stamm zu integrieren, damit die göttlichen Ordnungen

---

[453] Marx – Förster 30.9.38.

des Volkstums im Evangelium ihre wahre Erfüllung finden könnten. Diese Entschließung wurde mit geringfügigen Änderungen von allen angenommen, obwohl es sehr unterschiedliche Meinungen zu der Frage gab, wie die nicht-Nyakyusa Gemeinden nach der Gründung einer Nyakyusa Stammeskirche organisiert werden sollten.[454]

Auf der Berliner Seite von Unyakyusa verwaltete Max Rudlaff drei der vier Missionsstationen. Er drängte sehr auf die Schaffung einer einheitlichen, für das Volkstum offenen Nyakyusa Stammeskirche.[455] Für Rudlaff wie für Schnabel beinhaltete das die Notwendigkeit, die nicht-Nyakyusa Gemeinden getrennt zu organisieren. Sie waren überzeugt, daß sonst der kulturellen Identität eines jeden "Stammes" nicht genügend Aufmerksamkeit geschenkt werden könne.[456] Siegfried Knak, der Direktor der Berliner Mission, war anwesend. Er war sich inzwischen der Gefahren des kulturellen Konservatismus und der ihn begründenden romantischen Ideen bewußt geworden und erwiderte kategorisch: "Volkskirche ja, aber Stammeskirche, nein!"[457]

Die anderen Missionare der Konde Synode zeigten wenig Interesse, aber sowohl Berlin als als auch Herrnhut waren prinzipiell dafür, weil sie meinten, es wäre besser, in jedem Stamm nur eine Kirche zu haben.[458] Zuerst wollten sie nur eine lockere Zusammenarbeit, aber dann schlug Inspektor

---

[454] Marx – Förster 30.9.38.

[455] Max Rudlaff, "Sollen wir auf die Gründung einer Konde Volkskirche hinarbeiten, die die Berliner und Herrnhuter Gemeinden umfaßt?" (Erste Tagung der Arbeitsgemeinschaft der Nyakyusa Missionare).

[456] Braun – Baudert 26.11.38.

[457] Im Anfang seiner Amtszeit als Direktor der Berliner Mission scheint Knak in konservativen Einstellungen die Lösung für alle Probleme der Mission gesehen zu haben. Bei seiner Visitation im Jahre 1929 verlangte er von den Missionaren, daß sie Gutmanns Schriften lesen sollten und versprach ihnen, daß sie in ihnen die Lösung für die Probleme der Synode finden würden (Missionarskonferenz 23.-28.7.29). Das löste keine Probleme in der Synode. Knak verschrieb daraufhin zwei Jahre später die gleiche Medizin, nicht Gutmanns Fassung, sondern seine eigene nach dem Buch: Zwischen Nil und Tafelbai (Protokoll der Direktion 2.2.32; Direktion – Schüler 6.5.32). Als das auch nicht geholfen hatte, erkannte Knak den autoritären Paternalismus vieler Missionare als die Ursache der Probleme. In den späteren 30er Jahren wurde Knak vorsichtiger in seinem Konservatismus. Diese Vorsicht wurde einerseits durch seine Erfahrungen bewirkt als auch andererseits durch die Fortschritte des Dritten Reiches. I.C. Hoekendijk diskutiert Knaks Entwicklung in Kirche und Volk in der deutschen Missionswissenschaft, München 1967, S. 165-171. Siehe auch Wright, German Missions, S. 199-206.

[458] Förster – Tietzen 25.11.38; Förster – Braun 5.12.38.

Braun vor, die vier Berliner Nyakyusa Gemeinden der Herrnhuter Mission zu übergeben.[459] Knak schloß sich Brauns Meinung an und überzeugte die Berliner Missionsdirektion.[460]

Herrnhut ging das alles etwas schnell. So schlug Berlin vor, daß Braun, Knak, Vogt und Gemuseus eine Kommission bilden sollten. Sie sollte im September 1939 zusammentreten, aber wegen des Ausbruchs des Krieges bat Berlin um eine Verschiebung.[461] Danach ließ man die Frage auf sich beruhen.

Es ist schwer festzustellen, was die Nyakyusa über diese Frage dachten. Denn auf der Herrnhuter Seite wurden sie nicht informiert und auf der Berliner Seite hatte Rudlaff nur mit einzelnen privat gesprochen.[462] Aber es scheint kein besonderes Verlangen nach einer einheitlichen Nyakyusa Kirche vorgelegen zu haben. Die Frage, wie die evangelischen Nyakyusa organisiert werden sollten, wurde, als die Kirchen ihre Selbständigkeit erhielten, genauso wie in der Politik gelöst: Die neuen Herrscher verewigten die alten Grenzen.

Als 1939 die Missionarskonferenz begann, waren die politischen Spannungen vor ihrem Höhepunkt. Das belastete die Missionare beträchtlich, und am Morgen des letzten Konferenztages (1.9.39) griff Deutschland Polen an. Auch innerhalb der Missionsgemeinschaft herrschten starke Spannungen. So trieb die Auseinandersetzung um die göttliche Offenbarung ihrem Höhepunkt zu.[463] Gemuseus und Marx waren nach Deutschland zurückgekehrt, Tietzen war Superintendent geworden.

Den ersten Konferenzvortrag hielt Busse über das Gottesverständnis der Nyakyusa. Tietzen eröffnete die Diskussion mit der Frage, wie die Missionare sich zu diesem Gottesverständnis stellen sollten. Zuerst wurden Sachfragen gestellt. Die Diskussion wurde sofort kontrovers, als Schnabel sagte, daß für ihn der sogenannte "heidnische" Gottesglaube oft auf höherem Niveau steht als der israelitische Glaube an Jahwe. Abraham habe noch gemeint, Gott Menschen oder Tieropfer bringen zu müssen, bei den Nyakyusa würden Gott keine Opfer gebracht, weil er viel zu erhaben dafür sei. Tietzen entgegnete, dem heidnischen Gottesverständnis fehlten die Vor-

---

[459] Protokoll der Direktion, Herrnhut, 14.8.39.
[460] Braun – Rudlaff 30.5.39.
[461] Protokoll der Direktion, Herrnhut, 27.7.39; 19.10.39.
[462] Rudlaff – Braun 25.7.38, Rudlaff – Fiedler 15.9.73.
[463] Dieser Abschnitt beruht hauptsächlich auf dem Protokoll der Missionarskonferenz 1939.

stellungen des Gehorsams und der Liebe, und deswegen sei es verdunkelt. Busse warf ein, daß dies die Meinung des Paulus in Römer 1 sei, aber er bezweifele sehr, ob Paulus recht hätte. Schnabel ging noch weiter und sagte, daß das Christentum sogar von den "heidnischen" Gottesvorstellungen lernen könne. Und vieles im Alten Testament wäre einfach Aberglaube. Und die Mission solle aufhören, die Afrikaner mit all dem zu belasten, was die Deutschen gerade abzuschütteln versuchten. Die Mission solle Christus bringen ohne das Alte Testament und ohne Paulus.

Am Nachmittag gab Schnabel eine Erklärung ab, in der er verneinte, daß den Juden irgendeine besondere Offenbarung zuteil geworden sei, da ihr Gottesverständnis oft gegenüber dem der Nyakyusa minderwertig sei. Busse fügte hinzu, daß man in der Einschätzung des Heidentums immer Paulus gefolgt sei, aber wie Houston Steward Chemberlain[464] gesagt habe, stammten alle Streitigkeiten in der Geschichte von den Paulusbriefen. Daraufhin fragte Editha Gysin: "Glauben wir noch alle an Christus?" Das wurde die entscheidende Frage der Konferenz. Als Hauffe fragte, ob Busse noch an den gekreuzigten und auferstandenen Christus glaube, antwortete Schnabel, daß er sich als außerhalb der Missionarsgemeinschaft stehend betrachte, wenn Hauffe und Gysin so fragten. Er wisse auch, was diese Feststellung für Konsequenzen habe. In dieser Diskussion hatten sich erstmals die Fronten verändert: Schnabel und Busse standen allein. Die anderen "Lutheraner" hatten sich in dieser zentralen Frage den "Pietisten" angeschlossen, weil sie begriffen hätten, daß es bei Schnabel und Busse nicht mehr um eine bessere Anpassung der christlichen Botschaft an die afrikanische Kultur ging, sondern um das Ideengut des Nationalsozialismus. Sie fühlten, daß diese Ideen das Zentrum des christlichen Glaubens in Frage stellten.[465]

---

[464] Houston Stewart Chamberlain wird hier erstmals erwähnt. Chamberlain war einer der führenden Ideologen des Nationalsozialismus. Hier mag ein Einfluß Bullerdieks vorliegen, der als Vertreter des auf Heimaturlaub befindlichen Schärf als Missionshandwerker arbeitete mit einem Einjahresvertrag. Er hatte am methodistischen Seminar in Frankfurt studiert, mußte es aber verlassen, weil er zu sehr unter dem Einfluß von Chamberlain stand. Auch in Rungwe zeigte es sich, daß er ein begeisterter Nazi war. Herrnhut war deswegen nicht bereit, seinen Vertrag zu verlängern (Herrnhut – Tietzen n.d. [1939]; Int H.R. Wildbolz 3.1.72). —*Es ist nicht deutlich, welche von Chamberlain's Büchern er las. Wichtig ist: *Foundations of the Nineteenth Century*, München 1911/12, Original 1899.

[465] Rietzsch nahm nicht an der Konferenz teil, es gibt aber keinerlei Hinweise, daß er Schnabels Ansichten teilte.

Als die Missionare sich am Nachmittag wieder trafen, verlas Busse eine Erklärung, in der er die Freiheit verlangte, alle Theologie neu zu durchdenken. Wenn ihm diese Freiheit nicht gewährt würde, stünde er außerhalb der Missionarsgemeinschaft. Schnabel und Busse hatten damit beide klar gemacht, daß zwischen ihnen und den anderen Missionaren ein unüberbrückbarer Gegensatz bestand.[466] Mit Gutmann hatten ihre Ansichten nur noch ein paar Kleinigkeiten gemein.[467] Als Lehrer wurde Busse am 3.9.1939, dem Tag des Kriegseintrittes Großbritanniens, interniert.[468] Schnabel blieb als Missionar zuerst frei, wurde aber bald auf eigenes Verlangen interniert, weil er es nicht ertragen konnte, frei zu sein, während "seine Volksgenossen [meist deutsche Siedler] gefangen waren."[469] Beide wurden 1940 nach Deutschland repatriiert. Als Schnabel zurückkehrte, war eine seiner ersten Handlungen, aus dem Dienst der Herrnhuter Brüdergemeine auszuscheiden, weil er ihre Grundüberzeugungen nicht mehr teile.[470] Nach dem Zusammenbruch des Dritten Reiches beendete er auch seine Mitgliedschaft in der Brüdergemeine, weil er sich in keiner Weise mehr als Christ betrachten konnte.[471]

Genauso wie Schnabel wurde Busse nach seiner Repatriierung Soldat. Wegen seiner schwachen Gesundheit kam er nicht an die Front, sondern wurde in Hamburg stationiert. So konnte er nebenbei an seiner Doktorarbeit in Linguistik arbeiten, für die er in Rungwe gesammeltes Material verwendete.[472] Busse war in Russland geboren, wuchs in Ostpreußen auf und teilte mit den meisten Volksdeutschen die Überzeugung, daß die Deutschen gegenüber den Slaven eine besondere Sendung hätten.[473] Er hatte Deutschland vor Hitlers Machtergreifung verlassen und hoffte, daß der Nationalsozialismus die Wiedergeburt Deutschlands herbeiführen würde. Nach seiner Repatriierung kam er zum erstenmal mit der Wirklichkeit des Nationalsozialismus in Berührung. Die entscheidende Wende kam 1942, als ein Soldat

---

[466] Ausdrücklich so formuliert: Tietzen – Vogt 4.9.39.
[467] Gutmann hat nie nationalsozialistisches Gedankengut aufgenommen; vgl. Jaeschke, *Gemeindeaufbau*, S. 241-245.
[468] Joseph Busse – Fiedler 10.9.68.
[469] Hansen – Shaw 22.2.40.
[470] Schnabel – Herrnhut 29.1.40 "Austrittserklärung aus dem Missionsdienst." Herrnhut nahm den Austritt Schnabels sofort an (9.2.40).
[471] Schnabel – Älteste der Gemeine Niesky 31.7.46.
[472] Erika Busse – Jasper 6.8.75.
[473] Jasper – Fiedler 3.9.75.

ihm die von deutschen Truppen in Russland begangenen Grausamkeiten beschrieb. Seine Frau hatte ähnliche Informationen von einer Nachbarin erhalten, die wegen ihrer christlichen Überzeugung drei Monate in einem Konzentrationslager gewesen war. Die Busses begriffen, daß das, was sie in Ostafrika als Greuelpropaganda erklärt hatten, Wirklichkeit war. Dadurch wurden sie zu Gegnern des Nationalsozialismus und zu Anhängern der Bekennenden Kirche.[474]

Wenn man die Geschichte der Herrnhuter Mission in Südwesttanzania in den 30er Jahren überblickt, so fällt auf, daß fast alle Versuche, auf die afrikanische Kultur einzugehen, von den Afrikanern einhellig abgelehnt wurden. Sie konnten nicht anders, weil das eine deutliche Minderung ihrer Rolle bedeutet hätte. Sie sollten kein Englisch mehr lernen, keine "europäische" Kleidung mehr tragen, keine europäischen Lieder mehr singen, und die Entscheidungen ihrer Ältesten sollten nicht mehr gültig sein. Das ging für die Nyakyusa Christen zu weit. Sie hatten gar nichts gegen ihre Kultur, sie wandten sich nur gegen die Nebenwirkungen, die die behauptete hohe Wertschätzung der afrikanischen Kultur bei Schnabel und Rietzsch hatte. Daß solche Nebenwirkungen auftraten, lag daran, daß sich beide stark mit dem deutschen Nationalismus und Kolonialismus identifizierten.[475] Dadurch waren sie nicht mehr konservativ sondern reaktionär. In ihrer Hochachtung der afrikanischen Kultur wandten sie sich gegen die Wünsche und Bestrebungen der Afrikaner und zementierten die Herrschaft der Europäer. Eine konservative Einstellung dagegen verbindet mit der Wertschätzung des Überlieferten immer die Offenheit für kulturellen Wandel.

Julius Oelke und die Bena Volksfeste

Bei den Herrnhutern wurde die hohe Wertschätzung der afrikanischen Kultur in fast allen Aspekten zurückgewiesen. Genau umgekehrt war es in der benachbarten Berliner Mission, wo Julius Oelke und Max Rudlaff (Mwansasu) Gutmann viel freier interpretierten aber auch viel treffender.

Als Berlin nach dem Krieg von den schottischen Presbyterianern wieder die Verantwortung für die Missionsarbeit im Südlichen Hochland übernahm,

---

[474] Erika Busse – Jasper 6.8.75; Jasper – Fiedler 3.9.75. Nach dem Krieg arbeitete Busse wieder als Pastor. 1959/60 war er Leiter des All Africa Lutheran Seminary in Marangu. Von 1962 bis zum Zusammenschluß mit der Rheinischen Mission 1971 war er Direktor der Bethel Mission. Er starb 1972.
[475] Hier hatte Bruno Gutmann eine völlig andere Einstellung.

wurde Otto Schüler (Mwakapalila), der 18 Jahre in Südafrika gearbeitet und fast die Pensionsgrenze erreicht hatte, Superintendent.[476]

Aber Schüler war unfähig, die Synode zu führen. Der mehr oder weniger autoritäre Paternalismus der Stationsmissionare wurde wieder die Regel. Es gab keinerlei Bereitschaft, den Afrikanern mehr Mitspracherecht einzuräumen. Ihr Wunsch nach Ordination afrikanischer Pastoren und nach einem ordentlichen Schulwesen wurde rundweg abgelehnt.[477]

Um aus der Sackgasse herauszukommen, in die sich die Berliner Mission durch die Berufung Schülers hineinmanövriert hatte, beschloß Knak, die Synode wieder in die früheren Bereiche Konde und Bena-Hehe aufzuteilen.[478] Schüler blieb Superintendent der Konde Synode, und in ihr blieb die autoritäre Herrschaft der Missionare bis zum Kriege üblich. Eine Ausnahme machte nur Rudlaff in Manow.

Knak war glücklich, daß Priebusch (Piribusi), Missionar in Ilembula und noch älter als Schüler, kein Interesse zeigte, Superintendent der neugeschaffenen Bena-Hehe Synode zu werden.[479] So konnte er Julius Oelke, den Kandidaten seiner Wahl, vorschlagen. Oelke war auch nicht mehr jung, hatte schon vor dem Krieg in Tanzania gearbeitet und war 1932 zurückgekehrt, um Sekretär für Erziehung zu werden. Knak war überzeugt, daß Oelke fähig sein würde, die nötigen Änderungen durchzuführen.[480]

Oelke war überzeugt, daß Gott die Bena vorbereitet habe, das Evangelium aufzunehmen, indem er ihnen sieben der zehn Gebote offenbart hatte, und er sah die kulturelle Identität eines Stammes als göttliche Schöpfung an. Als Haupt des Stammes herrschte der Häuptling als von Gott eingesetzte Obrigkeit.[481] Deswegen mußte die Mission mit den Häuptlingen zusammenarbeiten, besonders weil das Bena Volkstum gefährdet war. Oelke glaubte, daß diese göttliche Schöpfung nur durch die gerettet werden könne, die

---

[476] Wright, German Missions, S. 167.
[477] Konde Kreisversammlung 8.-15.10.25.
[478] Missionarskonferenz Kidugala 1933.
[479] Dammrau – Fiedler 30.3.74.
[480] Vgl. Wright, German Missions 189/190; Dammrau – Fiedler 30.3.74. Oelke wurde am 14.10.1879 geboren und starb am 4.10.1961.
[481] Bena Synode Iringa 1936.

Gott erneuert hat, nämlich durch die Christen. So sah er das Evangelium als Retter des Bena Volkstums.[482]

Um Taufbewerbern deutlich zu machen, daß traditionelle und christliche Moral eine gemeinsame Grundlage hätten, ließ er im Oktober 1934 bei der Annahme von 405 Taufbewerbern in Kidugala ein kleines Examen über ihre Kenntnisse der sieben Gebote im Bena Volkstum stattfinden. Gemeinsam mit den Pastoren Ananije Chungu und Lutangilo Merere stellte er jedem fünften Taufbewerber eine Frage. Er erklärte ihnen, daß das, was sie von Gottes Geboten schon wüßten, gut sei. Aber nur, wenn sie Gott wirklich kennenlernten, würden sie richtig ihren Sinn bekommen. Danach ließ er alle Taufbewerber versprechen, gute Bena zu werden, und dann gingen Diakone durch die Reihen und hießen die Taufbewerber in der Gemeinschaft der Christen willkommen. Oelke war von seiner Idee begeistert, und er fühlte, daß es seinen beiden Kollegen ähnlich erging. So mußte von jetzt ab jeder Taufbewerber in der Synode bei seiner Aufnahme in den Taufunterricht versprechen, ein guter Bena (oder Hehe, Sangu usw) zu werden. Aber bei der Synode 1939 in Iringa wurde offensichtlich, daß die Taufkandidaten dieses Versprechen für Unsinn hielten. Oelke begriff, daß er sich geirrt hatte, und das Versprechen wurde wieder fallengelassen.[483]

Seine auf der hohen Wertschätzung der traditionellen sozialen Ordnung beruhende Missionsmethode nannte Oelke "Volksmission."[484] Als er von 1916-1931 in Deutschland war, war Oelke unter den Einfluß von Bruno Gutmann und Christian Keysser gekommen.[485] Seine Grundhaltung hatte sich aber schon gezeigt, als er 1910 die Missionsarbeit in Uhehe begann und von der aus Südafrika importierten Berliner Methode abging, Missionsenklaven zu errichten. Er sorgte dafür, daß jedem, der sich auf Missionsland niederlassen wollte, klar war, daß er Untertan seines Häuptlings blieb. Die Bewohner der Station mußten deshalb Gemeinschaftsarbeiten sowohl für ihren Häuptling als auch für die Mission verrichten.[486] Diese Haltung brachte Oelke eine gute Beziehung zu den Häuptlingen ein, und als später Neuberg Oelkes Arbeit fortführte, gab ihm das einen beträchtlichen Vorteil gegen-

---

[482] Bena Synode Iringa 1936, Missionarskonferenz 1935.
[483] Missionarskonferenz 1934 Lupembe, Vierteljahresbericht Kidugala III/34, Oelke – Knak 26.10.34, Bena Synode 1936, BMB 1949.
[484] Oelke – Knak 7.6.35, Bena Synode 1933.
[485] Bena Synode 1933.
[486] Julius Oelke, Das Missionswerk in Uhehe, o.J. Schreibmaschinenmanuskript.

über den mit viel mehr Personal von Tosamaganga aus arbeitenden Katholiken.[487]

Bei der ersten Bena Hehe Synode unter seiner Leitung versuchte Oelke, ein neues Image der Kirche als Verbündete der Bena Kultur und Sozialordnung zu schaffen. Er verlangte, daß alles getan werden solle, um die Sympathie der Häuptlinge zu gewinnen. Er schlug vor, daß Christen das Trauerband tragen und das Sippentabu (*mujilo*) beachten sollten, um zu den nichtchristlichen Bena eine Brücke zu bauen. Außerdem wurde die Synode erstmals in der Bena Sprache gehalten, und die afrikanischen Synodalen waren vollwertige Partner. Beides war gegenüber den von Schüler geleiteten Synoden ein gewaltiger Fortschritt. Die weitreichendste Entscheidung war der Entschluß, acht Afrikaner in einem kurzen Kursus auf die Ordination vorzubereiten.[488] Berlin war erleichtert[489], und 1934 fand die Ordination statt.[490] Sofort nach ihrer Ordination erhielten sie selbständige Aufgaben, und alle rechtfertigten das in sie gesetzte Vertrauen.[491]

Die auffälligste Neuerung Oelkes waren die Volksfeste, und sie machen mehr als alles andere seine Einstellung zur afrikanischen Kultur deutlich. Das erste Volksfest veranstaltete er 1933 in Kidugala. In Gesprächen mit Oberhäuptling Pangamahute hatte er alles gut vorbereitet. Das Thema des Volksfestes lautete: "Was kann getan werden, um das Bena Volkstum vor der Zerstörung zu retten?" Die Christen von Kidugala stifteten das Mehl und bauten Schutzhütten für den Oberhäuptling und die Würdenträger des Stammes. Die Missionare bezahlten von ihrem eigenen Geld das Fleisch. Christen, Muslime und "Heiden" nahmen teil am Fest. Afrikanische Christen gaben Zeugnis, Oelke hielt eine Rede darüber, wie das Christentum dem Volkstum der Bena nützen könne. Dann gab es Spiele und Vergnügungen. Als das Essen fertig war, wurde es zu Häuptling Pangamahute gebracht, der es dann als Herrscher an sein Volk verteilen ließ. All das diente dazu, das

---

[487] Siegfried Knak, Pommern in Ostafrika, o.J. (vervielfältigt). Die Geschichte der Missionsstation Pommern ist von dauernden Auseinandersetzungen mit katholischen Katechisten und Priestern geprägt. Dieses Buch versucht es nicht, ein Urteil abzugeben, wer im Recht war.

[488] Bena Synode 22.29.10.33.

[489] Protokoll der Direktion 2.1.34.

[490] Ihre Namen und ihre Herkunft sind im Anhang C aufgeführt.

[491] Oelke – Knak 7.6.35. Später wurde ein Pastor kurzfristig suspendiert, aber bald wieder voll in sein Amt eingesetzt (Missionarskonferenz 1935). Ihre Einsatzorte lagen am Rande, was zeigt, daß sie geographisch ähnlich eingesetzt wurden wie die Pastoren in Old Moshi.

neue Image der Mission als Verbündete der traditionellen sozialen Ordnung und Kultur der Bena zu prägen. Alle geladenen Häuptlinge erschienen, und das Fest war ein so großer Erfolg, daß beschlossen wurde, in Kidugala jedes Jahr ein Volksfest zu halten.[492]

Im nächsten Jahr nahmen 3000 Menschen teil. Yohana Nyagawa, Lujabiko Hawanga und Ananije Chungu, drei zukünftige Pastoren, hielten eine Rede, und Theodor Wolff führte mit den Schülern des Lehrerseminars auf einer Freilichtbühne ein evangelistisches Schauspiel auf.[493]

Berlin bejahte die Volksfeste sehr, und auch anderen Missionaren gefiel die Idee[494], Max Rudlaff z.B. organisierte in Manow und Itete mit den gleichen Zielen wie Oelke mehrere Feste. Auch in Manow nahmen alle geladenen Häuptlinge teil. 1934 waren es insgesamt 800 Teilnehmer, 1935 schon 1500. Die Volksfeste sollten der gesamten Bevölkerung die Solidarität der Christen zeigen. Ihr Ziel war es nicht, Menschen zum Religionswechsel zu bewegen, aber vermutlich war es doch kein Zufall, daß sich eine Woche nach dem ersten Fest ein Häuptling und ein wichtiger Berater eines Häuptlings zum Taufunterricht meldeten.[495]

Noch bessere Aufnahme als unter den Missionaren fand die Idee unter den afrikanischen Pastoren. Durch die Volksfeste war es ihnen möglich, ihre Rolle im Verhältnis zu den Häuptlingen neu zu definieren. In Masasi hatten die Priester der UMCA die Beschneidungsriten zu dem gleichen Zweck benutzt. Aber in Ubena erzielten die afrikanischen Pastoren diese Neudefinition ihrer Stellung zu den Häuptlingen nicht durch Konkurrenz sondern durch Kooperation. Allerdings fehlte auch hier das Element der Konkurrenz nicht, denn bisher war es allein das Vorrecht der Häuptlinge gewesen, solche Menschenmengen zu bewirten.

Einige Pastoren organisierten in ihren Gemeinden Volksfeste, z.B. Ananije Chungu in Mdandu, wo Oberhäuptling Pangamahute wohnte. Inspektor Braun nahm an dem Fest teil, und er war überrascht, wie deutlich das Evangelium verkündet wurde. Yohana Nyagawa führte Volksfeste in Malangali durch. 1936 dauerte es drei Tage und wurde von 2000 Bena und Hehe be-

---

[492] Bena Synode 1933; Mission und Pfarramt 1934, 81-82. Wright, German Missions, S. 191.
[493] Julius Oelke, Benafest in Kidugala am 26.8.34 (ms.); Mission und Pfarramt 1934, 81 – 88.
[494] Antwort auf Protokolle der Synode Okt. 1933, 7.3.34. Der erste, der die Idee übernahm, war der junge Missionar Rauer in Ilembula (Oelke – Knak 29.8.34).
[495] Vierteljahresbericht Manow II/34; Rudlaff – Knak 15.12.35.

sucht. Priebusch berichtete, es sei ein großer Erfolg gewesen. Diese Feste wurden nicht von der Mission durchgeführt, sondern von selbständig handelnden Gemeinden, die auch das Fleisch beschafften.[496]

1938 nahmen die Herrnhuter die Idee auf, Gemuseus hatte 1938 an der ersten Konferenz des Missionskirchenbundes in Kidugala teilgenommen, die mit einem großen Volksfest endete.[497] Als Gemuseus die Idee nach Utengule brachte, nahm er eine Änderung vor: Das Fest fand statt, um ein historisches Ereignis zu feiern, nämlich das Ende der Besetzung von Usafwa durch die Sangu vor 40 Jahren. Deswegen wurde das Fest in den Ruinen von Mereres Festung gefeiert. Alle Safwa Häuptlinge nahmen teil. Die Geschichte wurde in Erinnerung gerufen, und es wurde betont, daß politische Freiheit nicht ausreiche, sondern auch geistliche Freiheit nötig sei. Christen und Nichtchristen waren vom Fest begeistert, und noch heute erinnert man sich gerne daran.[498]

Wie kommt es nun, daß die Bemühungen von Schnabel und Rietzsch von den Afrikanern abgelehnt wurden und zu gleicher Zeit Oelkes und Rudlaffs Ansätze so begeistert akzeptiert wurden? Es gibt zwei Antworten. Einmal verhielten sich die jungen Herrnhuter Missionare repressiv und versagten den Afrikanern ihr Recht auf Fortschritt, während Oelke und Rudlaff durch ihre konservative Haltung den autoritären Paternalismus, das Grundübel der Berliner Mission, überwanden.[499] Zum anderen zeigt sich ein Unterschied darin, daß zwar Herrnhuter und Berliner beide von Gutmann beeinflußt waren, daß aber Oelke und Rudlaff sich von allen Einflüssen des Nationalsozialismus freihalten konnten. Oelke hatte sein Konzept schon von 1910 bis 1916 in Uhehe entwickelt. Er war also eher ein Zeitgenosse Gutmanns als sein Schüler. Rudlaff war jünger, aber theologisch ein Schüler Karl

---

[496] Missionarskonferenz Ilembula 1937; BMB 1937, 121/2.

[497] BMB 1938, 166. Anders als die ersten Volksfeste fand es nur am Nachmittag statt. 2000 Leute nahmen teil.

[498] Int Utengule 27.11.70. Ausführlich beschrieben in: Oskar Gemuseus, "Das Befreiungsfest der Safwa am 11. Dezember 1938; *Missionsblatt der Brüdergemeine* 1939, 74-84. Auch Wright, German Missions, S. 198. Wright spricht fälschlich von 50 Jahren.

[499] Wright, German Missions, S. 196/7 macht neben anderen Rudlaff für die Stagnation der Konde Synode verantwortlich. Ich sehe es so, daß er der einzige war, der überhaupt etwas vorwärts brachte. Er war viel weniger von Gutmann abhängig als Wright meint. 1938 war Rudlaff endlich in einer Lage, wo er die Hauptprobleme der Synode (Schulwesen, Ordinationen, Stationspaternalismus) anpacken konnte. Er hatte auch praktische Ideen, um die Probleme anzupacken. Aber weil bald der Krieg ausbrach, konnten sie nur wenig Wirkung haben.

Barths, und deswegen hatte seine Theologie keinen Raum für nationalistische Elemente.[500]

---

[500] Rudlaff – Fiedler 15.9.73. Er war Anhänger der Bekennenden Kirche. Siehe auch Rudlaffs Rede bei der ersten Tagung der Arbeitsgemeinschaft der Nyakyusa Missionare 1937.

Was ist afrikanisch?

Wegen des Krieges mußten die deutschen evangelischen Missionare 1939/40 Tanzania verlassen. Der Weltkrieg beendete damit auch ihre über ein halbes Jahrhundert hindurch gemachten Bemühungen, Kirche und afrikanische Kultur in eine positive Beziehung zu bringen. Manches, was sie begonnen haben, existiert noch heute, aber die Frage nach der Stellung zur afrikanischen Kultur ist nicht mehr das zentrale Thema.

Nach dem Krieg ging die Entwicklung in eine andere Richtung. Die Frage nach der Selbständigkeit wurde das zentrale Thema, und die Progressiven übernahmen die Führung der Kirchen. Die große Notwendigkeit war das Erreichen der Gleichheit. Alles, was diesem Ziel wirklich oder scheinbar entgegenstand, mußte weichen.

Nach dem Weggang der deutschen Missionare dauerte es keine zwei Jahrzehnte bis zum Kommen der kirchlichen und politischen Unabhängigkeit. War die hohe Wertschätzung der afrikanischen Kultur ein Weg dazu gewesen? Offensichtlich nicht. Die Geschichte entwickelte sich in eine andere Richtung. Die Häuptlinge wurden nicht die Herrscher des unabhängigen Tanzania, und in Staat und Kirche ging die Führung in die Hände des progressiven Segments der Gesellschaft über. Das Ideal war es, gleichberechtigte Partner zu sein unter den Kirchen und Nationen der Welt.

Seit dem Erreichen der Unabhängigkeit ist mehr als eine Generation vergangen [1996], und vieles von dem, was man damals als selbstverständlich gegeben annahm, wird heute in Frage gestellt. Tanzanias Versuch, eine Gesellschaft aufzubauen, die auf Self-Reliance und Sozialismus basierte (Ujamaa) und die versuchte, die "traditionellen" Werte der Familie mit den "progressiven" Werten des Sazialismus zu verbinden wurde in vielen christlichen Kreisen bewundert, aber der einzige Erfolg war, dass die Menschen immer ärmer wurden.

Unabhängigkeit (außer in finanziellen Dingen) und Gleichheit sind für die Kirchen in Tanzania heute kein Problem mehr, und die Frage der Inkulturation kann wieder aufgegriffen werden. Kann eine konservative Einstellung zu diesem erneuten Suchen nach der Inkulturation des Evangeliums einen Beitrag leisten? Ich denke, ja. Nicht jede ihrer Bemühungen war erfolgreich, aber das bewußte Bemühen, die afrikanische Kultur ernst zu nehmen und in die Kirche, ihre Riten und ihre Strukturen zu integrieren, waren wertvoll, denn für die meisten der Missionare war dieses Bemühen ein Ausdruck der Liebe und der Identifikation.

Diese Studie hat die Frage aufgeworfen, wie "afrikanisch" zu definieren ist. Manches, was die Missionare als "afrikanisch" verstanden, wurde von vielen Afrikanern abgelehnt. Das Problem wird nicht gelöst, wenn man diese Afrikaner als "verwestlicht" bezeichnet oder als Ausnahmen hinstellt. Stattdesen muß eine neue Antwort auf die alte Frage gefunden werden: "Was ist afrikanisch?" Meistens wird das, was seine Wurzeln in der (vorkolonialen) afrikanischen Vergangenheit hat, als "afrikanisch" bezeichnet. Wenn man diese Definition akzeptiert, werden Afrikaner immer weniger afrikanisch, und afrikanische Kultur wird ein Museumsstück. Mein Buch hat viele Afrikaner beschrieben, die anders dachten. Sie wollten unterscheiden, von der alten Kultur einiges erhalten und anders ablehnen und neue (westliche) Werte integrieren, *und dabei in jeder Hinsicht Afrikaner bleiben.* Ihre (praktische) Definition afrikanischer Kultur war: "Afrikanisch ist das, was für Afrikaner relevant ist."[501] Diese Definition leuchtet mir ein.

---

[501] Ich verdanke diese Einsicht Louise Pirouet, meiner Dozentin für Kirchengeschichte an der Makerere Universität in Kampala durch ihr Paper "A Comparision of the Response of Three Societies to Christianity in Toro, Teso, Kikuyu) (UCLA Conference paper 1968/69).

Robin Lamburn, Die Yao von Tunduru (Auszüge zu den Übergangsriten)

Während Bruno Gutmann in Moshi arbeitete und sich um eine Integration von Christentum und afrikanischer Kultur bemühte, arbeitete im Süden Tanzanias Bischof Vinent Lucas (UMCA), der sich in ähnlicher Weise bemühte. Einer seiner Mitarbeiter, Canon Robin Lamburn, wrote down what he knew about the Yao of Tunduru and about Bischof Lucas attempts in an extensive manuscript for the Tunduru District Book. Professor Noel Q. King, mein Mentor, dem dieses Buch gewidmet ist, bemühte sich um die Veröffentlichung des Manuskript[535] und schlug mir vor Robin Lamburn in Ndundutawa im Rufiji Delta zu besuchen und das Manscript mit ihm zu besprechen.[536] Dort lebte er im Ruhestand und zugleich als Missionar seiner Diözese. Er war inzwischen Tanzanier geworden, und dort starb er auch im fortgeschrittenen Alter.

Als ich Canon Lamburn besuchte, war ich noch Student an der Makerere Universität in Kampala. Zurückgekehrt nach Deutschland habe ich den Text übersetzt und in einfachem Format 500 Examplare veröffentlicht.

Um Bischof Lucas Inkulturation darzustellen, füge ich hier zwei Abschnitte von Lamburn's Buch ein, die sich mit den Übergangsriten und ihrer Christianisierung in den Jahren zwischen den beiden Weltkriegen beschäftigen.

Das Leben des Yao

Wir wollen jetzt versuchen, das Leben des Yao von der Geburt bis zum Tode zu verfolgen und die mit den einzelnen Ereignissen verbundenen Stammesriten zu beobachten.

Geburt

Wenn die Geburtswehen über eine Frau kommen, zieht sie sich in ihr Haus zurück, und ältere Frauen, die nicht schwanger sind, aber selbst Kinder geboren haben, kommen, um ihr zu helfen. Wenn möglich sind ihre eigene

---

[535] Klaus Fiedler und Noel Q. King (Hg), *Robin Lamburn, From a Missionary's Notebook. The Yao of Tunduru and other Essays*, Breitenbach Verlag Saarbrücken/Ft Lauderdale 1991.
[536] Robin Lamburn: *Die Yao von Tunduru. Begegnung von Stammessitte und Evangelium.* Wuppertal: Fiedler, 1967

Mutter und ihre Grossmutter dabei. Kein Mann darf im Hause sein, Aber der Ehemann wartet in der Nähe. Die Hebammen verlangen, daß die Gebärende den Vater ihres Kindes nennt, ganz besonders, wenn irgendein Zweifel entstanden ist über die Identität des Vaters. Alle sind fest davon überzeugt, daß die Frau sterben wird, wenn sie den Namen des Vaters nicht nennt. Vor einem Yao Gericht gilt ihr Bekenntnis als Beweis für die Vaterschaft des Mannes, den sie genannt hat.

Wenn die Frau zu schwach ist, um zu sprechen oder den Namen des Mannes oder der Männer zu nennen, mit denen sie unerlaubten Geschlechtsverkehr gehabt hat, oder wenn sie nicht fähig ist, sie so laut zu nennen, daß ihr Mann, der ausserhalb des Hauses wartet, sie verstehen kann, dann ist es ausreichend, daß sie ein Stück Stroh in so viele Teile bricht wie die Zahl der Männer, mit denen sie unerlaubten Geschlechtsverkehr hatte. Aber wenn sie schwere Wehen hat und immer noch abstreitet, daß sie Geschlechtsverkehr mit einem anderen Mann hatte, dann nimmt man an, daß es ihr Mann war, der den Ehebruch begangen hat, denn schwere Wehen werden als eine sichere Folge sexueller Sünden angesehen. Ihr Mann muss dann die Frauen nennen, mit denen er während der Schwangerschaft seiner Frau unerlaubte Beziehungen gehabt hat. Früher nahm er gewöhnlich ein Stück Stroh und brach es in soviele Teile wie die Zahl der Frauen, mit denen er in dieser Zeit geschlafen hatte. Heute ist es üblicher, daß er die Namen der Frauen nennen muss. Es wird als absolut sicher angesehen, daß diese Bekenntnisse die reine Wahrheit sind und daß der Mann, den die Frau als letzten nannte, bevor das Kind zur Welt kommt, der Vater ist.

Wenn es bekannt ist, daß die Frau von einem anderen Mann schwanger ist, wird dieser verlangen, daß er informiert wird, wenn die Niederkunft bevorsteht. Wenn die Verwandten der Frau ihn nicht benachrichtigen, bedeutet das, daß sie die Anschuldigung gegen ihn für falsch halten. Aber wenn sie ihn wissen lassen, daß das Kind bald geboren werden soll, wird er dafür sorgen, daß gemeinsam mit den üblichen Hebammen eine ältere Verwandte von seiner Seite bei der Geburt zugegen ist. Es ist ihre Aufgabe, zu hören, was die Mutter sagt. Und wenn sie überzeugt ist, daß ihr Verwandter der Vater des Kindes ist, dann wird sie zusammen mit den anderen Frauen, sobald das Kind geboren ist, aus dem Hause rennen und sich an ihrem Tanzen und Ululieren beteiligen, mit dem sie die Geburt feiern. Damit zeigt sie, daß sie die Vaterschaft ihres Verwandten akzeptiert. Wenn sie sich nicht beteiligt, zeigt sie damit, daß sie die Vaterschaft ihres Verwandten nicht anerkennt. Der Vater selbst erkennt die Vaterschaft dadurch an, daß er der Mutter das Tuch gibt, in dem sie das Baby auf ihrem Rücken trägt.

Wenn das Baby geboren worden ist, wird es gewaschen und mit Castor Öl gesalbt. Die ersten drei bis vier Tage seines Lebens muss das Baby im Gehöft bleiben und es darf auf keinen Fall herausgebracht werden, wogegen die Mutter schon mal das Haus verlassen kann. Das Baby wird nicht aus dem Gehöft herausgebracht, bevor es so kräftig ist, daß Hoffnung besteht, daß es am Leben bleibt. (Man muss hierbei daran denken, daß die Kindersterblichkeit in Afrika sehr hoch ist.)

Etwa am vierten Tag wird das Baby aus dem Haus herausgebracht und eine Zeremonie durchgeführt. Ein alter Mann, der den genauen Ablauf kennt, wird gerufen, um die Zeremonie zu überwachen. Er tut bestimmte Blätter in einen *kinu* (Mörser) und stampft sie zu Brei. Eine Schnur wird um die Hüften des Babys gebunden; eine einfache Schnur mit drei Perlen, eine weiss, eine gelb und eine grün, wenn das Baby ein Junge ist. Wenn es ein Mädchen ist, ist die ganze Schnur mit Perlen besetzt (diese Perlen sind nicht unbedingt notwendig für die Zeremonie, sie sind ein zusätzlicher Schutz gegen Malaria). Das Baby wird jetzt über den Mörser gehalten zusammen mit einem Hahn, und der Saft wird über das Baby und seine Lendenschnur und über den Hahn gegossen. Die Eltern werden gewarnt, daß sie auf keinen Fall sexuelle Beziehungen miteinander haben dürfen, bevor nicht die Schnur unter den notwendigen Zeremonien abgenommen worden sei. Und auch der Hahn darf keinesfalls geschlachtet werden, bevor nicht die Schnur vorschriftsmässig entfernt worden ist. Wenn das Kind etwa ein Jahr alt ist, geht eine Verwandte, gewöhnlich die Grossmutter mütterlicherseits, zu einem alten Mann, der die Sitten kennt. Sie bittet ihn um die notwendigen Medizinen, damit die Schnur abgenommen werden kann. Diese gibt sie einer anderen Frau, die das Kind in den Medizinen badet und die Schnur abnimmt und den Eltern sagt, daß sie jetzt wieder Geschlechtsverkehr miteinander haben können.

Initiation der Jungen

Bis das Kind die Pubertät erreicht hat, wird in einem Yao Haus wenig getan, um ihm formale Erziehung zu vermitteln. Zu Beginn der Pubertät finden Initiationsriten statt, durch die der Junge oder das Mädchen in die volle Mitgliedschaft des Stammes aufgenommen werden und die ihnen das Recht geben, vor ihre Namen die Vorsilbe *che* zu setzen. Wir wollen uns zuerst die Initiation der Jungen ansehen. Die Hauptsache dieses Ritus ist die Beschneidung. Die Tatsache, daß die Beschneidung vollzogen wird, wird vor den kleineren Jungen sorgfältig verborgen und Frauen sollen überhaupt nie erfahren, daß so eine Operation vorgenommen wird. Das ist allerdings weitgehend nur eine fromme Vorstellung. Es ist wahr, daß kleine Jungen nicht wissen, was mit ihnen in dem Ritus geschehen soll, aber Jungen, die 16 oder 17 Jahre alt sind, bevor sie zum Lager zugelassen werden, haben wahrscheinlich eine sehr gute Vorstellung von dem, was sie dort erwartet. Und die Frauen wissen bestimmt, was geschieht, denn es ist üblich, daß einer der älteren Männer bei den Frauen bleibt um sie zu beruhigen, während die Operation vorgenommen wird, weil sie wissen, daß ihre Söhne eine Bewährungsprobe durchstehen müssen, die äussersts schmerzvoll ist.

Nur die bedeutenderen Mwenye sind bekannt als *asyene mchila*, als die, die "den Schwanz besitzen." Der Schwanz ist ein wesentlicher Bestandteil der Riten. Wenn solch ein Mwenye beschlossen hat, in einem bestimmten Jahr Initiationsriten zu halten (die Riten werden immer in der Trockenzeit, gewöhnlich im August durchgeführt) informiert er die Mwenye der umliegenden Dörfer und hängt an seinem Haus den Schwanz eines Hartebeests (*kama*) auf. In dieser Nacht findet im Dorf ein Tanz statt. Wenn sich die Nachricht verbreitet hat, kommen die Mwenye, die in ihrem Dorf Jungen des entsprechenden Alters haben, zum *asyene mchila*, und bringen ihm ein Geschenk, damit er ihre Jungen für den Ritus annehmen möchte. Theoretisch sollen die Jungen zu Beginn der Pubertät beschnitten werden, aber praktisch nehmen Jungen im Alter von 7-17 an den Lagern teil, obwohl man sagt, daß früher kein Junge unter 12 Jahren angenommen wurde. Es wurde für unpassend gehalten, wenn der Sohn eines gewöhnlichen Mannes eher beschnitten würde als ein gleichaltriger Sohn oder Neffe eines Mwenye, und so werden die Söhne eines Mwenye oft früher beschnitten als andere Jungen, und deswegen streben die Männer danach, daß ihre Söhne so früh wie möglich beschnitten werden, damit es den Anschein erweckt, das sie auch von vornehmer Herkunft seien. So ist das Beschneidungsalter seit der Abschaffung der Sklaverei ständig gesunken.[537]

Einige Tage oder Wochen, bevor die Riten beginnen sollen, gehen die Männer aus dem Dorf des 'asyene mchila' unter grosser Geheimhaltung in den Wald, um den *lupanda* Baum zu schlagen, der das Zentrum der Riten sein wird. Ein guter Ast wird ausgewählt und mit der Axt abgeschlagen. Dieser Ast darf den Grund nicht berühren, sondern er muss aufgefangen werden, bevor er auf die Erde fällt. Die Rinde des Astes wird abgebrannt, und das weisse Holz wird mit roten und weissen Ringen bemalt. Grösste Sorgfalt wird darauf verwandt, alle Zeichen auszulöschen, daß der Ast abgeschlagen

---

[537] *Das gilt auch in anderen Gegenden Ostafrikas, auch dort, wo es Sklaverei nicht gab.

wurde. Dann wird der Ast an dem Platz aufgerichtet, wo die Beschneidung stattfinden soll. Unter ihm werden Zaubermittel vergraben und auch unter allen Wegen, die zum Platz führen. Am *Msolo* Baum werden Mehl und Bier geopfert, um vor Beginn der Riten das Wohlwollen der Verstorbenen zu erbitten. Ein Junge guter Geburt wird zum Führer erwählt (*nachilongola*). Er wird der erste sein, der beschnitten wird.

Der Ritus beginnt mit einem Tanz, der die ganze Nacht dauert. Der Beschneider trägt den Schwanz eines Hartebeests mit einem Horngriff, und in diesem Griff sind die Zaubermittel verborgen, die die Riten vor den bösen Praktiken der Hexen und Zauberer schützen. Sobald der Beschneider auf der Lichtung eintrifft, tanzt er um die ganze Lichtung und schlägt mit dem Schwanz, um den Boden sicher zu machen. Die Kandidaten haben ihre Köpfe geschoren und müssen ein Lendentuch aus Rindenstoff tragen. Ihre Verwandten bringen sie zum Tanzplatz und haben das Essen bei sich, das die Jungen werden mit einem besonderen Tanz begrüsst, bekannt als machangamilo oder 'Tanz des Eintreffens' und erhalten zu essen. Verchiedene Gruppen tanzen ihre eigenen Tänze, jede auf ihrem Teil des Tanzplatzes. Aber der wichtigste Tanz ist der *lupanda* Tanz. Dieser Tanz wird vom Beschneider (*ngariba*) und seinen Assistenten getanzt, und er muss von allen Kandidaten beobachtet werden. Sie dürfen nicht schlafen, sondern müssen all den vielen Liedern zuhören, die diesen Tanz begleiten. Es scheint, daß dieser Tanz und sein Name dazu dienen sollen, die Geheimhaltung der Riten zu bewahren. Dadurch soll bei den Frauen die Vorstellung entstehen, daß dieser *lupanda* Tanz schon der eigentliche Ritus ist, und daß bei dem Tanz anwesend zu sein bedeutet, eingeweiht zu werden. Und man stellt sich vor, daß die Frauen dann denken, daß am anderen Morgen nichts wesentliches und schon gar nichts schmerzvolles mehr geschieht in den Tiefen des Waldes, wenn keine Frau mehr dabei ist. Deswegen spricht man von der Beschneidung oft als 'betanzt werden'. Und es ist durchaus richtig, eine Frau zu fragen: "wurde dein Sohn dieses Jahr betanzt?" Aber sie zu fragen: "Wurde dein Sohn beschnitten?" wäre ein schrecklicher Irrtum.

Nachdem der Tanz die ganze Nacht angedauert hat, erfrischen sich die ermüdeten Tänzer und essen. Auch die Kandidaten (*wali*) bekommen zu essen, und zwar Huhn mit Porridge. Dazu werden nur Hähne, aber keine Hennen geschlachtet. Und ihre Federn werden alle an den Fuss des *lupanda* Baumes gestreut, der im Wald am Beschneidungsplatz steht.

In einigen Gegenden findet noch ein weiterer Tanz statt, nachdem man sich ausgeruht und gegessen hat. Dieser Tanz wird nur von besonders fähigen

Tänzern getanzt, die mit Glöckchen an den Beinen tanzen (*masewe*). Nach dem Essen oder nach dem *masewe* Tanz werden die Kandidaten in einem Kreis aufgestellt. Hinter jedem Kandidaten steht sein Pate, neben sich hat er das Honorar für den Beschneider liegen. Der Beschneider geht von einem Jungen zum anderen, sammelt seine Honorare ein und verlangt vielleicht noch eine Zahlung, bevor er einen Jungen annimmt. (Früher waren die Honorare ausserordentlich hoch, es konnte sein, daß ein Mann all seinen Besitz für die Beschneidung seines Neffen hergeben musste). Der Beschneider schlägt jeden Jungen mit dem Hartebeestschwanz und streut etwas Mehl auf seinen Kopf. Daß Mehl auf die Köpfe der Jungen gestreut wird, scheint anzudeuten, daß sie nach Abschluss der Riten die Möglichkeit haben, als Priester Mehl am *Msolo* Baum zu opfern. Der Beschneider geht mit seinen Assistenten dann schnell zu der Stelle, wo der *lupanda* Baum aufgestellt ist, und alle erwachsenen Männer folgen ihm. Ein Ältester bleibt gewöhnlich bei den Frauen, um sie, so gut er kann, zu trösten, während im Walde die Operation durchgeführt wird. Der *asyene mchila* und die anderen Mwenye folgen gemeinsam mit den Kandidaten in einer Prozession, wobei hinter jedem Kandidaten sein Pate geht. Die Trommeln, die während der Nacht benutzt wurden, werden auch zum Beschneidungsplatz getragen.

Wenn sich die ersten Kandidaten der Lichtung nähern, beginnen die Trommeln zu schlagen und die Männer zu rufen und zu singen. Es ist der Zweck dieses Lärms, zu verhindern, daß die wartenden Jungen die Schreie derer hören, die vor ihnen beschnitten werden. Jeder Pate legt die Hand über die Augen des Kandidaten, für den er verantwortlich ist, damit dieser nicht sehen kann, was vor sich geht. Der Führer (*nachilongola*) wird schnell zu dem Platz gebracht, wo der Beschneider schon mit seinem Messer wartet. Dem Jungen wird das Lendentuch abgenommen. Vier Männer, vom Beschneider bestimmt, halten den Jungen fest und der Häuptling, sein Mwenye und sein Pate stehen dabei, um darauf zu achten, daß alles richtig gemacht wird. Vielleicht haben sie sogar Gewehre oder Speere in der Hand, bereit, den Beschneider zu töten, wenn er einen Fehler machen sollte. Um diese Männer drängen sich alle anderen herum, ausser denen, die die Trommeln schlagen.

Der Beschneider zieht die Vorhaut soweit wie möglich herunter, fühlt nach dem Ende der Eichel und markiert mit seinem Daumennagel, den er für diesen Zweck besonders lang hat wachsen lassen, die Stelle, an der die Vorhaut abgeschnitten werden kann, ohne daß die Eichel verletzt wird. Er bringt den linken Daumennagel in die Nähe seines rechten, so daß sein Assistent, der den eigentlichen Schnitt durchführt, zwischen den beiden Nägeln die Vorhaut abschneiden kann, ohne die Eichel zu berühren. Wenn die Vorhaut abgeschnitten ist, und wenn auch das Schleimhäutchen des Frenulums und andere Häutchen sauber abgetrennt sind, zieht er den blutenden Stumpf der Vorhaut zurück, so daß die ganze Eichel frei liegt. Man hofft, daß das Vernarben des Stumpfes dadurch vehindert wird, daß die Vorhaut über die Eichel zurückrutscht, und während der nächsten Tage ist es die Aufgabe des Paten, darauf zu achten, daß der Stumpf nicht wieder über die Eichel rutscht, und wenn er es doch tut, die Vorhaut wieder zurückzuziehen. Die Operation wird so schnell wie möglich beendet (ein erfahrener Beschneider der benötigt etwa eine Minute für Operation), danach spucken der Beschneider und die Mwenye, die in der Nähe stehen, auf die Wunde, offensichtlich, um den Schmerz zu lindern, und der Pate trägt den Jungen weg. Er wird auf saubere Blätter gesetzt, damit die Wunde nicht schmutzig wird und bekommt Wasser zu trinken. Zu erwähnen wäre auch noch die Sitte, daß die abgeschnittene Vorhaut des Führers in eine Kürbisschale mit Wasser getan wird, und daß jeder der Jungen von diesem Wasser trinken muss, nachdem er beschnitten worden ist. Vielleicht soll diese Sitte deutlich machen, daß alle Jungen, die selben Tage beschnitten wurden, verpflichtet sind, einander beizustehen. Obwohl dieser Bruderschaft oft nicht mehr viel Gewicht beigemessen wird, stimmen alle zu, daß sie besteht.

Wenn alle Jungen beschnitten worden sind, geben alle, die Gewehre haben, Freudenschüsse ab, die Männer tanzen und schreien, und bewerfen einander mit Staub und Asche, um ihre Freude auszudrücken. Der ursprüngliche Zweck dieses Bestreuens mit Staub und Asche war, den Mann, der sich freute, für neidische Geister unkenntlich zu machen und ihn so vor ihrem Neid zu schützen. Wenn der Lärm ein wenig nachgelassen hat, hält der Mwenye, der für die Riten verantwortlich ist, eine kurze Rede und sagt den Jungen, daß sie nicht denken sollen, daß das, was mit ihnen gemacht wurde, aus Grausamkeit getan wurde (und bei der eigentlichen Operation wird alles, was möglich ist, getan, um den Jungen unnötige Schmerzen zu ersparen), sondern, daß es das war, was seit unvordenklichen Zeiten mit den Jungen ihres Stammes gemacht worden ist, und daß sie nun erwachsene Männer ihres Stammes seien. Dann geht er zurück zu dem Platz, wo die Frauen besorgt auf Nachricht warten. Alle anderen Männer folgen ihm, ausser einem oder zweien, die zurückbleiben, um sich um die Jungen zu kümmern. Wenn sich die Prozession der Lichtung nähert, wo die Frauen schweigend warten, dort, wo in der vorhergehenden Nacht der Tanz stattgefunden hat, beginnt der Mwenye zu tanzen. Das ist für die Männer das

Zeichen, unter Freudenschreien in die Lichtung zu stürmen, Erde in die Luft zu werfen und Erde und Asche auf die Köpfe der Frauen zu streuen, Gewehre abzufeuern und mit allen Zeichen der Freude den Frauen zu versichern, daß alles gut abgelaufen ist. Die Frauen ihrerseits bleiben still, bis sie die Männer ihrer eigenen Familie auf sich zu rennen sehen und so wissen, daß ihre Söhne sicher durch den ersten Teil der Riten hindurch sind. Dann beginnen auch sie, ihre Freude auszudrücken und werfen ihrerseits Erde auf die Köpfe der Männer.

Wenn sich alle ein wenig beruhigt haben, versammelt der Mwenye die Leute und hält eine kleine Rede, um sie auf die Tabus aufmerksam zu machen, die sie beachten müssen, solange die Jungen im Wald sind. Besonders erinnert er die Eltern der Jungen daran, daß sie auf keinen Fall sexuelle Beziehungen miteinander haben dürfen und daß kein Pate mit einer Frau schlafen darf, bis die Jungen sicher in ihre Familien zurückgekehrt sind. Die Paten und andere nahe Angehörige der Jungen gehen zurück in den Wald, um für die Jungen aus Gras und Zweigen das Lager (*ndagala*) zu bauen, in dem sie leben werden, bis ihre Wunden geheilt sind. Es scheint so, daß in Zeiten, in denen jeden Tag Krieg ausbrechen konnte, alle Jungen in einem gemeinsamen Lager lebten um den *lupanda* Baum herum. Heute ist es üblich, daß jeder Mwenye seine Jungen in ein eigenes Lager in der Nähe seines Dorfes bringt, wo es leichter ist, ihnen das Essen zu bringen. Manchmal wird das Lager erst am folgenden Tag gebaut, so daß die Jungen die erste Nacht im Freien verbringen müssen. Auf keinen Fall dürfen die Jungen von irgendeiner Frau gesehen werden und müssen deswegen den Weg zu ihrem Lager nachts gehen.

Die nächsten Wochen oder sogar Monate leben die Jungen gemeinsam im Lager im Wald. Während der ersten Wochen sind sie nicht in der Lage, viel zu tun, aber sobald ihre Wunden heilen, werden sie dazu angehalten, in den Wald auf Jagd zu gehen, und sie hängen ihre Jagdtrophäen an den *lupanda* Baum. Dann müssen sie dem Unterricht zuhören, der ihnen von den Ältesten gegeben wird. Viel von diesem Unterricht ist ausgezeichnet. Bischof Lucas fragte einmal einen alten Mwenye, der auf dem Wege war, um in einem christianisierten Ritus zu unterrichten, was er die Jungen heute lehren würde. "Ich werde sie lehren" antwortete er "was ich selbst in den alten Riten gelehrt wurde. Ich werde sie lehren, daß sie, obwohl sie jetzt als Männer angesehen werden, doch dem Alter nach noch Jungen sind und manchmal in den Wald gehen werden, um dort zu spielen.

Und daß sie, wenn sie dabei einen Pfad entlangrennen und einem Älteren begegnen, auf keinen Fall an ihm vorbeirennen dürfen, sondern einen kleinen Umweg durch den Wald machen müssen, damit der Staub, den sie aufwirbeln, nicht die Kleider eines Älteren beschmutzt." Was könnte passender sein. Ausser gutem Benehmen und den Sitten des Stammes werden sie die 'Tatsachen des Lebens' gelehrt, und wie sie ihre Kleidung ordentlich tragen können, wie sie zu baden haben, damit unbeschnittene Jungen nicht sehen können, daß sie beschnitten sind, und daß sie auf keinen Fall den Schlafraum ihrer Eltern oder ihres Onkels mütterlicherseits betreten dürfen, ja ganz allgemein, daß sie den Schlafraum eines Erwachsenen nicht betreten dürfen, ohne vorher 'hodi' gerufen und die Erlaubnis erhalten zu haben, einzutreten.

Im Lager werden die Jungen gut verplfegt, aber es dient auch zur Abhärtung. Die Lager finden in der kältesten Jahreszeit statt, und die Jungen müssen ohne Decken schlafen. Die kleinsten Verstösse gegen Disziplin und Etikette werden streng und manchmal sogar grausam bestraft, zB durch heftige Schläge oder daß ein Junge lange Zeit in einem kalten Fluss stehen muss, oder daß er ein schweres Gewicht lange auf dem Kopf halten muss und ähnliches.

Dazu kommt noch, daß die jungen Männer, die in einem der letzten Jahre beschnitten wurden, und sich noch gut erinnern, was sie dabei durchgemacht haben, die Jungen ähnlich behandeln dürfen. Zum Beispiel werden die Jungen ausgeschickt, ein Tier zu jagen, von dem man weiss, daß es dies in dieser Gegend nicht gibt und daß ihnen gesagt wird, daß jeder, der faul ist und das Tier nicht bringt, ausgespeitscht wird. Das Ergebnis ist, daß alle Jungen ausgepeitscht werden.

Andere Dinge, die Fremden als grausam erscheinen müssen, werden aus besseren Motiven heraus getan. Zum Beispiel tut man folgendes, um die Tugend der Tapferkeit einzuüben. Ein grosses Feuer wird angezündet, und wenn es so heiss ist, daß niemand sich ihm nähern kann, müssen die Jungen sich in einer Reihe aufstellen und eine Hand ausstrecken. Ihre Hände werden in einem gespaltenen Bambusstock befestigt, so daß die Männer, die das andere Ende festhalten, die Jungen näher an das Feuer heranschieben können. Der erste Junge, der die Hitze nicht mehr aushalten kann, erhält Schläge.

Manchmal werden die Jungen auch gezwungen, während des Unterrichts auf dem Boden zu sitzen mit dem rechten Fuss auf dem linken Knie. Das ist keine sehr bequeme Lage, aber die Jungen müssen unter Umständen stundenlang so sitzen bleiben, und wenn sie ihren schmerzenden Muskeln etwas Erleichterung schaffen wollen, werden sie mit kaltem Wasser überschüttet. Im allgemeinen findet der Unterricht morgens gegen 5 Uhr statt, wenn es für die nackten Jungen zum Schlafen zu kalt ist. Im Lager selbst müssen bestimmte Tabus strikt eingehalten werden. Eines dieser Tabus betrifft Kleidung. Nicht nur, daß die Jungen bloss ein äusserst kleines Lendentuch tragen dürfen (und das gewöhnlich nur aus Rindenstoff), sondern auch, daß sogar das Erwähnen von Kleidung verboten ist.

Während sie im Lager sind, dürfen sie mit Frauen keinerlei Kontakt haben und auch nicht von ihnen gesehen werden. Wenn die Essensvorräte zur Neige gehen, gehen die Jungen nachts mit ihren Paten zu einer Stelle nahe dem Dorfe. Dabei singen sie ein bestimmtes Lied, damit keine Frau in ihre Nähe kommt. Wenn die Mütter und Schwestern diesen Gesang so in der Nähe des Dorfes hören, dann wissen sie (was ihnen die Männer des Dorfes vielleicht auch schon gesagt haben), daß die Jungen am Ende ihrer Essensvorräte sind. Die Jungen ziehen sich dann in den Schutz des Waldes zurück, die Frauen beeilen sich, Mehl und Bohnen und andere Lebensmittel dort niederzulegen, wo die Jungen gesungen hatten. Dann ziehen sich die Frauen in ihre Häuser zurück und die Jungen kommen heraus aus der Abgeschlossenheit des Waldes, um die neuen Vorräte zu holen. Selbst wenn ein Junge sterben sollte, während er im Lager ist, darf es seine Mutter nicht erfahren bis zu dem Tage, an dem die Jungen ins Dorf zurückkehren. Ein anderes Tabu schreibt vor, daß die Jungen nicht baden dürfen, bis ihre Wunde geheilt ist. Und wenn die Männer sagen wollen, daß bei fast allen Jungen die Wunde geheilt ist, dann sagen sie: "Alle ausser zweien haben schon gebadet." Dieses Tabu gilt auch im Dorf, so daß die Väter und Mütter nicht baden dürfen, bevor ihre Söhne gebadet haben. Hiermit hängt die Art und Weise zusammen, in der die Paten den Eltern mitteilen, daß die Jungen bald ins Dorf zurückkehren werden. Eines Tages gehen die Paten dann mit Wassergefässen und kleinen Bambusröhrchen zu den Häusern der Eltern. Sie rufen 'hodi', als ob ein Fremder Einlass begehre, und während die Tür geöffnet wird, füllen sie ihren Mund mit Wasser, das sie durch das Bambusröhrchen aus dem Gefäss saugen. Sobald die Tür geöffnet wird, bespritzen sie Vater oder Mutter mit einem grossen Strahl Wasser, die aber darüber ganz und gar nicht ärgerlich sind, denn das gibt ihnen die Nachricht, daß ihr Sohn bald wieder zu Hause sein wird, und daß sie schnell die neue Kleidung bereit machen müssen, die ihr Sohn tragen wird, wenn er die Abgeschlossenheit des Waldlagers verlässt.

Wenn bei allen Jungen die Wunde geheilt ist, wird ein Tag festgesetzt, an dem die Riten beendet werden sollen. Die Eltern machen für die Jungen die neue Kleidung fertig. (Es muss neue Kleidung sein.) Am Tag vor dem Abschluss der Riten verlassen die Jungen den Wald, und das Lager wird verbrannt. Kein Junge darf zurückschauen auf das brennende Lager, das ein Symbol des alten kindlichen Lebens ist, das er jetzt hinter sich lässt, um ein erwachsener Mann zu sein. Diese Nacht verbringen die Jungen in der Nähe des Dorfes, vielleicht in einem etwas abseits gelegenen Hause. Die Mütter sollen ihre Söhne bis zum nächsten Morgen nicht sehen, aber die Paten können eine Ausnahme von der Regel erlauben, wenn sie dafür eine kleine Bezahlung erhalten. Ein die ganze Nacht andauernder Tanz findet statt. Am Morgen werden die Jungen gebadet und mit Öl gesalbt, sie ziehen neue Kleider an, und ihre Gesichter werden verhüllt. Die Paten bringen die Jungen ins Dorf und verlangen von den Frauen eine Bezahlung, bevor sie das Tuch hochheben dürfen, um zu sehen, ob es ihr Sohn ist. Sobald sie entdeckt haben, welche der verschleierten Gestalten ihr Sohn ist, kommen sie, um ihn auf ihren Schultern in ihr eigenes Haus zu tragen. Dieses Suchen nach den Söhnen findet vor dem Hause des Mwenye oder in seiner Nähe statt, und niemand darf weggehen, ohne dem Mwenye seine Ehrerbietung bezeugt zu haben. Mt dem Baden der Jungen am Morgen is eine interessante Sitte verbunden, die *kuoga nambango* genannt wird. Dabei nimmt ein Mädchen einen Jungen auf ihren Rücken, und über beide wird Wasser gegossen, und so baden sie im selben Wasser. Das schafft zwischen ihnen eine Bruder-Schwester Beziehung, und der Junge muss von jetzt ab dieses Mädchen mit grösstem Respekt behandeln.

Der Pate (*mlombwe*) hat auch weiterhin eine weitreichende Verantwortung für den Jungen, mit dem er im Beschneidungslager war. Er wird verantwortlich gemacht für das gute Benehmen dieses Jungen, und seine Aufgabe ist es, ihm auf dem Weg zum Mannsein mit Rat und Tat zur Seite zu stehen. Und wenn der Junge wegen irgendeines Vergehens zu Schadenersatz verurteilt wird, muss sein Pate den Schadenersatz leisten oder dabei helfen. Wenn die Jungen beschnitten sind, dürfen sie nicht mehr mit ihren Eltern im selben Haus schlafen, sondern sie haben ein eigenes Haus, vielleicht so etwas wie einen kleinen Schlafsaal, in dem zwei oder drei Jungen gemeinsam schlafen.

Initiation der Mädchen

Initiationsriten finden nicht nur für die Jungen, sondern auch für die Mädchen statt, bei ihnen aber, bevor sie die Pubertät erreichen. Dieser Ritus wird *chiputu* genannt. Wenn das Mädchen ihre erste Menstruation hat, findet ein weiterer Ritus statt, *unyago wa matengusi.* Man darf dabei nicht vergessen, daß bei afrikanischen Mädchen die Pubertät nicht vor 15 Jahren einsetzt, gewöhnlich erst im Alter von 16 oder 17 Jahren. Die verbreitete Auffassung, das Kinder im heissen Klima eher in die Pubertät eintreten als in gemässigten Zonen ist völlig falsch und stimmt mit den Tatsachen nicht überein. Falls es geschehen sollte, daß ein Mädchen die Pubertät erreicht, bevor sie den *chiputu* Ritus durchgemacht hat, dann muss sie beide Riten hintereinander durchmachen, wobei der *chiputu* Ritus vielleicht in etwas verkürzter Form durchgeführt wird. Früher dürften Mädchen nur dann den chiputu Ritus mitmachen, wenn ihre Brüste begonnen hatten anzuschwellen. Kleine Mädchen, deren Brüste noch keinerlei Zeichen von Reife zeigten, wurden nicht zugelassen. Heute ist das anders, da die Vornehmen ihre Kinder vor denen der Sklaven an den Riten teilnehmen lassen, haben es die Leute gerne, daß ihre Töchter am *chiputu* Ritus teilnehmen, lange bevor ihre Brüste begonnen haben zu wachsen.

Genauso wie bei den Jungen beginnt auch die Initiation der Mädchen mit einem Tanz, der die ganze Nacht währt. Die Kandidatinnen müssen dabei sein, nur mit einem Rock aus Rindenstoff bekleidet. Ihre Köpfe sind rasiert, und die Mädchen müssen mit niedergeschlagenen Augen und allen Anzeichen von Weh in einem Kreis sitzen. Wenn am anderen Morgen der Tanz vorüber ist, werden sie zum Lager gebracht, das für sie nicht weit entfernt von der Lichtung, auf der der Tanz stattfand, gebaut worden ist. In diesem Lager geben ältere Frauen den Mädchen Unterricht über sexuelle Fragen, gutes Benehmen und Stammessitten. Die Mädchen brauchen nicht wie die Jungen im Lager zu schlafen, aber sie müssen trotzdem die strengste Abgeschlossenheit einhalten, und wenn sie ins Dorf gehen, müssen sie völlig verhüllt sein, so daß sie an der Hand geführt werden müssen. Oder sie heben den Schleier mit der einen Hand etwas an, damit sie den Pfad vor ihnen sehen können. Für einen Mann oder einen Jungen wäre es ein schweres Vergehen, das Gesicht eines Mädchens zu sehen, das an den *chiputu* Riten teilnimmt.

Ein Teil des Unterrichtes, der den Mädchen gegeben wird, ist von grossem Wert, besonders der Unterricht über gutes Benehmen. Zum Beispiel werden sie folgende kleine Höflichkeit gelehrt, die Aussenseitern fremd erscheinen mag. Den Mädchen wird gesagt, daß sie, wenn sie zum Brunnen gehen, um Wasser zu schöpfen und dort zufällig eine ältere Frau treffen, sie ihren Wasserkrug nicht bis zum Rand füllen dürfen, sondern die ältere Frau bitten müssen, die letzte Schale Wasser hineinzutun. Das ist ein Zeichen dafür, daß das Mädchen ihre Abhängigkeit von der älteren Frau anerkennt, so als ob sie sagen würde: "Schau, ich kann nicht einmal einen Wasserkrug ohne deine Hilfe füllen."

Aber zusammen mit so vielem Guten wird auch manches gelehrt, was als böse angesehen werden kann, besonders eine körperliche Manipulation, die den Zweck hat, die Mädchen für Männer begehrenswerter zu machen, und es wird ihnen auch ein Tanz beigebracht, der eindeutig unmoralisch ist. Die körperliche Manipulation besteht darin, die kleinen Schamlippen zu vergrössern. Die Mädchen werden allein in den Wald geschickt, um dort mit ihren Händen dieses Organ auszudehnen. Es wird weder etwas abgeschnitten noch geschieht irgendetwas in der Art der weiblichen Beschneidung. Der *chiputu* Tanz wird nackt getanzt und enthält zweideutige Bewegungen und Lieder.

Wenn man annimmt, daß die Mädchen begriffen haben, was sie gelehrt wurden, werden die Riten durch einen Tanz, der wieder die ganze Nacht dauert, beendet. Danach werden die Mädchen gebadet, mit Öl gesalbt, in neue Kleider gekleidet und kehren ins normale Familienleben zurück. Sie werden jetzt mit dem Ehrentitel *che mwali* angeredet, und man erwartet von ihnen, daß sie sich beispielhaft benehmen, und jeder Verstoss gegen die guten Sitten wird viel ernster genommen, als wenn das gleiche vor dem Eintritt in die Riten geschehen wäre.

Wenn die Mutter eines Mädchens bemerkt, daß ihre Tochter ihre erste Menstruation gehabt hat, informiert sie einige der älteren Frauen, besonders die Patin des Mädchens beim *chiputu* Ritus und die *mlombwe* (Lehrältestin bei der Initiation). Sie werden ihr wahrscheinlich raten, zu warten, bis das Mädchen zum zweitenmal ihre Regel hat, um ganz sicher zu sein. Wenn es sicher ist, daß das Mädchen in die Pubertät eingetreten ist, kommen die älteren Frauen in ihr Haus, ihr Kopf wird rasiert, und sie erhält Unterricht über die "Tatsachen des Lebens." Der Unterricht ist gut, aber ein Teil davon wird durch Lieder und Tänze vermittelt und bietet daher Gelegenheit, daß unanständige Lieder und Tänze gelehrt werden.

Heirat

Jungen und Mädchen, die durch die Initiationsriten hindurchgegangen sind, werden als heiratsfähig angesehen. Kinderheirat scheint ursprünglich keine Yao Sitte gewesen zu sein, obwohl einige Yao, die in Kontakt gekommen sind mit Stämmen, bei denen Kinderheirat üblich ist, in einigen Fällen diese Sitte übernommen haben. Ehen werden bei den Yao meist von den Verwandten des jungen Paares arrangiert, und derjenige Verwandte, dessen Zustimmung unumgänglich ist, ist der Bruder der Mutter (*mjomba*). Manchmal werden Ehen schon arrangiert, wenn die beiden Partner noch Kinder sind. In diesem Fall erwartet man, daß die Verwandten des Jungen von Zeit zu Zeit Geschenke an die Verwandten des Mädchens schicken, und daß der Junge das gleiche tut, sobald er alt genug dazu ist. Aber abgesehen von solchen Fällen ist der erste Schritt, wenn eine Ehe in die Wege geleitet werden soll, daß der *mjomba* des Jungen den *mjomba* und andere nahe Verwandte des Mädchens besucht und ihnen mitteilt, was er vorhat. Die Verwandten des Mädchens werden ihm antworten, daß sie über die Sache nachdenken und Antwort geben werden. Nach ein paar Tagen (denn die Verhandlungen werden nicht hinausgezögert) gehen sie zu den Verwandten des Jungen und sagen, daß sie einverstanden sind (wenn sie wirklich wollen, daß der Junge ihr Schwiegersohn wird), und sie werden ihrerseits versuchen, das Mädchen schlecht zu machen, indem sie sagen, daß der Junge sicherlich feststellen werde, daß sie keine gute Köchin sei, daß sie faul sei bei der Hausarbeit usw. Dann werden ihrerseits die Verwandten des Jungen versuchen, ihn herabzusetzen. Das geschieht, damit später niemand sagen kann: "Ihr habt gesagt, der Junge würde einen guten Ehemann abgeben, aber in Wirklichkeit ist er ein Faulpelz", usw.

Es findet keine weitere Zeremonie statt, und es wird auch kein Brautpreis gezahlt. Aber bevor der Mann in das Dorf seiner Frau zieht, werden ihm von seiten seiner Verwandten einige gute Ratschläge gegeben, besonders diese drei: Zuerst, daß er von jetzt ab in einem anderen Dorf lebt, und daß er sein äusserstes tun muss, um mit den Leuten des Dorfes friedlich zusammenzuleben, sowohl mit der Familie seiner Frau als auch mit den anderen Männern, die in das Dorf hineingeheiratet haben. Zweitens wird ihm gesagt, daß er sich, falls ein Disput entstünde mit den Leuten des Dorfes, zu denen er in Zukunft gehören wird, zuerst an die Ältesten jenes Dorfes wenden solle und nicht wie bisher an seine eigenen Verwandten. Drittens wird ihm geraten, nicht häufiger als dreimal in einer Nacht mit seiner Frau Geschlechtsverkehr zu haben (man ist fest überzeugt, daß keine Empfängnis eintreten kann durch weniger als drei Vereinigungen).

Die Yao sind exogam, das bedeutet, daß ein Mann keine Frau aus seinem eigenen Klan (*lukosyo*) heiraten kann. Dieses Gesetz wird allerdings nur strikt eingehalten im Fall eines Mwenye und allgemein, soweit Kusinen davon betroffen sind. Ein Mann darf keinesfalls die Tochter der Schwester seiner Mutter heiraten, aber wohl die Tochter des Bruders seiner Mutter. Das wird verständlich, wenn man sich daran erinnert, daß ein Kind die Klanzugehörigkeit der Mutter hat. Deshalb gehört die Tochter der Schwester der Mutter zum selben Klan, während die Tochter des Bruders der Mutter zu einem anderen Klan gehört.

Formal hat das Mädchen völlige Freiheit in der Wahl seines Ehepartners, und sie kann jeden Mann ablehnen, der ihr von ihren Verwandten vorgeschlagen wurde, und ihrerseits kann sie den Wunsch aussprechen, einen bestimmten Mann zu heiraten (obwohl man sie unter Umständen für ziemlich vorwitzig hält, wenn sie es wirklich tut), aber es gibt zwei Fälle, in denen sie praktisch keine Wahl hat. Einmal, wenn sie den Sohn des Bruders ihrer Mutter heiraten soll. Diese Art der Heirat war früher sehr verbreitet, denn in Zeiten, in denen man von allen Seiten Feinde fürchten musste, war es sehr wünschenswert, daß Familien zusammenhielten, um sich verteid-igen zu können. Und dies war der nächste Verwandtschaftsgrad, der unter dem Gesetz der Exogamie eine Heirat erlaubte. Der andere Fall ist, wenn die Verwandten sehr dringend wünschen, einen bestimmten jungen Mann in ihrem Dorf zu haben, und ihm deswegen ein Mädchen als Frau anbieten. Dann hat das Mädchen in dieser Sache wenig Freiheit zu wählen. Hinzu kommt noch, daß ein Mädchen meist schon ein paar Monate nach dem Erreichen der Pubertät heiratet und ihre Unreife die Freiheit zu wählen sehr vermindert.

Schwangerschaft

Wenn eine Frau etwa im 5. Monat ist, findet für sie der *litiwo* Ritus statt. Dann versammeln sich die Frauen der Dörfer im Umkreis von einigen Kilometern beim Hause der schwangeren Frau. Die Frau, die das Kind erwartet, muss in der Tür ihres Hauses sitzen, unbekleidet und das Gesicht den Frauen zugewandt, die vor dem Hause tanzen. Neben ihr sitzt eine ältere Frau, um ihr Unterweisung zu geben. Der Ehemann, der bekleidet ist, sitzt seiner Frau gegenüber, und neben ihm sitzt eine Frau, die von nun an als seine Schwester gelten wird. Hinter dem, was in diesem Ritus gelehrt wird, steht der Grundgedanke, daß die schwangere Frau vor allen Sorgen geschützt werden muss während ihrer Schwangerschaft. Deswegen wird ihrem Mann mit all der Deutlichkeit, die Gesang und Tanz vermitteln, bedeutet, daß seine Frau mit Sicherheit sterben wird, wenn er während ihrer Schwangerschaft Ehebruch begeht. Ein Mann kann sich eine zweite Frau nehmen, aber es ist nicht üblich, daß ein junger Mann eine zweite Frau nimmt, bevor seine erste Frau ihm nicht ein oder mehrere Kinder geboren hat. Auf jeden Fall wird die zweite Frau niemals die Stellung einnehmen, die die erste Frau hat. Aber wenn die erste Frau stirbt, muss der Mann, nachdem die Trauerzeit vorüber ist, ankündingen, welche seiner Frauen die Stellung der ersten Frau einnehmen soll. Das ist eine unangenehme Aufgabe, deren Erledigung ein Mann gerne aufschieben möchte.

Es ist allgemein anerkannt, daß die, die eine Ehe schliessen, sie auch lösen können. So können die Verwandten des Mannes, die die Hochzeit mit den Verwandten des Mädchens vereinbarten, wieder zu ihnen gehen und mitteilen, daß sie auf alle Rechte, die ihr Sohn hatte, verzichten, und daß sie keinen Widerspruch erheben werden, wenn die Frau einen anderen Mann heiratet. Kinderlosigkeit ist ein sehr häufiger Grund für so eine Scheidung. Wenn ein Mann einfach seine Frau verlässt ohne eine entsprechende Erklärung seiner Verwandten, werden die Frau und ihre Verwandten zögern, eine neue Ehe zu arrangieren, da sie fürchten müssen, daß der neue Mann vom Ehemann der Frau bei seiner Rückkehr angeklagt wird, mit seiner Frau Ehebruch begangen zu haben. Aber wenn eine öffentliche Verzichterklärung vor den zuständigen Ältesten abgegeben wurde, kann der Mann keinerlei Ansprüche geltend machen.

Tod

Sobald ein Mann stirbt, wird eine Totenklage angestimmt, besonders von seiner Frau, die darüber klagt, daß sie nun nackt in einer grausamen Welt zurückgelassen worden ist. Alle Verwandten und Nachbarn kommen, um in die Totenklage einzustimmen, denn man fürchtet, daß, wenn es bemerkt würde, daß jemand nicht anwesend ist oder sich nicht an der Totenklage beteiligt, es als in Zeichen dafür angenommen würde, daß man nicht traurig ist, daß dieser Mann starb, und es ist wahrscheinlich, daß der betreffende später angeklagt wird, den Tod durch Hexerei veranlasst zu haben. Diese Totenklage dauert einige Stunden und wird am nächsten Morgen wieder aufgenommen, falls es nicht möglich ist, den Toten am selben Tag zu beerdigen. Unter den Yao gibt es bestimmte Beerdigungsgilden, bekannt als *watani*. Wenn ein Mann stirbt, wird er nicht von seinen eigenen Verwandten begraben, sondern seine *watani* begraben ihn. Und falls keine *watani* erreichbar sein sollten, und andere aus Barmherzigkeit die letzten Riten durchführen, dann stellt diese Tat die *utani* genannte Beziehung her zwischen denen, die die Beerdigung durchführten und den Verwandten des Mannes. Diese Beziehung betrifft nicht nur Begräbnisse. Der *mtani* eines Mannes darf ihm beleidigende Worte sagen, und der Mann darf nicht widerstehen oder böse sein. Ein *mtani* kann in das Haus eines seiner *watani* gehen und mitnehmen, was immer ihm in dem Haus gefällt, so daß Besuche der *watani* eher gefürchtet sind als daß sie mit Freude erwartet werden.

Die *utani* Beziehung geht nicht so weit, freie sexuelle Beziehungen mit den Frauen des Haushalts zuzulassen, ausser am Tage des Begräbnisses. Dann wird selbst Inzest nicht gescheut, und die Frauen fliehen meistens vor ihren *watani*. Und ein Mann, dessen *mtani* in irgendeiner Schwierigkeit ist, muss diesem bis an die äussersten Grenzen seiner Möglichkeiten helfen, mehr sogar als wenn er sein Bruder wäre.

Es wird so strikt darauf bestanden, daß es das Recht und die Pflicht der *watani* ist zu beerdigen, daß es vorkommen kann, daß, wenn die *watani* zu spät ankommen und die Verwandten den Toten schon hatten beerdigen müssen, die *watani* das Grab wieder öffnen und den Toten noch einmal begraben. Als der Mwenye von Mbesa, Gwaja, im Krankenhaus von Tunduru starb, waren die *watani* zu der Zeit gerade nicht in der Nähe, und als sie nicht zur Zeit eintrafen, begannen die Verwandten, das Grab zu graben. Bevor der Tote darin beerdigt werden konnte, kamen die *watani* an. "Was für ein Grab" sagten sie, "wollt ihr sagen, daß ihr wirklich vorhabt, den grossen Gwaja in diesem dreckigen Loch zu begraben? Lasst Männer kommen, die wirklich wissen, wie solch ein Mann beerdigt werden muss. Gebt uns eure Hacken." Und so begannen sie zu arbeiten. Und nur, um zu zeigen, wie es wirklich gemacht werden muss, gruben sie zwei Gräber und beerdigten den alten Mann im zweiten.

Eine bemerkenswerte *utani* Beziehung bestand zwischen den Leuten Akuchisangas und denen Namagonos. Immer wenn Akuchisangas Lute Namagonos Leute treffen, beschimpfen sie sich und gebrauchen den Besitz der anderen in freizügigster Weise. Diese Beziehung soll darauf beruhen, daß vor vielen Jahren Namagono und Akuchisanga Nachbarn waren. Sie lebten jeder auf einer Seite eines Felsens, der den Namen Misechela trägt. Beide Häuptlinge starben ungefähr zur gleichen Zeit, und die Männer Namagonos beerdigten Akuchisanga, und die Männer Akuchisangas beerdigten Namagono. Ihre Gräber sind heute noch jedes auf seiner Seite des Misechela. Akuchisanga lebt jetzt weit entfernt von Misechela, und auch Namagono ist zwei Tagereisen entfernt, aber die alte *utani* Beziehung wird in voller Stärke aufrechterhalten.

Und so wird das Grab von den *watani* gegraben, die dabei die Hacken der Hinterbliebenen benutzen. Wenn das Grab tief genug ist, wird auf dem Boden eine Vertiefung gegraben, ein wenig grösser als des Körper. Kurze Hölzer werden geschnitten, mit denen diese Vertiefung geschlossen wird, nachdem der Tote in sie gelegt wurde. Die Hölzer werden dann mit einem Stück Rinde bedeckt. Es scheint, daß es ursprünglich die Sitte der Yao war, diese Vertiefung in der Mitte des Grabbodens zu graben und daß die benachbarten Makua eine Höhlung in der Seite des Grabes gruben, um in sie den Toten zu legen. Die beiden Stämme scheinen ihre Sitten hierin ausgetauscht zu haben, so daß die Yao im Tunduru Distrikt meist in einer Höhlung in der Seite des Grabes beerdigen, während die Makua die Yao Sitte angenommen haben und ihre Toten in eine Vertiefung am Boden des Grabes legen. Aber wie es auch gekommen sein mag, die Yao von Tunduru begraben ihre Toten in einer Höhlung in der Wand des Grabes.

Der Tote wird in ein Leichentuch gewickelt, das den gesamten Körper bedeckt. Man achtet darauf, daß es aus bestem Stoff ist. Der Körper wird auf ein Bett gelegt, das zu diesem Zweck meist umgedreht wird, damit die Träger es an den Beinen tragen können. Die Sitte, ein Tuch über das Bett und das Grab zu spannen, wenn der Körper hineingelegt wird, scheint islamischer Herkunft zu sein.

Während das Grab ausgehoben wird, kochen die Frauen der Verwandtschaft das Begräbnismahl. Wenn der Tote in das Grab gelegt worden ist, wird es mit Erde gefüllt, und es werden vier Stöcke eingeschlagen, die die Ecken des Grabes markieren. Danach wird allen, die bei der Beerdigung geholfen haben, ein Fest gegeben. Wenn Bier vorhanden ist, wird es getrunken. Aber zu dieser Zeit wird kein Bier und auch kein Essen auf das Grab gestellt. Die *watani* nehmen die Hacken, mit denen sie das Grab ausgehoben haben und was ihnen sonst noch gefällt und gehen weg, aber die Freunde und Nachbarn des Verstorbenen schlafen die Nacht in seinem Gehöft. Wenn nicht für alle genug Raum da ist, schlafen die Frauen im Haus und die Männer draussen auf Betten oder Schlafmatten am Feuer. Bis das Grab zugeschüttet ist, wagt es niemand, der Witwe des Verstorbenen (oder seinem Vater oder seiner Mutter, wenn es sich um einen unverheirateten jungen Mann handelt) sein Beileid auszusprechen. Eine Witwe muss die ganze Zeit schweigend auf dem Boden ihres Hauses liegen, den Oberkörper unbekleidet. Danach aber kommen die älteren Männer, um ihr Worte des Trostes zu sagen. Am anderen Morgen kommen sie noch einmal, um mit ihr zu sprechen.

So ist es auch bei einem Mann, dessen Frau gestorben ist. Die Freunde, Nachbarn und Verwandten bleiben drei Nächte im Hause des Verstorbenen. Bei dieser Totenwache finden keine besonderen Zeremonien statt. Die Männer spielen Karten (falls man welche hat) oder *bao* (ein Brettspiel mit Höhlungen, bei dem Steinchen oder Körner als Steine benutzt werden) oder unterhalten sich. Während des Tages müssen die Männer vielleicht wegehen, um ihre Arbeit zu tun. Aber am Nachmittag kommen sie zurück, um die Nacht zu bleiben. Der Zweck scheint einfach der zu sein, sicherzustellen, daß die Trauernden nicht allein gelassen werden, sondern immer jemanden in der Nähe haben, um sie zu trösten.

Wenn ein Häuptling oder ein Mwenye gestorben ist, erweisen die Leute dem Verstorbenen ihre Ehrerbietung, nicht nur dadurch, daß sie in grosser Zahl zu seiner Beerdigung kommen, sondern auch dadurch, daß sie wertvolle Gegenstände in sein Grab legen. Es kann z.B. geschehen, daß man das Grab eines Häuptlings an den Ecken nicht mit Stöcken, sondern mit Gewehren markiert. Vor langer Zeit wurden die grossen Häuptlinge der Amasaninga Yao auf den Knien zweier Sklaven ruhend beerdigt. Einer der Sklaven war ein Junge, der andere ein Mädchen, und sie wurden lebendig mit dem Häuptling begraben. Einige Häuptlinge der Amasaninga Yao wurden auf einem Elefantenstosszahn liegend begraben. Auf jeden Fall wird um das Grab einer bedeutenden Persönlichkeit ein Zaun aus Gras gebaut und meist auch ein Grasdach darüber. Das Grab des Sultans Mtalika II ist besonders schön. Es ist mit einer Lehmmauer umgeben, in die viele Porzellanteller und Schüsseln als Ornamente eingelassen sind, die in den indischen Läden gekauft worden sind. Und das Grab selbst hat an beiden Enden einen ähnlich hergestellten Stein. Das ganze wird von einem kunstvollen Grasdach überdeckt. Die gesamte Grabanlage ist etwa 4x5 m gross. Wenn ein naher Verwandter nicht in der Lage ist, zur Beerdigung zu kommen, erwartet man, daß er bei der nächsten Gelegenheit das Grab besucht und den Hinterbliebenen sein Beileid ausspricht. Wenn der Verstorbene ein Häuptling war, befolgen manche Yao noch die Sitte, bei ihrem Beileidsbesuch über dem Grab des Häuptlings ihr Gewehr abzufeuern.

Jedesmal, wenn ein Yao durch einen der Übergangsriten (*manyago*) hindurchgeht, die die Stufen seines Lebens markieren, wird sein Kopf rasiert. Das geschieht auch, wenn sein Leben durch den Tod eines nahen Verwandten verändert wird. Am dritten Tag nach dem Tod, kurz bevor die Freunde und Nachbarn das Trauerhaus verlassen, werden den nahen Verwandten die Köpfe rasiert.

Etwa 40 Tage nach dem Begräbnis wird eine Menge gutes Essen gekocht. Für alle, die kommen, wird ein Fest vorbereitet, und etwas Essen vom Festmahl wird auf das Grab gestellt.

Die Yao fürchten sich sehr, bei der Grablegung in das Grab hinunterzusteigen, um den Körper in die Vertiefung im Boden des Grabes zu legen. (Da der Tote in ein Tuch eingenäht begraben wird und nicht in einem Sarg, ist es nicht möglich, den Toten an Seilen ins Grab hinabzulassen.) Ganz besonders fürchten sie sich, den Kopf zu halten. Und der Mann, der es tut, muss sich nachher reinigen durch Waschung mit bestimmten Medizinen und dadurch, daß er Geschlechtsverkehr mit einer nahen Verwandten hat. Wenn er das nicht tut, wird er an Wassersucht (*ndaka*) sterben. Aus diesem Grunde sind die Yao nicht bereit, für einen Menschen, der weder ein Verwandter noch ein *mtani* is, das Risiko auf sich zu nehmen. So geschieht es oft, daß ein Fremder, der in einem Yao Dorf stirbt, nicht begraben wird. Sein Körper wird einfach in den Wald getragen oder in ein Loch geworfen und das Loch zugeschüttet.

Die Christianisierten Riten

Beschneidung

Wie wir gesehen haben, wird jeder neue Abschnitt im Leben eines Yao durch einen Übergangsritus eingeleitet. Alle diese Riten sind Funktionen des Klans. Eine Frau, die ihr erstes Kind erwartet, erhält Belehrung in dem *litiwo*- Ritus. Dieser Ritus findet im Gehöft eines einzelnen Mitgliedes des eigenen Klans statt oder im eigenen Haus, das ja nach den Gesetzen der Uxorilokalität in einem Dorf ihres Klans ist, nicht in dem Dorf ihres Mannes. Beim *lupanda* Ritus kann der *asyne machila* Jungen von überallher zur Beschneidung annehmen, aber es ist zuallererst ein Ritus für die Jungen seines eigenen Klans, und Jungen aus anderen Klans werden nach der gemeinsamen Beschneidung in einem Lager ihres eigenen Klans unterrichtet. So könnte es scheinen, dass diese Riten nur Stammesriten sind und keine religiösen Riten. Aber der Afrikaner unterscheidet nicht, wie Europäer es oft tun, zwischen politischem und religiösem Bereich. Stamm und Klan bestehen nicht nur aus den Gliedern, die auf der Erde leben, sondern auch die verstorbenen Angehörigen des Stammes oder des Klans gehören dazu, und sie müssen geehrt und geachtet werden in den Riten derer auf der Erde. So würde der *lupanda* Ritus nicht durchgeführt werden, wenn der Häuptling nicht vorher zum *Msolo* Baum gegangen wäre, um den Verstorbenen Mahl zu opfern. So sind alle diese Riten sowohl Stammesriten als auch religiöse Riten. Außerdem enthalten sie vieles, was dem christlichen Glauben widersprechen mag (wie z.B. das Mehl-Opfer an die Verstorbenen) oder guten Sitten entgegengesetzt ist (wie z.B. einige Tänze beim litiwo Ritus). Es ist den afrikanischen Christen sehr hoch anzurechnen, dass sie zu Bischof Lucas kamen, um ihn zu fragen, wie sie sich zu den Riten verhalten sollten, weil es ihnen bewusst geworden war, dass vieles in den Riten wahrem Glauben und guten Sitten entgegengesetzt war.

Aber ist es nötig, den Christen die Riten völlig zu verbieten? Zum Beispiel ist an der Beschneidung selbst nichts mit dem christlichen Glauben Unvereinbares. Ist es möglich, diese Riten von allen Worten und Gedanken, die gegen das christliche Gewissen verstoßen, zu reinigen und doch einen Kern übrigzulassen, der gut und gesund ist? Diese letzte Frage hat Bischof Lucas eindeutig bejaht. Er war der Ansicht, dass Beschneidung an sich neutral sei. ("Denn weder Beschneidung gilt etwas, noch Vorhaut, sondern nur eine Neuschöpfung" Gal.6,15). Wenn die Yao die Beschneidung als ein Zeichen des islamischen Glaubens angenommen hätten (so wie die Galater sie als Zeichen des jüdischen Glaubens anzunehmen wünschten), dann würde es ein Akt des Abfalls sein, der Beschneidung zuzustimmen. Aber die Yao übten die Beschneidung schon lange bevor sie den Islam annahmen. Obwohl also die Beschneidung im Zusammenhang mit religiösen Riten geschieht, ist dieser Zusammenhang nur zufällig.

Dazu kommt, dass ein vollständiges Verbot der Riten die Yao Christen zwingen würde, ihre Kinder im Geheimen beschneiden zu lassen. Man glaubt fest, dass kein Yao Kinder zeugen kann, wenn er nicht beschnitten ist. Kein Mann aus einem anderen Stamm, der nicht beschnitten ist, würde als Ehemann für ein Yaomädchen akzeptiert. Die Yao würden keinen solchen Wert auf irgendeinen anderen Teil der Riten – z.B. auf den Unterricht im *nagala* Lager legen – aber auf der Beschneidung selbst würden sie absolut bestehen. Wenn die Kirche es den Christen verbieten würde, an den Riten teilzunehmen oder ihre Kinder beschneiden zu lassen, dann würde kein Yao Christ in seinem eigenen Gewissen empfinden, dass er irgendetwas Böses getan hätte. Er würde es als eine Handlung betrachten, die schlecht ist, weil sie verboten ist, aber nicht als eine, die verboten ist, weil sie schlecht ist.

Der christliche Glaube zerstört nicht den natürlichen Menschen und nicht die Sitte eines Stammes, außer insoweit, wie sie wahren Glauben und guter Sitte widersprechen, sondern er bemüht sich, alles Gute in den Sitten eines Stammes zur Erfüllung zu bringen. In diesen Riten gibt es viele Dinge, die äußerst bewundernswert sind. Wie viele europäische Eltern würden nicht die Yao um die Möglichkeiten beneiden, die ihnen diese Riten bieten, ihre Kinder unter so günstigen Umständen solche Dinge zu lehren wie gutes Benehmen, Höflichkeit und sie aufzuklären?

Die Riten den Christen vollständig zu verbieten, würde nicht nur bedeuten, das Unmögliche zu versuchen, sondern auch vieles zu verbieten, gegen das sich das Gewissen der christlichen Afrikaner nicht auflehnt, sondern was es bejaht. Und darüber hinaus würde es den kommenden Generationen der Yao vieles rauben, was zu ihrem Besten dient.

Aber genauso, wie es möglich war, die Riten vollständig zu verbieten, war es unmöglich, den Christen zu erlauben, sie so, wie es bisher üblich war, weiter durchzuführen. Es war das Gewissen afrikanischer Christen, das sich zuerst auflehnte gegen bestimmte Dinge in diesen Riten. Es ist offensichtlich, dass kein guter Christ zustimmen kann, Mehl und Bier an den Gräbern der Verstorbenen zu opfern, um von ihnen Segnung und Sicherheit für die Kandidaten zu erbitten. Kein Christ kann meinen, dass es richtig wäre, den Geistern der Verstorbenen Ehre zu erweisen, die Gott allein zusteht. Es ist nicht klar, was die Bedeutung des *lupanda* Baumes ist. Einige vermuten, dass er ein Phallus-Symbol ist, und in dem Fall muss er als etwas Unreines verboten werden. Andere vermuten, dass der *lupanda* Baum den Berg Chao symbolisiert, der die Heimat der Yao gewesen sein soll. Wenn das stimmt, ist er sicherlich mit den Gebeten zu den Toten verbunden und deswegen unvereinbar mit dem christlichen Glauben. So muss der *lupanda* Baum verbrannt werden, gleichgültig, welche der beiden Erklärungen richtig ist. Es ist auch nicht möglich, Christen den Schutz von Zaubermitteln zu erlauben, denn das würde die Ehre Gottes schmälern, der der wahre Beschützer aller seiner Kinder ist. So müssen auch die Zaubermittel unter den Pfaden und der Schwanz, den der Mwenye und der *ngariba* tragen, verboten werden. Aber wenn man die Riten von diesen Dingen gereinigt hat – und jeder Yao wird zugeben, dass sie nicht notwendig sind für den Ritus der Beschneidung – was bleibt? Viel Ausgezeichnetes. Die Jungen leben nach der Operation im Lager, wo sie viel Nützliches für ihr Leben lernen und durch das harte Leben, das sie führen, werden sie stark und gesund.

Natürlich ist es wahr, dass in der Durchführung der Lager manches nicht ist, wie es sein könnte. Es gibt viel Grausamkeit – obwohl es oft schwierig ist, zwischen Grausamkeit und nützlicher Strenge zu unterscheiden. Trotzdem stimmen die meisten Yao zu, dass es gut war, das Bischof Lucas alle übermäßigen Strafen in den christlichen Riten verbot und darauf bestand, dass der Unterricht während des Tages gegeben würde und nicht in der Kälte des Morgens.

Wie sehen nun die Riten aus, wenn sie nach den Richtlinien, die Bischof Lucas für seine afrikanischen Christen festgelegt hatte, durchgeführt werden? Da es zu der Zeit nur wenige christliche Mwenye gab, war es notwendig, darauf zu bestehen, dass nur christliche Priester die Riten durchführen durften. Es war seine Absicht, dass die christianisierten Riten wieder wie früher von den Mwenye, die nach alter Sitte das Recht dazu hatten, durchgeführt würden, sobald die Zahl der christlichen Mwenye genügend groß war, um sicher zu gehen, dass die verbotenen Sitten auch wirklich gelassen würden. Aber solange das nicht so war, musste der Gemeindepfarrer als Haupt der christlichen Gemeinschaft zu dem Mwenye sagen: "Wir können nicht zulassen, dass unsere Jungen in deinen Riten beschnitten werden, da in ihnen vieles getan wird, das gegen unseren heiligen Glauben ist. Aber wir wollen ihnen nicht verbieten, beschnitten zu werden. Wir werden unsere eigenen Riten für unsere Jungen haben." Und in den meisten Fällen stimmten die Mwenye nur zu gerne zu und wünschten sogar, dass ihre Jungen, die keine Christen waren, auch in den christianisierten Riten beschnitten werden sollten.

Der Gemeindepfarrer durfte für die Beschneidung jeden Jungen annehmen, dem seine Eltern erlaubten, während des Lagers christliche Unterweisung zu empfangen und an den Gebeten teilzunehmen. Diese Erlaubnis schloss keine Verpflichtung ein, hinterher mit dem Unterricht fortzufahren, aber trotzdem kam es dadurch zu vielen Bekehrungen unter den Jungen.

Dann musste der Gemeindepfarrer einen Mann finden, von dem er wusste, dass er die Operation geschickt durchführen konnte. Dieser Mann brauchte kein Christ zu sein, er musste nur bereit sein, die heidnischen Bräuche aufzugeben, die mit dem Schwanz und dem *lupanda* Tanz verbunden waren. Der *lupanda* Tanz wurde vollständig abgeschafft, nicht, weil er an sich schändlich war, sondern weil es viele Missverständnisse hervorgerufen haben würde, wenn er erlaubt worden wäre, da man das so verstanden hätte, als ob der gesamte *lupanda* Ritus erlaubt worden wäre.

Um einen geordneten Ablauf zu gewährleisten, musste das Lager *vor* Beginn der Beschneidung aufgebaut werden. Es ist leicht zu verstehen, dass die Männer, die die ganze Nacht getanzt und all die Erregungen der Operation am Morgen hinter sich haben, oft zu lässig sind, das Lager noch am selben Nachmittag zu errichten. Es war ein Skandal, dass in den traditionellen Riten die Jungen oft ein oder zwei Nächte im Wald gelassen wurden, ohne dass für sie das schützende Lager gebaut worden wäre. Um so etwas zu verhindern, wurde festgelegt, dass das Lager vor Beginn des Tanzes gebaut werden musste. Nach dem Bau führt der Priester eine Prozession mit Kruzifix, Fackelträgern und Weihrauch zum Lager, um es feierlich zu segnen. Nach dieser Segnung wurde die Litanei der Heiligen gebetet, ein Ritus, der dazu bestimmt war, die verbotene Anrufung der verstorbenen Glieder des

Stammes, der aus allen Stämmen und Geschlechtern ist, und die Heiligen sind ihre wahren Ahnen und Vorgänger, deren schützende Gebete sie zu recht erbitten mögen. Danach fand wie üblich der die ganze Nacht andauernde Tanz statt. Am Morgen war der einzige Unterschied, dass vor allem anderen das heilige Messopfer dargebracht wurde (im allgemeinen eine Votivmesse an die heiligen Engel, um ihren Schutz für die Jungen zu erbitten).

Bei der eigentlichen Beschneidung gab es wenig Unterschiede zum traditionellen Ritus außer dem Fehlen des *lupanda* Tanzes und einiger Vorschriften, die dazu bestimmt waren, für eine ordnungsgemäße Durchführung der Operation zu sorgen. Was aber vor allem die christi-anisierten Riten sogar bei Heiden und Muslimen so populär machte, war die Tatsache, dass nach der Operation ein Krankenpfleger vom Missionskrankenhaus die Wunde verband. Die offensichtliche Tatsache, dass diese Behandlung den Heilungsprozess wesentlich beschleunigte, bewog viele Eltern, ihre Kinder zu einem christlichen Ritus zu schicken, anstatt sie am heidnischen Ritus teilnehmen zu lassen. Das hatte nicht nur den Vorteil, dass die Jungen weniger Schmerzen zu erdulden hatten, sondern auch, dass die Lebensmittelvorräte der Familie geschont wurden, denn die Familie muss nicht nur den Jungen, sondern auch seine Paten während der ganzen Zeit mit Essen versorgen. Eine wichtige Sache, die auch durch Bischof Lucas geregelt wurde, war die Bezahlung des Beschneiders. Früher war der Lohn manchmal übertrieben hoch, in den christianisierten Riten war er reguliert. Das hatte das Ergebnis, dass die christlichen Riten billiger waren als die heidnischen und dementsprechend populärer.

Es ist also nicht überraschend, dass im Verlauf weniger Jahre die christlichen Riten die heidnischen Riten verdrängt hatten. Die wesentlichen Elemente waren beibehalten worden. Das Tanzen und das gemeinsame sich freuen waren so wie bisher. Aber alles, was dem christlichen Gewissen widersprach, war beseitigt. In seinen Regeln legte Lucas Richtlinien für den Unterricht fest, um die Männer anzuleiten, die die Kandidaten im Lager unterrichteten. Er bestand auch darauf, dass ein verlässlicher Missionslehrer die gesamte Zeit für den Unterricht verantwortlich sein musste, sodass niemand ohne Erlaubnis zu den Kandidaten sprechen und ihnen Dinge sagen konnte, die für ihre Seelen schädlich gewesen wäre. Der allgemeine Unterricht sollte vom Lehrer gegeben werden, der verantwortlich war für das Lager, aber er ermutigte Häuptlinge und Mwenye, denen man vertrauen konnte, ins Lager zu kommen und Unterricht in den Sitten und Gebräuchen des Stammes zu erteilen. Der Bischof selbst war der erste gewesen, der zugab, dass er dabei das Risiko auf sich nahm, dass manches unterrichtet wurde, wogegen sich das Gewissen eines Europäers auflehnen würde.

Aber er war der Ansicht, dass man sie solange nicht deswegen tadeln könne, wie sich das wie sich das Gewissen der christlichen Afrikaner nicht dagegen auflehnt, und dass es besser sei, dass sie selbst die Verantwortung hätten, ihre Kinder zu erziehen und nicht, dass irgendwelche Ausländer diese Erziehung übernähmen. Und er stimmte der Regelung, dass die Missionslehrer die Aufsicht hatten und den meisten Unterricht durch-führten, nur als einer vorläufigen Maßnahme zu. Sein Ziel war es, dass die Riten wie früher von den Mwenye durchgeführt werden sollten und ebenso der Unterricht. Aber damit musste er warten, bis die Mwenye selbst Christen sein würden und so tief in der christlichen Moral gegründet, dass keine schwerwiegende Gefahr bestünde, dass sie Dinge lehren würden, gegen die sich das Gewissen der Afrikaner, die vor ihnen in Christus waren, auflehnen würde. Er hielt sich fest an dem Grundsatz, dass es schlimmer als nutzlos sei, gegen irgendeinen Missbrauch Gesetze zu machen, solange ihn das allgemeine Gewissen der christlichen Gemeinschaft noch nicht als Missbrauch erkannt hat. Deswegen meinte er, dass es nutzlos sei, genaue Vorschriften über den zu gebenden Unterricht zu schaffen, dass es aber nötig sei, den afrikanischen Christen zu vertrauen, dass sie nichts lehrten, was sie als falsch erkannt hätten, und sie dann geduldig im Wege Jesu zu erziehen, bis sie genug Licht hätten, um klar zu erkennen, was in ihrem Unterricht noch falsch sein könnte.

Von diesen Sitten, die den Abschluss des Lagers begleiten, wurde nur eine verboten, nämlich das *nambango* Baden der Jungen auf dem Rücken eines Mädchens, das von da an als Schwester angesehen wird. Afrikaner hatten so klar erkannt, dass dies eine unziemliche Sitte sei, dass das christliche Gewissen der Afrikaner mehr als bereit war, ihr Verbot zu akzeptieren.

Zum Abschluss der christianisierten Riten gehen die Jungen gebadet und gesalbt in ihren neuen Kleidern zur Kirche zu einer Dankmesse, bevor sie zu ihren Müttern zurückkehren. Allerdings haben die Mütter ihre Jungen schon am Abend gesehen und haben die Freude zu wissen, dass es ihnen gut geht. Das bedeutet viel für die Frauen, denn wenn ein Junge im Lager gestorben ist, werden sie es sicherlich erfahren haben, aber nicht wissen, welcher Junge es war. Nach der Messe segnet der Priester, der mit dem Chorrock bekleidet ist, die Jungen und führt sie dann zur Westtür, wo die Mütter sie voller Freude empfangen.

Es ist nötig, etwas über die medizinischen Aspekte dieser Operation zu sagen. Bischof Lucas bot dem Beschneider ein Skalpell an, mit dem er die Operation vollziehen konnte. Ob das Sinn hat, ist zweifelhaft. Der Mann war in Wirklichkeit vielleicht viel geschulter mit seinem eigenen scharfen Messer, das er gewohnt war. Die Operation, wie sie im Busch durchgeführt wird, entspricht durchaus nicht modernen chirurgischen Maßstäben. Es gibt keine Aspesis und dazu kommt noch, dass der Erfolg der Operation davon abhängt, dass der Stumpf der Vorhaut so vernarbt, dass sie einen Ring formt, der sie hindert, wieder über die Eichel zu rutschen. Wir dürfen diese Übel aber nicht übertreiben. Bischof Lucas hatte mehr Erfahrung mit diesem Ritus gehabt als wohl irgendein Mensch heute, und er erklärte, dass er von keinem einzigen Jungen gewusst hätte, der an den Folgen der Operation, wie sie von einem afrikanischen Beschneider im Staub des Waldes vollzogen wurde, gestorben wäre. Die Ärzte, die für die medizinische Arbeit der Mission verantwortlich waren, strebten an, dass die Operation im Hospital durchgeführt werden sollte und nicht im Busch. Sie sahen keinen Weg, die Operation chirurgisch einwandfrei zu machen, solange sie im Freien ausgeführt werden musste. Aber es war schwierig, einen Afrikaner zu finden, der bereit gewesen wäre, seinen Jungen im Hospital beschneiden zu lassen. Die nach den Anweisungen von Bischof Lucas christianisierten Riten hatten die größte Ähnlichkeit mit den seit unvordenklichen Zeiten bei den Yao durchgeführten Riten. Aber ihre Söhne einfach in ein Missionskrankenhaus zu bringen, erschien ihnen soweit entfernt von all ihren Traditionen, dass es für sie überhaupt keine Initiation gewesen wäre. Und es sprach viel für ihre Ansicht. Wenn der Junge im Krankenhaus beschnitten wurde, wäre es unvermeidlich gewesen, dass die Initiation und der gemeinschaftliche Charakter dieser Riten in Gefahr geraten wären. Aber was noch wichtiger war, wie sollten die Jungen die guten Sitten lernen, die ein so wesentlicher Teil des im Lager gegebenen Unterrichts sind?

Diese Argumente kann man nicht leichthin zur Seite schieben. Dazu müssen wir daran denken, dass die Kirche die direkte Verantwortung, der Vater und Mütter, ihre Kinder aufzuziehen, unterstreicht, und wenn wir uns über die Meinung der Eltern einfach hinwegsetzen, zerstören wir, was wir aufzubauen versuchen. Und wenn die Eltern wünschen, dass ihr Sohn im Wald beschnitten wird, so muss er eben im Wald beschnitten werden. Wenn aber andererseits ein Afrikaner der Ansicht ist, dass die Beschneidung im Walde unnötige Schmerzen mit sich bringt, und er deshalb wünscht, dass sein Junge im Hospital beschnitten wird, dann muss der Missionar sein Bestes tun, damit Vater seinen Sohn in der Weise beschneiden lassen kann, die er gewählt hat. So ist es dazugekommen, dass eine immer größere Zahl Afrikaner wünschen, dass ihre Söhne im Hospital operiert werden. Sie sehen, dass die Heilung schneller ist und die Operation schmerzlos, und sie sind erfreut darüber. So kann es geschehen, dass in einiger Zeit alle Jungen im Krankenhaus beschnitten werden. Und dieses Ergebnis ist dann ohne jeden Zwang erreicht worden.

Aber wenn die Jungen im Hospital beschnitten werden, entstehen Zweifel darüber, wie sie ihren Unterricht erhalten sollen und wie die Operation im Hospital in Verbindung gebracht werden soll mit dem Lager. Zwei Wege werden begangen. Entweder werden sie vom Hospital ins Lager gebracht, nachdem die anderen Jungen beschnitten worden sind und leben dann dort und werden dort unterrichtet, oder aber die Eltern schicken einen verantwortlichen Verwandten, um für die Jungen zu sorgen, während sie im Krankenhaus sind, und sie dort all das lehren, was sie im Lager gelehrt worden wären. Es scheint, dass dieser letztere Weg vorherrschen wird. Es gab Missionare, und auch andere, die in der Frage der Beschneidung eine grundsätzlich andere Meinung vertraten. Sie waren der Ansicht, dass es illegal und unmoralisch sei für einen Arzt an einer Operation beteiligt zu sein – gleichgültig wie indirekt – die jemand vornimmt, der nicht vorschriftsmäßig qualifiziert ist. Aus diesem Grunde lehnte es das Medical Department der Kolonialregierung von Tanganyika ab, Beschneidern eine Ausbildung zu geben, die sie fähig gemacht hätte, die Operation besser vorzunehmen. Missionsärzte haben sich in einigen Fällen geweigert, Verbandsmaterial zur Verfügung zu stellen. Sie waren der Ansicht, dass eine derartig Strenge nötig sei, um die Eltern zu zwingen, ihre Kinder im Krankenhaus beschneiden zu lassen. Aber dieselben medizinischen Autoritäten waren durchaus nicht in der Lage, eine Methode zu erfinden, die Operation im Hospital so vorzunehmen, dass alle Jungen, die an einem Ritus teilnehmen, am selben Tage beschnitten werden können. Und da dies ein Ritus des Klans ist, bei dem die Einheit stark betont wird, würde es für die Yao keinesfalls das gleiche sein, wenn die Jungen in kleinen Gruppen von 8 oder 10 pro Tag beschnitten würden. Der Gemeinschaftscharakter des Ritus würde zerstört.

Aus Erfahrung bei einer großen Anzahl dieser Riten kann man etwas vereinfacht sagen, dass die Wunde drei bis vier Monate zur Heilung braucht, wenn sie nicht medizinisch behandelt wird. Wenn die Operation in der traditionellen Weise im Wald durchgeführt wird, aber saubere Verbände einfachster Art sofort benutzt werden, wie in Bischof Lucas christianisierten Beschneidungsriten, dann braucht die Wunde höchstens einen Monat zur Heilung, und manchmal nur 10 Tage. Wenn die Operation im Hospital vorgenommen wird, geschieht sie natürlich noch schneller, etwa in einer Woche.

Die Initiation der Mädchen

Bei den Initiationsriten der Mädchen ist das Problem viel schwieriger. Es ist wichtig zu wissen, dass die Christianisierung dieser Riten nicht auf den Wunsch afrikanischer Frauen, sondern auf Wunsch einer europäischen Missionarin durchgeführt wurde. So fand der christliche Initiationsritus der Mädchen von Anfang an nicht die Zustimmung, die der Beschneidungsritus der Jungen hatte. Das heißt nicht, dass es falsch war, diesen Ritus zu christianisieren anstatt ihn zu verbieten, aber wir müssen sehen, dass es dadurch viel schwerer fiel, die Annahme dieser Riten zu erreichen. Und was noch schwerer wiegt – zur Initiation gehört ein Vergrößern der Schamlippen, das Bischof Lucas und seine Ratgeber meinten, verbieten zu müssen, was aber nur von einer Minderheit der Frauen, die für die Durchführung dieser Riten verantwortlich waren, als unchristlich empfunden wurde. So kam es häufig vor, dass Frauen, sonst treue Christen, ihre Mädchen nach der Teilnahme an den christianisierten Riten auch noch die heidnischen Riten mitmachen ließen, damit die Mädchen dort gelehrt wurden, diese verbotene Manipulation vorzunehmen, fern von der Aufsicht der Kirche.

Wir wollen hier einen Augenblick einhalten, um zu überlegen, ob es recht ist, die Vergrößerung der *labira minora* zu verbieten. Über den Zweck dieser Handlung besteht kein Zweifel. Es ist klar, dass ihr Ziel ist, das Mädchen für einen Mann begehrenswerter zu machen. Ist das unbedingt falsch? Vieles wird von den Frauen mit dem gleichen Ziel getan, hübsche Kleidung, Lippenstift und Puder sind nur einige Beispiele. Ist es nur Prüderie, dass solche Handlungen, wenn sie an den Genitalien vorgenommen werden, unerlaubt sind? Hierauf müssen wir antworten, dass es nicht nur Prüderie ist. Es ist nichts als recht, einem Mädchen zu erlauben, sich anziehend zu machen, indem sie sich schön macht (denn selbst, wenn sie es übertriebe, wäre das nur eine entfernte Gelegenheit zur Sünde), aber das Berühren der Genitalien in dieser Weise und unter diesen Umständen schon als solches erregt die Leidenschaften in so einem Maße, dass es als eine mögliche Gelegenheit zur Sünde verboten wurde.

Der christianisierte Ritus wurde in der folgenden Weise durchgeführt: Die Mädchen werden alle zu ihrem Gemeindepfarrer gebracht, der prüft, ob sie geeignete Kandidaten sind, alt genug und zumindest Katechumenen (denn nur christliche Mädchen werden zu diesen Riten zugelassen). Am festgesetzten Tage werden alle Mädchen versammelt, und ein die ganze Nacht dauernder Tanz findet statt. Nach der Messe am folgenden Morgen werden die Kandidatinnen vom Priester zum Lager geführt, wo sie die nächsten 10 Tage verbringen. Im Lager ist eine europäische Missionarin für die Mädchen verantwortlich, die allen Unterricht, der ihnen von afrikanischen Frauen gegeben wird, überwacht und gegebenfalls ergänzt. Die Mädchen gehen nicht nach Hause und dürfen das Lager nicht verlassen. Sehr oft wird das Lager so gebaut, dass es eine Safari-Hütte einschließt, damit die Missionarin mit einem gewissen Komfort leben kann. (Diese Hütten werden gebaut, damit Gemeindepfarrer und Schulinspektor bei ihren Besuchen dort übernachten können.) Die Dauer ist auf 10 Tage festgelegt. Am letzten Tag versammeln sich die Verwandten und haben einen Tanz bis zum anderen Morgen. Am Morgen werden die Mädchen gebadet, gesalbt und in neue Kleider gekleidet, und gehen dann in einer Prozession zur Kirche, wo sie die Messe hören und einen feierlichen Segen empfangen. Danach brechen sie unter großem Jubel nach Hause auf.

Schwangerschaft

Die anderen Riten brauchen nicht so ausführlich behandelt werden. Ganz allgemein wurde das Zusammenkommen der Leute und die Lieder verboten, und der Ritus zu bloßem Unterricht reduziert, nach dessen Ende die Kandidatinnen zur Kirche gebracht wurden, um den Segen zu empfangen.

Aber in der Praxis zeigte sich, dass diese Lösung nicht zufriedenstellend war. Die Unzufriedenheit bezog sich hauptsächlich auf das Fehlen aller Tänze und Lieder. Dies mag einem Europäer fremd erscheinen, der diese Riten als ein Mittel versteht, Unterricht zu geben, und deshalb meint, Unterweisung könnte am besten in der Stille eines Schulraumes gegeben werden. Aber der Afrikaner sieht es anders. Eine Frau, die an diesen Riten teilnimmt, ist eine Frau, die der Geburt von Kindern entgegen sieht, und eine Geburt ist in Afrika viel gefährlicher als in England, und die Frauen erwarten, dass sie durch diese Riten einen gewissen Schutz in diesen Gefahren erhalten. Die Frauen glauben, dass sie sterben müssen, wenn sie nicht an den Riten teilnehmen. Und wenn sie verkürzt oder nicht richtig durchgeführt werden, wären die Frauen in Gefahr. Diese Riten werden nicht einfach als Zauber aufgefasst, sondern es ist ihnen in der Tat sehr deutlich, dass, wenn eine schwangere Frau sich sorgt, ihre Erregung das Kind beeinflussen wird. Deshalb müssen um jeden Preis alle Sorgen von der Frau ferngehalten werden. Und die größte und weitverbreitetste Sorge ist die, dass ihr Mann in dieser Zeit untreu werden könnte. Deswegen muss dem Mann eingeschärft werden, während dieser Zeit enthaltsam zu sein. Der einzige Weg, den sie kennen, um das eindrücklich zu machen, sind Lieder, die zu einem Tanz gesungen werden. Sie haben nicht das Material um solche Dinge, wie das Vorkommen von Geschlechtskrankheiten an Hand von Schaubildern zu lehren, wie es in einer europäischen Klinik getan würde. Sie wollen es in ihrer eigenen Art tun, und sie fürchten, dass es nicht wirkt, wenn sie es anders machen. Weiter, wenn dem Mann gesagt wird, dass seine Frau mit Sicherheit sterben würde, wenn er bestimmte Dinge tut, so wissen selbst die Frauen, die diese Dinge lehren durch viele Beispiele, dass in der Tat die Frau nicht immer stirbt, aber trotzdem bestanden alle christlichen Frauen bei einer Umfrage darauf, dass diese falsche Lehre gegeben werden müsste. Einer von ihnen sagte zu mir: "Wir Frauen müssen den Gefahren der Geburt ins Auge sehen, und wir müssen die Geburt so ungefährlich machen, wie es uns möglich ist. Wenn wir unseren Männern nicht damit drohen, dass sie uns verlieren könnten, bleiben sie uns nicht treu während dieser Zeit. Nur diese Drohung ist ausreichend. Deshalb muss sie uns erlaubt sein."

Die Missionarin, die mit ihrer europäischen Gesinnung diese Riten überwachte, fühlte sich verpflichtet, zu protestieren und zu sagen, dass ihr diese Art von Unterricht unwahr erschiene. So wurde aus Rücksichtnahme auf sie diese Unterweisung später gegeben, denn die Mütter hielten ihn für wesentlich. Ähnlich mussten die Tänze und Lieder durchgeführt werden, denn ohne sie wäre der Unterricht nicht eindrucksvoll genug, und das Leben der Frau hängt davon ab, dass dieser Unterricht eindrucksvoll ist. So fanden die Lieder und Tänze statt, nachdem die gute europäische Dame nachhause gegangen war. Was soll man tun? Ich denke, es war ein Fehler, strenge Vorschriften festzulegen und die Anwesenheit von Europäerinnen bei diesen Riten zur Bedingung zu machen.

Weit besser waren die Ergebnisse in einem Distrikt, wo sich keine Europäerin den Riten näherte, sondern nur die Frau, die den Unterricht geben sollte und eine afrikanische Kirchenälteste. Sie wurden nicht gefragt, was sie taten. Sie waren bekannt als treue Christen, die nichts erlauben würden, das ihnen wirklich als falsch erschien, obwohl sie sicher manches gestatteten, was in den Augen eines Europäers als schlecht erschien, was sie aber nicht im Geringsten als verwerflich empfanden. Der Kern der Sache lautet, auf eine einfache Formel gebracht, so: Wenn die Menschen wirklich in das Licht Jesu kommen, dann werden sie es von selbst mehr und mehr erkennen, was falsch ist und es richtig stellen. Wenn sie aber noch in der Finsternis sind, werden sie nicht erkennen, was falsch ist, und darauf bestehen, es zu tun. Und sie werden es tun, öffentlich oder heimlich, ob der Missionar es wünscht oder nicht. Das Geheimnis ist nicht, ausgeklügelte Gesetze zu machen, sondern die Menschen in das Licht Christi zu bringen. (Inzwischen wurde die weise Entscheidung getroffen, diese Riten ganz von afrikanischen Frauen durchführen zu lassen.)

Geburt

Eine der Sitten, die mit der Geburt eines Kindes verbunden sind, scheint im Licht des Christentums verändert werden zu müssen. Bei den Yao darf kein Kind aus dem Hause gebracht werden, bevor deutliche Anzeichen da sind, dass es am Leben bleiben wird. Genauso darf kein Mann bei der Geburt im Haus sein. Die strenge Befolgung dieser Sitte führt oft dazu, dass Kinder uns manchmal auch Mütter sterben, ohne die Sakramente empfangen zu haben. Für den Yao ist das Kind erst dann ein richtiger Mensch, wenn es aus dem Haus hinausgebracht worden ist. Deswegen muss sehr sorgfältig gelehrt werden, dass das Kind vom Augenblick seiner Geburt – ja selbst vom Augenblick seiner Empfängnis – Gegenstand der besonderen Liebe Gottes ist und deswegen ein Recht hat, die heilige Taufe wenigstens noch in der Stunde seines Todes zu empfangen. Genauso muss gelehrt werden, dass das Tabu, dass Männer zur Zeit nicht im Haus sein dürfen, nicht dazu führen darf, dass der Priester, der kommt, um dem Kind oder der Mutter beizustehen, das Haus nicht betreten darf. Wenn das Kind starb, bevor es aus dem Hause hinausgebracht worden war, wurde es nicht richtig beerdigt, sondern von der Mutter unter dem Abfallhaufen begraben. Wenn das Kind getauft ist, ist es sein Recht, mit all den Zeremonien eines christlichen Kinderbegräbnisses beerdigt zu werden. Darauf sollten wir, soweit es möglich ist, bestehen, denn dadurch betonen wir den Wert jeder menschlichen Seele – selbst der eines Neugeborenen – in den Augen Gottes.

Tod

Die Beerdigungsriten bei Erwachsenen müssen im Lichte des Christentums nur geringfügig verändert werden. Aber es gibt zwei Gebräuche, die eindeutig zeigen, dass man zu den Verstorbenen betet, und diese müssen unbedingt verboten werden. Diese beiden Gebräuche sind, dass der Tote auf die Seite gelegt wird, sodass sein Ohr oben ist, und dass über seinem Ohr ein Loch in das Leichentuch geschnitten wird. Manchmal werden Christen diesen Gebrauch unwissend befolgen, oder heidnische Verwandte des Verstorbenen werden versuchen, es zu tun. Das ist für den Priester eine gute Gelegenheit, Unterricht über unseren heiligen Glauben zu geben. "Nein, nein", könnte er sagen, "tut das nicht. Ihr legt den Toten auf seine Seite, so dass sein Ohr oben ist und er die Gebete, die an die Verstorbenen gerichtet werden, hören kann. Aber wir Christen tun das nicht, wir beten nicht zu den Verstorbenen. Wir Christen lieben Gott und beten nur zu ihm. Und zu ihm beten wir für die Toten, dass er sie segnen möge. Aber wir beten nicht zu den Toten selbst, denn damit würden wir ihnen Ehre geben, die nur Gott zusteht."

Die Furcht vor *ndaka*, der Wassersucht, die den befallen soll, der den Kopf des Toten hält, wenn er ins Grab gelegt wird, es sei denn, dass er sich danach rituell reinigt, wirft zwei Probleme auf. Erstens: Wie sollen wir uns gegenüber einem Mann verhalten, der es aus Furcht vor *ndaka* ablehnt, bei einer Beerdigung? Zweitens: Wie sollen wir uns zu der rituellen Reinigung verhalten? Die Antwort auf das erste Problem hängt zum Teil von unserer Antwort auf das zweite ab, deswegen werden wir uns ihm zuerst zuwenden. Die rituelle Reinigung hat zwei Teile, Waschungen und Inzest. Es ist klar, dass das zweite aller christlichen Moral absolut entgegengesetzt ist und absolut verboten werden muss. Selbst für den einfachsten Christen ist es nicht schwierig einzusehen, dass Gott nicht eine abscheuliche Sünde befohlen haben kann, als Reinigung nach einem körperlichen Akt der Barmherzigkeit. Anders ist es mit der Waschung. Es ist nicht bekannt, ob der Kräuterextrakt, mit dem die Waschung durchgeführt wird, irgend-welche antiseptische Wirkung hat, aber er wird auf jeden Fall als Antiseptikum empfunden, und es wäre unerhört, wenn man diese Waschung verbieten würde, während jeder Europäer, der diesen Dienst zu tun hätte, sich sicherlich hinterher in Antiseptika waschen würde. Vielleicht würde es sowohl nützlich als auch höflich sein, denen, die bei einer Beerdigung den Toten berühren müssen, irgendein gutes Antiseptikum anzubieten.

Wenn wir nun denen, die den Toten begraben, den Gebrauch eines Antiseptikums oder die rituelle Waschung erlauben und ihnen die Reinigung durch Inzest verbieten, was sollen wir dann mit einem Mann tun, der es ablehnt, in das Grab zu steigen, um einen Verwandten zu begraben oder einen Fremden, der in seinem Haus starb? Um gerecht zu sein in unserer Antwort, müssen wir uns klar werden, dass seit Generationen gelehrt wurde, dass sie an Wassersucht sterben werden, wenn sie die Reinigungsriten nicht voll durchführen. Wie sehr man auch in seinem Verstand der Behauptung zustimmen würde, dass all diese Drohungen nichts als Altweibermärchen sind, so bleibt doch, außer bei den Willensstärksten, der Schatten eines Zweifels, dass es vielleicht doch besser sein könnte, kein Risiko auf sich zu nehmen. Sehr wenige Christen würden sagen, dass sie wegen dieses leichten Zweifels Inzest begehen müssten, aber viele würden zögern, einen

Toten ins Grab zulegen, und einige würden sich weigern, es zu tun. Der einzige Weg, diese Furcht zu bekämpfen, ist der, in einer überwältigenden Zahl von Fällen zu zeigen, dass nichts Böses geschieht, wenn kein Inzest begangen wird. Oft wird es gut sein, wenn der Priester, der die Beerdigung hält, selbst ins Grab hinuntersteigt, wenn er sieht, dass die anderen zögern. Sein Beispiel wird mehr erreichen als viele Worte. Solange diese Furcht existiert, muss es auf jeden Fall als heroischer Akt bezeichnet werden, wenn ein Afrikaner ins Grab hinabsteigt und den Kopf des Toten hält, ohne danach die rituelle Reinigung durch Inzest zu vollziehen. Und da es ein heroischer Akt ist (in dem Sinne, wie das Wort in der Moraltheologie gebraucht wird), darf die Kirche niemanden, der ihn nicht tut, der einzigen Strafe unterwerfen, der Verweigerung ihrer Sakramente.

Die Christen müssen vom heidnischen Afrika viel in der Pflege der Gräber lernen. Oft wird das Grab eines Yao Häuptlings mit beispielhafter Sorgfalt gepflegt, und es ist eine große Schande, wenn die Gemeinschaft der Christen die Gräber ihrer abgeschiedenen Brüder nicht genauso sorgfältig pflegt.

Heirat

Wir beschließen dieses Kapitel mit Überlegungen über die Heirat bei den Yao. Wir haben gesehen, wie wenige Zeremonien eine Heirat begleiten, und wie leicht eine Scheidung ist. Vom Standpunkt der Kirche ist hier die entscheidende Frage, ob solch eine Verbindung als wahre natürliche Ehe angesehen werden kann oder nicht. Wenn es eine wahre natürliche Ehe ist, dann ist sie unauflösbar, es sei denn, dass der eine Partner sich weigert, dem anderen nach seiner Bekehrung zu erlauben, dem christlichen Glauben zu folgen. Dann kann die Ehe durch Dekret des Bischofs aufgelöst werden. Aber wenn die Ehe der Yao keine wahre natürliche Ehe ist, dann besteht keine Bindung. Die praktische Bedeutung dieser Frage ist beträchtlich. Nehmen wir einmal an, zwei Katechumenen leben zusammen, verheiratet nach der Sitte der Yao, und sie wollen sich aus irgendeinem geringfügigen Grunde trennen. Was soll ihnen der Missionar sagen, zu dem sie kommen, um sich Rat zu holen? Wenn ihre Verbindung keine Ehe ist, dann sollte er ihnen raten, sich zu trennen, und eine Verbindung einzugehen, die Aussicht auf Dauer hat, bevor diese Verbindung durch die Taufe zu einer unauflöslichen christlichen Ehe wird. Aber wenn ihre Verbindung eine wahre natürliche Ehe ist, dann leben sie in einer wahren und gottesgefälligen Verbindung, und er muss ihnen raten, zusammenzubleiben.

Ein ähnlicher Fall wäre, dass ein Paar nach Yao Sitte als Mann und Frau zusammenleben und getauft werden wollen. Wenn ihre Verbindung als wahre natürliche Verbindung angesehen werden muss, dann besiegelt ihre Taufe diese Ehe und macht sie zu einer vollgültigen christlichen Ehe. Aber wenn es keine wahre Ehe war, dann sollten sie zur Kirche kommen, um sofort nach der Taufe die Gelübde der christlichen Ehe abzulegen. Sonst wäre ihre Verbindung illegal, da sie niemals verheiratet waren.

In den Vorschriften, die Bischof Lucas für seine Diözese aufstellte, war er inkonsequent, und als er starb, war er dabei, diese Inkonsequenz richtig zu stellen. Er war der Meinung, dass die Ehe der Yao keine wahre natürliche Ehe ist. Seine Gründe für diese Meinung waren, dass die Eheschließung der Yao keine wirkliche Zustimmung zu einer lebenslänglichen Verbindung sein konnte, da die jungen Leute genau wussten, dass es die einfachste Sache der Welt sein würde, sich zu trennen, wenn sie es wünschten. Aber obwohl er dieser Ansicht war, ordnete er nicht an, dass alle, die als Verheiratete getauft wurden, das christliche Ehegelöbnis ablegen müssten. Das wäre konsequent gewesen. Aber er ordnete nur an, dass, wenn ein junges Paar und seine Verwandten kamen, um sich als Taufbewerber einschreiben zu lassen, sie öffentlich gefragt werden sollten, ob sie einander als Partner einer unauflöslichen Ehe annehmen wollen. Und dann unterschrieben sie das Formular oder machten ihr Zeichen. Aber das ist keinesfalls das Gleiche als würden sie ein Ehegelübde ablegen. Diese Handlung hat weder die gleiche Feierlichkeit noch die gleiche Bedeutung wie das Ehegelübde vor dem Altar in der Kirche. Man könnte den parallelen Fall eines jungen Paares nehmen, das kommt, um das Aufgebot zu bestellen. Den Vorschriften der Diözese zufolge müssen sie im Beisein ihrer Verwandten gefragt werden, ob sie einander für das ganze Leben als Ehepartner annehmen wollen. Aber diese Frage soll nur sicherstellen, dass sie aus freiem Entschluss kommen. Keiner wäre entsetzter gewesen als Bischof Lucas, wenn man das so aufgefasst hätte, als ob das junge Paar von jetzt an zusammen leben könnte. Damit müssen sie warten, bis sie das feierliche Ehegelübde in der Kirche abgelegt haben. Genauso kann die Feststellung beim Niederschreiben der Angaben für die Taufe, dass man das ganze Leben zusammen bleiben will, nicht gleichgesetzt werden mit dem Ablegen eines Ehegelübdes. Was Bischof Lucas tat, bedeutete in Wirklichkeit, dass er die Yao Ehen als halbgültig betrachtete, und dass die halbgültige Form der Feststellung ausreichend war, um eine halbgültige Ehe vollgültig zu machen. Aber das kann nicht sein. Entweder ist eine Ehe eine wahre und gültige natürliche Ehe oder sie ist es nicht. Und eine Ehe kann nur gültig gemacht werden durch das feierliche Ablegen des Ehegelübdes in der Kirche. Aber ich glaube auch, dass seine Annahme, dass Yao Ehen keine wahren natürlichen Ehen seien, falsch war. Bei dieser Sache muss man davon ausgehen, dass jeder einen Ehevertrag mit der rechten Ansicht eingeht, es sei denn, dass sich beweisen lässt, dass das Gegenteil der Fall ist. Deswegen erkennt die Kirche von England eine nur standesamtlich geschlossene Ehe als in den Augen der Kirche vollgültig an. Natürlich weiß jeder, dass eine standesamtlich geschlossene Ehe in den Augen des Staates durch eine legale Scheidung gelöst werden kann. Aber nur dann, wenn es offensichtlich ist, dass das Paar sich nur standesamtlich trauen ließ, um einen Ritus zu vermeiden, der sie für ihr ganzes Leben binden würde, ist diese Ehe in den Augen der Kirche keine gültige Ehe. Ähnlich wissen bei den Yao die jungen Leute, dass es nicht schwierig für sie ist, sich zu trennen, aber solange kein direkter Beweis für ihre Absicht vorliegt, muss man davon ausgehen, dass sie die richtigen Absichten hatten, als sie heirateten, und dass es ihre Absicht war, bis zum Tode zusammenzubleiben.

Manche haben behauptet, dass eine solche Ehe, die das ganze Leben dauert, unter den Yao praktisch unbekannt sei. Das muss eindeutig verneint werden. Als nach Bischof Lucas Tod die Frage auf der Diözesansynode diskutiert wurde, verneinten sie alle afrikanischen Geistlichen heftig. Es ist wahr, dass Scheidung sehr leicht ist. Aber es ist auch wahr, dass der eifrigste Polygamist zugibt, dass es in Wirklichkeit richtig ist, nur eine Frau zu haben, obwohl er gestehen mag, dass er durchaus unfähig ist, sich mit einer Frau zu begnügen. Er wird auch betonen, dass zwischen dem Status der Frau, die er zuerst heiratete und dem aller anderen Frauen ein großer Unterschied besteht. In einem Satz: Wie leicht auch eine Ehescheidung sein mag für einen Yao, wie leicht es immer auch sein mag, einen zweiten Partner zu nehmen, wir müssen annehmen, dass die erste Ehe eine wahre natürliche Ehe ist, es sei denn, dass eindeutige Beweise vorliegen, um zu zeigen, dass eine bestimmte Verbindung keine wahre natürliche Ehe ist.

Bischof Lucas von Masasi, die Kontroverse um die Mädchenbeschneidung in Kenya und die konservative Missionsmethode deutscher Missionare in Tanzania

Zu diesem Artikel:

Den folgenden Artikel schrieb ich 1991, damals noch in Deutschland, als ich mit Professor Noel Q. King Robin Lamburn's Manuskript über die Christianisierung traditioneller Übergangsriten in Südtanzania veröffentlichte. Ich schrieb den Aufsatz, um die Beziehung herzustellen zwischen dem Bemühen des anglikanischen Bischofs Vincent Lucas in Südtanzania zu ähnlichen Bemühungen der lutherischen und Herrnhuter Missionare in anderen Teilen des Landes.[1]

Für dieses Buch habe ich den Artikel übersetzt und überarbeitet, und ich habe eine Reihe von Ergänzungen aus malawischer Perspektive hinzugefügt. Durch die Versetzung des Artikels aus der Studie über Bischof Lucas in eine Studie über die lutherischen und Herrnhuter Missionare ergeben sich Wiederholungen, die als eine Hilfe zum Verständnis meiner Interpretation der Beziehung zwischen Christentum und afrikanischer Kultur nützlich sein mögen.

Unter Gegnern wie Befürwortern der Mission ist die Ansicht verbreitet, daß die Missionare sich keine Mühe gaben, die afrikanische Kultur zu verstehen.[2] Das mag irgendwo wahr gewesen sein, aber es war bestimmt nicht wahr für Bischof Lucas, Canon Lamburn und die deutschen konservativen Missionare. Genauso falsch ist der weitverbreitete Glaube, daß die Missionare ihr bestes taten, die afrikanische Kultur zu zerstören und daß die Afri-

---

[1] Klaus Fiedler, "Bishop Lucas' Christianization of Traditional Rites, the Kikuyu Female Circumcision Controversy and the 'Cultural Approach' of Conservative German Missionaries in Tanzania", in: Noel Q. King; Klaus Fiedler (Hg.): *Robin Lamburn – From a Missionary's Notebook: The Yao of Tunduru and Other Essays*, Saarbrücken/Ft. Lauderdale: Breitenbach 1991, S. 207-217

[2] "The missionaries failed miserably to adjust their religion to the African milieu but proudly believed, for example, that their own forms of marriage and burial, their theological approach, their narrow concept of family and individualism, were the best for the Kikuyu, Akamba, Teita, Nyika, Pokomo and Moslem Swahili" (A.J. Temu, *British Protestant Missions*, London: Longmans, 1972, p. 107. Der Titel des Buches ist irreführend, da es sich nur mit einigen wenigen Missionen in Kenya beschäftigt, und auch das nur bis 1929).

kaner ihrerseits ihr bestes taten, um ihre so wertvolle Kultur gegen die Übergriffe der Missionare zu verteidigen oder daß sie die Marionetten der Missionare waren, wenn sie es nicht taten.[3]

Die dritte falsche Vorstellung, daß es einen grossen Unterschied gibt zwischen Deutscher und angelsächsischer Missiologie, ist heute nicht mehr sehr verbreitet, war es aber in der Tat zwischen den beiden Weltkriegen, und in der Regel war es die deutsche Seite, die die bessere Missiologie für sich in Anspruch nahm.[4] In diesem Aufsatz beschäftige ich mich mit diesen drei Vorstellungen. Ich werde diese drei Konzepte nicht im allgemeinen behandeln, sondern ich werde eine Anzahl von Fällen beschreiben, für die sie eindeutig nicht zutrafen. Die Beispiele kommen alle aus der evangelischen und anglikanischen Missionsarbeit in Tanzania oder Kenya.

Die konservative Missionsmethode unter deutschen Missionaren in Tanzania

In den Anfängen der Missionsarbeit in Tanzania war es für die Missionen kaum nötig, die Einstellung zur afrikanischen Kultur zu thematisieren,[5] weil

---

[3] Zitate, um solche Ideen zu "beweisen," werden meist aus Quellen entnommen, die sich mit den ersten Anfängen der Missionsarbeit in Afrika beschäftigen: Der Historiker Robert Rotberg schreibt: "Missionaries were not slow to condemn the habits, the customs and the beliefs of the indigenous people... They had after all gone to Central Africa to offer a backward people the benefits of a European Christian civilization... With the worthy obsession of the earlier Evangelicals, the first missionaries to Northern Rhodesia preached a straightforward doctrine of salvation and social change... Yet, in addition to spiritual rebirth, they demanded of Africans some visible signs of change. In the first instance, the missionaries that woman should wrap skins of calico around their waists and drape "something substantial" across their breasts... Men, already accustomed to girding their loins, were encouraged to wear clothing of a Western kind (Robert I. Rotberg, *Christian Missionaries and the Creation of Northern Rhodesia 1880-1924*, Princeton University Press, 1965, p. 39). Damals war die Zahl der Christen noch sehr gering, und diese wenigen Bekehrten repräsentierten den modernen Sektor der Gesellschaft. Die Idee daß die Christen willenlose Werkzeuge (stooges) der Missionare ware, behandele ich in dem Abschnitt über die Beschneidungskontroverse in Kenya.

[4] Die hohe (Selbst-)Einschätzung des deutschen Beitrags zur Missionswissenschaft wird daran deutlich, daß die deutschen Vertreter in Tambaram 1938 sich verpflichtet fühlten, eine eigenen Stellungnahme dazu zu den Akten zu geben, die im Konferenzband veröffentlicht ist.

[5] Ich folge hier Terence O. Rangers Unterscheidung von drei Perioden: (1) Die Periode der Anfänge der Mission mit den ersten (wenigen) Bekehrten (2) Die Periode, während der sich die Führungsschicht der afrikanischen Evangelisten und Pastoren herausbildete (3) Die Periode, in der die Missionare versuchten, paternalistische Autorität auszuüben über Klerus und

die frühen Missionen oft in kulturellen Enklaven arbeiteten und die Zahl der Bekehrten niedrig war.[6] Erst als nach den Anfangsjahren die Zahl der Christen, die in keiner Weise für ihren Lebensunterhalt von der Mission abhängig waren, deutlich zugenommen hatte, wurde es für die Missionare nötig, eine lebensfähige Einstellung zur traditionellen afrikanischen Kultur zu gewinnen.[7]

In der dritten Periode der Missionsarbeit (für die Deutschen Evangelischen Missionare in der Regel nach 1925) wurde es für die Missionare der konservativen Missionsmethode nötig, ihre Haltung klar zu formulieren und sie gegen progressive Einstellungen in ihren eigenen Gemeinden zu verteidigen. Der herausragendste Vertreter der konservativen Missionsmethode unter den Deutschen Missionaren in Tanzania war der Leipziger Missionar Bruno Gutmann.[8]

Laien in gleicher Weise (Terence O. Ranger, "Missionary Adaptation of African Religious Institutions: The Masasi Case" in: Terence O. Ranger; Isaria Kimambo, *The Historical Study of African Religion*, London/Nairobi/Ibadan 1972, S. 221-251 [232]). – Diese Perioden können nicht genau datiert werden, da die Missionsarbeit zu unterschiedlichen Zeiten begann und unterschiedlich schnell voranschritt. Mit einer gewissen Vereinfachung beginnt die zweite Periode um 1900 und die dritte gehört zu der Zeit zwischen den Kriegen, die politisch die Zeit des "Indirect Rule" war.

[6] Ein guter Überblick über diese Periode findet sich in: William B. Anderson, *The Church in East Africa 1840-1974*, Dodoma: Central Tanganyika Press, 1977, S. 9-17, siehe besonders p. 15 'Kitoro' Christianity.

[7] Einer der deutschen Missionare der konservativen Missionsmethode, dessen Werk in die erste und zweite Periode fällt, war der Herrnhuter Missionar Traugott Bachmann. In hohem Alter beschrieb er rückblickend, wie er die Wirklichkeit der afrikanischen Kultur (hauptsächlich unter den Nyiha in der Gegend von Mbozi in Südwest Tanzania) kennengelernt hatte. Seine Memoiren, ursprünglich für seine Kinder geschrieben, wurden von Hans-Windekilde Jannasch nach Bachmann's Tode herausgegeben als: Traugott Bachmann, *Ich gab manchen Anstoß*, Hamburg nd. (gekürzte Fassung Konstanz, 1964²). Bachmann beschrieb seine konservative Missionsmethode in: Traugott Bachmann, *Praktische Lösung missionarischer Probleme auf einem jungen Arbeitsfelde (Nyaßagebiete, Deutsch-Ostafrika)*, Herrnhut: 1912 [Hefte zur Missionskunde 9]; "Der Heiland und die Nyika", *Evangelisches Missionsmagazin* 1922, S. 135-141.

[8] Bruno Gutmann hat über 500 Bücher und Artikel veröffentlicht. Eine ausgezeichnete und fast vollständige Bibliographie findet sich in: Bruno Gutmann, *Afrikaner - Europäer in nächstenschaftlicher Entsprechung*. Gesammelte Aufsätze. Anläßlich des 90. Geburtstags von Bruno Gutmann, herausgegeben von Ernst Jaeschke, Stuttgart 1966, S. 215-229. – Die ersten Arbeiten über Gutmann wurden meist aus missiologischer oder systematisch-theologischer Sicht geschrieben: Hellmut Weist, Die Theologie des Missionars Bruno Gutmann in kritischer Beurteilung, theol diss, Halle 1941; Werner Pollmar, Die missionarischen Grundsätze Bruno

Bruno Gutmann wurde 1876 in Dresden geboren und kam aus einer einfachen Familie. Er besuchte das Leipziger Missionsseminar und arbeitete von 1902 bis 1938 (mit kriegsbedingter Unterbrechung) an den Hängen des Kilimanjaro als Missionar, davon die letzten 28 Jahre als Pastor der Gemeinde Old Moshi (Kidia). Dort bemühte er sich, so viel wie möglich von der afrikanischen Kultur in das Leben der lutherischen Kirche dort zu integrieren.

Mit diesem Bemühen stand er in der Reihe der Leipziger Missionare, die, auf der Basis ihrer klaren lutherischen Theologie, Karl Graul's (1814-1864)[9] Nachfolger waren, die nicht nur die Gastkultur sorgfältig studierten, sondern sie auch in positivem Licht sahen und als einen Schatz für das Leben der jungen Kirche betrachteten.[10]

Die theologische Vorstellung, die die konservative Missionsmethode Graul's und Gutmann's möglich machte, war das lutherische Konzept der *adiaphora*. In der lutherischen Theologie sind *adiaphora* die "Zwischen-dinge," die

---

Gutmanns, theol diss, Halle 1942; Johann Christiaan Hoekendijk, *Kerk en Volk in de Duitse Zendingswetenschap*, Amsterdam 1948; Wolfgang Tilgner, *Volksnomostheologie und Schöpfungsglaube*, Göttingen 1966, S. 212-217. Anders als die zuvor genannten Untersuchungen hatte meine Doktorarbeit (Missionary Cultural Conservatism: Attempts to Reach an Integration Between African Culture and Christianity in German Protestant Missionary Work in Tanzania 1900-1940, Daressalam 1978) eine kirchengeschichtliche Perspektive, während J.C. Winter's ungefähr gleichzeitige Studien einen soziologischen Schwerpunkt hatten: Bruno Gutmann. A German Approach to Social Anthropology. BLit, Oxford 1979; Self-actualization in an African Society: Its Impact upon the Development of Christianity among the People of Old Moshi, Kilimanjaro, during the Period from 1870 to 1970, Habilitation Köln 1977. Ernst Jaeschke [Gutmann's successor at Old Moshi] lieferte eine englische Fassung von Gutmann's Theologie, *Bruno Gutmann. His Life, his Theology, his Work*, Makumira 1985. Siehe auch: Heinrich Bammann, *Koinonia bei Bruno Gutmann (Tanzania) und bei den Hermannsburger Missionaren im südlichen Afrika*, Liebenzell 1990; Martin F. Shao, *Bruno Gutmann's Missionary Method and its influence on the Evangelical Lutheran Church in Tanzania (Northern Diocese)*, Erlangen 1990.

[9] Von 1844 bis 1860 war er Direktor der Leipziger Mission.

[10] Die einzige Monographie (mit detaillierter Bibliographie), obwohl sie nur einen Aspekt umfasst, ist: Siegfried Krügel, *Hundert Jahre Graul Interpretation*, Berlin/Hamburg 1965. Zu Grauls Theologie siehe: Siegfried Krügel, "Ziel und Wege der Theologie Karl Grauls," *Evangelische Missionszeitschrift* 21 (1964), S. 168-174. Eine umfassende Studie ist: Jürgen Kuberski, Mission und Wissenschaft. Karl Graul und seine Missionstheologie, PhD, Evangelical Theological Faculty Leuven, 1993. – Gutmann erwähnt Graul häufig in seinen Veröffentlichungen. Siehe besonders: Bruno Gutmann, "Von Innen nach Außen," *In alle Welt* 1949, S. 42-44; "Von Innen nach Außen – der lutherische Weg," *Evangelisch-Lutherische Kirchenzeitung* 8 (1954), S. 305-309.

Bereiche des Lebens die in sich weder gut noch böse sind. Zu den *adiaphora* gehören Dinge wie Essen und Trinken, Arbeit und Erholung, das politische System und ein grosser Teil der sozialen Ordnung.[11] Die Theologie der *adiaphora* erlaubte es den Missionen, sich nicht einmischen zu müssen in Fragen wie Brautpreis, Tanzen, der Autorität der Häuptlinge und viele andere Dingen. Das Konzept der *adiaphora* ermöglichte es Gutmann, die Mädchenbeschneidung zu tolerieren (wenn auch nur als Sache der Familie, bei der "alles, was heidnisch ist, vermieden werden muss") und das Recht der Chagga Christen zu verteidigen, die Mädchenbeschneidung beizubehalten.[12] Das Konzept der adiaphora ermöglichte es Gutmann, den Erntetanz (*mtingo*) zu christianisieren[13] und sogar Sonntagstänze auf dem Kirchenrasen zu organisieren trotz starker Opposition der Gemeindeältesten.[14]

Aber Gutmann's Interesse war nicht das Bemühen, den christlichen Glauben an die afrikanische Kultur anzupassen oder bestimmten "einhei-mische Sitten" zu christianisieren.[15] Sein Hauptinteresse war, die sozialen Ordnungen, die Gott ursprünglich der Menschheit gegeben hatte ("Primäre Bin-

---

[11] Graul sah selbst das indische Kastensystem als Teil der sozialen Ordnung (Paul Fleisch, *Hundert Jahre Lutherische Mission,* Leipzig 1936, S. 50-65. Gutmann teilte Grauls Auffassung). Interessanterweise sah Gutmann Polygamie nicht als Teil der sozialen Ordnung. Er war überzeugt, daß das Gewissen der Chagga Polygamie als "Wildwuchs" an der sozialen Ordnung sah (*Evangelisches Missionsmagazin,* 1928, p. 155).
[12] Protokoll Missionarskonferenz 1925.
[13] Der *mtingo* Tanz (ein Fruchtbarkeitstanz mit langen schmalen Trommeln), den Gutmann christianisierte, war, aufgrund von Veränderungen in der Landwirtschaft, schon weitgehend in Vergessenheit geraten. Er christianisierte den Tanz, indem er die Texte klar auf Gott den Schöpfer bezog (Gemeindeälteste Old Moshi 8.9.1911). Die Tänze finden heute (1974) noch in Kidia statt, aber der Soziologe J.C. Winter sah sie als völlig a-religiös (Mündliche Mitteilung 24.1.1974). In Tela (zu Gutmanns Zeit Teil der Gemeinde Kidia), verbot Imanuel Mkony, Gutmanns Nachfolger, und zuvor sein wichtigster Mitarbeiter im pastoralen Dienst, den *mtingo* Tanz, weil Trommler und Tänzer nicht länger bereit waren, ihre Rolle ohne je de Menge Bier zu spielen (Int Imanuel Mkony 26.5.1971).
[14] Gemeindeälteste Moshi 11.3.1914. – Als Gutmann 1930 in Deutschlandaufenthalt war, nutzten die Ältesten die Gelegenheit, die Sonntagnachmittagstänze zu verbieten, "weil sie gegenüber den Ältesten nicht genug Respekt zeigten" (Protokoll Altersgruppenführer Old Moshi 22.11.1932). Gutmann brauchte bis 1935, bevor er die Erlaubnis erlangte, die Tanzrasen wieder zu öffnen (Gemeindeälteste Old Moshi 8.1.1935).
[15] Bischof Lucas schätzte Gutmann's Arbeit sehr hoch ein, aber er hatte kaum Kontakt zu ihm (Lamburn - Fiedler 7.12.1989).

dungen"),[16] die Sippe, die Nachbarschaft und die Altersgruppe, für die Kirche und ihr Leben fruchtbar zu machen. Diese drei primären Bindungen sah Gutmann als Teil der Gottesebenbildlichkeit (1. Mose 1:27). Für Gutmann sind die Primären Bindungen keine adiaphora, nichts was man tun oder lassen kann, sondern notwendige Grundbausteine der Kirche. In der Praxis bedeutete das, daß die Kirche nichts tun würde gegen das Aussterben der Beschneidung (für Mädchen und Jungen), daß sie sich aber engagiert dafür einsetzen würde, daß Sippe und Nachbarschaft ihre Bedeutung behielten.[17]

In all den Jahren seiner Wirksamkeit blieb Bruno Gutmann umstritten. Widerstand kam sowohl von nicht-lutherischen Missiologen als auch von innerhalb seiner eigenen Mission.[18] Trotz verschiedener Nuancen war in den 1930er Jahren unter deutschen evangelischen Missionaren die Einstellung verbreitet, daß die afrikanischen Kulturen ihren eigenen Wert haben und daß Missionare ihnen mit Respekt begegnen müssen.[19]

Obwohl Bruno Gutmann in der Zeit zwischen den Weltkriegen der bekannteste Vertreter der konservativen Missionsmethode war, war er keineswegs der einzige.[20] Zwei Missionare und Missiologen, die in vielem zu ähnlichen Ergebnissen gekommene waren wie Bruno Gutmann, waren Traugott

---

[16] Der Ausdruck "urtümliche Bindungen" klingt heute antiquiert. Deswegen habe ich die bisherige englische Übersetzung "primordial ties" durch "primal ties" ersetzt und benutze im Deutschen den Ausdruck "primäre Bindungen."

[17] Bruno Gutmann, "Die Unbedingtheit der urtürmlichen Bindungen," *Neue Allgemeine Missionszeitschrift*, 1933, S. 242-248.

[18] Zum Beispiel: Bruno Gutmann, "Die Kirchenordnung der Evangelischen Ewe Kirche in Togo," *Theologisches Literaturblatt* 57 (1936), S. 289-300 und: A.W. Schreiber, "Ein Wort zur Kritik D. Dr. Jur. Gutmanns an der Kirchenordnung der Evanglischen Ewe-Kirche in Togo (West Afrika)," *Neue Allgemeine Missionszeitschrift* 1937, S. 30-38. – Ein deutlicher Opponent Gutmanns war sein Nachbar Georg Fritze in Mamba, der trotz allem viele ähnliche Gedanken hatte wie Gutmann. Siehe sein Manuskript im Leipziger Archiv: Georg Fritze, *Rika Lyikanyie*, 1932, 101 Seiten).

[19] Daß solche "hohe" Achtung der afrikanischen Kulturen auch aus falschen Quellen gespeist sein konnte, zeigt die Haltung Hermann Schnabels, dessen Einstellung im Kapitel über die Herrnhuter Missionare in diesem Buch behandelt wurde.

[20] Neben ihm war Christian Keysser bedeutend, ein lutherischer Neuendettelsau Missionar in Papua Neuguinea. His best known book is: Christian Keysser, *Eine Papuagemeinde*, Kassel 1929. Seine konservative Missionsmethode fand beträchtliches Interesse in der Evangelikalen Gemeindewachstumsbewegung. Die William Carey Library in Pasadena CA druckte sein Werk als Christian Keysser (translated by Alfred Allin and John Kuder), *A People Reborn*, Pasadena 1980 [Foreword by Donald McGavran].

Bachmann and Ernst Johanssen.[21] Die Zahl der Missionare, die sich zu einer hohen Wertschätzung der afrikanischen Kultur bekannte, war wesentlich grösser. Statt hier weitere Namen hinzuzufügen, möchte ich zwei Aspekte benennen: (1) Nach 1933 vermischten *einzelne* Missionare in Tanzania die Idee des eigenen Wertes aller Kulturen mit der nationalsozialistischen Ideologie des Dritten Reiches. Sie kombinierten die Idee der kulturellen Eigenständigkeit mit der Idee der Trennung der Kulturen,[22] was dann natürlich zum Verständnis der Überlegenheit der deutschen Kultur führen musste. Natürlich waren die betroffenen afrikanischen Christen von *dieser* "hohen" Wertschätzung in keiner Weise angetan.[23] (2) Die afrikanische Einstellung zur hohen Wertschätzung ihrer Kultur variierte. Bestimmte Aspekte wurden gerne angenommen, aber längst nicht alle Aspekte und nicht von allen Afrikanern.[24]

---

[21] Eine hochinteressante Dokumentation der Entwicklung Bachmann's ist seine Autobiographie, die nach seinem Tode veröffentlicht wurde: Traugott Bachmann, *Ich gab manchen Anstoß*, Hamburg, nd. Siehe auch Traugott Bachmann: *Praktische Lösungen missionarischer Probleme auf einem jungen Arbeitsfelde (Nyaßagebiet, Deutsch-Ostafrika)*, Herrnhut 1912. Die Entwicklungen in Johanssens Denken werden deutlich in: Ernst Johanssen, *Führung und Erfahrung im vierzigjährigen Missionsdienst*, 3 vls., nd, Bethel. Zu seinen Ideen siehe: "Die Gottesvorstellung eines Bantuvolkes: Der Imana-Gedanke bei den Bewohnern Ruandas," *AMZ* 1923, S. 149-165; *Mysterien eines Bantuvolkes: Der Mandwa Kult der Nyaruanda verglichen mit dem antiken Mithras Kult* (Leipzig 1925); "Das Evangelium in seiner Auseinandersetzung mit afrikanischem Volkstum, *EMM* 1933, S. 135-147; "Die Bedeutung der Gutmannschen Gedanken für unsere Mission," *Unsere Erfahrung* 1932, S. 27ff.

[22] Im südafrikanischen Kontext der Nachkriegsjahre wiederholte sich diese Kombination in der Politik der Apartheid, der (rassisch) getrennten "Entwicklung." Als ein Buch, das zeigt, wie gut allen (getrennten) Rassen diese Apartheid Politik tat, kann ich empfehlen: Chris van Rensburg (Hg), *Schlüssel zum Fortschritt. Bildungswesen für Südafrikas Schwarze, Mischlinge und Inder*, Marshalltown, Johannesburg: oJ [1975]. Das Buch wurde mir als Propagandamaterial von der südafrikanischen Botschaft zugeschickt.

[23] Der Missionar, der diese Überzeugungen am deutlichsten vertrat, war der Herrnhuter Hermann Schnabel (Mwaipopo). Er ging so weit, daß er die Machtergreifung Adolf Hitlers als ein Ereignis der Heilsgeschichte ansah (Protokoll Missionarskonferenz 1937). Er kehrte 1940 nach Deutschland zurück und verlor seinen christlichen Glauben völlig und trat aus der Brüdergemeine aus (Schnabel – Älteste der Brüdergemeine Niesky, 31.7.1946).

[24] Afrikanische Christen wiesen solche Aspekte der konservativen Missionsmethode zurück, die ihre Rollendefinition negativ beeinflussten. Ein typischer Fall ist, daß in manchen Fällen die Betonung der Muttersprache zu einer Entwertung des Swahili führte und besonders, wo die Betonung der Muttersprache und ihrer Kultur zu einem Kampf gegen das Englische führte wie bei den Herrnhutern (aber nicht bei Johanssen). – Filipo Njau, Gutmanns wichtigster Gehilfe bis 1920 und von 1920 bis 1925 (nicht ordinierter) Pastor der Gemeinde Old Moshi,

Deutsche und Angelsächsische Missionswissenschaft

Wegen der grossen Entfernungen und wegen der unterschiedlichen Konfessionen der Missionare gab es nur wenig Kontakte zwischen den deutschen und anglikanischen Missionaren in Tanzania.[25] Trotzdem arbeiteten Missionare beider Nationalitäten an ähnlichen Problemen und kamen oft zu ähnlichen Lösungen, aber durchaus nicht in jedem Fall. Das widerspricht dem Anspruch Deutscher Missiologie der 1930er Jahre, daß die deutschen Missionare ein besseres Verständnis (in Theorie und Praxis) für die einheimischen Kulturen hätten. Die hohe Wertschätzung der afrikanischen Kultur war, selbst in den 1930er Jahren, nicht eine Frage der Nationalität, sondern der persönlichen und thelogischen Entwicklung der betroffenen Missionare. Es ist kein Zufall, daß Bruno Gutmann ein "strenger" Lutheraner war und Vincent Lucas ein "strenger" Anglokatholik. Beide Traditionen hatten liturgische Tendenzen und beide schätzten die Väter der Kirche hoch ein, und beide sahen, auf der Basis ihrer jeweiligen theologischen Tradition, Kultur eher in einem positiven als in einem negativen Licht. Für sie war es leichter, die afrikanische Kultur wertzuschätzen als für Reformierte, Presbyterianer oder für die Brüder.[26]

In den hier behandelten Jahren gab es keine Presbyterianische Kirche in Tanzania, aber die "strenge" presbyterianische Haltung konnte in Malawi

---

arbeitete gut mit Gutmann zusammen (sichtbar zB darin, daß er seinen Kindern nur Chagga Namen gab), hatte aber eine grundsätzlich andere Einstellung (Int Filipo Njau, 26.7.1972). Nach seinem Dienst in Moshi wurde er an das Marangu Teacher Training College berufen, das für ihn eine wesentlich passendere Umgebung war.

[25] Die deutschen Missionare arbeiteten vorwiegend im Norden und Südwesten des Landes, während die anglikanischen Missionare, zu denen Bischof Lucas gehörte, im äussersten Süden arbeiteten. Ausserdem hielten sich die anglo-katholischen Missionare der Universities Mission to Central Africa (allgemein bekannt als UMCA, heute Teil der USPG), in ökumenischen Kontakten sehr zurück. Als einzige anglikanischen Mission hatten sie nicht an der Weltmissionskonferenz Edinburgh 1910 teilgenommen ("Edinburgh 1910, Africa 2010 and the Evangelicals", *Studia Historiae Ecclesiasticae, 2010*). Zur innerprotestantischen Dynamik dieser Konferenz siehe auch Klaus Fiedler, "Edinburgh 1910 and the Evangelicals", *Evangelical Theological Review*, 2011.

[26] Im wirklichen Leben waren die Dinge natürlich komplizierter als hier beschrieben. Clement Scott, langjähriger Leiter der Presbyterianischen Blantyre Mission, hatte eine fast anglokatholisch anmutende Form der Kirchenleitung, die Reformierten Missionarinnen und Missionare aus Südafrika christianisierten die Mädcheninitiation unter den Chewa in Zentralmalawi, und die Wiedenester Mission der Brüder, mit der ich sieben Jahre in Südtanzania gearbeitet habe, sah sich in der Lage, Polygamisten, die sich zum christlichen Glauben bekehrten, zu taufen ohne ihre "überzähligen" Ehefrauen zu entlassen.

beobachtet werden (Church of Scotland Mission, Blantyre und Free Church of Scotland Mission, Livingstonia)[27] und in Kenya, und viele Missionare der interdenominationellen Glaubensmissionen hatten ähnliche Einstellungen aufgrund ihres presbyterianischen Hintergrundes.[28]

Nicht Hautfarbe, sondern Rolle

Terence O. Ranger gewann beim Lesen der Tagebücher der Stationen der Masasi Diözese den Eindruck, daß die europäischen Priester der Diözese entweder den christianisierten Riten der Masasi Diözese desillusioniert gegenüberstanden oder sie rundweg ablehnten.[29] Aber Bischof Lukas war ein weißer Priester der Diözese, und genauso Robin Lamburn, der die traditionellen und die christlichen Initiationsriten beschrieben hat.[30] Andererseits waren nicht alle afrikanischen Mitarbeiter begeistert von den christianisierten Riten. Ob jemand die christianisierten Riten mochte oder nicht, hing nicht von der Hautfarbe ab, sondern von der Rolle, die die Bejahung oder Ablehnung der Riten bewirkte.

---

[27] Für zwei kürzliche Untersuchungen zur Einstellung der Livingstonia Missionare zur afrikanischen Kultur siehe: Joyce Mlenga, *Dual Religiosity in Northern Malawi. Ngonde Christians and African Traditional Religions*, Mzuzu, Mzuni Press, 2016; Moses Mlenga, *Polygamy in Northern Malawi. A Christian Reassessment,* Mzuzu, Mzuni Press 2016.

[28] Die meisten Missionare der Glaubensmissionen waren keine Presbyterianer. Aber viele, zum Beispiel mit baptistischem oder independentistischem Hintergrund, hatten eine im Grunde presbyterianische Auffassung von der Kirche und von der praktischen Frömmigkeit. Siehe dazu mein Buch: *Das Kirchenverständnis der Glaubensmissionen und ihrer Kirchen in Afrika – Ein Beitrag zu den Möglichkeiten und Grenzen einer inderdnominationellen Ekklesiologie* (Gießen/Basel: Brunnen 1992). Jetzt als free download erhältlich unter: http://tinyurl.com/fiedler.

[29] Terence O. Ranger, "Missionary Adaptation of African Religious Institutions: The Masasi Case" in: Terence O. Ranger and Isaria Kimambo (Hg), *The Historical Study of African Religion*, London/Nairobi/Ibadan 1972, S. 221-251 [240]. Lamburn weist Ranger's Verständnis der Tagebücher zurück. Er weist daraufhin, daß kein Missionar (ausser Medizinern) die Riten abschaffen wollte. Kritische Einträge in den Tagebüchern sieht er als Ausdruck momentaner Gefühle. Er schliesst: "We stood together, though some hated the noise and the fuss and blood" (Lamburn – Fiedler 7.12.1989).

[30] Lamburn's Text wurde zuerst in Deutsch veröffentlicht: Robin Lamburn, *Die Yao von Tunduru. Begegnung von Stammessitte und Evangelium*, Wuppertal: Fiedler, 1967. Für das englische Original siehe: Robin Lamburn, *From a Missionary's Notebook. The Yao of Tunduru and other Essays*, Saarbrücken/Ft Lauderdale: Breitenbach, 1991. Wesentliche Auszüge zu den traditionellen und christlichen Initiationsriten sind abgedruckt in: Klaus Fiedler, *Missionary Cultural Conservatism: Attempts to Reach an Integration between African Culture and Christianity in German Protestant Missionary Work in Tanzania 1900-1940*. Leiden/New York/Köln: E.J. Brill, 1996, S. 167-205 und am Ende dieses Buches in deutscher Übersetzung.

Für die afrikanischen Priester bedeutete die Bejahung der christianisierten Riten eine deutliche Erhöhung ihrer Rolle in der Gesellschaft.[31] Zuvor hatten nur einige wenige Häuptlinge, die *asyene mchila* ("Besitzer des Schwanzes"), das Recht, Beschneidungslager zu organisieren und von diesen Lagern zu profitieren. Dieses Recht übernahmen effektiv die anglikanischen Priester, die damit ihre gesellschaftlichen Rolle neu (und höher) definierten. Für die europäischen Priester bedeutete es eine Menge extra Arbeit, einen *jando* zu organisieren, der wenig zu ihrer (sowieso hohen) Stellung in der Gesellschaft beitrug. Für die afrikanischen Priester dagegen bedeutete die Übernahme des *jando* Rechtes eine bedeutende Steigerung ihrer Rolle in der Gesellschaft, weil sie damit *asyene mchila* wurden, was zuvor nur wenigen der höheren Häuptlinge zustand.[32]

Christliche Initiationsriten?

Im Zentrum der konservativen Missionsmethode von Bischof Lucas stand die Christianisierung des Initiationsritus für Jungen (in dessen Zentrum die Beschneidung stand). Die Initionsriten sind ein geeigneter Schlüssel zu jeder afrikanischen Kultur,[33] weil Geburt, Pubertät, Heirat, Schwangerschaft und

---

[31] Terence O. Ranger, "Missionary Adaptation of African Religious Institutions: The Masasi Case" in: Terence O. Ranger; Isaria Kimambo (Hg), *The Historical Study of African Religion*, London/Nairobi/Ibadan 1972, S. 221-251 [225f; 241-245].

[32] Robin Lamburn betont, daß wichtige Häuptlinge wie Namagono and Matola mit den christianisierten Riten sehr zufrieden waren und sie in jeder Hinsicht unterstützten (Lamburn – Fiedler 2.7.1989). Für sie war eine gute Beziehung zur Kirche und den Missionaren ein wichtiger Teil ihrer Rollendefinition als Herrscher ihrer Territorien.

[33] Verschiedene BA Dissertationen beschäftigen sich mit den Übergangsriten: Die mir wichtigsten sind: Edward Jeffrey, The Impact of Jando Initiation on its Initiates in the Area of Kasamba Village in Nkhotakota, BA, Mzuzu University, 2012 (Mzuni Documents 49); Harold Mdoka, The Impact of Jando and Msondo on Boys and Girls: A Case Study of Ntaja, Machinga, BA, Mzuzu University, 2010 (Mzuni Documents 137); Mcduff Kapito, The Impact of Yao Traditional Initiation Teachings on Women: A Case Study of Traditional Authority Malemia, Zomba District, BA, Mzuzu University, 2010 (Mzuni Documents 136). Eine Beschreibung katholischer Initiation ist: Dennis Luka, Christian Boys' Initiation Rites at Sitima Catholic Parish in Zomba, BA, Mzuzu University, 2010 (Mzuni Documents 137). Girls' circumcision has always been very rare in Malawi, for a report on how one community abolished it, see: Martin Mgeni, Girls Initiation in a Yao Setting and Christian Attitude. A Case Study at Msembuka Village - Chikala Plateau - T/A Chamba Msondo Rite (Class Presentation TRS 404, Chancellor College, University of Malawi, 1996). Zu einer individuellen Form der Mädcheninitiation siehe: Esha Fikilini, Umwali Initiation among the Tonga in Kasitu in Nkhotakota District, BA, Mzuzu University, 2012 (Mzuni Documents 48). Zum Erlebnis solcher Initiation aus der Prespektive der Mädchen siehe: Wezi Gondwe, Initiation experiences among Bandawe Girls Secondary School Students, MA Module, 2010 (Mzuni Documents 77).

Tod[34] nicht nur biologische, sondern auch (und besonders) soziale Vorgänge sind,[35] und weil in vielen afrikanischen Kulturen die Initiationsriten eine grosse Rolle spielen.[36]

Unter den Missionaren waren die Initiationsriten ein viel diskutiertes Thema. In dieser Debatte vertrat Vincent Lucas das eine Extrem, wogegen das andere Extrem von Missionaren der Presbyterianischen Mission (CSM) und der Africa Inland Mission in Kenya vertreten wurde, die die Mädchenbeschneidung völlig verboten.[37]

Andere Missionen nahmen verschiedene Zwischenstellungen ein. Die Leipziger Mission erlaubte die traditionelle Beschneidung, ohne zwischen Jungen- und Mädchenbeschneidung zu unterscheiden (mit der Bedingung, 'alles heidnische zu vermeiden.') Aber sie wurde nur als Sache der Familie (also nicht religiös) verstanden, weil für Leipzig die Beschneidung ein *adiaphoron* war, in das sich die Kirche nicht einzumischen hatte.

Anders als es die offizielle Einstellung der Leipziger Missionsleitung war, sah Gutmann's Nachbar George Fritze (1899-1944) in Mamba die Beschneidung nicht als eine gesellschaftliche Einrichtung (adiaphoron), sondern als eine "Initiation in die Geisterwelt,"[38] während es die offizielle Einstellung der Mission war (zumindest seit 1920), nicht gegen die Beschneidung zu kämpfen und zugleich die zu unterstützen, die die Beschneidung für sich oder ihre Kinder ablehnten.[39] Darüberhinaus gestaltete er den Konfirmandenun-

---

[34] Ein anderer Übergangsritus ist die Berufung eines Häuptlings. Für die Yao in Malawi siehe: Ian Dicks, "It Takes an Initiation to Make a Yawo Chief," *Religion in Malawi*, 2010, pp. 3-11.

[35] Die grundlegende Darstellung der Übergangsriten ist immer noch: Arnold van Gennep, *Les rites de passage. Etude systématique des rites*, Paris, 1909 [*The Rites of Passage*, London, 1960].

[36] Einige Beispiele zu der Literatur, die sich mit der Initiation in den hier behandelten Gruppen beschäftigt, sind: Jomo Kenyatta, *Facing Mount Kenya. The Tribal Life of the Gikuyu*, London 1968 (1938); O.F. Raum, *Chagga Childhood. A Description of Indigenous Education in an East Africa Tribe*, Oxford 1967 (1940), S. 295-348; Gerhard Kubik, "Boys' Circumcision School of the Yao. A cinematographic documentation at Chief Makanjila's village in Malawi", *Review of Ethnology* 1967, S. 1-37.

[37] Einzelne anglikanische CMS Missionare teilten diese Ansichten. – Zur Africa Inland Mission siehe: Klaus Fiedler, *Ganz auf Vertrauen. Geschichte und Kirchenverständnis der Glaubensmissionen.* Gießen/Basel: Brunnen, 1992, S. 255-258.

[38] George Fritze, Rika Lyikanyie, S. 31-34.

[39] Int Yokobo L. Lyimo 9.2.1974. Fritze war stolz darauf, daß in Mamba 20 junge Leute, die nicht beschnitten worden waren, geheiratet hatten und selbst Kinder hatten.

terricht in einer Weise, die der traditionellen Initiation ähnlich war (als Lager), sexuelle Aufklärung eingeschlossen. Er fand in gewissem Mass ein positives Echo,[40] aber am Ende wurde die ganze Unternehmung von den Gemeindeältesten beendet, nicht weil er sexuelle Aufklärung in den Konfirmandenunterricht einbezog, sondern weil er in diesen Unterricht auch unbeschnittene Jungen einschloss.[41] Dazu kam, daß die Ältesten ihre Rolle gefährdet sahen, weil der Missionar ihre Autorität verringerte.[42]

Die Berliner Mission in Uzaramo verbot die Beschneidung, tat aber nichts, daß dieses Verbot auch beachtet wurde, und dieselbe Mission hatte nie etwas gegen die Mädcheninitiation (ohne Beschneidung) unternommen.[43] Die anglikanische Mission (CMS) in Kenya erlaubte, daß Missionare sich gegen die Mädchenbeschneidung aussprachen, aber der Bischof lehnte jeden Zwang im Kampf gegen die Mädchenbeschneidung ab. Diese Einstellung vertraten auch die Methodisten und die Katholiken.[44] Das zeigt, daß in Kenya selbst die Missionare unterschiedliche Einstellungen zur Mädchenbeschneidung hatten.[45] A.J. Temus Meinung, daß in Kenya alle Afrikaner die Einstellung der Africa Inland Mission (AIM) und der Church of Scotland Mis-

---

[40] Ein Teilnehmer berichtete mir engagiert von seinen Erfahrungen.

[41] Int Yokobo L. Lyimo 9.2.1974. Int Paulo Moshi 9.2.1974 und andere. Das muss 1939 geschehen sein, weil es zu der Zeit war, als die "Rika-Schulen" noch florierten, wie der Jahresbericht Mamba zeigt.

[42] Schon im Jahre 1937 hatte Inspektor Küchler von der Leipziger Mission beobachtet, daß Fritze seine Neuerungen ohne viel Beratung mit den Vertretern der Gemeinde durchführte (Küchler – Leipzig 2.11.1937).

[43] Diese Initiation hatte keine islamischen Einflüsse aufgenommen und Beschneidung fand nicht statt, aber die Mädchen mussten zwischen 2-7 Jahren in Abgeschlossenheit leben, um die Zeitspanne zwischen erster Menstruation und Heirat zu überbrücken. Der Ritus und Schwester Anna von Waldows erfolgreiche Christianisierung sind beschrieben in: Anna von Waldow, *Mwali Custom: Uzaramo Transformation*, unveröffentlicht, ca. 1935 (später veröffentlicht als: "Mädchenerziehung bei den Zaramo", *Afrika und Übersee* 1961, S. 292-306). Als eine detaillierte Studie siehe: Irene Fiedler, "Mädchenerziehung in Tansania. Das Beispiel von Anna von Waldow", *Evangelische Mission*, Jahrbuch 1984, S. 115-123 and Irene Fiedler, *Wandel der Mädchenerziehung in Tanzania*, Saarbrücken/Ft Lauderdale 1983, S. 227-270 (zu den traditionellen Riten siehe S. 163-172).

[44] Ausführlich beschrieben und analysiert in: R.W. Strayer, *The Making of Mission Communities in East Africa*, London: Heinemann, 1978.

[45] Zur Mädchenbeschneidung und verwandten Riten in Afrika und darüberhinaus siehe: Isobel Blythe, *Female Circumcision and Infibulation*, Univ. of Glasgow undergrad. diss. 1984.

sion (CSM), die die Mädchenbeschneidung verboten, ablehnten, stimmt mit den historischen Tatsachen nicht überein.[46]

Sowohl in der AIM als auch in der CSM gab es in der Tat Afrikaner, die überzeugt waren, daß die Mädchenbeschneidung abgeschafft werden müsse.[47] Diese Tatsache wird, wie es Temu tut, damit (weg-)erklärt, daß diese Afrikaner unter Druck (direkt *oder* indirekt) der Missionare standen, von denen sie abhängig waren.[48] Diese Erklärung ist unzureichend, wie das Beispiel der Lutherischen Kirche unter den Chagga am Kilimanjaro zeigt. Als alle Leipziger Missionare ausser einem wegen des Versailler Vertrages ausser Landes waren, beschloss im Jahre 1923 der kirchenleitende Rat der Lehrer und Ältesten, die Beschneidung abzuschaffen, ohne zwischen Mädchen- und Jungenbeschneidung zu unterscheiden.[49] Beschneidung, so beschlossen sie, sei "gegen Gottes Gesetz."[50] In dem Bemühen, ihre neue Erkenntnis durchzusetzen, waren sie nicht weniger grob als die Missionare der AIM and CMS in Kenya.[51] Was die Ereignisse am Kilimanjaro so bedeutsam macht, ist die Tatsache, daß der Kampf gegen die Mädchenbeschneidung am Kilimanjaro ein Licht wirft auf die berühmte Mädchenbeschneidungskontroverse in Kenya. Die Chagga hatten eine Kultur, die in vielem der Kultur der Kikuyu

---

[46] Berichte, die auf Tatsachen basieren, sind: David Peter Sandgren, *The Kikuyu, Christianity and the Africa Inland Mission*, PhD, University of Wisconsin-Madison 1976 (UMI) S. 198ff; John A. Gration, *The Relationship of the Africa Inland Mission and its National Church in Kenya Between 1895 and 1971*, PhD, New York University 1973 (UMI), S. 139ff.

[47] Ein Beispiel ist: Progressive Kikuyu Party – East African Standard 11.9.1929 in: Church of Scotland, Memorandum prepared by The Kikuyu Mission Council on Female Circumcision, Kikuyu, Kenya 1.12.1931 Appendix IV No. 2; siehe auch S. 8ff des Memorandums.

[48] A.J. Temu, *British Protestant Missions [in Kenya]*, p. 157.

[49] Wegen des Versailler Vertrages mussten alle Deutschen für 5 Jahre Tanzania verlassen (1920-1925). Alexander Eisenschmidt durfte bleiben, weil er aus dem Baltikum stammte und daher als Russe eingestuft wurde. Aber er nahm nicht an der Beschneidungskontroverse teil, seine Aufgabe war es, alle Leipziger Stationen zu besuchen, die Sakramente zu verwalten und kirchliche Trauungen durchzuführen.

[50] Verschiedene Interviews Old Moshi Congregation 1974. Protokoll Missionarskonferenz 1927 gibt als Grund an, daß Beschneidung "von der Bibel verboten war".

[51] In Old Moshi verteilten die Leiter der Gemeinde zum Beispiel Schreibhefte, in denen die Mitglieder der Gemeinde unterschreiben mussten, daß sie mit Beschneidung nichts zu tun hätten (Verschiedene Interviews 1974). Die AIM Missionare in Kijabe benutzten statt der Schreibhefte Listen (Virginia Blakeslee, *Beyond the Kikuyu Curtain*, Chicago 1956 p. 191). Der Unterschied war, daß die AIM Missionare nur gegen die Mädchenbeschneidung agitierten, während die Führer der Chagga Lutheraner gegen Mädchen- und Jungenbeschneidung vorgingen. Das Ergebnis war dasselbe: Kirchenzucht.

sehr ähnlich war, und in der die Beschneidung der Mädchen eine ähnlich zentrale Rolle spielte. Während unter den Kikuyu die Missionare den Kampf gegen die Mädchenbeschneidung anführten, waren die Missionare unter den Chagga an dem Verbot in keiner Weise beteiligt. Darüberhinaus waren es die Missionare, angeführt von Bruno Gutmann, die, genauso autoritär wie ihre Kollegen in Kenya, die gewählte Kirchenleitung zwangen, den Kampf gegen die Beschneidung aufzugeben und sie für Mädchen wie Jungen wieder zu erlauben.[52] Und dann mussten die Gemeinden alle die wiederaufnehmen, die wegen ihrer Unterstützung der Beschneidung "beiseitegesetzt" worden waren.[53]

Die These, daß die Einstellung zur Beschneidung und anderen Initiationsriten nicht von der Hautfarbe abhängt, sondern von den Möglichkeiten der Rollendefinition, wird unterstützt von den entsprechenden Ereignissen in der Zaramo Synode der Berliner Mission südwestlich von Daressalam. Die Berliner Mission hatte die Jungenbeschneidung als "islamisch" verboten, aber hatte, zumindest in den 1920er und 1930er Jahren, gar nichts unternommen, dieses Verbot auch durchzusetzen.[54] Als Walter Braun, der Inspektor der Berliner Mission und ein Anhänger Bruno Gutmanns, die Zaramo Mission visitierte, nahmen er und die anderen Berliner Missionare die Anregung der Gemeinde Kisarawe auf, die Jungenbeschneidung zu erlauben.[55] Als die Synode (Afrikaner und Europäer, Männer und Frauen) in

---

[52] Die Beschneidung war das Hauptthema der 1925 Leipziger Missionarskonferenz. Der Hauptredner war Bruno Gutmann. Die Lehrer und Ältesten, die parallel ihre eigene Konferenz hatten, wollten nicht nachgeben, sie waren bestenfalls bereit, die Strafen geringfügig zu reduzieren. Sie wurden gezwungen, sich zu unterwerfen, und mussten einer Entscheidung zustimmen, deren Wortlaut so gewählt war, dass sie ein wenig ihr Gesicht wahren konnten: "Den Dschaggagemeinden soll die Beschneidung nicht verboten werden, sie wird aber auch nicht von Gemeinde wegen als erlaubt gelten. Will ein Christ sich beschneiden lassen, so soll er darauf hingewiesen werden, daß er einen Brauch vollzieht, dessen Beseitigung die Gemeinde anstrebt. Er handelt vollständig auf eigene Verantwortung" (Protokoll Missionarskonferenz 3.-7.9.1925). Bei meinen Interviews erhielt ich keinen Hinweis darauf, daß irgendjemand verstand, "daß er einen Brauch vollzieht, dessen Beseitigung die Gemeinde anstrebt."
[53] Gemeindeälteste Old Moshi 5.5.1926; 19.5.1926. – Technisch gesehen war "beiseitegesetzt werden" etwas weniger hart als Ausschluss aus der Kirche (zB für sexuelles Fehlverhalten). Aber wer aus der Gemeinde ausgeschlossen war, konnte Busse tun, für die, die "beiseitegesetzt worden waren," gab es diese Möglichkeit nicht.
[54] Dieser Abschnitt beruht weitgehend auf Protokoll Küstensynode 1937.
[55] Siehe Walter Braun, "Die Gotteskraft des Evangeliums inmitten heidnischer Religion und natürlicher Volksordnung in Ostafrika," *Mission und Pfarramt* 1938, S. 29-37. – Die Gemein-

Maneromango versammelt war, sprachen sich in offener Diskussion alle Beteiligten für eine Wiederzulassung (oder wenigstens Duldung) der Beschneidung aus. Aber als sich die afrikanischen und europäischen Mitglieder der Synode in separaten Sitzungen trafen, kamen die afrikanischen Synodalen *einstimmig* zu der Entscheidung, daß das Verbot der Beschneidung unbedingt aufrechtzuerhalten und durch strenge Kirchenzucht zu schützen sei.[56] Diese Entscheidung, getroffen nicht von Individuen sondern von einer Gruppe, kann nicht als Kulturkonflikt oder als Konflikt von Persönlichkeiten verstanden werden. Die einzige Erklärung ist die Möglichkeit der Rollendefinition. Die afrikanischen Synodalen verstanden sich als die korporative Führung, die ihre Rolle durch eine Veränderung der Kirchengesetze gefährdet sah, die aber keine Probleme hatten, solange die Gesetze stillschweigend nicht beachtet wurden.

Daß die gewählten afrikanischen Führer unter den Chagga die Beschneidung abschaffen wollten, zeigt, daß sie sich als die moderne Führungsschicht verstanden, und für moderne Menschen macht körperliche Verstümmelung keinen Sinn.[57] Als die Kontroverse am Kilimanjaro im Jahre 1923 ausbrach, hatten die gewählten Führer der Kirche nur die Unterstützung einer kleinen Minderheit derer, die sie in ihr Amt gewählt hatten.[58]

Unter den afrikanischen Führern in der CMS und in der AIM gab es auch eine Minderheit, vielleicht nur klein, die gegen die Beschneidung war. Robin Lamburn weist darauf hin, daß auch unter den Yao und Makua die Zahl derer, die ihre Söhne einfach im Hospital beschneiden lassen wollen, ohne alle Riten, zunimmt.

Mädchenbeschneidung oder Female Genital Mutilation?

Alles was ich bisher beschrieben habe, bezieht sich auf die Zeit zwischen den beiden Weltkriegen, und meine Sympathie ist eindeutig auf Seiten derer, die den Kampf gegen die Beschneidung ablehnten, gleich ob sie

---

de Kisarawe hatte 136 Mitglieder. Drei waren nicht beschnitten, weil sie nicht aus der Gegend waren.

[56] Protokoll Küstensynode 1937.

[57] Einige der Kirchenführer der Chagga waren von der Notwendigkeit, die Beschneidung abzuschaffen, individuell nicht überzeugt, unterstützten aber voll die korporative Entscheidung, als sie denn einmal getroffen war. – Erst seit 1975 treten führende Chagga Christinnen öffentlich dafür ein, die Mädchenbeschneidung abzuschaffen.

[58] Interviews Nahori Malisa 23.5.1971, 25.5.1971; Ndesanyo Kitange 17.5.1971; Simeon Macha 23.5.1971.

schwarz oder weiss waren. Das schliesst die ein, die, wie Bruno Gutmann, keine Freunde der Mädchenbeschneidung waren. Aber sie erkannten sie als eine gesellschaftliche (und kirchliche) Realität an, die von der Leitung der Kirche nicht geändert werden kann (und darf), es sei denn, daß die Betroffenen es selber wollen.[59]

Als ich meine Forschungsarbeiten in Kidia am Kilimanjaro begann, sagte mir der Pastor dort, daß niemand etwas gegen das Blutvergiessen bei der Mädchenbeschneidung unternehme. Zwei Jahre später, als ich wieder dort war, rief er mich, um mir mitzuteilen, daß sich das geändert habe und daß christliche Chagga Frauen (selbst alle beschnitten), sich zunehmend gegen die Mädchenbeschneidung aussprechen und sie für ihre Töchter ablehnen, besonders im Rahmen der Kirche.[60]

Das war vor 50 Jahren, und seitdem hat sich die Situation im östlichen Afrika dramatisch verändert. Wenn auch noch weit verbreitet, so ist doch der Widerstand gegen die Mädchenbeschneidung gewachsen, und sie wird als das gesehen, was sie ist: Female Genital Mutilation. Verschiedene Länder haben die Female Genital Mutilation verboten,[61] und weltweit ist der Kampf gegen Female Genital Mutilation in vollem Gange, wenn auch nicht mit vollem Erfolg. Anders als vor 80 Jahren wäre es heute für die Kirche falsch, in irgendeiner Weise die Female Genital Mutilation zu befürworten.

Initiation für Jungen, Initiation für Mädchen

Es ist interessant, daß die Haltung gegenüber der Initiation für Jungen und Mädchen oft unterschiedlich ist. Bei den Yao von Tunduru war die Jungeninitiation ein voller Erfolg, aber die Mädcheninitiation weniger.[62] Es kann gut sein, daß Mädchenriten dort die Rolle der Frauen in matrilinealen Ge-

---

[59] Bruno Gutmann machte diese Haltung wahr, indem er die wenigen, die in seiner Gemeinde nicht beschnitten waren, immer in Schutz nahm gegen die Mehrheitsmeinung.

[60] *Inzwischen ist die Mädchenbeschneidung als Female Genital Mutilation in Tanzania (wie in anderen Ländern) gesetzlich verboten und auch die Evangelical Lutheran Church lehnt sie völlig ab; trotzdem finden solche Beschneidungen immer noch statt, meist geheim (Rickensen Bethuel Moshi, Mission in a Multicultural Society: A Case Study of TRP Parish, Kilimanjaro Central District of ELCT Northern Diocese, Tanzania, School of Mission and Theology, Stavanger, 2014, pp. 37, 41, 45, 61f). Für eine Karte der Verbreitung siehe: en.wikipedia.org "Female Genital Mutilation."

[61] *Eines davon ist England, wo Female Genital Mutilation vor 12 Jahren verboten wurde, aber die ersten beiden Fälle erst 2014 vor Gericht kamen. Die Zahl der Fälle wird auf 500-2000 pro Jahr geschätzt.

[62] Terence O. Ranger, *Missionary Adaptation*, p. 247.

sellschaften nicht Ernst genug nahmen, während die Berliner Missionarin Anna von Waldow genau das tat, als sie die Mädcheninitiation überaus erfolgreich christianisierte.[63] Bei den Kikuyu gab es unter den Missionaren zwar auch Widerstand gegen die männliche Beschneidung (aus medizinischen Gründen), aber der war gering verglichen mit dem Widerstand gegen die Mädchenbeschneidung.[64] Anders als die Missionare der AIM und der CSM, machten die Leiter der Lutherischen Kirche unter den Chagga keinerlei Unterschied zwischen weiblicher und männlicher Beschneidung, und als die Leipziger Missionare 1926 zurückkehrten, machten sie den Unterschied auch nicht.[65] Die Chagga begründeten ihre Haltung mit der Bibel: "Es ist falsch, Gottes Schöpfung verbessern zu wollen,"[66] und als die Missionare die Wiederzulassung der Beschneidung durchsetzten, nahmen sie keinerlei Stellung zu dieser unbiblischen Theologie.

Die Krise der Initiation im östlichen Afrika

Die Beschneidungskontroversen zeigen, daß die Einstellung zu den traditionellen Initiationsriten nicht zuerst eine Frage der Rasse oder der Kultur war, sondern eher ein Konflikt zwischen zwei Sektoren der Gesellschaft, die ich als "konservativ" und "progressiv" bezeichnet habe. Die Mehrheit der Chagga Kirchenführer und die AIM und CSM Missionare versuchten die Einstellung zur Beschneidung einer Gruppe der anderen aufzuzwingen. Bischof Lucas dagegen gelang es, eine Lösung zu finden, die beide Sektoren zufriedenstellen konnte. Es war ihm klar, daß für die grosse Mehrheit die Beschneidung ein wesentlicher Aspekt der sozialen Ordnung war, die die Kirche weder ignorieren noch bekämpfen wollte. Er erlaubte diese Identifi-

---

[63] Eine weitere Stärke ihrer konservativen Missionsmethode war es, daß bei allen Neuerungen, die sie einführte (und das waren viele), sie den traditionellen Rahmen beibehielt.

[64] Im Zentrum der Kontroverse in Kenya stand Dr John Arthur, der Leiter der CSM zu der Zeit. Er war ein Arzt, der noch schnell ordiniert worden war (White – Fiedler 15.12.1989). Das medizinische Personal in Bischof Lucas Masasi Diocese war sogar gegen die Jungenbeschneidung, aber in der UMCA hatten die Mediziner keine Autorität ausserhalb des medizinischen Bereichs (Lamburn – Fiedler 7.12.1989).

[65] Als in der Gemeinde Old Moshi das erste Mädchen (Ndeterewio Kafui) zur Beschneidung anstand, versuchte der Missionar, einen Unterschied zwischen Jungen- und Mädchenbeschneidung zu machen, fand aber kein Verständnis dafür bei den Gemeindeältesten, die argumentierten, daß man entweder beide Formen abschaffen oder beide beibehalten müsse (Älteste Old Moshi 26.7.1910). Sie sagten, daß sie bereit wären, beide Formen der Beschneidung anzuschaffen, aber da hatte die Leipziger Mission schon entschieden, daß sie dazu kein Recht hatten, weil Beschneidung ein *adiaphoron* war (Älteste Old Moshi 16.10.1910).

[66] Int Nahori Malisa 25.5.1971.

kation der Kirche mit der Gesellschaft, aber er liess Raum für andere Einstellungen (wie Beschneidung im Hospital oder gar keine Beschneidung). Dadurch erhielt er den Frieden in der Kirche, respektierte die traditionelle Kultur und liess trotzdem Raum für den unvermeidlichen gesellschaftlichen Wandel.

Die afrikanische Kultur maß den Initiationsriten eine grosse Bedeutung zu, und das ist in vieler Hinsicht noch heute so. Wie unterschiedlich diese Riten auch waren, sie fanden an dem entscheidenden Übergang zwischen Kindheit und Erwachsensein statt, und da wäre es gut gewesen, wenn mehr Missionen damals und Kirchen heute ihnen gegenüber eine positivere Einstellung eingenommen hätten.[67]

Aber selbst wenn die Kirche heute die traditionellen Initiationsriten ernst nehmen will (und eine ganze Anzahl Kirchen tun das), ist das nicht problemlos, weil traditionelle Initiationsriten sich im Wandel befinden. In fast allen Gesellschaften ist man zu der Überzeugung gelangt, daß die Initiationsriten zu viel Aufwand an Zeit und Geld kosten.[68] Das hat überall zu einer Verkürzung des Initiationsprozesses geführt, oft kurz genug, um in die Schulferien zu passen.[69] Ein deutliches Beispiel ist die Periode der Eingeschlossenseins bei der Mädcheninitiation bei den islamischen Zaramo, die noch 1940 zwei bis (in extremen Fällen) sieben Jahre dauerte und heute manchmal nur

---

[67] *Ein Beispiel für eine erfolgreiche Initiation für Mädchen und Frauen berichtet Rachel Nya Gondwe Fiedler aus Baptistengemeinden im Südosten Malawis, bei der Missionare keinerlei Rolle spielten. Sie nahm an den drei verschiedenen Initiationen für Mädchen und junge Frauen teil und hat alle Lehrlieder (mit den Standard Prosa Erklärungen) niedergeschrieben, nach meinem Wissen die einzige Veröffentlichung, die alle Initiationslieder einer einzelnen Initiation enthält (Rachel NyaGondwe Fiedler, *Coming of Age. A Christianized Initiation among Women in Southern Malawi*, Zomba: Kachere, 2005). Für eine kritische Analyse siehe: Rachel NyaGondwe Fiedler, "Ringen um Identität: Erfahrungen evangelikaler Frauen mit Initiationsriten für Mädchen in Malawi," *Evangelikale Missiologie*, no 29 (2013), S. 143-147.

[68] Diese Einstellung geht zT zurück in die vorkoloniale Zeit, als die Chagga die Zeit des Beschneidungslagers reduzierten, um auf plötzlichen Krieg besser reagieren zu können.

[69] *Bei den Yao in Malawi geht das durchaus, aber zwei Probleme bleiben: (1) Manche Lager beginnen nicht früh genug in den Schulferien und (2) werden die Initianden erst aus dem Lager entlassen, wenn die Eltern die Gebühren bezahlt haben, und manche Eltern finden einfach das Geld nicht vor dem Wiederbeginn der Schule (Mcduff Kapito, The Impact of Yao Traditional Initiation Teachings on Women: A Case Study of Traditional Authority Malemia, Zomba District, BA, Mzuzu University, 2010 [Mzuni Documents 136]).

einige Wochen.⁷⁰ Eine schwerwiegendere Herausforderung ist die Tatsache, daß das Alter der Initianden sinkt. Unter den Yao, wo die Beschneidung der Jungen ursprünglich den Eintritt ins Mannesalter markierte, werden heute Sechsjährige zu Erwachsenen gemacht, falls so etwas möglich sein sollte.⁷¹ All das bedeutet nicht, daß die Kirche heute die traditionellen Initiationsriten vernachlässigen dürfte.⁷² Aber christliche Inkulturation der Initiation muss heute ein doppeltes Ziel haben: Sowohl die verschiedenen traditionellen Initiationsriten als auch die überall vor sich gehenden Veränderungen.

---

⁷⁰ Vgl: Anna von Waldow, *Mwali Custom: Uzaramo Transformation*, unveröffentlicht, ca. 1935 (später veröffentlicht als: "Mädchenerziehung bei den Zaramo", *Afrika und Übersee* 1961, S. 292-306) mit Marja-Lisa Swantz, *Ritual and Symbol in Transitional Zaramo Society*, Gleerup 1970, S. 363-393.

⁷¹ Eine parallele Entwicklung habe ich in verschiedenen Kirchen, die auf Glaubensmissionen zurückgehen, beobachtet. Sie lehren die Gläubigentaufe, was als jüngstes Taufalter etwa 12 Jahre voraussetzt. Seit einiger Zeit geht das Bekehrungs- und Taufalter zurück, sodass auch schon mal 5-6 jährige getauft werden (Int Rév Madangura Mbafele-Mussamba 3.1.1987; Int Richard Adkins [WGM] 17.12.1986; Int Alice and Henry Ndolo [AIC] 18.12.1986; Int Henk Shoemaker [AIM/CECA20] 5.1.1987; Int Samuel Schweitzer [Communauté Cooperation Evangélique au Zaire) 28.1.1987; Ursula Röthenmund [Communauté Evangélique du Kwango) 26.1.1987; Int mit sechs Vertretern von CECCA16, 11.1.1987.) CECCA16 ist die Kirche im Kongo, die auf den WEC International zurückgeht (1912).

⁷² *Zu diesem Bemühen siehe: Molly Longwe, *Growing up – A Chewa Girls' Initiation*, Zomba: Kachere, 2007. Ihr Vorschlag für eine christliche Initiation ist: Molly Longwe, *Maphunziro a Alangizi Mumpingo wa Baptist ku Lilongwe*, Zomba: Kachere, 2007.

Anhang A: Afrikanische Namen europäischer Missionare

Herrnhuter Missionare vor 1916 (unvollständig)

Europäischer Name	Afrikanischer Name	Bemerkungen
Bachmann, Traugott	Mwalwizi[14]	Häuptlingsname
Bachmann, Pauline	Nakalukwa[14]	
Bachmann, Emil	Mwamunila[39]	
Bachmann, (Frau)	Basekile[39]	
Gemuseus, Oskar	Kabeta[1]	Häuptlingsname
Gemuseus, Mathilde	Siposya[1]	Name einer Häuptlingsfrau
Holland, (Herr)	Mwakalobo	
Holland, (Frau)	Kasala[39]	
Jansa, Ferdinand	Gwajanga[1]	
Jansa, Caroline	Bwagilo[7]	
Kootz, Johannes	Ntangavulalo[5]	Brückenbauer
Kootz, Elise	Kalivengwa[15]	
Kretschmer, Johannes	Mwakalindile[31]	
Kretschmer, Anna	Gwaliganile[39]	
Kruppa, Marie	Malova[16]	
Meyer, Theodor	Mwasulama[17,7]	
Meyer, (Frau)	Subila[39]	
Richard, Samuel	Mwaganya[7]	
Richard, Elfriede	Subila[39]	
Stolz, Adolf	Mwangopili[7]	
Zeeb, Wilhelm	Ilima[7]	
Zickmantel, Johannes	Mwakilasa[39] Bulambo[39]	
Zickmanel, (Frau)	Mboneke[39]	

2. Herrnhuter Missionare 1925-1940

Busse, Joseph	Mwambungu[40]	
Busse, Erika	Kiruna[40]	
Fabian, Rolf		
Fabian, Eva		
Gemuseus, Oskar	Kabeta[1]	
Gemuseus, Mathilde	Siposya[1]	
Giersch, Otto	kein afrikanischer Name	
Gysin, Editha	Sanjara[4]	
Hauffe, Werner	Kasunga[5]	Häuptlingsname (unterhalb Tukuyus)
Hauffe, Irmgard	Mbagisya[6]	
Jansa, Ferdinand	Gwajanga[1]	

Kreiselmeier, Friedrich		
Kreiselmeier, Lydia		
Küchler, Kurt	Musyani[2,6]	
Küchler, Marianne	Namposy[6]	
Marx, Walter	Mwasoni[39]	
Marx, Gertrud	Kapalila[9]	
Ramser, Henny		
Rietzsch, Franz	Mwakalukwa[4]	Häuptlingsname aus der Ebene
Rietzsch, Hanna	Kalinga[4]	
Schärf, Else	Tusekile[10]	"wir freuen uns"
Schärf, Hans Peter	Mwakenja 39	oft genannt Bwana Fundi[6, 8]
Schärf, Anna	Lubinga[39]	
Schärf, Heinrich	Mwambete[40]	Häuptlingsname
Schärf, Frieda	Ngupili[39]	
Schnabel, Hermann	Mwaipopo[11]	Häuptlingsname
Schnabel, Käthe	Tala[1]	
Sonnenburg, Gerhard	Nzowa[2]	Häuptlingsname
Sonnenburg, Herta	Samwashamba[2]	
Tietzen, Johannes	Mwasenga[12]	
Tietzen, Frieda	Sanzunda	
Waldner, Alfred	Mwalukasa[1]	Häuptlingsname
Waldner, Julie Friederike	Kalibule[6]	Name einer Häuptlingsfrau
Weber, Marlene		
Zickmantel, Elizabeth	Mboneke[13]	"laß mich gesehen werden"

3. Nichtmissionare, die Kontakt zur Herrnhuter Mission hatten

Bullerdiek	Mongomo[40]	als Handwerker in Rungwe beschäftigt
Daepp, Walter	Mwakajela[11]	Häuptlingsname
Daepp, Rosa	Sambiri[41]	Schweizer Siedler in Rungwe
Staub, Hans		Schweizer Siedler in Mbozi
Staub, Margrit	Ikambo[41]	"grünende Tanne"

4. Berliner Missionare vor 1916 (unvollständig)

Bunk, Christoph	Bungu[36, 43, 37]	
Gröschel, Paul	Kolosane[36, 37]	
Heese, Daniel	Capo[20, 42]	weil er aus der Kapkolonie kam[20]
Jauer, Karl	Mweisumo[27]	
Källner, Ernst	Mwakasungula[36]	
Kalweit	Kaliwati[36, 37]	
Oelke, Julius		
Oelke, Helene	S'engundya[22]	kleine Taube[22]
Priebusch, Martin	Piribusi[23,24, 37]	

	Piliusi[26]	weniger wahrscheinlich
Priebusch, Elisabeth	Kyuma-kitalamu[25]	"kostbares Eisen" Dieser Name wurde ihr gegeben, als Priebusch erklärte, was seine Braut, die bald eintreffen sollte, ihm bedeutete[(25)].
Schüler, Otto	Mwakapalila[26]	
Schüler, Alma	Mwabulenge[27]	(oder Mwabulenga?)
Schumann, Christian	Mwakikato[21]	"der mit dem (schweren) Schuh
	Ndefunduba[43]	"Der mit dem grauen und weißen Bart"[43]
Schumann, Gertrud	Ndesi[21]	
Wolff, Richard	Mwakidunda[29]	
	Mwakisitu[36]	"Der mit dem kleinen Wald"[36]

5. Berliner Missionare, Konde Synode 1927 - 1940

Berndt, Erich	Mwanjala[43]	Häuptlingsname
Berndt, Erna	Subilaga[43]	
Böhm, Ernst		
Dörfer, Anneliese		
Görlitz, Friedrich	Mwakalinga[24]	
Görlitz, Hildegard		
Hunger, Erich	Mwakalebule[30]	
Hunger, Hanna		
Jauer, Karl	Mwaisumo[26]	Häuptlingsname[43]
Jauer, Maria	Ibambe[43]	Name einer Häuptlingsfrau[43]
König, Wilhelm	Mwakyusa[13]	Häuptlingsname
Leukfeldt, Johannes	Mwaijonga[13]	
Oelke, Heinz	Mwanjara[31]	
Oelke, Erika	Subilaga[31]	
Rudlaff, Max	Mwansasu[31]	
Rudlaff, Karola	Tusekile[43]	"wir haben uns gefreut"
Schmidt, Hugo		
Schidt, Hanna		
Schüler, Otto	Mwakapalila[26]	Häuptlingsname
Schüler, Alma	Mwabulenge[27]	Wegen ihrer Schönheit wurde sie mit schönen Blumen verglichen.
Schüler, Gottfried	Rutenganyo[43]	Friede
Schüler, Ida	Lusekelo[43]	Lachen
Schulmeiß, Ewald	Mwatolola[32]	bezieht sich auf langsam fallende Wassertropfen. Eine Anspielung auf seine Sprechweise.[32]
Schulmeiß, Renate		

Schulz, Margarete		
Tramp, Karl	Tarampi[29]	
Tramp, Maria		
Wildtraut, H. - Ulrich	Kasunga[43]	
	Mudigile[43]	"du hast mir unrecht getan" (einer ihrer Lieblingsausdrücke)[43]

6. Berliner Missionare, Bena Hehe Synode 1927-1940

Döring, Gertrud		
Görlitz, Friedrich	Mugogolo	"der alte Mann"
Görlitz, Hildegard		geborene Krelle
Gründler, Christof	Dr. med.	
Gründler, Amalie		
Jarius, Elli		verheiratet: Depersdorf
Klaus, Karl		
Klaus, Gerda		geborene Oelke
Krelle, Thea	Macheko[22]	Lachen
Kuhl, Wilhelm	Dr. med.	
Namgalies, Bruno		
Namgalies, Ursula	Atwendile[42]	"sie liebt uns"[42]
Neuberg, Hermann	Kyangalakiki[22]	"für ihn ist nichts unmöglich"[44]
Neuberg, Hedwig	Gudzeline[36]	"Wir haben einander gekannt"[36]
Niederstrasser, Eva		
Oelke, Julius		
Oelke, Helene	S'engundya[22]	kleine Taube[37]
Priebusch, Martin	Piribusi[23, 24]	
Priebusch, Elsbeth		geborene Trott
Sehmsdorf, Georg	Simbajilovwika[22]	"der Löwe ist über den Fluß gegangen"[22]
Sehmsdorf, Marion	Togalukoko[22]	"geh spazieren, kleines Geschöpf"[22]
Skroblies, Hans		
Skroblies, Elfriede		
Walter, Hermann	Dr. med.	
Walter, Ursula		
Winkler	Dr. med.	
Wolff, Theodor		

Quellen

1. Interview Enoki Mwambingu 11/1970
2. Sonnenburg - Fiedler 8.2.1974
3. Nielson A. Mwaisongo – Fiedler 27.5.1975. Sonnenburg – Fiedler 8.2.1974 nennt Msagaware, allerdings mit Fragezeichen. O

4. Interview Anyintike Mwakajinga 11/1970
5. *MBG* 1939,154 und Hauffe – Fiedler 13.12.73.
6. Hauffe – Fiedler 13.12.73.
7. Jansa – Fiedler 28.3.1974.
8. Interview Staub 24.11.70
9. Hauffe – Fiedler 13.12.73
10. Else Schärf, Lebenslauf.
11. Interview N.N., Rutenganyo.
12. Interview Yakobo Kabuka 11/1970
13. Interview Masebe 20.11.70
14. *MBG* 1939, 84
15. Bachmann, Mein Gang durch diese Welt III, 184.
16. Dto. IV,41.
17. Interview Gwamaka Kabongo 1968; Bachmann, Mein Gang durch diese Welt III, 234.
18. Bachmann, Mein Gang durch diese Welt IV, 41
19. BMB 1938, 135
20. Thea Wolters – Fiedler 5.9.73
21. Ingeborg Sauer – Fiedler 1/191974.
22. BMB 1927, 61.
23. F. Görlitz.
24. Dto., beruht auf Information von Martin Priebusch (n.d.).
25. *Historia fupi ya miaka 75*, p. 14.
26. BMB 1928, 54.
27. Dorothea Krüger – Fiedler 7.1.1974.
28. Dorothea Krüger – Fiedler 7.1.1974
29. Bericht der Gemeindeältesten von Magoje in Tandala am 27.11.1938
30. Interview Manow 21.11.1970.
31. Rudlaff – Fiedler 23.12.1974
32. Tscheuschner – Fiedler 23.12.1974.
33. Thea Wolters – Fiedler 5.9.1973.
34. Der alte Häuptling der Safwa nannte Namgalies wie Heese, seinen Amtsvorgänger in Brandt, Capo (BMB 1938, 135).
35. L.M. Vuhahula – Fiedler 21.4.1975
36. Dies ist die afrikanische Aussprache seines deutschen Namens.
37. Lazarus Mwanjisi – Fiedler 16.5.1975.
38. Erika Busse – Fiedler 29.8.1974
39. Mitteilung Ruth Wildbolz 2.4.1974.
40. Bruno Namgalies – Fiedler 16.4.1975;
41. A. Salafu – Fiedler 3.5.1975.
42. Namgalies – Fiedler 16.4.1975; Sauer – Fiedler 1.1974 übersetzt: "Nichts kann ihm verborgen bleiben."

Anhang B: Ähnlichkeiten zwischen Gutmann und Fritze

Georg Fritze in Mamba war einer der schärfsten Gegner Gutmanns in seiner eigenen Mission. Aber Fritzes Konzept der Missionsarbeit war gar nicht so anders als das Gutmanns, beide vertraten nur etwas unterschiedliche Tendenzen. In Fritze's Gemeinde gab es folgende Einrichtungen, die sich zuerst in Old Moshi fanden: Treffen der Altersklassenführer[1], Gesangbuch mit Übersetzung der Confessio Augustana[2], Treffen aller Amststräger der Gemeinde, Eltern- und Patentreffen, Tauf- und Konfirmationsjahrestage[3], Ersatzpaten[4], Brautexamen. Das Brautexamen baute Fritze weiter aus, es dauerte mehrere Tage, wurde weitgehend von den afrikanischen Pastoren gehalten. Die afrikanischen Pastoren hatten viele Lehren des traditionellen Brautunterrichts gesammelt und verwendeten sie für das christliche Brautexamen.[5]

In seiner Unterscheidung zwischen Kultur und Zivilisation folgte Fritze Gutmann genau, auch in seiner Furcht davor, daß die Zivilisation Afrika zerstören könne.[6]

1927, als er gerade in Tanzania angekommen war und im Lehrerseminar Marangu aushalf, schrieb er:

> Wenn wir zu unseren schwarzen Brüdern nach Afrika kommen, so bringen wir ihnen zweierlei, in der einen Hand den **Tod**, in der anderen das **Leben**, nämlich in der einen Hand die **Zivilisation**, in der anderen Hand das **Evangelium**. Afrika wird an dieser Zivilisation zugrunde gehen, denn Afrika ist ihr nicht gewachsen. Aber das Evangelium wollen wir nach Afrika bringen, denn vom Evangelium kann auch Afrika leben...

> Die Schüler sollen erkennen: Das Kleid der europäischen Zivilisation paßt uns nicht, es macht uns zur Karikatur. Treu unserem afrikanischen Volkstum wollen wir die Formen und Ordnungen, die Gott in unserem Lande wachsen ließ, mit Jesu Geist durchtränken und heiligen und wollen an einem christlich verklärten Volkstum arbeiten.[7]

Diese Einstellung behielt Fritze bis zuletzt bei.

---

[1] Jahresbericht Mamba 1931.
[2] *Kitabu kya shiimbo*, n.d. keine Ortsangabe, vermutlich Leipzig 1929.
[3] Fritze, Rika, S. 6.
[4] Fritze, Rika, S. 6.
[5] Jahresberichte Mamba 1935; Benjamin K. Moshi 1938; Int Mamba 9.2.1974.
[6] *Evangelisches Missionsblatt* 1932, 178.
[7] *Evangelisches Missionsblatt* 1927, 234 ff. (Hervorhebungen von Fritze).

Anhang C
Die ersten acht afrikanischen Pfarrer der Bena Hehe Synode

Die Namen der Pastoren werden zuerst in der Swahili Rechtschreibung aufgeführt (nach: *Historia Fupi ya Miaka 75 ya Kanisa la Kiinjili la Kilutheri Synod a Kusini Tanzania 1891-1966*), dann nach Wright, *German Missions in Tanganyika 1891-1941: Lutherans and Moravians in the Southern Highlands*, Oxford 1971, S. 191/2 und, falls unterschiedlich, nach Missionarskonferenz 1934. Dann folgt die Gemeinde, aus der sie kamen und ihr Einsatzort:

Yohana Nyagawa (Johani Nyagava, Johani Nagava) Ilembula – Malangali.

Ludjabiko Kihupi (Ludzabiki kihupi) Ilembula – Vuhambule (Emmaberg)

Ludhabiko Hawanga (Ludzabiki Nato, Ludzabiko Havanga) Lupembe – Kidegembye or Havanga.

Mtenzi Chekula (Mutendzi Kyelula) Lupembe – Masagati

Lutangilo Merere (Lutengulo Malele, Lutangilo Melele) Kidugala – Kidugala

Ananije Chungu (Ananidze Kyungu) Kidugala Mdandu

Yosefu Mpogolo (Josefu Mupogolo) Brandt – Brandt

Alatuvanga Msitu (Alatunvanga Musitu, Alatuvanga Musitu), Pommern – Malinyi.

Bibliographie

Archive in Tanzania

Moravian Church of Southern Tanzania, Rungwe
Jahresberichte
Korrespondenz Tietzen 1937 –1939
Lusubilo, Jahresberichte und Korrespondenz
Manuskripte
Missionarskonferenz: Protokolle
Allgemeine Kirchenkonferenz: Protokolle
Korrespondenz 1939-1946
Korrespondenz Marx
Korrespondenz Gemuseus – Herrnhut
Korrespondenz Tietzen
Küchler (Ordner)
Korrespondenz Herrnhut – Gemuseus
Korrespondenz über den Missionskirchenbund
Deutscher Bund (Ordner)

Gemeinde Kidia, (Old Moshi), Evangelical Lutheran Church of Tanzania. Northern Diocese

Die Archive befinden sich im Gemeindebüro. Sie enthalten sehr viel Material ab 1908, nur wenig älteres Material. Folgende Materialien wurden hauptsächlich verwendet: Protokollbücher (immer vom Pastor der Gemeinde geschrieben); Kirchenregister (Taufen, Eheschließungen, Todesfälle, Geburten); Briefe, meist an Gutmann adressiert; Abkündigungsbücher, Berichte und Statistiken; Abendmahlsregister; Lohnbücher der Lehrer, Quittungsbücher.

Gemeinde Mamba, ELCT, Northern Diocese
Taufregister
Register der Eheschließungen.

Joseph Merinyo, Old Moshi
Verschiedene persönliche Ordner.

Makumira Theological College
276.7886 Mkutano mdogo wa Kanisa, Masama, 12. 10. 1936 Hagena Ordner.

ELCT, North West Dioceses, Bukoba
C 111 Protokolle verschiedener Konferenzen
C 110 Korrespondenz des Superintendenten

C 108 Berichte der Gemeinden
B M 1 Korrespondenz

Kidugala Bible School

Ordner: Klaus
Ordner: Tramp
Verschiedene Ordner: Nordtfeldt 1940 ff.

Bulongwa Mission, ETCT, Southern Synod

Kleine Briefordner, Jochim

Archive in Deutschland

Leipziger Missionsarchiv

Berichte des Missionsrates an das Kollegium 1905-1914
Copiebuch Nr. 1-3 Schreiben des Direktors oder Kollegiums an die Missionare bzw. den Missionsrat der Dschaggamission 1896-1921
Moshi I 1896 –1905
Masama
Mwika
Briefe der Heimatleitung an den Senior 1925-1939
Kollegialschreiben an den Missionsrat 1928 –1939
Briefe des Seniors an die Heimatleitung und Protokolle 1928-1933, 1933 –1939
Schreiben des Missionsrates an die Heimatleitung und Protokolle 1928-1933, 1933-1939
Missionskonferenzen der Leipziger 1925-1929, 1930 –1938
Schriftwechsel zwischen Senior Rother und den Behörden im Zusammenhang mit dem Kriegszustand 1939-1945
Arbeitsbesprechung der Ostafrikamissionare 26.-28.5.1941 in Sondershausen Akte A und B
Statistiken, Amtliches Nachrichtenblatt, Parolefrage
Stationstagebuch Moshi 1908-1911, 1912-1914
Stationstagebuch Masama 1906-1909, 1910-1913
Dschaggakonferenzen 1896 –1913
Kollegialbescheide an die Missionare der Dschaggamission aufgrund der eingegangenen Konferenzprotokolle
Protokolle der Dschaggakonferenzen 1904-1913
Missionsinspektor Küchler: Briefe während seiner Visitationsreise 1937
Ordnungen für Kirche, Gemeinde, Missionare, Gehilfen, Kirchenzucht
Erziehungskonferenz Daressalam 1925
Personalakte Georg Fritze
Personalakte Bruno Gutmann
Personalakte Richard Reusch
Personalakte Berta Schulz

Zusammenstellungen des Leipziger Archives

Alle Literatur, die in der Missionsdruckerei der Leipziger Mission gedruckt worden ist, soweit sie in der Leipziger Missionsbibliothek vorhanden ist
Bibeldrucke aus Deutschland für die Gemeinden in Tanzania
Bücher, die im Verlag der Evangelischen-Lutherischen Mission verlegt und in Leipzig gedruckt wurden für den Gebrauch der Gemeinden am Kilimanjaro
Afrikanische sprachwissenschaftliche Arbeiten von den Missionaren der Ev. Luth. Mission in Deutsch Ost Afrika bzw. Tanganyika
Alle Referate, die auf den Dschagga Missionarskonferenzen gehalten wurde 1896-1913
Solche Referate, die über die Haltung der Mission über das alte afrikanische Erbe Auskunft geben

Archiv der Berliner Mission

4/1/ 8 Kondesynode/Nyasasynode 1928-1938 (4 Ordner)
4/1/ 9 Bena Hehe Synode 1914-1938 (3 Ordner)
4/1/ 10   Uzaramo Synoden
1246   Angelegenheit Lupembe
1304   Roehlbibel
1152   Bund der Auslanddeutschen und deutsches Schulwesen im Ausland
91974 Thea Krelle
62   Thea Krelle
450   Uzaramo Synode
412   Bena Synode
980   Patenschaft Maneromango
Berichte von Anna von Waldow
Schwester Margarete Schulz
Sch 1 Anna von Waldow II, 1929-1944, 1945 ff.
Schwester Anna von Waldow II, 1937 ff.
Personalakte Max Rudlaff II, 8 1927-1934, 1935-1944
Manow Tagebücher III, 8, 2
Maneromango Tagebücher III, 10, 3

Archiv der Brüdergemeine, Herrnhut

Briefwechsel Mbozi
Provinzial Komitte Protokolle
P.O. Hennigs Visitationsreise durch die Nyassa Provinz 1905-1906
Missionsordnung für die Provinz Nyassa
Allgemeine Missionarskonferenz, Protokolle
Briefordner Mbozi
Deutsch Ost Afrika, Nyassa No. 6, Briefwechsel mit Praeses
Statistiken der Nyassaprovinz 1901-1938
Nyassa: Briefwechsel mit dem Superintendenten

Briefwechsel des Praeses 1899-1938
Marx, Briefordner
Schnabel, Briefordner
Personalbögen verschiedener Missionare
Examensarbeit Schnabel 1934: Einige Gedanken zur Frage nach unserem Missions-
   ziel
Br. Vogts Visitationsreise nach Deutsch Ost Afrika, Briefwechsel 1.4.38-9. 2.39
Visitationsbericht Vogt
Visitation von Br. S. Gaudert
Protokolle der Herrnhuter Missionsdirektion
Briefwechsel Rutenganyo
Jahresberichte verschiedener Stationen
Personalakte Gysin
Personalakte Busse

Archiv der Anstalt Bethel/Bielefeld

Bethel Mission 1925-26, 1927, 1928, 1929, 1934-1936, 1936
Bethel Mission, Beschwerde über Vorgänge an der F. von Bodelschwingh Schule in
   Luandai 1934-35
Bethel Mission. Deutsche Schule in Usambara 1929-1939

Tina Schlüter, Königsfeld

Briefwechsel anläßlich des Erscheinens des Buches von Traugott
Bachmann, Ich gab manchen Anstoß, 1956 und Rezensionen.

Interviews

*Hier werden nur etwas ausführlichere Interviews aufgeführt. Kurze Gespräche,
Nachrichten und Bemerkungen sind nicht aufgenommen. Soweit sie die Arbeit direkt beeinflußten, wird darauf in den Fußnoten hingewiesen.*

O. Mafwanga. Lehrer Ipyana, 8/1968.
Rev. Gerhard Jasper, Wuppertal, früher Missionar in Buhaya und Dozent in
   Makumira, 8/1968; 24.11.191974.
Rev. Asegulile Mwakalukwa, Assistant Superintendent of the Moravian Church of
   Southern Tanzania, 8/1968.
Rev. Robert Mwakalukwa, Pastor von Ipinda, 8/1968.
Rev. William Mwakisu, Pastor von Ipyana, 8/1968.
Kaisi Mwamatandala, Lehrer, pensioniert, Itete/Kyela, 8/1968.
Tumpe Mwasamaja, Songea, Frau des Pastors, aus Manow, 4/1968.
Ainain Njau, Kidia, Bauer, 19.4.1970.
Benjamin Ollotu, Tsuduny. Lehrer, pensioniert, 19.4.1970.
Hosea Mmari, Kidia, Lehrer, 21.4.1970.
Joseph Merinyo, Bauer und Politiker im Ruhestand, 22./23.4.1970.
Rev. Daniel Lyatoo, Pastor von Kidia, 23.4.1970.

Elisanjicha Mwasame, Mahoma, Gemeindehelferin, Kidia, 4/1970; 12/1970; 5/1971; 10/1971.
N.N. (1), Kyimbila 11/1970.
N.N.(2).
N.N. (3), Kyimbila 11/1970
N.N. (4).
Anyintika Mwakajinga, Rutenganyo, Bauer, 11/1970.
Amoni Mtawa, Rutenganyo, Bauer, 11/1970.
Atufigwege P. Sindi Seme, Rutenganyo, früher Mitglied der African Association, Zanzibar, 11/1970.
Yakobo Kabuka, Bauer, Rutenganyo 11/1970.
Enoki Mwambingu, dto.
Simioni Mwamgunde, Bauer, Itula, Rutenganyo, 11/1970.
N.N., Rutenganyo, 11/1970.
Natani Masangangoba, Ndinganyo Mwakisingila, Aningisye Mwasangunda, alle Masebe, 20.11.1970.
N.N., Manow, 21.11.1970.
Mrs. Staub, Mbozi, Kaffee Farmer, 24.-26.11.1970.
Dr. Annemarie Preiswerk, Mbozi Hospital, 24.11.1970.
Rev. Joseph Nshiga Ngalawa, Utengule, 27.11.1970.
Rev. Samuel Mwakijambile, Utengule Youth Center, 27.11.1970.
Dawson Simkoko, Utengule 27.11.1970.
Simeon Macha, Tsuduny, Lehrer, pensioniert, 23.5.1971.
Petro Moshi, Kikarara, Bauer, früher Häuptling von Moshi, 23.5.1971.
Anaeli Tilya, Kikarara, Bauer, 23.5.1971.
Kristosia Materu, Kisia, Evangelist, 24.5.1971.
Nahori Malisa, Lehrer/Evangelist, penioniert, Maliseni, 25.5.1971.
Mrs. N.N., Mahoma, Hausfrau, 25.5.1971.
Elisonguo Moshi, Tela-Uru, Lehrer, pensioniert, 26.5.1971.
Imanuel Mkony, Tela, Pastor, pensioniert, 26.5.1971.
Ndesanjo Kitany, Mowo, Pastor, pensioniert, 27.5.1971.
N.N., Mahoma, 28.5.1971.
Filipo Njau, Lehrer in Marangu, pensioniert, 26.7.1972.
Ruth Wildbolz, Farmer, Utengule, 3. und 4.1.1973.
Hans Ruedi Wildbolz, Farmer, Utengule, 3.1.1973.
Rev. Lazarus Mwanjisi, Rungwe, 8.1.1973.
Yeremia Mwaiseja, Lehrer, Rungwe, 8.1.1973.
Lulapangiro Zakaria Mhemedzi, Kidugala, 10.1.1973.
A.K. Vahahula, Direktor, Kidugala Bible School, 11.1.1973.
Margarethe Staude, Leipzig, 30.4.1973.
Rev. Rudolf Rother, Leipzig, 29.4.1973
Sr. Anna von Waldow, Berlin, 21.7.1973

Lore Siebörger (geb. Bachmann) Neugnadenfeld, 1/1974.
Rev Yakobo Lyimo, Mamba, konfirmiert in der rika Iyosha, 9.2.191974.
Rev. Paulo Moshi, Mamba, konfirmiert in der rika lilungany 9.2.191974
Rev. Benjamin Moshi, Mamba, pensioniert, 9.2.191974.
Simeon Minja, Bauer, Shia, Fritzes Gehilfe, 9.2.191974.

Briefe an den Verfasser

(Erwähnt sind nur die Briefe, die direkte geschichtliche Informationen enthalten).

Dr. Joseph Busse, 11.9.1968.
Eva Fabian, 10.9.1968.
Else Schärf, 7.9.1968.
H.G. Schärf, 9.9.1968.
Th. Tietzen, 11.9.1968
Hans Staub, 15.9.1968
Dr. J.C. Winter, 17.12.1971.
Anna von Waldow, 24.8.1973.
Thea Wolters, 5.9.1973.
Fr. Görlitz, 7.9.1973.
Werner Hauffe, 13.12.1973.
Max Rudlaff, 23.12.73; 3.5.1975; 15.9.1975.
Rev. Gustav Bernander, n.d. (1973).
Dr. Ernst Tscheuschner, 1.1.191974.
Dorothea Krieger, 7.1.191974.
Ingeborg Sauer, 1/191974.
G. Sonnenburg, 8.2.191974.
Georg Jansa, 28.3.191974.
K.A. Mushi, 5.4.191974.
Dr. Marja Liisa Swantz, 30.5.191974.
Adimini Mpembele, Kyimbila, 10.6.191974.
A. Mwakalobo, Ipyana, 6.4.1975.
L.M. Vuhahula, Kidugala, 21.4.1975.
Lazarus Mwanjisi, Rungwe, 16.5.1975.
Yakobo L. Lyimo, Mamba, 20.5.1975.
Elisha Mdumi, Maneromango, 13.6.1975.
Robin Lamburn, Rondo Hill, 28.8.1975.
Kirchenrat Ernst Jaeschke, 6.7.1982.

Zeitschriften und Jahresberichte

Berliner Mission

Jahresberichte
Missionsberichte (MBM)
Aus zwei Welten

Mission und Pfarramt
Mission und Unterricht

Leipziger Mission
Evangelisch Lutherisches Missionsblatt (Evg.-Mbl.)
Jahresberichte

Brüdergemeine Herrnhut
Missionsblatt der Brüdergemeine (*MBG*); Herrnhut
Allgemeine evangelische Missionszeitschrift
Evangelisches Missionsmagazin
International Review of Missions
Das Hochland, Mitteilungsblatt des Deutschen Wirtschaftsverbandes im Tanganyike Territory

Unveröffentlichte Arbeiten

(Der Fundort ist in Klammern angegeben).
Bachmann, Pauline, Lebenslauf (Herrnhut).
Bachmann, Traugott, dto., Gelesenes, Erlebtes und Kritisches, 1937-1940? (Lore Siebörger).
Bachmann, Traugott, Jesus Christus und die Menschheit, 1939, 151 p., (Herrnhut).
Bachmann, Traugott, Jesus Christus wie ich ihn sehe, 1940 (?), 136 p., (Herrnhut).
Bachmann, Traugott, Lebenserinnerungen, 1932 (Herrnhut).
Bachmann, Traugott, Mein Gang durch diese Welt, 5 Bde. 1933-1943. (Lore Siebörger, Neugnadenfeld).
Banda, Macleard, "The Remnant and its Mission." An Investigation into the Interaction of the Seventh-day Adventist Church with Society in Malawi, PhD, Mzuzu University, 2014
Fiedler, Klaus, Gutmann for English Readers, 1967/8.
Fritze, Georg, Rika Iyikanyie, n.d., (1931), (Leipzig).
Gemuseus, Oskar, 50 Jahre Missionsarbeit am Nyassa 1891-1941 (Herrnhut).
Gemuseus, Oskar, Geschichte der Nyasa Mission der Brüdergemeine 1891-1919, Entwurf Kapitel 1-17 und Übersicht 18-27 (Herrnhut).
Gemuseus, Oskar, Kleine Niederschriften zur Nyassamission 1931/32 (Herrnhut).
Gondwe, Wezi, The History of the Last Church of God and His Christ International from 1925 to the Present, MA, Mzuzu University, 2015.
Höschele, Stefan, "Christian Remnant - African Folk Church: The History of Seventh-Day Adventism in Tanzania, 1903-1980", PhD, University of Malawi, 2005
Katoke, I.K., Encounter of the Gospel and Cultures, paper read to the Commission on Church Cooperation Consultation, Tokyo 1971.

Kibira, Yosiah Mutabusi, A Study of Christianity among the Bahaya Tribe, West Lake Region, Tanganyika, 1964 (MA).
Knak, Siegfried, Pommern in Ostafrika, n.d. (1934), (Berlin).
Kuberski, Jürgen, Mission und Wissenschaft. Karl Graul und seine Missionstheologie, PhD, Evangelical Theological Faculty, Leuven, 1993.
Küchler, Kurt, Die Religion der Nyamwanga, 1939 (Herrnhut).
Lema, Alex O., The Role of Machame Chiefdom in the Politics of the Wachagga since 1930s, 3rd year BA paper, Daressalam 1969 (Daressalam).
Lema, Anza Amen, The Impact of the Leipzig Lutheran Mission on the People of Kilimanjaro 1893-1920 (PhD Daressalam 1973) (Daressalam).
Lumulila, M.K. Bantulaki, Bantu Understanding of Creation and Problems of Adaptation and Accommodation in the Presentation of the Christian Faith (MTh, Lutheran School of Theology, Chicago 1968) (Makumira).
Lwinga, Godwins, Gospel and Culture in Malawi. A Missiological Examination of the Relationship between Ndali Traditions and Christianity (1900-2012), MA, Mzuzu University, 2013.
Mbwiliza, Joseph F., An Economic History of Rungwe District 1890 –1962: Some Aspects of Social and Economic Changes among the Nyakyusa (MA, Daressalam 1975).
Mgeyekwa, Gabriel The Building of Congregational Life in the Evangelical Lutheran Church of Tanzania, Southern Diocese, PhD, University of Malawi, 2007.
Minja, Simion, Rika Iyikanie, 1974, Recollections, I p (-).
Mlenga, Joyce, An Investigation of Dual Religiosity between Christianity and African Traditional Religion among the Ngonde in Karonga District in Northern Malawi, Mzuzu University, 2013.
Mlenga, Moses, A Critical Examination of the Issue of Polygamy in the Synod of Livingstonia: Biblical, Moral and Missiological Implications, PhD, Mzuzu University, 2013.
Moshi District Book (National Archives, Daressalam).
Moshi, Rickensen Bethuel, Mission in a Multicultural Society: A Case Study of TRP Parish, Kilimanjaro Central District of ELCT Northern Diocese, Tanzania, School of Mission and Theology, Stavanger, 2014.
Mtambo, Katoto, The Relationship between the Livingstonia Synod and the Moravian Church and the Coming of the Moravian Church to Chitipa 1888-2005, BA, University of Malawi, 2005.
Mwaitebele, Jona, Mambo ya zamani, 1968 (Rungwe).
Mwale, Jemiter, The Establishment and Development of African Abraham Church in Malawi (1929-2000): A Case Study on the Major Changes in Doctrines and their Impact (Chamchere Mission Station), BA, University of Malawi, 2000.
N.N., Historia ya Kikarara, n.d., 2 Seiten (Kikarara).

Njau, Filipo, Aus meinem Leben (translation of Njau's original manuscript into German by Gutmann).
Njau, Filipo, Historia fupi ya kanisa letu la Evang. Luth. 1a Kilimanjaro, Pare na Arusha, n.d. (1943) 1 Seite.
Nyambose, Happy, The Establishment and Contribution of the Overtoun Institute in Northern Malawi and Beyond (1895-2010), MA, Mzuzu University, 2015.
Oelke, Julius, Die Kluft zwischen Kirche und Volk im Benalande, 1934 (Vortrag auf der Synodalkonferenz in Ilembula) (Berlin).
Pirouet, M. Louise, The Expansion of the Church of Uganda (N.A.C.) between 1891 and 1914, with special reference to the work of African teachers and evangelists (PhD, University of East Africa 1968) (Makerere University, Kampala).
Pollmar, Werner, Die missionarischen Grundsätze Bruno Gutmanns (D. theol., Leipzig 1942) (Leipzig).
Ranger, Terence O., Missionary Adaptation of African Religious Institutions, The Masasi Case (ULCA paper).
Ranger, Terence O., Some Emerging Themes in the Religious History of East and Central Africa (ULCA).
Rogers, Susan Geiger, The Search for Political Focus on Kilimanjaro: A History of Chagga Politics, 1916-1952. With Special Reference to the Cooperative Movement and Indirect Rule (PhD Daressalam 1972).
Rogers, Suzan Geiger, The Search for Politics Focus on Kilimanjaro: A History of Chagga Politics. 1916-1952, with Special Reference to the Cooperative Movement and Indirect Rule. PhD, Daressalam 1972.
Schärf, Else, Lebenslauf, 2 vls., 1947 ff.
Tagebuch der Station Mbozi 1927-1938, enthält auch Auszüge aus Bachmann's Tagebuch 1903-1912.
Waldow, Anna von, Mwali-Custom, Uzaramo Transformation 1935.
Walter, Georg, Meine Erinnerungen an den kirchlichen Kampf mit dem Nationalsozialismus in Leipzig (1933-1945), gekürzte Fassung (1963), Leipzig.

Artikel und Bücher der behandelten Missionare

Traugott Bachmann

Fibula wa Xinyiha (Herrnhut n.d.) (1903?).
Ilivagili lya Mataji Xinyiha (BFBS 1904).
Simoni der Nikaknabe, hrgb. von Theodor Bechler (Herrnhut 1906).
Erste Weihnachtsfeste in Deutsch-Ostafrika, herausgegeben von Th. Bechler (Herrnhut 1906).
Nampoli, die letzten zwei Jahre einer Afrikanerin (Herrnhut n.d.), 8 Seiten.
Praktische Lösung missionarischer Probleme auf einem jungen Arbeitsfelde (Nyaßagebiet, Deutsch-Ostafrika) (Hefte zur Missionskunde Nr. 9) (Herrnhut 1912).

"Nsalu und ihre Gefährten. Eine Sage der Nika mit Erklärung," *MBG* 1910, 86-90.
U Te Te (Herrnhut 1913), 48 Seiten.
Tesitamenti Umupwa (BFBS 1913).
Inongwa izya mwa Tesitamenti mukali + Iviholanyo ivwa mwa Tesitamenti mupwa (Herrnhut 1913), 181 Seiten, [Geschichten aus dem AT und NT].
"Nyiha Märchen," *Zeitschrift für Kolonialsprachen*, VI, 81-101 (1915/16).
Ambilishiye, Lebensbild eines eingeborenen Evangelisten aus Deutsch-Ostafrika (Herrnhut 1917) nach den Mitteilungen von T. Bachmann bearbeitet von P.O. Hennig 80 Seiten. (Herrnhut 1921^2) 63 S.; (Herrnhut 1936^3) von Bachmann selbst herausgegeben ohne Hennigs Zusätze über Mbozi.
"Was will Gott durch die gegenwärtige Lage der Mission uns sagen?," *Unsere Erfahrung* (Juli 1921) (auch in Bachmann, Mein Gang durch diese Welt IV, 130-139).
"Der Heiland und die Nyika," *EMM* 1922, 134-141.
"Sieger, Besiegte und wir," *EMM* 1925, 65-68.
"Allen alles geworden," *EMM* 1925, 353-355.
Ich gab manchen Anstoß (Hamburg, Apel, n.d.). Dieses Buch ist eine gekürzte, aber getreue Fassung der Memoiren "Mein Gang durch diese Welt," mit dem Schwerpunkt auf Bd. I-III Hrsgb. Hans Windekilde Jannasch.

Joseph Busse

"Kaguru Texte," *Zeitschrift für Eingeborenensprachen*, Bd. 27 (1937), 61-75.
"Inamwanga Texte," ibid, Bd. 27 (1937), 241-261.
"Lambya Texte," ibid, Bd. 30 (1940), 250-270.
"Lautlehre des Inamwanga," ibid, Bd. 31, (1940), 21-50.
"Konde Texte," Ibid, Bd. 32 (1942), 201-224.
"Die Schwiegerscheu bei den Nyakyusa," *Koloniale Rundschau* 1943, 322-326.
"Aus dem Leben von Asyukile Mlango," *Zeitschrift für Eingeborenensprachen*, Bd. 35 (1950), 191-224.
"Kimbu-Sprachproben," *Afrika und Übersee*, Bd. 37, 183-185.
"Die Zwillingsgeburt bei den Nyakyusa," *Zeitschrift für Ethnologie*, Bd. 73, 194-215.
Ein Gefangener Jesu Christi (Hamburg, Apel, n.d.).
Die Sprache der Niha in Ostafrika (Berlin, Akademieverlag 1960). Basiert auf seiner Doktorarbeit an der Universität Hamburg 1943. (161 Seiten).
Junge Kirche im afrikanischen Gewand (Stuttgart, Evangelischer Missionsverlag 1966). Übersetzt ins Dänische.
Nyakyusa – Deutsch, Wörterbuch, unveröffentlicht.

Georg Fritze

"In die Lebensarbeit," *Evg. Mbl.* 1926, 90-94.
"Zur afrikanischen Lehrerbildung," *Evg. Mbl.* 1927, 234-238.
"Die Kleiderfrage," *Evg. Mbl.* 1928, 248-252.
"Adventsklänge im Dschaggalande," *Evg. Mbl.* 1928, 310-312.
"Steppenweihnacht," *Evg. Mbl.* 1929, 5-7.

"Mission und Schule," *Evg. Mbl.* 1929, 61-66.
Kitabu kya shiimbo, n.d., kein Ort. (Vermutlich Leipzig 1929).
"Der Stern der Steppe," *Evg. Mbl.* 1929, 131-133.
Der neue Name: Das neue Leben der Dschaggachristen im Lichte ihrer Taufnamen (Leipzig 1930, 4.-5. Tausend).
"Von der Ernte der Gegenwart am Kilimanjaro. Eine Missionsstunde," *Lutherisches Missionsjahrbuch* 1930, 149-155.
"Die Geschichte eines Gesangbuches," *Evg. Mbl.* 1931, 296-306.
"Gedanken über den Konfirmandenunterricht," *Evg. Mbl.* 1931, 321-328.
"Wir wollen nicht, daß dieser über uns herrsche," *Evg. Mbl.* 1932, 178-183.
"Um die elfte Stunde," *Evg. Mbl.* 1933, 176-181.
"Missionsarbeit durch die Gemeinde," *Evg. Mbl.* 1934, 293-297.
"Aus seiner Fülle," *Evg. Mbl.* 1935, 97-105.
"Eine Reise im afrikanischen Regen," *Evg. Mbl.* 1935, 271-275.
"Der Sünde gestorben," *Evg. Mbl.* 1935, 308-309.
"So sieht der Teufel aus," *Blätter für Mission* 8/10/36, S. 1.
"Misericordias Domini," *Evg. Mbl.* 1936, 301 ff.
"Missionsarbeit in einem rein heidnischen Gebiet," *Evg. Mbl.* 1937, 129-131.
"Wie lieblich sind die Füße," *Evg. Mbl.* 1937, 145-153.

Bruno Gutmann

Da Gutmann, Afrikaner-Europäer in Nächstenschaftlicher Entsprechung *eine fast vollständige Bibliographie der Werke Gutmanns enthält (500 Titel), sind hier nur die wichtigsten Bücher aufgeführt.*

Afrikaner-Europäer in nächstenschaftlicher Entsprechung: Gesammelte Aufsätze, anläßlich des 90. Geburtstages von Bruno Gutmann, herausgegeben von Ernst Jaeschke (Stuttgart, Evangelisches Verlagswerk 1966).
Das Dschaggaland und seine Christen (Leipzig 1925).
Gemeindeaufbau aus dem Evangelium (Leipzig 1925).
Das Recht der Dschagga (München 1926).
Freies Menschentum aus ewigen Bindungen (Kassel 1928).
Schildwacht am Kilimanjaro (Kassel 1929).
Christusleib und Nächstenschaft (Feuchtwangen 1931).
Die Stammeslehren der Dschagga, 3 Bände (München 1932-38).
Zurück auf die Gottesstraße (Leipzig, n.d., 1938).

Edita Gysin

"Eine Autofahrt in Ostafrika," *Herrnhut* 1930, 27-28.
"Der Kampf mit dem Leoparden," *Herrnhut* 1930, 240.
"Aus dem Leben einer Missionslehrerin in Ostafrika," *Herrnhut* 1930, 356-357.
"Besuche in Negerhütten," *Herrnhut* 1931, 364.
"Ferienreise im Nyassa-Gebiet (Deutsch-Ostafrika)" *Herrnhut* 1933, 295.

"Konfirmandenunterricht in Ostafrika," *MBG* 1939, 20-21.
"Unsere Aufgabe an afrikanischen Frauen und Mädchen," *MBG* 1939, 42-47.
"Im neuen Schulhaus," *MBG* 1939, 149-152.

Ernst Johanssen

Ernst Johanssen und Paul Döring, *Das Leben der Schambala beleuchtet durch ihre Sprichwörter* (Berlin 1915).
Ruanda: Kleine Anfänge – Große Aufgaben (Bethel 1912).
"Die erste Tagung der Deutschen Evangelischen Missionskonferenz," AMZ *1920*, 173-186.
"Die Gottesvorstellung eines Bantuvolkes. Der Imana-Gedanke bei den Bewohnern Ruandas," *AMZ* 1923, 149-165.
Mysterien eines Bantuvolkes: Der Mandwa Kult der Nyaruanda verglichen mit dem antiken Mithras Kult (Leipzig 1925).
"Die Bedeutung der Gutmannschen Gedanken für unsere Mission," *Unsere Erfahrung* 1932, 27 ff.
"Das Evangelium in seiner Auseinandersetzung mit afrikanischem Volkstum," *EMM* 1933, 135-147.
"Heraus aus der Isolierung," *EMM* 1930, 51-59, 1974-78.
Geistesleben afrikanischer Völker im Lichte des Evangeliums (München 1931).
Führung und Erfahrung im vierzigjährigen Missionsdienst, 3 vls., n.d., (Bethel).

Bücher und Artikel, Allgemein

Ajayi, J.F.A., *Christian Missions in Nigeria 1841-1891: The Making of a New Elite*, London 1965.
Althaus, Gerhard (Hrsgb. Hans Ludwig Althaus), *Mamba - Anfang in Afrika*, Erlangen 1968.
Anderson, John, T*he Struggle for the School: The Interaction of Missionary, Colonial Government and Nationalist Enterprise in the Development of Formal Education in Kenya*, London/Nairobi 1970.
Anderson-Morshed, A.E.M.; Blood, A.G., *The History of the Universities' Mission to Central Africa*, 3 Bände, London 1955-62.
Appenzeller, Karl, *Das Problem der Bodenständigkeit von Christentum und Kirche auf dem Missionsfeld in den Verhandlungen der Weltmissionskonferenz zu Edinburgh (1910)* (DD, Tübingen) Würzburg 1940.
Argyle, W.J., "The Concept of African Collectivism," *Mawazo*, vol. 1, No. 4, Dec. 1968, p. 37-43.
Austen, Ralph D., *Northwest Tanzania unter German and British Rule; Colonial Policy and Tribal Politics*, New Haven 1968.
Ayandele, E.A., *The Missionary Impact on Modern Nigeria 1842-1914: A Political and Social Analysis*, London 1966.

Bade, Klaus J., *Friedrich Fabri und der Imperialismus in der Bismarckzeit. Revolution – Depression – Expansion*, Freiburg, 1975.
Baëta, C.G. (ed.), *Christianity in Tropical Africa*, London, 1968.
Baker, Colin, "The Genesis of the Nyasaland Civil Service," *Society of Malawi Journal*, 41:30-44.
Banda, Rachel NyaGondwe [Fiedler], *Women of Bible and Culture. Baptist Convention Women in Southern Malawi*, Zomba: Kachere, 2005.
Barret, David B. (ed.), *African Initiatives in Religion*, Nairobi 1971.
Barret, David B., "AD 2000: 350 Million Christians in Africa," *International Review of Mission*, 1970, 39-54.
Barret, David B., *Schism and Renewal in Africa*, Nairobi, Addis Abbeba, Lusaka, 1968.
Bassarak, Gerhard, *Missionsstrategie im Wandel. Zur ökumenischen Bedeutung der Weltmission zwischen Kolonialismus und Ökumene*, Berlin (Ost) 1977.
Baudert, Samuel, *Auf der Hut des Herrn: Rückblick auf zweihundert Jahre Herrnhuter Missionsgeschichte*, Herrnhut 1932, Lahr 1952.
Bechler, Herbert Theodor, *20 Jahre englische Erziehungs- und Schulpolitik in Deutsch-Ostafrika*, Hamburg 1941.
Bechler, Herbert Theodor, *Das Schulwesen in Afrika*, Berlin 1943.
Bechler, Herbert Theodor, *Die Kolonialpädagogik der Großen Mächte*, Hamburg 1939.
Beidelmann, T.O., *The Matrilineal Peoples of Eastern Tanzania*, London 1967.
Benz, Richard, *Die Deutsche Romantik: Geschichte einer geistigen Bewegung*, Stuttgart 1956 (1937).
Bernander, Gustav, *Lutheran Wartime Assistance to Tanzanian Churches 1940-1945*, Gleerup 1968.
Beyerhaus, Peter, *Die Selbständigkeit der jungen Kirchen als missionarisches Problem*, Wuppertal 1956.
Braun, Walter, "Arbeitsgemeinschaft der Wanyakyusamissionare in Ostafrika," *BMB* 1938, 56-60.
Bressani, M.I., *Im Dienste der Mission: Ein Gedenkbüchlein der Berliner Missionsgesellschaft*, Berlin 1963.
Brett, E.A., *Colonialism and Underdevelopment in East Africa: The Politics of Economic Change 1919-1939*, London 1973.
Brook, Beverly, "The Nyiha of Mbozi," *Tanganyika Notes and Records* 1966, 1-30.
Burke, Edmund, *Reflections on the Revolution in France and on the Proceedings in Certain Societies in London Relative that Event*. Edited with an introduction by Conor O'Brian, Harmondsworth 1969.
Calker, E. von, "Aus der hundertjährigen Geschichte der Kaffernmission der Brüdergemeinde," *EMM* 1928, 173-187, 217-222.
Cameron, Sir Donald, "Native administration in Tanganyika and Nigeria," Extra supplement, Journal of the Royal African Society, London 1937.

Carey, William, *Eine Untersuchung über die Verpflichtung der Christen, William, Mittel einzusetzen für die Bekehrung der Heiden*. Translated and edited by Klaus Fiedler and Thomas Schirrmacher. With an English list of geographical identifications, Bonn: VKW, 1993, 1998.

Chakanza, J.C., *African Ancestors' Religion – Chipembedzo cha Makolo Achikuda*, Zomba: Kachere, 2004.

Chamberlain, Houston Stewart, *Die Grundlagen des Neunzehnten Jahrhunderts* (1899).

Cochrane, Arthur C., *The Church's Confession under Hitler*, Philadelphia 1962.

Culwick, G. M., "New Ways for Old in the Treatment of Adolescent African Girls "*Africa* 12, 425-32.

Currens, Gerald N., "A Policy of Baptizing Polygamists Evaluated," *Africa Theological Journal* 2, 71-83 (1969).

Dammann, Ernst, "Zur Kenntnis des Zaramo," *Zeitschrift für Eingeborenensprachen* XXV, 135-147 (1934/35).

Debrunner, Hans W., *A Church between Colonial Powers*, London 1965.

Dicks, Ian, *An African Worldview: The Muslim Amachinga Yawo of Southern Malawi*, Zomba: Kachere, 2012.

Direktion der Evangelischen Brüderunität, Distrikt Herrnhut (Hrsgb.), *250 Jahre Herrnhut – ein Bericht über die Festtage vom 16. bis 19.6.1972*, Herrnhut 1972.

Dundas, Charles, *Kilimanjaro and its People*, London 1924.

Eggert, Johanna, *Missionsschule und sozialer Wandel in Ostafrika*, Bielefeld 1970.

Eisenschmidt, S.N., "African Age Groups: A Comparative Study," *Africa* 24, 100-113 (1954).

Fiedler, Klaus, "Bishop Lucas' Christianization of Traditional Rites, the Kikuyu Female Circumcision Controversy and the 'Cultural Approach' of Conservative German Missionaries in Tanzania in: Noel Q. King and Klaus Fiedler [Hg]: *Robin Lamburn - From a Missionary's Notebook: The Yao of Tunduru and other Essays*, Saarbrücken/Ft. Lauderdale: Breitenbach 1991, 207-217.

Fiedler, Klaus, "Christian Missions and Western Colonialism: Soulmates or Antagonists?" in: Kenneth R. Ross (ed.), *Faith at the Frontiers of Knowledge*, Blantyre: CLAIM-Kachere, 1998, S. 218-234; nachgedruckt in Klaus Fiedler, *Conflicted Power in Malawian Christianity. Essays Missionary and Evangelical from Malawi*, Mzuzu: Mzuni Press, 2015, pp. 142-159.

Fiedler, Klaus, "Edinburgh 1910, Africa 2010 and the Evangelicals", *Studia Historiae Ecclesiasticae*, xxxvi (3) Okt 2010.

Fiedler, Klaus, "For the Sake of Christian Marriage Abolish Church Weddings", *Religion in Malawi* 1995, 22-27. Auch: Klaus Fiedler, *Conflicted Power in Malawian Christianity. Essays Missionary and Evangelical from Malawi*, Mzuzu: Mzuni Press, 2015, S. 6-21.

Fiedler, Klaus, "Mission als Theologie der Kirche und Missionen als Kinder der Erweckung," *Evangelikale Missiologie*, 2011, 64-77.

Fiedler, Klaus, *Ganz auf Vertrauen. Geschichte und Kirchenverständnis der Glaubensmissionen.* Gießen/Basel: Brunnen, 1992.
Fiedler, Klaus, *Missions as the Theology of the Church. An Argument from Malawi,* Mzuzu: Mzuni Press, 2015.
Fiedler, Klaus, *The Gospel Takes Root on Kilimanjaro. A History of the Evangelical Lutheran Church of Old Moshi-Mbokomu 1885-1940,* Zomba: Kachere, 2006.
Flachsmeier, Horst R., "Polygamie und Mission," *Evangelische Missionszeitschrift* 2/1972, 16-26.
Flatt, Donald C., "An Ethnological Approach to Mission: Bruno Gutmann on Kilimanjaro," *Occasional Bulletin from the Missionary Research Library,* New York. XXIII No. 9.
Fleisch, Paul, *100 Jahre lutherische Mission,* Leipzig 1936.
Frick, Heinrich, *Vom Pietismus zum "Volkskirchentum,"* Gütersloh 1924.
Gemuseus, Oskar, "Das Befreiungsfest der Safwa – am 11. Dezember 1938," *MBG* 1939.
Gemuseus, Oskar, "Gedanken zur Erziehung des Afrikaners," *EMM* 1931, 198-308.
Gemuseus, Oskar, *Mission und Gold,* Herrnhut 1936.
Gensichen, Hans Werner, "Deutsches Missionsdenken in ausländischer Sicht," *Evangelische Missionszeitschrift* 1949.
Gensichen, Hans Werner, "Kirche und Volk in der Mission," *EMM* 1953, 46-56.
Gensichen, Hans Werner, "Kirche und Volk in Mission und jungen Kirchen," *Evangelische Welt* 1959, 145-148.
Gensichen, Hans Werner, *Missionsgeschichte der neueren Zeit,* Göttingen 1961.
Graul, Karl, *Die evangelisch-lutherische Kirche aller Lande,* Leipzig 1845.
Hagmann, Elsbeth, *Berneuchen, Ein Weg zur Kirche,* Kassel Bärenreiter 1972.
Hassing, Per, "Bruno Gutmann of Kilimanjaro: Setting the Record Straight," *Missiology* 7, 1979, 423-433.
Hastings, Adrian, *Church and Mission in Modern Africa,* London 1967.
Heinitz, Wilhelm, *Strukturprobleme in primitiver Musik,* Hamburg 1931.
Hellberg, Carl J., *Missions on a Colonial Frontier West of Lake Victoria,* Lund 1965.
Hennig, P.O., "Zur Frage der Polygamie" *EMM* 1927, 289-98.
Hermann, Gotthelf, *Dr. Karl Graul und seine Bedeutung für die lutherische Mission,* Halle 1867.
Historia Fupi ya 75 ya Kanisa la Kin jili la Kilutheri: Synod ya Kusini Tanzania 1891-1966.
Hitler, Adolf, *Mein Kampf,* München ^{1}1926, $^{265-269}$1937.
Hoekendijk, Johannes Christiaan, *Kerk en Volk in de Duitse Zendingswetenschap,* Amsterdam 1948. Gekürzte deutsche Fassung: *Kirche und Volk in der Deutschen Missionswissenschaft,* München 1967.
Hofer, Hans, *Die Weltanschauungen der Neuzeit,* Elberfeld 1934 (1928).
Hokororo, A.M., "The Influence of the Church on Tribal Customs at Lukuledi," *Tanganyika Notes and Records* 1960, 5-13.

Höschele, Stefan, *Christian Remnant – African Folk Church: Seventh-day Adventism in Tanzania, 1903-1980*, Leiden: Brill, 2007.
Huch, Ricarda, *Die Romantik: Ausbreitung, Blütezeit und Verfall*, Tübingen 1951.
Hunter, Monica, "An African Christian Morality," *Africa* 1937, 265-292.
I nimbo sya kipanga kya Kilisiti, Herrnhut 1930.
Iliffe, John (ed.), *Modern Tanzanians: A Volume of Biographies*, Nairobi 1973.
Instruction für die Missionsdirektion, erteilt von der Generalsynode 1889.
Jaeschke, Ernst, "Bruno Gutmann's Legacy," in: *Occasional Bulletin of Missionary Research*, Bd. 4, No. 4, New Jersey 1980.
Jaeschke, Ernst, *Gemeindeaufbau in Afrika*, Stuttgart 1981.
Jannasch, Hans Windekilde, *Herrnhuter Miniaturen*, zweite erw. Auflage Lüneburg 1953.
Johnson, Todd M., Kenneth R. Ross (Hg), *Atlas of Global Christianity 1910-2010*, Edinburgh University Press, 2009.
Kaiser, Gerhard, *Pietismus und Patriotismus im literarischen Deutschland*, Wiesbaden 1961.
Kamper, P.P.A., *Die volksorganiese sendingsmethode by Bruno Gutmann*, Amsterdam 1955.
Kisanji, Teofilo H., *Historia Fupi ya Kanisa la Kimoravian Tanganyika Magharibi*, np, nd [c1970].
Kiwovele, Judah B.M., "Polygyny as a Problem to the Church in Africa," *Africa Theological Journal* 2 (1969), 7-26.
Kluckohn, Paul (Hrgb.), *Deutsche Vergangenheit und deutscher Staat*, Leipzig 1935.
Kluckohn, Paul, *Das Ideengut der deutschen Romantik*, Halle 1942.
Knak, Siegfried, "Christliche Gemeinde und Volkstum in Ostafrika," *BMB* 1937, 57-62.
Knak, Siegfried, *Erfahrungen und Grundgedanken der deutschen evangelischen Mission*, Berlin 1938.
Knak, Siegfried, *Mission auf Vorposten*, Berlin 1935.
Knak, Siegfried, *Wiederaufbau in Ostafrika*, Berlin 1930.
Kootz-Kretschmer, Elise, *Die Safwa: Ein ostafrikanischer Volksstamm in seinem Leben und Denken*, Berlin 1926.
Krüger, Horst, "Die Singbewegung. Paul Ernst Ruppel und der Christliche Sängerbund," *Freikirchenforschung* 22, 2013, S. 110-133.
Lamburn, Robin, *Die Yao von Tunduru. Begegnung von Stammessitte und Evangelium*, Wuppertal 1967.
Lamburn, Robin, *From a Missionary's Notebook. The Yao of Tunduru and other Essays*, Saarbrücken/Ft Lauderdale: Breitenbach, 1991 (ed. Klaus Fiedler and Noel Q. King)
Lehmann, Arno, *Es begann in Tranquebar*, Berlin (Ost) 1956^2.
Lejeune, R., *Christoph Blumhardt und seine Botschaft*, Zürich/Leipzig 1938.
Liebenow, Gus, *Colonial Rule and Political Development in Tanzania: The Case of the Makonde*, Nairobi 1971.

Liebert, Arthur (Hrsgb.), *Fichtes Reden an die deutsche Nation*, Berlin 1912.
Lucas W. Vincent, "The Christian Approach to Non-Christian Customs," in: Morgan, E.R., *Essays Catholic and Missionary*, London 1928, 114-151.
Lucas, W. Vincent, "The Educational Value of Initiatory Rites," *IRM* 1927, 192-198.
Lugard, Sir F.D., *The Dual Mandate in British Tropical Africa*, Edinburg/London 1921.
McCracken, John, *Politics and Christianity in Malawi 1875-1940. The Impact of the Livingstonia Mission in the Northern Province*, ³2009 (1977).
Meier, Kurt, *Die Deutschen Christen: Das Bild einer Bewegung im Kirchenkampf des dritten Reiches*, Göttingen/Halle 1964.
Meinecke, Friedrich, *Weltbürgertum und Nationalstaat: Studien zur Genesis des deutschen Nationalstaates*, München/Berlin 1919 (1907).
Meinhoff, Carl, "The Soul of an African Language," *IRM* 1927, 76-84.
Mirbt, Carl, Mission und Kolonialpolitik in den deutschen Schutzgebieten, Tübingen 1910.
Missionsordnung der Provinz Suriname in Anschluß an Kap. 10 des Allgemeinen Synodalverlasses der Brüderunität vom Jahre 1897, Herrnhut 1897.
Missionsordnung der Süd-Afrikanischen Östlichen Provinz im Anschluß an Kap. X des Allgemeinen Synodalverlasses der Brüderunität und an die Synodalinstruktionen von 1899, Herrnhut 1902.
Mlenga, Joyce, *Dual Religiosity in Northern Malawi*, Mzuzu: Mzuni Press, 2016.
Mlenga, Moses, *Polygamy in Northern Malawi. A Christian Reassessment*, Mzuzu: Mzuni Press, 2016.
Mosse, Georg L., *The Crisis of German Ideology: Intellectual Origins of the Third Reich*, London 1966.
Mtoro bin Mwenyi Bakari, "Khabari ya nchi ya Wazaramu na desturi za Wazaramu" in: Velten, C., *Safari za Wasuaheli*, Göttingen 1901.
Müller, Karl und Schulze, Adolf, *200 Jahre Brüdermission*, 2 Bde., Herrnhut 1931/32.
Munyenyembe, Rhodian, *Christianity and Socio-Cultural Issues. The Charismatic Movement and Contextualization of the Gospel in Malawi*, Mzuzu: Mzuni Press, Zomba: Kachere, 2011.
Mwaruka, Ramadhani, *Utenzi wa Jamhuri ya Tanzania*, Nairobi, Daressalam, Kampala 1968.
Neill, Stephen, *Colonialism and Christian Missions*, London 1966.
Neill, Stephen, *Geschichte der Christlichen Mission*, Erlangen 1974 (engl. Original 1964).
Nicolson, Harold, *Peacemaking 1919*, revised edition 1943, reprinted 1967.
Njau, Filipo, *Aus meinem Leben*, 1960.
Oehler, W., "Zur Polygamiefrage," *EMM* 1928, 116-121.
Oldham, J. M., und Gibson Betty O., *The Remaking of Man in Africa*, London 1931.
Oldham, J.M., "The Christian Mission in Africa as Seen at the International Conference at Le Zoute," *IRM* 1927, 24-35.
Oliver, Roland, *The Missionary Factor in East Africa*, London 1965 (1952).

Paas, Steven, *Johannes Rebmann. A Servant of God in Africa before the Rise of Western Colonialism*, Nürnberg: VTR, Bonn: VKW, 2011.
Pätzig, Max, *Lasaros Leiser*, Erlangen 1959.
Pauw, Martin, *Mission and Church in Malawi. The History of the Nkhoma Synod of the Church of Central Africa, Presbyterian, 1889-1962*, Lusaka 1980 [ThD Stellenbosch]).
Pergande, Kurt, *Bodelschwingh: Der Einsame von Bethel*, Hamburg 1971 (1958).
Perham, M.F., "The System of Native Administration in Tanganyika," *Africa* 1931, 302-313.
Phelps-Stokes Reports on Education in Africa, Abridged, with an introduction by L.J. Lewis, London 1962.
Prüfer, Tillmann, *Der Heilige Bruno. Die unglaubliche Geschichte meines Urgroßvaters am Kilimandscharo*, Reinbeck: Rowohlt, 2015.
Ranger, T.O., Kimambo I. N., (ed.), *The Historical Study of African Religion*, London/Ibadan/Nairobi 1972.
Rapold, Walter F., *Der Gott, der abends heimkommt. Die Inkulturation des christlichen Gottesbegriffs in Rwanda durch Ernst Johanssen (1864 – 1934) anhand der Imana Vorstellung*, Volketswil: Verlagsgemeinschaft für europäische Editionen, 1999.
Raum, Johannes, "Christianity and African Puberty Rites," *IRM* 1927, 581-591.
Raum, Otto F., *Chagga Childhood*, London 1940.
Richter, Julius, *Geschichte der Berliner Missionsgesellschaft 1824-1924*, Berlin 1924.
Richter, Julius, *Geschichte der evangelischen Mission in Afrika*, Gütersloh 1922.
Richter, Julius, *Tanganyika and its Future*, London, New York, Toronto 1934.
Robinson Kenneth, *The Dilemmas of Trusteeship: Aspects of British Colonial Policy between the Wars*, London 1965.
Rodney, Walter, *How Europe Underdeveloped Africa*, London, Daressalam 1972.
Ross, Andrew, *Blantyre Mission and the Making of Modern Malawi*, Blantyre: CLAIM-Kachere, 1996.
Rothberg, Robert I., *Christian Missionaries and the Creation of Northern Rhodesia 1880-1924*, Princeton 1965.
Rother, Paul, *Jung Afrika*, Leipzig 1933.
Samatta, Samson, "Ein Saramo Märchen," *Aus zwei Welten* 1932, 14-17.
Sangree, Walter, *Age, Prayer and Politics in Tiriki*, Kenya, London 1966.
Sartorius, Joachim, *Staat und Kirche im francophonen Schwarzafrika und auf Madagaskar*, München 1973.
Schäppi, Franz Solan, *Die katholische Missionsschule im ehemaligen Deutsch-Ostafrika*, Paderborn 1937.
Schütz, Paul, *Zwischen Nil und Kaukasus*, München 1930.
Shorter, Aylward, *African Culture and the Christian Church: An introduction to Social and Pastoral Anthropology*, London/Dublin 1973.
Shropshire, Denys W.T., *The Church and Primitive Peoples*, London 1926.

Smedjebacka, Henrik, *Lutheran Church Autonomy in Northern Tanzania 1940-1963*, Åbo 1973.
Smith, Edwin W., *The Christian Mission in Africa*, London 1926.
Spangenberg, August Gottlieb, *Unterricht für die Brüder welche unter den Heiden am Evangelium dienen*, Barby 1784, erweitert Gnadau 1837.
Spengler, Oswald, *Der Untergang des Abendlandes*, 2 Bd., 1918-1922.
Stahl, Kathleen M., *History of the Chagga People of Kilimanjaro*, London 1964.
Stählin, Otto, "Religiöse Stimmungen in der deutschen Jugendbewegung," *Zeitwende* 1925, vol. I, 127-142.
Staude, Herbert, "Der Einfluß Herrnhuts auf die Belebung der Mission in Sachsen," in: *Verantwortung: Untersuchungen über Fragen aus Theologie und Geschichte*, Festschrift Noth, Berlin 1965.
Steinhorn, Erwin, *Die Kirchenzucht in der Geschichte der deutschen evangelischen Mission*, Leipzig 1928.
Strasser, Ernst, *Die Taufe in der Geschichte der deutschen evangelisch-lutherischen Mission*, Leipzig 1925.
Strayer, Robert W., *The Making of Mission Communities in East Africa*, London/Albany 1978.
Swantz, Lloyd W., *The Zaramo of Tanzania*, Daressalam 1966.
Swantz, Marja-Liisa, *Ritual and Symbol in Transitional Zaramo Society; With Special Reference to Women*, Gleerup 1970.
Taylor, John V., *The Growth of the Church in Buganda*, London 1958.
Temu, A.J., *British Protestant Missions*, London 1972.
Tengatenga, James, *The UMCA in Malawi. A History of the Anglican Church*, Zomba: Kachere, 2010.
Thorlby, Anthony, *The Romantic Movement*, London 1966.
Tilgner, Wolfgang, *Volksnomostheologie und Schöpfungsglaube*, Göttingen 1966.
Trittelwitz, W., "D. Ernst Johanssen" *EMM* 1934, 179-185.
Verlaß der General-Synode der Evangelischen Brüderunität gehalten in Herrnhut 13.5.-3.7.1909, Gnadenau 1909.
Walls, Andrew F., "Missionary Societies and the Fortunate Subversion of the Church," *Evangelical Quarterly* 88:2 (1988), 141-155.
Wehle, Gerhard F., "Musikalische Pionierarbeit unter Negern," *Allgemeine Musikzeitung* 1934, 448-449.
Weichert, Ludwig, *Mayibuye I Afrika! Kehre wieder, Afrika! Erlauschtes und Erlebtes aus Südwest-, Süd- und Ostafrika*, Berlin n.d. (1928).
Welbourn, F. B., *East African Rebels: A Study of Independent Churches*, London 1961.
Westmann, K.B. und Sicard, H. von, *Geschichte der christlichen Mission*, München 1962.
Whiteley, Wilfred Howell, *Swahili; the Rise of a National Language*, London 1969.
Wilson, Monica, *Communal Rituals of the Nyakyusa*, London 1959.

Wilson, Monica, *Rituals of Kinship among the Nyakyusa*, London 1957.
Winter, J. C., *Bruno Gutmann, A German Approach to Social Anthropology*, Oxford 1979.
Wollstadt, H. J., *Geordnetes Dienen in der Christlichen Gemeinde*, Göttingen 1966.
Wright, Marcia, *German Missions in Tanganyika 1891-1941: Lutherans and Moravians in the Southern Highlands*, Oxford 1971.
www.safrika.org/morav_en.html; http://viewoverberg.com /Genadendal.asp.
Zinzendorf, Ludwig von, "*Instruction der Brüder, die unter die russischen Heiden (Samojaten) gegangen*" (1736). In einer kritischen Ausgabe herausgegeben von Otto Uttendörfer, *Die wichtigsten Missionsinstructionen Zinzendorfs*, Herrnhut 1913; auch Nikolaus Ludwig Zinzendorf, *Texte zur Mission*; Hrsgb. Helmut Bintz, Hamburg 1979.
Zuendel, Friedrich, *Pfarrer Johann Christoph Blumhardt: Ein Lebensbild*, Zürich 1883, Gießen und Basel 1942.

PS: Parallel mit mir arbeitete J.C. Winter in Kidia, dessen Forschungsarbeit ("Self-actualization in an African Society: Its Impact upon the Development of Christianity among the People of Old Moshi, Kilimanjaro, during the Period from 1870 to 1970") im Jahre 1977 von der Universität Köln als Habilitationsschrift angenommen wurde.

Index

Ackerpfleger 54, 60, 118, 120
Adiaphora 32-36, 41f, 49f, 53, 64, 77, 91, 96, 126, 134, 137, 208-210, 215, 221
Africa Inland Mission (AIM) 88, 215-217, 219, 221
Afrikanische unabhängige Kirchen 136Ahnen 68, 83, 193
AIM 88, 216f, 219, 221
Alinane 73
Altersgruppe 38, 210
Altersklasse 27, 39, 41, 54, 97-101, 103, 105, 111, 120, 128, 230
Altersklassenführer 103, 105, 230
Älteste 19, 47-49, 51f, 54-56, 60f, 66f, 72, 89-95, 98, 103, 105-108, 110, 113, 118-120, 125-128, 130, 133-135, 139, 141-143, 146, 151, 161, 175, 177, 182f, 185, 199, 209, 216f
Ältestinnen 109, 146, 199
Ambilishiye 70, 242
Angelsächsische Missiologie 37, 206
Angelsächsische Missionswissenschaft 212
Anglo-katholisch 212
Apartheid 140, 211
Arbeitsteilung 67
Arthur, Dr John 88, 221
Asyene mchila 113, 173, 175, 214
Aufklärung 22f, 29, 105, 216
Autorität der Häuptlinge 40, 117, 133, 209
Bachmann, Pauline (Nakalukwa) 67
Bachmann, Traugott (Mwalwizi) 13, 44, 62-77, 80f, 85f, 99f, 140f, 151, 153, 207, 211
Bammann, Heinrich 208
Bandawe Girls Secondary School 214
Barth, Karl 112, 167

Baudert, Samuel 111, 143, 146f, 155
Begräbnis 68, 185-188, 200
Bekehrung 19, 23f, 34f, 38, 63, 192, 202, 223
Bekennende Kirche 161, 167
Bena 62, 140, 161-165, 227, 231
Bena Hehe Synode 62, 164, 227, 231
Berlin III (Mission) 78f
Berliner Mission 35, 62, 80, 109, 111, 122, 140, 156-158, 161f, 166, 216, 218, 221, 225-227, 235, 238
Berneuchen 31, 144
Beschneidung (s.a. Mädchenbeschneidung) 34, 40f, 48-50, 53, 88, 90-97, 99f, 105-108, 112-115, 128, 168, 172, 174f, 180, 182, 189-193, 195-197, 205, 209f, 214-223
Beschneidungskontroverse 206, 217, 221
Besitzer des Schwanzes 113, 21
Bethel Mission 62, 77f, 85, 161, 236
Bezirke 51f, 54, 59f, 90, 92, 101, 103f, 106, 118-120, 123, 126, 128, 130, 146, 156,
Bibelübersetzung 26, 39, 70
Bier 18, 34, 53, 56, 67, 69, 99, 125-127, 129, 141, 174, 187, 191, 209
Bin Abraham, Tuheri 107
Bischof Lucas 13, 16, 35, 37, 80, 84, 112f, 144, 170, 177, 189-191, 193, 195-197, 202-205, 209, 212-214, 216, 221
Blumer 91, 130, 136
Blumhardt, Christoph 44, 64, 248
Bodelschwingh, Friedrich von 78f, 132, 236
Boma (Neu Moshi) 45
Braun, Walter 106-108, 158, 165, 218
Brautexamen 50f, 230

Brautgabe 18, 125
Brautpreis 34, 63, 66, 125f, 183, 209
Buganda 10
Buhaya 77, 85, 87, 131
Bukoba 13, 85
Buren 45
Burke, Edmund 22
Burundi 10
Busse, Erika 224
Busse, Joseph 141f, 151, 153f, 156, 158-161, 218, 224, 236, 238, 242
Cameron, Donald 11, 117
Cana 64
Chagga 11, 13, 19, 26, 38-43, 45-61, 69, 74, 95, 97, 99f, 102, 105, 114, 117-120, 124f, 128f, 131, 133, 135-138, 209, 212, 217-222
Chamberlain, Houston Steward 159
Chuma, Seth Kileo 61
Chungu, Ananije 163, 165
Church Missionary Society (CMS) 120
Church of Scotland Mission (CSM) 88, 213, 216
CMS 120
CSM 88, 114, 215, 217, 221
CVJM 120
Dänisch-Hallesche Mission 32
Daressalam 12, 108, 112, 115, 131, 218
Demokratie 23, 29
Deutsche Christen 29, 154f
Deutschtum 154
Deutschunterricht 61
Dodoma 105
Dorfälteste 113, 115
Dorfkirchenbewegung 30f
Edinburgh 1910 36, 212
Eggert, Johanna 12
Ehe 18, 69-71, 74, 81, 127, 133, 140f, 183, 185, 202-204
Eisenschmidt, Alexander 89, 91, 130, 217

Elefantengrab 101-104, 188
Englisch 10, 12-14, 17, 22, 29, 35-37, 39, 53, 64, 123, 131f, 134, 147-151, 156, 161, 208, 210f, 213
Erbrecht 63
Erntefest 52f
Erntetanz 209
Ersatzpaten 120,
Erweckung 23, 77, 142
Essgemeinschaften 146
Europäer 20, 26, 38f, 58, 78, 86, 88, 93, 101, 107, 111, 113f, 134, 142-144, 148f, 161, 189, 194, 198f, 201, 218
Female Genital Mutilation 41, 219f
Fichte, Johann Gottlieb 27
Fleisch, Paul 90f, 122f, 133, 209
Folklore 40, 51f, 120, 136, 150f
Förster 155
Frauenbibelstunde 110
Free Church of Scotland Mission 12, 67, 213
Fritze, Georg 39, 51, 98-106, 124, 126-128, 130, 132-136, 143, 210, 215f
Ganisya, Martin 108f, 116, 122
Gemeindeälteste 48, 51, 54, 59, 70, 101, 119f, 126, 209, 216, 221
Gemeindepfleger 59, 89f, 95, 108, 114f, 123, 128, 136
Gemeindewachstumsbewegung 210
Gemeindezucht 70, 72, 92f, 108, 114f, 123, 128, 136
Gemeinschaft 19, 23, 30, 38-40, 42f, 57, 76, 83f, 96f, 146, 153, 157-160, 163, 167, 192, 194-196, 202
Gemuseus, Oskar (Kabeta) 76, 141, 143f, 147-152, 154, 156, 158, 166
Gesellschaft 11f, 16, 20, 22, 28, 31, 36, 38-44, 47, 56-59, 63, 67, 76,

78f, 87, 100f, 103, 115-118, 121, 126, 138, 168, 206, 214, 220-222
Gesellschaftlicher Wandel 44
Glaubensmissionen 88, 213, 223
Gleiß, Franz 131
Gondwe, Samueli 142
Gonja 90, 105
Gottesebenbildlichkeit 27, 210
Graul, Karl 19, 24, 33f, 36, 42, 208f
Grundbausteine der Kirche 210
Grundstand 39
Grüßen 67
Guth, Wilhelm 105
Gutmann, Bruno 13f, 16, 18f, 25-62, 64, 68f, 76f, 80, 84-86, 90, 92-100, 103-106, 111, 114, 117-148, 150f, 153, 157, 160f, 163, 166, 170, 207-212, 215, 218, 220, 230
Gysin, Editha (Sanjara) 154, 159
Halle 75
Hamann, Johann Georg 77f
Hauffe, Werner (Kasunga) 152f, 159
Häuptling(e) 35, 40, 46, 52f, 55-57, 65, 67f, 73, 75, 78f, 85, 87, 95, 97, 101, 117, 125, 133, 138, 149, 154, 162-166, 168, 175, 186, 188f, 193, 202, 209, 214f
Hawanga, Lujabiko 165
Hehe 62, 140, 162-166, 231
Heidentum 68, 72, 77, 159
Heilsgeschichte 154, 156, 211
Henning, Paul 67, 70-72, 75
Herder, Johann Gottfried 22, 24-27, 78
Heroen 82f
Herrnhut(er Mission) 16, 18, 29, 31-35, 57, 62, 66-68, 70f, 74-76, 81, 104f, 111, 122, 140f, 144-146, 148, 151, 154-161, 166, 205, 207, 210f
Hinduismus 32
Hitler, Adolf 27, 154, 160, 211
Hoekendijk, Johann Christiaan 157

Hult 91, 94
Ilembula 162
Imana 82f
Indirect Rule 10, 117, 207
Indirekte Herrschaft 11, 139
Individualismus 17, 19, 30, 59, 64, 98, 118, 205
Industrialisierung 30, 77
Infibulation 216
Initiationslehren 50, 97
Initiationsriten 80, 87, 103, 107, 172f, 180, 182, 197, 213-215, 218, 221-223
Inkulturation 168, 170, 223
Ipyana 74
Islam 9, 17, 48, 93, 106f, 113, 123, 187, 190, 216, 218, 222
Isoko 145
Itete 111, 165
Ittameier 130
Jaeschke, Ernst 121, 131, 133, 208
Jando 113, 214
Jannasch, Hans-Windekilde 207
Jansa, Ferdinand (Gwajanga) 141-143, 145f
Johanssen, Ernst 77, 79, 132
Jugend 30f, 44, 52, 99f, 103, 121, 125, 128f
Jugendbewegung 30f, 99, 102, 121, 144
Jungendörfer 111
Kabisa, Peter 142
Kaffee 64, 85, 117, 131-134, 137f
Kafui, Ndeterewio 48, 221
Kahe 122f
Kaisers Geburtstag 68
Kalinga, Andulile 68
Kamba 17, 205
Kasten(wesen) 34, 209
Katechismus 51, 111, 164
Katholiken 164, 216
Kennaway, Sir John 12

Kenya 12, 14, 17, 88, 92f, 115, 205f, 213, 215-218, 221
Keysser, Christian 163, 210
Kidia (s. auch Old Moshi) 16, 46, 52, 54, 59, 89, 98, 118, 122f, 129f, 208f, 220, 232
Kidugala 105, 163-166
Kijabe 88, 217
Kikuyu 12, 17, 49f, 88, 92, 106, 114f, 117, 134, 208, 217, 219f
Kikuyu Central Association 88
Kilimajaro 10, 13, 23, 34, 44-46, 48, 51, 62, 87f, 90f, 93, 106, 108, 114f, 117, 134, 208, 217, 219f
Kimambo, Yohane 54, 56, 59, 89-91, 134
Kimaro, Gabrieli 48f, 56, 90
Kinderspiele, traditionelle 51f
King, Noel Q. 36, 170, 205
Kinyashi, Häuptling 78f
Kirchen 10, 15-17, 20, 22, 24, 26, 29-37, 40-42, 46-51, 53f, 57, 59-62, 64, 67, 74f, 82, 86, 88, 90-93, 95f, 105, 107-109, 111-116, 118-121, 123, 127, 134-136, 139-145, 147, 152f, 155-158, 161, 164, 166-169, 190, 194f, 197-199, 202-204, 208-210, 212-215, 217-223
Kirumbi, Andrea 107
Kirunda 82
Kisarawe 107, 218f
Kitange, Ndesanyo 123
Klamroth, Martin 62
Kleiderstreit 132
Knak, Siegfried 106, 157f, 162
Kolonialismus 9-13, 15, 45f, 47, 78f, 117, 133, 138f, 147-149, 161, 196, 222
Komalyangoe 104
Kommunismus 43
Konde Synode 157, 162, 166

Konfirmandenunterricht 49f, 90, 97, 100, 103, 105, 118, 215f
Konfirmation 41, 50, 87, 90, 95-99, 101-103, 106, 120, 230
Konservative Missionsmethode 15, 90, 147, 205-208, 210
Kontinentale Missionskonferenz 36f, 75
Kootz-Kretschmer, Elisabeth 62
Korano, R. 149
Kostschule 45
Kriegsdienst 79
Küchler, Inspektor 124, 138, 216
Kulturelle Eigenständigkeit 211
Kulturelle Enklaven 207
Kungwi 109
Küstensynode 62, 106
Kyimbila 105, 111, 142-145, 150
Laiser, Lazaros 91, 136
Lamburn, Robin 112, 114, 170, 205, 213f, 219
Lehrer 51, 54, 56, 59-61, 70, 73, 76, 89-97, 101, 107-109, 112, 114-116, 119-121, 123, 127, 134-136, 139-145, 147, 152f, 155-158, 161, 164, 166, 168, 190, 194f, 197-199, 202-204, 208-210, 212, 215, 217-223
Lehrmütter (*banyango*) 146f
Leipziger Mission 18, 24, 33f, 38, 42, 49, 57f, 62, 89, 91, 99, 122, 124, 129f, 136, 139, 07f, 215-218, 221
Leipziger Missionsseminar 62, 208
Lema, Amen Anza 18f, 38, 125, 134
Liberalismus 23, 28f
Lindner, Lehrerin 131
Lingua Franca 26
Livingstone, David 12
Livingstonia Mission 12-14, 35, 140, 213
Logos 25
Lucas, Vincent 13, 16, 35-37, 80, 84, 112-114, 116, 153, 170, 177,

189-191, 193, 195-197, 203-205, 209, 212, 214f, 221
Lugard, Lord 10f
Lupa Goldfeld 111
Lutherisch 35, 45, 59, 64, 77, 88, 90, 107, 111, 139, 148, 182, 205, 208, 210, 217, 221
Lutherische Theologie 77
Lwandai 121, 131f
Lyimo, Yakobo 101
Machame 44, 61, 90, 94, 123, 137f
Mädchenbeschneidung 41, 48, 50, 88, 205, 209, 215-221
Mädcheninitiation 107-109, 113-116, 212, 214, 216, 220-222
Mädchenschule 107, 109
Makua 187, 219
Malangali 149, 165
Malisa 56, 97
Mamba 55, 51, 99-106, 133, 210, 215f, 230
Mandana 146
Mandwa Kult 82f
Maneromango 107-110, 115f, 219
Manow 111, 162, 165
Mapfundo 102f
Marangu 59, 76, 89, 94, 101, 104, 122f, 130f, 161, 212, 230
Marangu Teacher Training College 212
Marionetten der Missionare 206
Marx, Walter (Mwasoni) 141, 147f, 152f, 156, 158
Masama 44f, 90, 93, 97
Masamu, Petro 134
Masasi 13, 16, 80, 112, 114f, 165, 205, 213, 221
Masasi Diözese 213, 221
Matrilineal 115f, 220
Matrilinealität 115
Mbokomu 59, 89, 123, 130
Mbozi 13, 62, 65-67, 70-72, 76, 79, 140, 145, 151, 207

McGavran, Donald 210
Mdandu 165
Meli 78
Merere, Lutangilo 163, 166
Merinyo, Joseph 59, 122, 132-137, 143
Meru 51
Methodisten 14, 159, 216
Meyer, Theodor (Mwasulama) 66, 73, 75
Minja, Simeon 101
Missionsarbeit der Gemeinde Old Moshi 122f
Missionskirchenbund 105, 139, 166
Missionsrat 49, 105, 136
Mithras Kult 83
Mittelalter 25, 144f
Mkony, Imanuel 53, 92, 121-123, 134, 209
Mlalo 78f
Mnene, Elifasi 101
Morogoro 110
Moshi (s. auch Kahe, Okuma) 16, 31, 38, 42, 44, 46, 48-53, 56, 58f, 61, 70, 78, 86, 88-91, 93-97, 99, 101, 104f, 107, 117f, 119-121, 123f, 126-131, 133-139, 143, 146, 164, 170, 208, 211f, 217, 221, 230
Moshi, Benjamin 105
Moshi, Ruben 104
Moshi, Simeon 101
Mowo 123
Msaranga 123
Msinga 82, 84
Msolo Baum 35, 174f, 189
Msondo 214
Mtingo Tanz 52f, 209
Mujobigwa 65
Mukoma 73
Müller, Emil 49
Musik, afrikanische 31, 142-145
Mutawurwa 71

Muttersprache 25f, 28, 30, 131, 139, 211
Mwachanile, Ambilishiye 70
Mwaipopo 141, 211
Mwaipopo, Asukenye 142
Mwaitabele, Yona 144
Mwakaleli 111
Mwakisyala, Wilson 142
Mwali 182
Mwambungu, Gwalusako 74
Mwanamasawa (s. Simbey) 72f
Mwanjisi, Lazarus 149
Mwansasu, Gordon 154
Mwenzo 67
Mysterienkulte 83
Nachbarschaft 27, 38f, 41, 54, 118-121, 126-129, 131, 146, 150, 210
Nächsten 38, 42, 57, 126
Namen 42, 51, 53, 55, 61, 75, 92, 104, 164, 171f, 186, 211f
Namwasenga 66f
Nsesheye 66f
Nansalu 66
Nation 27
Nationaldenkart 25
Nationalismus 20, 23, 88, 133, 140f, 148, 151, 153, 155, 161, 167
Nationalsozialismus 24, 28f, 32, 87, 154, 159-161, 166, 211
Nationalsozialistische Ideologie 160, 211
Naumann, Friedrich 43
Ndekeja, Andrea 108
Neill, Stephen 12
Neokolonialismus 10
Neuberg, Hermann 62, 163
Neu Moshi 46
Neuromantik 24, 28, 30f, 141, 144
Niesky 62
Nigeria 10
Njau, Filipo 59, 61, 89-92, 94f, 97, 121-123
Njau, Petro 59, 61
Nkya, Salomon 137
Northern Rhodesia (=Zambia) 206
Nsesheye 66f
Nyagawa, Yohana 165
Nyakyusa 10, 62-65, 73-75, 111, 142, 144-146, 149f, 153f, 156-159, 161, 167
Nyakyusa Volkskirche 153, 156
Nyamwezi 71
Nyiha 62-65, 73f, 100, 142, 207
Nyika 17, 69, 205
Nzowa 225
Oelke, Julius 161-166
Okuma 123
Old Moshi 16, 31, 38, 42, 44, 46, 48-53, 56, 76, 88-90, 93-96, 107f, 117f, 119-121, 123f, 126, 128, 130, 133, 135-139, 143, 146, 164, 208, 211, 217, 221, 230
Olotu, Zakayo 56
Organismus 24, 43, 58, 84, 120, 145
Organismus/Organisation 43, 84, 145
Pangamahute, Häuptling 164f
Pare (Upare) 90 95, 105
Pastoren, afrikanische 108, 121-124, 134, 137, 139, 144, 162-165, 206, 230
Paten 49, 54, 103, 119f, 126, 146, 176f, 179f, 193, 230
Patriotismus 29, 43, 78
Paul Gerhardt Stift 109
Paul, Carl 61
Peters, Carl (Mkono wa damu) 12, 78
Pfadfinder 102, 121
Pietismus 23f, 81, 150f, 153, 159
Pokomo 17, 205
Pollmar, Werner 207
Polygamie 18, 33, 41, 58, 63, 69-76, 80f, 140f, 204, 209, 212
Praeparatio evangelii 32f, 35

Presbyterianisch 14, 67, 88, 140, 149, 161, 212f, 215
Priebusch 122, 162, 166
Primäre Bindungen (s. auch Sippe, Nachbarschaft, Altersklasse) 27, 39-43, 54, 98, 118-120, 131, 136, 150f, 156, 209f
Progressive 14f, 20, 48, 56, 58-61, 85, 87-90, 93, 96, 117, 121, 124f, 133f, 136-138, 141, 168, 207, 217, 221
Progressive Einstellungen 89, 207
Propheten, traditionelle 68
Ranger, Terence O. 16, 112, 155, 206, 213
Rasenwarte 52, 54, 120, 127-129
Rasse 28f, 114, 153, 211, 221
Rationalismus 23, 58
Raum, Johannes 56, 96, 98, 123, 130, 134-136, 138
Reckling, Walter 110
Reichslieder 143
Religionsstatistik (Afrika) 9
Revolution 22f, 28, 43, 110
Riegenführer 52, 54, 120, 127f
Riehl, Wilhelm 43, 58
Rietzsch, Franz 141-146, 149, 151, 153, 156, 159, 161, 166
Rika, "Rikaschulen" 100-106, 120, 216
Rindi, Häuptling 52
Rodney, Walter 12, 15
Rogers, Susan 59, 117, 129
Rolle 14, 16, 20, 28, 42, 55, 59, 89, 95f, 106, 112f, 115f, 121, 125, 129, 145, 161, 165, 209, 213-216, 218-220, 222
Rollendefinition 16, 106, 115
Romantik 14, 19f, 22-24, 26-32, 42-44, 58, 64, 76-78, 97, 100, 141, 144f, 157
Rotberg, Robert 17, 57, 206
Rother, Paul 130f

Rudlaff, Max 111f, 157f, 161f, 165-167
Rugansu 83
Rungwe 16, 57, 62, 64f, 73, 76, 79, 140f, 147, 149, 151f, 156, 159f
Russland 160f
Rutenganyo 62, 65, 70, 140, 143-145
Rwanda 10, 13, 77f, 82-85
Ryangombe 82f
Safwa 68, 166
Salema 57
Sango 48
Sangu 163, 166
Sankey, Ira David 142f
Sauerbrunn, Siedler 45
Schanz, Johannes 48f
Schildschaften 96-99, 103, 106, 118, 121, 131
Schleiermacher, Friedrich 27
Schnabel, Hermann 27, 105, 111, 141, 143, 145-151, 153-161, 210f
Schöpfung 27, 39f, 46, 55, 86, 91, 150, 162, 190, 221
Schüler, Otto 162, 164
Schulwesen 76, 129-132, 141, 148, 156, 162, 166
Schulz, Berta 60f
Sexuelle Aufklärung 216
Shambala 78-82, 132
Shao, Martin F. 208
Shayo, Isaki 123
Shemueta 80
Shia 123, 130
Shigatini 90, 95
Shivuga, Yohani 72
Siedler 12, 45, 47, 65, 134, 160
Simbey, Mwanamasawa 72
Singbewegung 31, 144
Sippe 27, 35, 39-42, 54-56, 70, 74, 80, 84, 89, 118f, 121, 125, 131, 146, 164
Sitima Catholic Parish 214

Sohnray, H. 30
Sonntagstänze 121, 209
Sozialismus 23, 29, 168
Sprachwissenschaft 25
Staat 27f, 34, 168
Stände 22, 43, 76
Stanley 12
Stumpf, Hilda 88
Südtanzania 112, 205, 212
Swahili 17, 60, 89, 94, 123, 131f, 134, 139, 145, 147f, 211, 231
Synkretismus 53, 128
Tambaram 1938 106, 206
Tamil 32f
Tanga 35, 78, 196
Tänze (s. auch *mtingo*) 18, 52f, 67f, 120f, 125, 128, 142, 151, 174f, 182, 189, 198f, 209
Tanzen 53, 69, 151, 171, 174-176, 184, 193, 209
Tanzrasen 209
Taufgedächtnis 51, 120
Teeanbau 64
Teita 17, 79, 205
Tela 53, 91, 130, 209
Temu, A.J. 17, 216f
Tietzen, Johannes (Mwasenga) 150f, 154-156, 158
Tonga 214
Tönnies, Ferdinand 43, 54, 145
Tosamaganga 164
Trennung der Kulturen 211
Trommeln 53, 175, 209
Trompeten 102
Tscheuschner, Ernst 107
Tunduru 113, 170, 186f, 220,
Übergangsriten 40, 49f, 87, 112, 114, 170, 188f, 205, 214f
Uganda 12
UMCA 12, 14, 35, 112, 165, 170, 212, 221
Unabhängige afrikanische Kirchen 75, 88, 136

Unabhängigkeit 10, 15, 19, 21, 117, 168
Undali 145
Uroffenbarung 80, 156
Uru 123
Urvolk 27
Usambara 13, 77-79, 81f, 85, 121, 131
USPG 212
Utengule 68, 141, 145, 152, 166
Vaterland 26
Vereine 87
Vereinigungen, politische 87
Verlobung 66
Versailler Vertrag 38, 86, 89, 91, 217
Vierhub, Elisabeth 61
Vogt, Inspektor 104, 155f, 158
Volk 9, 20, 23-35. 39, 42, 47f, 50f, 54f, 58, 63f, 69, 77f, 84f, 120, 130f, 137, 140, 151-157, 160-155, 230
Völkische Bewegung 28f, 87, 147, 154
Volksfeste 51, 161, 164-166
Volkskirche 20, 24, 30, 32-35, 42, 47f, 120, 153, 156f
Volkstum 20, 23f, 26f, 30, 47, 50, 77, 130, 146, 151, 153, 157, 162-164, 211, 230
Vudee 90
Waldow, Anna von 107-110, 116, 216, 221
Warneck, Gustav 19, 24, 33, 36f, 75
Weiße Väter 149
Weist, Hellmut 207
Weizenanbau 64
Weltwirtschaftskrise 29
Winter, J.C. 53, 208f
Wohlrab 79, 81, 131
Wolff, Theodor 165
Wright, Marcia 18, 57, 73, 112, 122, 166
Wund, Wilhelm 42, 83

Yachaza 71
Yao 112f, 115f, 170-172, 182f, 185-191, 195f, 200-204, 215, 219f, 222f
Zambia 14, 17, 67
Zaramo 107-109, 115f, 216, 218, 222f, 246, 252
Zaramo Synode 218, 223, 235, 251
Zeilinger, A.C. 91, 94
Ziegenbalg, Bartholomäus 32f
Zinzendorf, Nikolaus Ludwig von 32f, 71, 252
Zivilisation 17, 43, 46-48, 84, 86, 118, 156, 230
Zündel, Friedrich 64